사회복지정책론

고수현 외 공저

양 성 원

『사회복지정책론』은 사회복지학문의 체계상으로 보면, 『사회복지실천론』과 함께 양대 지주가 되는 교과목이다. 즉, 인간이 가지고 있는 사회복지적 욕구에 대응하기 위해서는 거시적 차원에서의 접근과 미시적 차원에서의 접근이 요구되는 바, 그 중에서도 사회복지정책은 바로 자본주의 체제에서 발생하는 사회경제적 모순과 사회병리현상에 대처·예방하는 거시적 접근방법에 해당한다. 따라서 개별국가마다의 정치적 이념과 경제적 상황, 시민사회의 성장 정도가 사회복지정책 형성에 영향을 미치게 된다.

그 이유는 사회복지정책론의 학문적 특성을 나타내 주는 것으로도 볼 수 있는데, 해당 국가나 사회가 변화하고 발전해 온 이행경로에 따라 형성된 사회사상이나 복지사상이 사회복지정책을 형성하는 환경이 되기 때문이다. 흔히 현대 복지국가 체제의 배경사상인 페이비언 사회주의나 케인즈주의와 같은 국가개입주의가 사회복지정책의 주요 이념이 되기도 하지만, 역사적으로 볼 때는 자유주의 체제에서도 사회복지정책이 오히려 확대되는 경우가 많았다. 그만큼 사회복지정책의 환경은 다원적이며 복합적인 영향요인을 안고 있다고 할 수 있다. 이러한 차원에서 사회복지정책론은 『사회복지윤리와 철학』 교과목과 연계하여 학습할 필요가 있다.

자본주의 체제는 궁극적으로 시장경제원리에서 이행하게 되고, 그 과정에서 사회구조적 모순으로 인하여 사회구성원이 사회적 위험상태에 처하게 되거나 시장의 실패국면에서의 사회문제가 상존하게 된다. 사회복지정책은 바로 이러한 사회문제에 대응하는 소득보장과 의료보장대책을 의미한다. 따라서 『사회보장론』 교과목과도 밀접한 관련성이 있으며, 대부분의 정책은 그 근거가 법령에 따르기 때문에 『사회법제론』과도 연관이 된다. 그러므로 자본주의 체제의 국가가 사회적 취약계층과 국민다수를 대상으로 생명과 생활의 보장을 위해 어떠한 사회정책과 복지정책을 실천해야 하는지와 실제로 어떠한 사회복지정책을 추진하고 있는지를 이해하는 것이 『사회복지정책론』의 학습에서는 핵심이 된다.

그리고 본격적인 『사회복지정책론』을 학습하기 위해서 첫째는 사회복지정책의 기초적 이해를 위해 사회복지정책의 개념, 이념, 역사에 대한 학습에서 시작해야 하며, 둘째는 사회복지정책이 어떠한 목표를 두고 어떻게 추진되는가를 분석하고, 셋째는 구체적으로 사회복지정책이 집행되는 내용의 틀을 이해하는 순으로 진행이 되어야 한다. 그리고 결국 이러한 사회복지정책의 실제 모습은 소득보장과 의료보장의 사회보장정책으로 구현되기 때문에 마지막으로는 이러한 정책의 영역을 다루어야 한다. 이러한 맥락에서 이 책은 전체적으로 13장에 걸쳐 사회복지정책을 이론적 측면과 실제적 측면에서 이해할 수 있도록 구성하였다. 물론 사회복지정책론이 사회복지사 2급 자격 필수 교과목이면서도 1급 사회복지사 국가시험 교과목이라는 점을 고려하여 '한국사회복지교육협의회'의 사회복지학 교과목 지침서에도 충실하여 저술되었음을 밝힌다.

우선 제1장에서는 사회복지정책에 대한 개념과 여타 공공정책과의 특성을 이해토록 하고, 제2장에서 제4장까지의 전반부 3개 장에서는 사회복지사상과 이념, 사회복지역사와 복지국가론을 비롯한 사회복지정책의 가치 부문을 다루었다. 중반부의 시작이 되는 제5장과 제6장에서는 사회복지정책의 분석과 절차를 살펴본 다음, 제7장에서 제10장까지의 4개 장에서는 사회복지정책의 내용적 측면인 사회복지정책의 주체와 대상, 급여, 전달체계, 재원조달 부문을 구체적으로 다루었다. 그리고 종결부가 되는 제11장에서 제13장까지는 사회복지정책의 실제적 분야를 소득보장, 의료보장 부문으로 나누고, 마지막 장에서는 사회복지정책의 평가 부문을 다루었다.

그러므로 이 책으로 학습하게 되는 독자들은 크게 4개 부문으로 접근할 필요가 있다. 즉, 제1장에서 제3장까지의 제1부에서 사회복지정책의 개념, 이념, 역사에 관한 배경지식을 함양한 후 제4장에서 제6장까지의 제2부에서는 사회복지정책의 목표, 절차, 분석틀에 관한 지식을 학습하게 될 것이며, 제3부에서는 제7장에서 제10장까지 사회복지정책이 추진되는 4가지의 내용 틀인 사회복지정책의 급여대상자, 급여내용, 급여체계, 급여재원에 관련된 지식을 접하게 된다. 마지막으로 제4부에서는 제11장에서 제13장까지 사회복지정책의 실제인 소득보장정책과 의료보장정책에 관한 지식과 함께 사회복지정책의 평가 부문을 다룸으로써 『사회복지정책론』 전반에 대한 지식체계를 완성할 수 있도록 하였다.

끝으로 이 책은 한국복지행정학회 명의로 출간된 내용을 새롭게 저술하였음을 밝힌다. 아울러 이번에도 편집과정에서 전체적인 체계성을 갖추기 위해 주저자가 상당부문에 걸쳐 수정·보완한 점에 대하여 공저자의 혜량을 구하며, 사회복지 교육 현장에서 이 책으로 사제지간으로 마주하게 될 교수님들과 사회복지학도 여러분의 건승을 기원한다.

2016년 8월

공저자를 대표하여 고 수 현

제 1 부

사회복지정책의 개념, 이념, 역사

제1장

사회복지정책의 개념과 발달이론

1. 사회복지정책의 개념
2. 사회복지정책의 특성
3. 사회복지정책의 발달이론

1 사회복지정책의 개념

사회복지정책은 '사회복지'와 '정책'이라는 두 용어의 복합개념이다. 따라서 사회복지정책의 개념은 '사회복지란 무엇이며, 정책이란 무엇인가'라는 하위 질문의 해답에 따라 결정된다고 볼 수 있다. 여기에 사회복지정책을 정확히 파악하고 이해하기 위해서는 '사회복지'와 '정책'에 대한 이해가 선행되어야 한다.

1) 사회복지의 개념

복지란 국어사전에는 '행복, 복리, 번영'의 의미로 설명되고 있고, 우리나라의 일제강점기나 미군정 시까지는 주로 후생(厚生)이라는 용어로 주로 사용되어 왔다. Oxford 사전을 보면 복지(welfare)란 "good fortune, happiness, or well being(of a person, community, etc.)"으로 표현되어 있어 행운, 행복 또는 안녕을 의미하고 있다.[1)]

한편 사회복지라는 의미의 파악에 있어 유의해야 할 점은 그 대상과 범위의 문제다. 이는 사회복지를 좁은 의미로 받아들이느냐 또는 넓은 의미로 받아들이느냐 아니면 이 두 의미를 포괄하는 복합된 의미로 받아들이느냐에 따라 그 유형[2)]이 달라진다.

(1) 협의적 개념

먼저 좁은 의미로서의 사회복지는, 복지의 대상을 전체 국민 중에서 보다 한정된

1) Webster 사전에서는 welfare를 "the state or condition of health, happiness and comfort ; well being ; prosperity (of a person, community, thing)"로 표현하고 있어 역시 건강, 행복, 안락, 그리고 번영의 상태를 의미하고 있다. 복지에 대한 어원적 차원에서 어의를 좀 더 살펴보면, 영어의 Welfare나 독일어의 Wohlfahren은 자신의 의지나 감정을 좇아서 '잘', 혹은 '건강하게' 등의 의미를 지닌 Well 또는 Wohl과 '살아가는 상태', '되어 가는 상태'를 의미하는 fare(state of thing) 또는 fahren의 합성어로서 복지(welfare)는 생활의 불만이 없는 상태, 즉 건강과 부 그 밖의 행복을 향유하며 살아가는 것을 의미한다.

2) John M. Romanyshyn은 사회복지의 주체, 즉 국가의 사회복지에 대한 태도가 소극적이냐, 적극적이냐를 기준으로 협의의 사회복지를 소극적(negative) 사회복지, 광의의 사회복지를 적극적(positive) 사회복지로 구별하며 H. L. Wilensky와 C. N. Lebeaux는 사회복지서비스의 공급주체에 따라 보완적(residual) · 제도적(institutional) 개념으로 구별하고 있다(Romanyshyn, 1971 : 3 ; Wilenskey & Lebeaux, 1965 : 138).

'사회적 약자' 또는 '사회적 낙오자'에 두고 그들의 구제, 보호, 갱생을 위해 도움을 주는 제반 시책과 방법의 실천활동을 의미한다. 이런 의미의 사회복지는 전문사회사업(professional social work)이라든가 사회사업(social work) 또는 대인사회서비스(personal social service)라는 말로 표현하기도 한다. 이 입장에 서 있는 대표자 Philip Klein(1968 : 7)의 정의를 살펴보면 "사회복지란 스스로의 노력으로서는 도저히 물질적 자원의 획득이나 건강의 유지가 곤란하거나 불가능한 개인 또는 가족에게 일정한 서비스를 실시, 제공하는 일"이라고 보고 있다.

(2) 광의적 개념

넓은 의미로서의 사회복지는, 좁은 의미와는 달리 제한된 요구호대상자가 아닌 사회구성원 일반을 대상으로 하여 생활의 어려움과 곤란함, 즉 비복지를 다루거나 해결하고자 하는 활동이다. 최근의 사회복지는 사회발전과정 속에서 이러한 넓은 의미[3)]로 받아들여지는 경향이 높아 가고 있으며 이러한 경향은 오늘날 많은 학자들의 견해에서 찾아볼 수 있다. 보다 넓은 의미의 사회복지입장에 서 있는 대표적인 N. Rescher의 견해를 살펴보면 "사회복지란 다차원적인 것이다. 즉, 한 사람의 복지를 고려할 경우에도 복합적 구성요소가 포함되는데, 그 중에서 특히 중요한 것은 신체적 복지(정신적 안정, 정신적 위생)이다"라고 하고 있다(Rescher, 1970 : 4). 그리고 이러한 세 가지 측면의 복지를 확보하기 위한 제반 행정적 시책은 여러 측면으로 고려될 수 있다. 가령 신체적 복지인 건강과 관련하여 공중위생, 의료 등의 보건위생과 영양, 생활환경 등의 여러 분야가 고려될 것이며, 또한 물질적 복지의 풍요와 부에 관련되는 것으로는 소득보장 프로그램, 주택, 고용 등의 생활환경시설 및 제도의 확보가 요구될 것이다. 정신적 복지와 관련해서는 정신위생교육, 각종 상담, 원조활동에 이르는 제반 시책이 고려될 수 있을 것이다.

3) 보다 넓은 의미의 사회복지는 협의의 내용 외에 사회정책, 사회보장, 보건, 의료, 주택, 고용, 교육 등이 포함되는 것으로 국가에 있어서 최저한 또는 평균적 욕구가 충족되지 않는 개인, 가족, 집단 등에 대한 여러 가지 사회적 서비스를 말한다(中村慶一 外, 1989 : 5).

(3) 포괄적 개념

이 개념의 관점(point of view)은 좁은 의미와 넓은 의미의 두 개념이 상호 배타적 개념이라기보다는 상호 보완적인 것으로 보며 이 두 개념을 하나의 연속선상에서 복합적인 내용으로 사회복지 의미를 파악하는 입장이다.[4)] 즉, 한정적 · 좁은 의미로는 사회적 약자에 대한 재정적 원조와 서비스를 의미하며 적극적 · 광의의 의미로는 국민의 보편적 욕구에 대한 공동책임을 의미한다는 것이다.

결국 사회복지의 좁은 의미는 넓은 의미의 일부를 형성하고 있다고 볼 수 있으며, 이 점에서 사회복지를 전체 국민의 욕구충족이라는 광의의 의미를 중심으로, 요구호대상자에게 초점을 두는 좁은 의미를 포함하는 것이 보다 바람직하다. 그러나 현실적으로 아직 많은 국가들이 국가재정 등의 이유로 법제 또는 운영에 있어 사회복지를 한정적 · 좁은 의미로 파악하고 있는 실정이다.

지금까지 사회복지의 의미에 관한 여러 입장을 살펴보았는데 사회복지의 의미는 불변하는 것이 아니고 특정 사회나 국가가 처한 시대적 · 사회적 제반 상황과 여건에 따라 변하는 것이다.

여기에, 이 책에서는 '사회복지를 사회 저수혜자나 요구호대상자를 포함한 전 국민을 대상으로 사회구성원의 생활수준을 개선하기 위한 제반 구체화 활동'으로 포괄적, 복합적으로 보고자 한다.

2) 정책의 개념

정책이 무엇인가에 대해서는 학자마다 목적, 관점, 연구방법에 따라 다양한 견해가 있다. 이는 정책의 제 측면 중에서, 학자마다 중요하다고 생각하는 측면이 제각기 다르기 때문이다. 정책의 제 측면과 성격을 이해하기 위해 먼저 학자들의 견해를 간단히 검토하면 다음과 같다.

---

4) 예컨대, H. L. Wilensky와 C. N. Lebeaux의 보완적 개념(residual concept)과 제도적 개념(institutional concept)이라든지 Romanyshyn의 사회복지개념에서 복지의 여러 측면을 종합적, 상호 비교적으로 파악하려는 것이다 (Wilensky & Lebeaux, 1965 ; 장인협 역, 1979 : 119-129 ; Romanyshyn, 1971 : 3).

(1) 포괄적 · 종합적 개념

Lasswell과 Kaplan(1970 : 71)은 "정책은 목적, 가치와 이의 실행 및 집행을 투영한 장래계획"이라 정의하고 있고, Wildavsky와 Pressman(1979 : 20-21)도 "목표와 이의 실현을 위한 행동으로 구성된 것"으로, Dror(1983 : 12, 14-17)는, "주로 정부기관이 최선의 수단에 의하여 공익달성을 목표로 결정하는 미래 행동의 주요 지침"이라고 보고 있다.

이상과 같이 정책의 포괄적이고 종합적인 측면에서 개념정의를 하는 학자들은, 정책의 주요 요소인 정책목표뿐만 아니라 정책수단, 정책집행주체, 정책대상집단까지 언급하여 지적하고 있다.

(2) 정책 일부 측면 강조개념

한편 정책의 일부 측면만을 강조한 정의도 꽤 많다. 예를 들어 정책수단만을 강조하는 경우, 정책목표나 정책이 국가사회에서 담당하는 역할이나 기능을 강조하는 경우 정책의 의사결정이나 행동측면을 강조하는 경우 등이다.

즉, Easton(1953 : 130)이 "정책은 사회적 제 가치를 배분하는 의사결정(decision)과 행동(action)의 망(network)이다"라고 정의한 것과 Jenkins(1978 : 15)가 "정책이란 어떤 특정 상황하에서 목적과 이를 실현할 수단을 선택하는 데 대한 일련의 상호 관련된 의사결정"이라고 한 것은 정책을 의사결정이나 행동의 집합이라는 측면을 강조한 것이라 할 수 있다.

이러한 정책의 제 측면을 종합해 볼 때, 정책이란 '권위 있는 공공기관(정책결정주체 : 국가나 지방공공단체)이 사회문제 해결이나 공익을 달성하기 위하여(정책목표) 정치 · 행정적 과정을 거치거나 당위성에 입각하여(정책수단) 의도적으로 결정한 장래의 행동지침'으로 이해할 수 있다.

3) 사회복지정책의 개념

사회복지정책은 결국 사회복지의 실현, 즉 전체 사회구성원의 삶의 질적 수준을 향상시켜 인간의 복리나 행복, 안녕 등을 도모하기 위하여 국가가 수행하려는 미래의 활동 및 행동지침이라 할 수 있다.

DiNitto와 Dye(1983 : 3)도 사회복지정책을 국민생활의 질 또는 행복의 요소에 영향을 미치고자 정부가 하기로 하거나 하지 않기로 한 활동을 말한다고 보고 있다. 이때 삶의 질에 영향을 미치는 정부활동에는 조세, 국방, 환경, 에너지 관리, 주택, 건강, 소득지원, 보건, 노동, 건설 등 거의 모든 활동이 포함된다. 이렇게 되면 사회복지정책을 다른 일반정책과 구별하는 데 어려움이 있다. 이에 우리는 사회복지정책의 개념을 규정함에 있어 국민생활의 질에 영향을 미치는 정부활동의 범위를 어느 정도 제한할 필요가 있다. 이렇게 될 경우 사회복지정책의 주요 관심은 일반적으로 빈민, 고령자, 장애인, 여성, 아동 등에게 소득이나 서비스를 직접 제공하는 문제로 귀착된다. 이와 같은 사회복지정책의 분야 및 영역(범위)에 대해서는 다음에서 보다 구체적으로 살펴보기로 한다.

살펴본 바와 같이 사회복지와 정책을 종합해 볼 때 사회복지정책이란 "사회복지(국민생활의 질 향상 내지 인간의 복리나 행복, 안녕 도모)라는 공공목적을 달성하기 위하여(사회복지정책목표) 국가 또는 지방자치단체 등의 기관(사회복지정책주체)이 정치행정적 과정을 통하여(사회복지정책수단 및 방법) 전체 국민(사회복지정책 대상자 및 객체)을 위해 수행하려는 장래의 활동 및 행동방침"으로 이 책에서는 파악하고자 한다.

2 사회복지정책의 특성

사회복지정책 역시 일반적 정책의 한 분야임에 틀림없다. 따라서 일반정책의 이론 및 원리가 그대로 적용되는 것은 당연한 결과다. 하지만 사회복지와 정책을 단순히 합한 것을 사회복지정책으로 보는 것은 무리가 있다. 왜냐하면 사회복지의 특성은 상대적으로 구체적이고 개별적인 정책환경의 산물로 볼 수 있지만 정책의 특성은 그 범위가 광범위하고 기능이 다양하여 좀 더 추상적이기 때문이다. 사회복지정책은 여러 측면에서의 특성을 지적할 수 있고 그 표현이 다의적일 수 있으나 이 책에서는 사회복지정책의 일반적 특성을 먼저 살펴본 후에 정책결정과정상의 특성을 살펴보고자 한다. 이는 무엇보다 사회복지정책이 다른 정책과 비교하여 우선순위 결정에서 항상 밀려나는 이유를 밝히기 위해서이다.

1) 사회복지정책의 일반적 특성

사회복지정책은 보는 관점과 기준에 따라 여러 가지 측면에서 다양하게 그 특성이 제시될 수 있지만 일반적으로 사회복지정책은 ① 문제지향성, ② 가치지향성, ③ 서비스지향성, ④ 체제지향성, ⑤ 거시정책지향성, ⑥ 처방지향성, ⑦ 변동지향성, ⑧ 초합리적 과정지향성 등이 지적되고 있다(이영창, 1990: 103-113). 그러나 이러한 특성의 지적은 이 책에서 추구하고자 하는 사회복지정책 결정구조상의 특성 내지 타 정책과의 성질구분과는 다소 거리가 있다고 본다. 그래서 이 책에서는 사회복지정책의 타 정책(규제, 배분, 추출, 체제유지정책)과의 일반적 차이점을 먼저 아래와 같이 지적하고자 한다.

(1) 사회적(공공적) 책임 및 윤리성

사회복지정책은 사회문제화, 즉 집단적인 사회적 대응책을 필요로 하는 상태까지 이르지 않는 경우라 하더라도, 사회적·공공적·윤리적 차원의 목적 때문에 전체적 입장 속에서도 고객 개인의 입장을 살펴야 하는 점에서 일반 정책과는 그 궤를 달리하고 있다고 볼 수 있다.

(2) 수혜자와의 직접적 관련성

사회복지정책은 인간의 욕구에 직접 관계하는(수혜자 개인에게 직접 관계하는) 것이 특이하다. 즉, 저소득자나 저수혜자같이 사회 평균적 수요를 충족받지 못하고 있는 특정 고객의 수요를 충족시켜 주기 위한 것으로서(대인적, 對人的) 타 정책의 대물적(對物的) 성격과는 다른 특이성을 지닌다(신상준, 1989 : 124).

(3) 조직적 활동성

사회복지정책은 공식조직을 기본으로 사회적 목적달성을 위한 조직적 활동이다. 이는 사회복지정책의 사회적 책임과 윤리성에서 생겨나는 하나의 필연적 성질이다. 즉, 사회복지정책은 사회적으로 승인된 제 시설 및 기관에 의거하는 정규적·전임적·조직적 활동을 띠게 된다. 따라서 사회복지정책을 수행하는 사회복지행정조직은 인간적 수요를 통합하는 위치에 있다. 그러나 이들 제 수요는 밀접히 연관되어 있기 때문에 사회복지조직에 있어서는 종합적 처방이 마련되어야 할 뿐만 아니라 사회적 처방으로서의 사회복지서비스는 하나의 문제해결이 다른 문제를 야기하는(사회복지정책의 다면성 ; 김영종, 1988 : 46) 결과 처방이 매우 어렵다는 점(사회복지정책결정 복잡성 및 곤란성) 또한 특성으로 지적된다.

(4) 목적과 수단의 차이성

사회복지정책과 타 정책(특히 경제정책)과의 영역은 정책의 직접적 목적이나 수단을 기준으로 어느 정도 구분될 수 있다. 우선 사회복지정책은 개인의 복지향상을 위한 정부서비스의 총체이나 타 정책은 대물적 안정과 성장을 위한 정부활동의 총체라고 일반적으로 지적할 수 있을 것이다.

그리고 정책수단에 있어서도 사회복지정책은 복지서비스 활동이 중심이 되는 조직들을 중심으로 전개되는 데 비해 타 정책(특히 경제정책)은 사상에 직접적 영향을 미치는 정부기관의 개입규제 또는 지원이 중심이 된다는 점이 다르다(김정헌, 2000 : 13-20).

2) 정책결정과정상의 특성

사회복지정책 결정과정과 관련해서 사회복지정책의 특성을 분석한다는 것은 결국 정책결정과정에 미치는 관련 집단의 역학관계의 분석을 의미한다고 볼 수 있다. 이러한 점에서 사회복지정책의 특성을 이해관계 당사자들의 역학관계 및 정책내용(정책목표, 정책수단)을 기준으로 살펴보고자 하는 것이다. 왜냐하면 다원주의적 자유민주주의 체제하에서는 어떤 이해 관련 당사자가 정책결정체제에 영향을 행사하려면, 관련집단을 통하여 이익표출활동을 하기 때문이다.[5)]

그렇게 함으로써 관련 집단의 이익은 정책적 쟁점(policy issue)이 되고 또한 이들 집단은 정책결정권의 핵에 접근할 수 있는 접근통로(access channel)를 가져야 한다. 이와 같은 접근통로가 없이는 영향력(압력) 행사가 있을 수 없고, 따라서 기대하는 사회복지정책의 산출을 기대할 수 없기 때문이다.

여기에 이 책에서는 사회복지정책 결정의 주요한 이해 관련 당사자인 정책주체(담당자)와 객체(정책대상집단)의 상호작용, 역학관계 및 정책내용(정책목표, 수단)을 분석기준으로 하여 타 정책과 비교하자는 것이다.

현실적으로 비분석적인 정치적 제 요인과 분석적·합리적 제 요인의 상황에 따라서 정책결정의 양태가 달라짐을 알 수 있다. 이를 일반적으로 정책결정유형이라고

5) 이해 관련 집단의 영향력 행사 결정요인인 제 자원을 학자들의 주장에 따라 체계화하면 표와 같다(김영래, 1987 : 245-246).

학자 / 결정요인	Almond	Eckstein	Truman	Scott	Ippolito	Ornstein
1	집단규모	집단의 특성	집단의 전략적 위치	집단규모 응집력, 재정력	회원규모	물적 자원
2	재정력	정부활동의 특성	집단의 내적 관련 요소	집단의 신뢰성	회원분포	조직적 자원
3	활동	정책결정 구조의 특성	정부기관의 특징적 요소	집단의 이익추구 유형	동원화 정도	정치적 자원
4	집단 간의 상호작용 양태			이익추구 대상기관	재정력	동기적 자원
5	집단 및 정책결정구조의 양태			정당의 응집력	권위	무형자원
6				집단 내의 경쟁도	지도력	

부르기도 한다. Lowi, Franklin, Ripley 등은 정책의 내용에 따라 배분 · 규제 · 재배분 · 추출 · 체제유지정책 등에 따라 정책결정유형이 달라짐을 강조하고 있다(Lowi, 1972 : 678-680 ; Franklin & Ripley, 1980 : 20-23).

즉, 배분정책은 나눠먹기식(give-and-take) 갈등이 일어난다. 피차 서로 많은 이익을 배분받기 위해 상부상조(log-roll)하기도 한다. 예를 들어 어떤 집단에 이익이 보장되는 법안에 강력한 반대를 하는 의원에게 다른 혜택을 보장(그 의원의 출신지역에 저수지 건설 등)해 주어서 이들의 지지를 확보하는 식의 협상과 타협에 의해 정책이 결정된다.

규제정책은 정책결정과정에서 수혜자(소비자)와 피해자(광고기업, 식품기업 등)가 뚜렷하고 이들 간에 직접적 대결을 벌인다는 점에서 배분정책과 차이가 있다. 이러한 규제정책의 경우는 정책결정과정에서 양 세력이 직접 타협 · 흥정을 하며, 또한 이슈(issue)에 따라서 정치적 연합(정책대상집단의 세력)의 구성원이 달라진다(재배분정책, 즉 사회복지정책은 고정된다). 예를 들어 식품위생법의 결정에서 뜻을 같이했던 의원들이 공정거래법의 결정에서는 뜻을 달리하여 끊임없이 이합집산을 거듭하는 현상이 나타나므로 규제정책의 결정은 다원론적으로 결정된다는 다원론자들의 주장이 설득력을 갖는다(정정길, 2003 : 377-378).

(1) 수혜자-피해자 대립적 관계성

재배분정책, 즉 누진세제도나 실업수당 등의 사회복지정책과 같이 수혜자와 피해자는 사회적 계급의 분화에 따라 분리되어 대립적 관계에 있게 된다. 사회적 계급이동 자체가 쉽지 않기 때문에 이를 근거로 형성되는 정치적 연합, 즉 양대세력은 그 구성원의 면에서 변함이 없고 상당히 안정적이나 그 대신에 양대세력의 갈등과 대립은 타 정책에 비해 상당히 크다.

(2) 국회결정의 소극성

재배분정책(사회복지정책)의 결정과정에서 의회는 큰 갈등을 갖지 않는데 그 이유는 국회에서 정책을 결정하기 이전에 대통령 및 행정부의 담당기관이 중심이 되어 정책을 논의하는 도중에 양대세력의 지도자들(기업, 노조대표)로 구성되는 양대연합체와 상호작용하여 재배분정책의 실질적 내용이 거의 결정되고 의회는 소극적으로 받아들이는 역할을 하기 때문이다(정정길, 2003 : 142).

(3) 정책효과의 불명확성 및 계측곤란성

사회복지정책 결정과정에서 사회복지에 소요되는 '비용규모의 광대성, 정책효과의 불명확성, 장기성, 객관적인 계량적 정책결정기준 제시 및 정책수정(특히 정책비용축소)의 곤란성'이 제기된다.

(4) 정책우선순위의 형식성 및 배제 위험성

사회복지정책은 타 정책과의 정책결정 우선순위에서 항상 밀려나 형식화될 가능성 및 배제될 위험성이 보다 높게 나타난다는 점 등이 특성으로 지적된다.

한편 체제유지정책은 일반적으로 정책대상집단이 전체 국민으로 쉽게 결정되고 이해관계의 대립이 심각하게 드러나지 않아 다른 정책에 비해 보다 쉽게 주로 정책주체에 의하여 결정된다. 이와 같은 정책유형에 따른 정책결정과정상의 특성을 분석·정리하면 〈표 1-1〉과 같다.

표 1-1 사회복지정책의 특성(정책결정과정상의 특성분석)

구분	정책의제설정과정		정책결정과정		정책집행과정		정책평가 및 환류과정	
	이해 관련 당사자	정책내용 (목표 및 수단)	이해 관련 당사자	정책내용 (목표 및 수단)	이해 관련 당사자	정책내용 (목표 및 수단)	이해 관련 당사자	정책내용 (목표 및 수단)
사회복지정책 (재배분 정책)	• 대립갈등의 심각 • 정책의제화 곤란	• 소득이전 목적 • 계급대립적 성격 • 대인적 성격 (평등소유)	• 공급자-수혜자 세력 갈등 극심 • 정책적 연합(정책 대상자 집단세력) • 구성원 고정, 안정적 우선순위 밀려남	• 사회보장 복지비용의 광대성 • 정책효과의 불가시성 (불확실성, 장기성) • 객관적 · 계량적 결정기준 제시 곤란	• 절차, sop에 의한 집행가능성 작음 • 집행과정상 갈등 대립심각	• 재정지출, 정부역할 감소 주장 • 서비스 제공 제한 • 이념논쟁 제기 • 누진세제도 • 일반급여, 사회보험 공공부조 • 사회복지 서비스	• 객관적 · 계량적 평가기준 제시 곤란 • 복지전문가 중심 평가 (다른 과정보다 갈등이 약하나 타 정책보다 아주 강함)	• 욕구만족 수준측정 곤란, 모호성 • 정책효과 평가의 장기성, 불가시성 • 정책평가 활용(확대, 축소, 중지) 곤란
규제 정책	• 규제-피규제 간 양자 간 대립의 심각 • 정책의제화 곤란	• 대중보호 목적 • 강제적 성격행사 • 국회의결 (법률형태 취함)	• 형식적 결정 • 직접적 대결(타협 · 흥정) • 정치적 연합 구성원 변동 (다원적 결정)	• 사회통제 (사회이슈) • 강자로부터의 횡포에 대한 타인 보호 • 법적 경제 수단 및 유인 설득	• sop 혹은 상례적 절차에 의한 집행 가능성 작음 • 집행과정상 갈등 대립 (집행 곤란)	• 정책집행 활동저항 • 규제축소 · 완화 주장 압력행사	• 평가기준 제시 용이 • 정책효과 확인검토 상대적으로 용이(갈등 다소 있음)	• 규제효과 확인 가시적 • 단기간 내 가능 • 정책변동 용이
배분 정책	• 이해 관련 당사자 한정 (갈등 · 대립약화) • 정책의제화 용이	• 재화와 서비스 산출 • 타협과 흥정	• 나눠먹기식 결정(give and take) • 상부상조 (log-roll) • 협상과 타협의 결정	• 서비스와 재화량과 공급결정 • 예산분배 및 재배분 : 서비스 규모결정	• sop 혹은 상례적 절차에 의한 집행 가능성 가장 큼 • 집단갈등 거의 없음 (집행이 보다 용이)	• 집행 · 절차 안정 • 상부상조 · 나눠먹기식 흥정 · 타협 가능성	• 평가기준 제시 상대적 용이 • 양대집단 갈등 다소 존재	• 정책효과 확인 검토 가시적 • 단시일 내 평가가능 • 정책변경 용이
추출 정책	• 정책대상자의 갈등 없이 확정 • 정책의제화 일반적 용이	• 자원추출과 획득 목적 (국회의결 강제력)	• 정책의 합법화 갈등대립 없이 결정 • 정책결정 용이	• 인적 자원 확보(징병) • 물적 자원 확보 (조세, 예산)	• 강제력 행사 • 집행과 정상갈등 없음 (집행이 보다 용이)	• 징병제도 • 조세제도 활용	• 평가기준 제시용이 • 정책효과 검토확인 용이 (갈등이 거의 없음)	• 평가 및 효과측정 용이 • 정책변경 용이 • 단시일 내 평가 가능

구분	정책의제설정과정		정책결정과정		정책집행과정		정책평가 및 환류과정	
	이해 관련 당사자	정책내용 (목표 및 수단)	이해 관련 당사자	정책내용 (목표 및 수단)	이해 관련 당사자	정책내용 (목표 및 수단)	이해 관련 당사자	정책내용 (목표 및 수단)
체제 유지 정책	• 정책주체와 대상자 간 갈등 약화 • 정책의제화 비교적 용이	• 국민지지 확보 목적 • 구성·홍보 여론정책 포함 • 여타 정책의 성공적 추진 용이 • 이데올로기 각종 전달 매체 기능 강조	• 정책대상 집단으로 (전체 국민) 쉽게 결정 • 강제 및 유인으로 일방적 결정전달 매체기능 강조	• 상징정책 • 구성정책 • 여론(홍보) 정책-PR	• 집행이 보다 용이	• 행정 PR • 여론조사 • 상징·의식 상징 • 선거구 조정	• 평가확인 용이 • 평가효과의 가시성 (다소의 갈등 있음)	• 평가의 가시성 • 평가기준 제시용이

출처: 김정헌(1995: 74).

3 사회복지정책의 발달이론

사회복지정책의 형성과 발달에 관하여 사회과학의 여러 영역에서 그 이론적 설명이 시도되어 왔다. 사회복지정책에 대한 기존의 설명이론들을 살펴보면 사회복지정책의 형성과 변천을 크게 인과론적으로 설명하는 이론과 목적론적으로 설명하는 이론으로 대별해 볼 수 있다.

인과론적 이론은 사회복지정책의 형성과 변화를 하나의 사회현상으로 인식하고, 이와 같은 현상의 원인이 되는 요인과 그 결과로서의 정책과의 관계를 설명하는 것으로 이는 보다 거시적 관점에서 구조·기능주의 이론(structure-functional theory)과 갈등주의 이론(conflict theory)으로 분류된다. 또한 목적론적 이론은 사회복지정책의 목적과 이념적 형태를 설명하는 이론이다.

여기서의 구조·기능주의 이론은 사회를 통합적 체계로 보며, 사회제도 및 정책을 그 기능적 측면에서 분석하고, 이러한 제 기능은 사회 전체의 통합(integration)에 기여한다고 본다. 여기에 이 이론은 사회복지정책을 산업화라고 하는 사회구조의 변화에 대응하는 하나의 기능적 필요로 파악하고 있다. 따라서 구조·기능주의의 접근법을 사용한 대표적인 사회복지정책이론이 산업화에 따른 공통적 특성인 합리성이나 기술을 중시하는 수렴이론이다. 한편 갈등주의 이론은 사회를 기본적으로 통합이 아닌 갈등관계로 파악한다.

여기에 사회복지정책을 산업화에 따른 기능적 필요로 보기보다는 집단갈등의 결과로 이해하거나, 그 갈등에 대응하기 위하여 만들어진 것으로 본다. 이러한 갈등주의 접근법을 이용한 대표적 이론이 사회통제이론이다. 이와 같이 사회복지정책의 형성과 변화발달의 설명에 유용한 몇 가지 이론을 살펴보고자 한다.

1) 기능주의 이론(**기능주의적 사회복지관**)

앞에서 살펴본 바와 같이, 사회를 보고 인식하는 사회관에 기초한 사회학 이론은 양대 입장으로 대별된다. 즉, 하나는 사회가치합의에 기초한 통합이론(integration theory), 기능주의 이론(functionalism theory), 행태주의(behaviorism), 체계이론(system theory) 등으로 불리는 입장이고, 다른 하나는 사회의 차별적 이해에 기초한 갈등주의 이론(conflict theory), 강제이론(coercion theory), 마르크스주의(Marxism) 등으로 불리는 입장이다. 다시 말해 전자는 사회구조를 기능적으로 통합된 체제의 측면에서 인식하고, 그 체제는 발전하는 과정의 균형상태로 유지되는 유형화된 체제(patterned system)로 인식한다. 반면에 후자는 사회구조를 힘과 강제에 의하여 유지되는 조직형태로 간주한다.

통합이론의 다른 의미는 기능주의(functionalism)라 할 수 있다. 이 기능주의의 이론은 통합, 조화, 합의의 사회관에 기초하여 발달한 사회학 이론으로서, 사회를 인간의 유기체와 같이 부분이 전체를 구성하고 있는 상호 관련된 일련의 체계로 간주한다.

사회복지에 대한 기능적 접근은 Spencer, Durkheim, Pareto 등의 고전이론가와 Parsons, Merton, Smelser 등의 현대이론가로 나누어 살펴볼 수 있다.

(1) 고전적 기능주의

고전적 기능주의자로 볼 수 있는 Spencer와 Durkheim의 사회복지관은 기본적으로 도덕성에 관심이 많았고 사회조화(social harmony)와 사회연대성(social solidarity)의 주장에 기초하고 있었다. 그러나 국가개입(state intervention)의 문제에 있어서는 서로의 입장이 달랐다. 즉, Durkheim은 현대사회의 복잡성과 확대된 규모 등 조정의 필요성을 인식하여 국가개입이 사회적 연대성을 실현시켜 준다고 보았다. 반면에 Spencer는 자유방임과 개인주의를 강조함으로써 사회조화가 가능하다고 보아 국가개입을 반대하고 자유방임의 사회복지정책을 보호하는 데 관심이 있었다. 이러한 점은 사회를 각 부분이 상호 의존성을 갖는 자율적 체계로 인식, 이것이 효율적이기 위해서는 구조와 기능의 양자가 모두 전문화(specialization)되어야 하고, 사회구조가 더욱 복잡해지고 분화될 때 사회통합의 새로운 형태는 발전한다고 본 Spencer의 기본적 사회관에 기초하고 있다고 볼 수 있다.

한편 현대 기능주의 이론가들에게 가장 영향을 많이 끼친 Durkheim은 Spencer가 말한 현대사회의 사회적 조화가 기본적으로 분업에서 야기된다는 점에 대해서는 공감하였지만 개인 이익의 자유로운 활동이 사회적 연대성의 기반이 된다는 생각에는 반대하였다. 오히려 그는 산업화로 인한 분업이 개인과 사회 간의 상호 의존성을 뚜렷하게 하고 협동과 이타심(利他心)을 위한 새로운 기회를 창조한다고 보았다. 또한 그는 사회의 긴장을 통제할 수 있는 강력하고, 권위적인 도덕적 힘이 부족하여 개인과 사회질서를 안정시키지 못하는 상태, 즉 현대사회의 아노미(anomie) 경향을 지적하면서 여기에, 현대사회에서 공통된 사회적 연대성을 마련해 줄 수 있는 것은 점차 국가로 인정된다고 보았다.

이와 같이 Spencer의 개인주의에 비교된 Durkheim의 집합주의(집합성)에 대한 강조, 국가역할의 증대에 대한 올바른 인식, 그리고 사회적 연대성의 강조 등은 사회복지와 기능주의적 사회관 간의 상관성을 암시하고 있다. Durkheim의 이러한 점들은 특히 Spencer와 더불어 현대 기능주의적 관점에서의 사회복지 분석에 직접적 시사점을 준다.

(2) 현대적 기능주의

현대적 기능주의자로, Parsons, Merton, Smelser 등이 사회복지문제에 다소간의 관심이 있었다고 볼 수 있다. 그러나 비록 이들이 사회복지에 관심이 있었지만 사회복지정책에 대하여 실제적 분석 및 연구를 한 것은 아니었다. 이 책에서는 사회복지정책에 대한 기능주의 이론적 관점에서의 입장을 정리하고자 한다.

첫째, 현대 기능주의적 복지관은 질서유지를 위한 사회통합에 관점을 둔다. 여기에 Parsons는 사회에서의 생존을 위해 4가지의 기능적 요구조건이 충족되어야 한다고 하였다. 즉, 적응(adaption), 목표달성(goal attainment), 통합(integration), 유형유지(pattern-maintenance) 기능이 바로 그것이다.

여기서 적응은 경제적 업무에 관련되고, 목표달성은 정치적인 것에, 통합은 조화와 연대성 유지에 그리고 유형유지는 기본적 가치형태의 지속성과 관련이 있는 것으로 사회의 기본적인 네 가지 기능이라고 보았다. 그런데 현대 기능주의적 관점에서 볼 때 사회복지제도는 통합적 하위체제(sub-system)에 속한다. 여기서의 통합이란 사회체제를 보다 결집시켜, 구성단위 사이의 관계를 보다 조화롭게 하는 과정을 말한다. 그렇다면 먼저 이해를 위해 전제되어야 할 사항은 왜 통합이 모든 집단의 생존을 위해 필수적 사항인가 하는 점이다.

현대 기능주의자들은 이 점에 대해 두 가지 측면에서 답하고 있는데, 그 하나는 어떤 집단이든 생존을 위해 불균형과 갈등을 가능한 한 낮게 유지해야, 즉 체제의 효과적 기능을 위해 불화와 분쟁은 저지되어야 하는데 이와 같이 사회통제 내지 질서유지의 필요성이 사회통합을 형성하게 한다는 것이다. 요컨대, 사회복지와 같은 통합적 제도는 사회안정과 질서유지에 기여하기 때문에 중요하다는 것이다. 즉, 사회복지는 사회통합기능을 가진다는 것이요, 다른 하나는 공동체적 성격을 지닌 어떠한 사회 또는 집단일지라도 그 구성원이 참여하거나 소속감을 원한다면 연대성을 가져야 한다는 점이다. 이는 집단구성원의 관심인 이타심을 나타내는 제도나 실천의 특징을 지적하고 있다. 그런데 이러한 의미에서 사회복지제도는 개인의 욕구를 충족시키고, 결국 이와 같은 활동이 연대성을 높인다.

둘째, 사회의 변화, 발전과 사회복지의 대응관계의 이해라는 관점이다. 현대 기능주의자들은 사회발전을 구조적 분화(structural differentiation)로 이해한다. Smelser는 이러한 관점에서 발전을 분화와 통합의 상호 대응작용으로 규정하고 있다. 즉, 원시사회에서는 인간욕구를 충족시키는 공식조직이 없고, 욕구는 대체로 혈연관계나 지역구조에 의해 충족되어 혈족관계가 사회복지와 관련된 기본적 제도였다. 그러나 사회경제적 발전 및 진보에 따라 전문화된 조직이 나타나게 되는데, 여기서 복지수요를 관리하기 위해 상인길드와 같은 직업단체, 자선단체(대표적 종교단체) 등의 공식·비공식 구제단체가 등장한 것이 중세사회라 할 수 있다.

사회경제적 진보가 더욱 진전됨에 따라 전문화가 더욱 촉진되어 사회구조가 더욱 복잡해지게 된다. 여기에 증가되는 복지수요에 대응하기 위해, 산업사회에서는 정부의 사회복지정책에 의한 복지서비스와 기업 등 자발적 복지단체에 의한 복지서비스가 나타난다.

이상과 같은 기능주의적 복지관은 사회복지정책의 이론적 발달의 분석에 유용한 점이 많으나, 한편 그 개념상의 모호성이나 설명도구로서의 미흡한 면 역시 없지 않다. 이에 기능주의 이론의 비판적 평가와 그 정책적 함의를 간략히 검토하고자 한다.

(3) 기능주의 이론의 평가와 정책적 함의

① 기능주의 이론의 평가

기능주의 이론의 특성이자 장점은 기능주의가 특수한 국가나 사회형태에 관련되어 있는 것이 아니고, 사회일반과 관련되어 있는 그 보편성에 있다. 그러나 이 장점이 다른 측면에서의 단점으로 작용될 수도 있음을 알 수 있는데, 이와 같은 기능주의 복지관의 한계 및 단점을 지적하면 아래와 같다.

첫째, 사회복지정책이 사회통합기능을 수행한다는 것은 정책결과의 한 측면만을 인정한 것이다. 즉, 사회복지정책은 가족 등 혈연관계에서 생성되는 자조 및 상부상조정신을 부정하는 경향이 있는데, Merton은 이를 사회복지정책의 역기능(dysfunction)이라 하고 있다. 다시 말해, 사회제도 및 정책은 체제에 긍정적 측면만 강조하고 부정적 효과와 갈등의 내재를 간과하는 측면이 있다는 것이다.

둘째, 기능주의의 다양성에 관한 인식문제이다. 살펴본 바와 같이 사회복지의 주체가 원시사회에서는 혈족이, 농업사회에서는 종교단체가 그리고 산업사회에서는 국가가 중심을 이루게 됨을 지적하였으나, 기능이 같으면 시대와 나라에 관계없이 사회복지정책이 같을 것이라는 전제는 오늘날 각국의 사회복지정책과 제도의 다양성을 고려할 때 상당히 이해하기 어렵다. 다시 말해, 사회발전단계가 같으면 같은 제도적 형태와 기능을 가진다는 인식은 문제가 있다는 것이다.

셋째, 사회복지정책의 의도와 그 실제적 정책결과 사이의 괴리(discrepancy)문제이다. 즉, 사회복지정책의 의도된 결과와 의도되지 않은 결과 사이의 구분이 확실치 않다는 것이다. 이는 기능주의자들의 국가개입논리가 의도된 효과에 초점을 두는 것은 의도되지 않은 결과의 위험성 역시 다분히 내포하고 있다는 것이다.

넷째, 기능주의는 발전을 구조적 분화 내지 전문화로 파악하지만, 실제 발전의 배경에는 가치와 이념, 소득, 지위, 세력변화, 통합 등 다양한 요인이 작용하고 있는 점을 간과하고 있는 것이다.

다섯째, 기능주의는 변화와 발전을 체제의 적응과정으로 인식하고 있다. 그러나 이러한 관념으로 사회복지정책의 획기적 발전과 본질적 변화를 설명하기는 어렵다. 오히려 이와 같은 변화 및 발전은 사회불평등과 계급 간의 갈등에 기초한 마르크스 이론이 더욱 설명력이 있다고 볼 수 있다.

② 기능주의 이론의 정책적 함의

지금까지 살펴본 기능주의가 사회복지정책의 합리화에 기여하는 측면에 대해 간단히 지적하고자 한다.

첫째, 기능주의는 Merton의 역기능(dysfunction)적 측면의 지적에도 불구하고, 사회복지정책이 사회 전체에 긍정적 공헌을 하고 있음을 밝히고 있다.

둘째, 기능주의는 과학주의, 즉 가치중립적 접근법으로 인식, 묘사되고 있다. 그 결과 사회복지정책 및 제도의 형성, 집행, 그리고 평가에 있어 그 유용성이 제한된다.

셋째, 기능주의는 사회적 통합 및 합의의 관념으로서 지배계급과의 동질성, 검증을 회피하고 있다. 그리하여 통합이나 사회통제라는 중립적 개념으로 사회복지정책에 내재하고 있는 계급관계, 세력, 불평등문제를 은폐 내지 완화시키고 있다.

이상의 논의결과를 종합해 보면, 기능주의 이론은 자유방임주의를 배제하고 사회복지정책을 설명할 수 있는 힘을 많이 갖고 있다. 그러나 아직 사회복지정책문제에 대한 관심 소홀과 이 분야에 대한 이론 개발이 미흡하다. 그래서 한편의 기능주의자들은 복지국가의 경제 및 다른 영역에 대한 정부개입에 대하여 지지하고 있는가 하면 다른 한편의 기능주의자들은 1960년대 미국에서 드러난 복지위기에 대하여 즉각적 대응방향을 제시하지 못하고 있다. 더구나 1970년대 자본주의 경제의 어려움으로 인한 복지국가 위기론의 등장으로, 조화 , 균형, 통합 등의 가치함의를 가진 기능주의 이론이 평가절하 내지 비판받고 있다. 그러나 아직도 사회복지정책과 관련하여 볼 때 기능주의 이론의 설명력을 능가하는 이론이 나타나지 않고 있다.

2) 수렴이론(기술주의적 사회복지관)

수렴이론 및 기술주의적 사회복지관은 사회복지정책과 제도를 산업화의 산물로 간주한다. 사회복지정책의 결정과 복지제도의 구조적 형태에 영향을 미치는 것은 정치체제요소가 아니라 산업화의 요소이며, 여기에 산업화 정도가 같다면 자본주의나 사회주의 사회에 관계없이 사회복지정책의 구조와 내용이 유사하다는 것이 이 이론의 핵심으로 볼 수 있다. 다시 말해, 산업사회의 사회구조에 가장 중요한 결정인자는 이데올로기도, 계급갈등도, 문화도 아닌 오직 기술(technology) 내지 합리성(rationality)이라는 것이다.

이러한 관점의 주장들은 제2차 세계대전 후의 사회 및 경제학자 Bell, Marcuse, Galbraith, Kerr 등이 '이데올로기 종말', '다원적 산업주의' 등을 지적하면서 산업의 고도화는 계층 간, 체제 간의 간격을 좁히고 대립된 양자가 서로 닮아 간다는 수렴이론(convergence theory)을 주장하였다. 이러한 수렴이론의 기본적 전제는, 본질적으로 기능주의에 기초하고 있다고 할 수 있다. 다만 기능주의는 사회체제의 통합과 기능을 전제하고 있는 데 반하여 수렴이론은 보다 구체적으로 산업과 경제발전을 중심적 과제로 인식할 뿐만 아니라 사회구조를 기능적으로 통합하는 데 핵심적 요건으로 합리적 기술을 강조한다. 여기에 수렴이론 및 기술이론의 내용을 좀 더 구체적으로 살펴보고, 사회복지정책적 측면에서 그 설명력을 검토해 보자.

(1) 수렴이론의 내용

산업화라는 요인이 사회복지정책에 어떠한 영향을 미치는지를 살펴보면 수렴이론의 내용을 보다 잘 이해할 수 있을 것이다. 먼저 산업화는 생계수단 및 노동력의 성격을 변화시킨다. 농업사회에서의 생계수단은 소유농토다. 그러나 산업사회에서의 생계수단은 노동력이다. 그래서 농업사회에서의 자영업자, 농민, 장인 등이 노동력을 제공하고 임금을 받아 생활하는 임금노동자로 대체된다.

그렇다 보니 산업사회에서는 소득의 중단을 가져오는 실업, 질병, 산업재해, 노령 등은 생활 및 생존에 심각한 문제를 야기한다. 또한 산업화로 인한 도시화 현상은 건강, 주택, 환경오염, 범죄, 빈곤, 교통문제를 야기한다. 이러한 변화에 대한 가족이나 지역사회(단체)와 같은 전통적 지원기관의 대응능력이 약화된다. 이러한 다양한 문제해결, 욕구충족을 위해 자선단체, 기업, 국가와 같은 공식적으로 조직화된 복지기관의 기능강화가 요청된다.

요컨대, 산업화(industrialization)가 공식적으로 전문화되고, 구조적으로 분화된 복지주체(기관)의 성장을 위한 전제조건을 조성케 한다는 것이다. 그러나 산업화의 초기단계에서는 사회복지정책이나 제도의 형태가 다양하다. 이는 사회구조 및 제도의 형성에 영향을 미치는 산업화 엘리트들이 자신들의 지지 이데올로기나 이해(利害)에 따라 다양하게 구조 및 제도를 형성하기 때문이다.

예를 들어 중산층 엘리트들은 시장의 기능을 중요시하여 자원과 보상의 배분에 있어 시장기능의 극대화와 국가개입의 극소화를 주장한다. 따라서 중산층 엘리트가 지배하는 사회에서는 잔여적(residual) 복지제도 및 정책이 마련되고, 국가복지기관의 역할은 매우 한정적일 것이다. 반면에 산업화가 전제적으로 국가의 전통집단에 의하여 추진되는 독일이나 일본 같은 나라에서 사회복지정책은 가부장적이 된다. 국가는 근로자 복지를 당연한 것으로 받아들이는 대신 근로자의 충성을 당연한 것으로 기대한다. 여기에 복지의 형태는 중산층 엘리트가 지배하는 사회보다 집단적이며 제도적(institutional) 형태를 띠게 된다.

공산주의자가 산업화를 추진하게 되면 국가기능은 포괄적이 된다. 공산주의는 완전한 집단주의(collectivism)이므로, 개인은 집단에 종속되어 국가가 개인의 욕구충족을 위한 책임주체가 된다. 이렇게 볼 때 공산주의자들의 사회복지정책은 적어도 이념상으로는 자유주의의 정반대이다. 즉, 국가가 모든 국민을 대상으로 광범위한 복지서비스 제공을 위한 규범 및 정책을 마련하게 된다. 이와 같이 산업화 지배주체에 따라 사회복지정책이 다양하고 제도적 형태가 상이한 것은 산업화의 초기단계에 한정된다. 산업화가 점차 진전됨에 따라 이러한 차이는 줄어든다는 것이 수렴이론의 주장이다. 이는 다시 말해 산업화가 각국의 공통적 사회복지정책 및 제도를 추구하게 한다는 것이다.

즉, 산업사회에서는 정치체제나 이데올로기와 관계없이 국가와 기업이 인간의 기본적 욕구를 충족시키는 데 중요한 역할을 한다는 것은 부인할 수 없다. 이렇게 볼 때 결국 수렴이론은 산업화 초기에는 사회복지정책이 지배엘리트 또는 사회계급과 그 이데올로기에 따라 다르지만, 고도산업사회에 이르게 되면 사회복지정책의 형태가 제도적(institutional) 유형으로 닮아 간다(수렴해 간다)는 것이다.

(2) 수렴이론의 평가

수렴이론은 과연 사회구조와 사회복지정책과의 관계를 얼마나 잘 설명할 수 있겠는가? 이에 대한 답은 결론적으로 사회발전과정을 단계화한다는 것이 문제로 지적되고 있지만, 수렴이론은 사회복지정책결정과 분석에 있어서 매우 유용한 것으로 평가된다. 즉, 수렴이론은 우선 그 설명대상이 매우 광범위하다는 장점이 있다. 다시 말해, 그 설명대상이 자본주의 사회에 국한되어 있는 것도 아니며, 법적 제도에 한정되어 있지도 않다. 또한 사회복지정책을 사회구조와 관련하여(산업화 단계) 설명하는 점도 무척 흥미롭다. 이는 수렴이론에 있어서 산업화 발전단계의 관념은 경제발전단계에 있어서 어떠한 사회복지정책과 조직 및 자원이 적절할 것인지를 암시해준다고 볼 수 있기 때문이다. 이와 같은 장점에도 불구하고 수렴이론의 한계에 대한 지적도 적지 않다. 이를 간단히 살펴보면 아래와 같다.

첫째, 수렴이론의 결정론적 견해(deterministic view)에 대한 비판이다. 사회복지정책의 성격을 기술과 경제가 결정한다는 것은 사회복지정책이 어떠한 가치의 선택일 수 있는 가능성(정치적 · 규범적 요인)을 배제시키는 결과를 초래한다. 다시 말해, 수렴이론은 경제발전과 사회구조와의 관계에 영향을 미칠 수 있는 정책대안의 존재가능성을 무시한 지나친 결정론적 견해로서 정책의 현실적합성 내지 실현가능성(feasibility)과 정책대안의 개발에 대한 한계를 지적하지 않을 수 없다.

둘째, 수렴이론이 산업화 이후에는 기술 및 경제적 요인이 사회복지정책에 미치는 영향을 거의 고려하지 않는다는 점에 대한 비판이다. 즉, 산업화 초기단계에서는 사회복지정책을 결정하는 데 문화(culture), 이데올로기(ideology), 엘리트(elite)의 성격 등의 요인이 영향을 미친다고 보지만, 산업화 이후의 고도선진산업화 사회에서는 문화, 이데올로기, 계급 간의 갈등, 정치적 신념, 역사의 지속성 같은 요인이 사회구조나 사회복지정책결정에 영향을 미치지 않는다는 지적은 확실한 근거 없이 믿기 어렵다는 것이다.

셋째, 수렴이론에는 여타 이론(시민권 이론)과 같은 사회복지정책의 발전방향을 제시해 줄 수 있는 기본적 개념이 없다는 지적이다. 다시 말해, 사회복지정책이 산업화의 부산물로 불가피하게 나타나는 것으로 간주하기 때문에 고도산업사회에 가장 적합한 복지형태를 제시하는 것 이외에 어떤 정책방향을 제시하지 못한다는 것이다.

넷째, 수렴이론의 설명력은 시대적 상황에 따라 다르다는 점이다. 즉, 1950년대 완전고용을 토대로 한 서구의 선진산업사회, 풍요한 사회에 등장한 수렴이론이 1960~1970년대의 경제위기 때에 퇴색하다가 1980년 경제회복과 궤를 같이하여 다시 회생의 조짐을 보이고 있다는 것이다. 이렇게 인식하더라도 수렴이론은 사회가 본질적으로 기술 및 경제(합리성)적 해결방법으로 충분히 대응할 수 있을 만큼 단순하지 않다는 점을 간과함으로써 그 이론적 취약성을 면하기 어렵다는 것이다.

3) 시민권 이론

(1) 시민권 이론의 내용

시민권적 복지이론은 T. H. Marshall의 「시민권과 사회계급」이라는 논문에서 처음으로 찾아볼 수 있는데, 그는 주로 시민권적 권리(citizenship right)의 개발과 그것이 사회불평등에 미친 영향분석에 관심을 두었다. 그에 의하면 이러한 권리(시민권)는 공민적(civil), 정치적(political), 사회적(social)이라는 3가지 요소로 구성되어 있다.

첫째, 공민권은 법 앞에 개인적 자유와 평등을 보장하는 것과 관련된 것으로, 법적 제도에 부여되어 발생된다.

둘째, 정치권은 투표권과 공공기관에 접근할 권리와 같은 정치적 참정권을 의미하는 것으로 정치제도에 부여되어 발생한다.

셋째, 복지권 내지 사회권은 사회의 지배적 기준에 의하여 시민으로서의 문명인 생활과 사회적 유산의 몫을 충분히 분배받을 수 있는 권리, 즉 적은 양의 경제적 복지와 보장에 대한 권리를 의미하며, 복지서비스 제도 및 사회봉사에 부여되어 발생한다. 한편 Marshall이 이러한 권리의 발전을 살펴본 결과 공민적 권리는 18세기, 정치적 권리는 19세기, 그리고 복지권은 20세기에 발전되었다는 사실을 알 수 있었다고 한다.

이러한 시민권의 발전은 초기에 비하여 점차적으로 그 향유하는 사람의 범위가 확대되어 갔다. 정치적 권리는 영국에서조차 귀족에게 국한되었다가 중산층, 그리고 노동자, 부녀자에게까지 확대되었으며 복지권은 처음 빈민에게 제한되었다가 나중에 노동자계급 마침내 전 국민에게로까지 확대되고 있다. Marshall에 의하면 현대사회는 전 산업사회의 전형적인 귀속적(ascribed) 지위에 기반을 둔 전통적 사회연대성과는 다른 결합형태를 요구한다고 한다.

다시 말해, Marshall의 시민권적 권리는 현대사회의 사회적 연대성에서 직접 생성, 제공된 것이다. 이렇게 하여 시민권은 국가구성원으로서의 평등한 지위를 형성하게 된다. 그러나 시민권의 균등한 신분은 다른 측면에서 볼 때, 사회적 불평등과는 모순되므로 시민권의 성장을 자본주의의 발전과 일치시키는 Marshall의 입장은 무리가 있다. 그렇지만 Marshall이 시민권의 평등성과 자본주의의 불평등성 사이에 갈등이 있다는 것을 전혀 인정하지 않는 것은 아니라 Marshall은 복지국가를 사회주의적 혹은 평등주의적 제도로 보아 왔던 사회민주주의보다도 오히려 마르크스주의에 가까운 입장이다.

그러나 공동체와 연대성을 강조하는 면에서 볼 때 시민권적 복지관은 기능주의적 접근방법에 가깝다고 할 수 있다. 아울러 Marshall의 시민권의 발전에 대한 생각도 기능주의와 유사하다. 발전과정에 갈등이 거의 없고 발전이 직선적이거나 점진적이라고 보기 때문이다. 그러나 실제 복지권은 역사적으로 많은 굴곡을 거듭하면서 급격하게 발전되어 왔기 때문에 그 발전을 직선적 내지 점진적인 것으로 보는 것도 정확하지 않다. 다시 말하면, 시민권은 국민된 자격임을 표시하고 동시에 국민으로서의 권리와 의무를 지니고 있음을 말한다. 그리고 세 가지 요소의 관계(순환적 상호보완관계)에 대하여 Marshall은 공민권과 정치권은 사회적 권리 내지 복지권의 발전을 도우며 동시에 복지권은 결국 시민권, 정치권의 양 권리가 완전하고 적절한 행사를 할 수 있도록 보장한다고 한다.

(2) 시민권 이론의 평가

시민권 이론이 사회복지정책이나 복지제도를 설명하는 데 어느 정도 설명력이 있을까? 이에 대한 해답을 구하기 위해서는 우선, 시민권적 복지관의 특성과 문제점이 무엇인지를 살펴볼 필요가 있다.

첫째, 시민권적 복지이론은 법률적 복지에 한정되어 있기 때문에 사회봉사 등의 복지형태를 포괄하기가 어렵다. 말하자면, 일반적 사회복지정책을 분석하거나 설명하기에는 개념적 카테고리가 너무 좁다는 것이다.

둘째, 시민권으로서의 복지개념은 서구 민주사회에 한정되어 지역적으로도 지나치게 국한되어 있다. 즉, 시민권적 복지관념은 소련과 같은 공산주의 사회나 동남아시아의 개발도상국에서는 제대로 통용되기 힘들기 때문이다. 뿐만 아니라 사회복지에 대한 사회적 권리의 관념은 서구 민주주의 사회에서도 서로 같은 것은 아니다.

셋째, 복지국가의 특성으로 볼 수 있는 사회적 권리 내지 복지권의 개념이 구체적으로 명료하게 규정되어 있지 못하다.

넷째, 사회적 권리를 공민적 · 정치적 권리와 같은 차원의 개념으로 볼 수 있는가 하는 점이다. 실제 서구 민주주의 사회에서 공민적 권리와 정치적 권리는 논란의 대상이 되지 않았으나 사회권은 많은 의견의 대립이 있어 왔다. 이는 근본적으로 권리의 본질이 같지 않기 때문이다. 공민권과 정치권은 게임의 법칙을 정하는 것인 데 반하여 사회권은 게임의 결과에 대한 분배에 영향을 미치고 있는 것이다. 이와 같음에도 불구하고 시민권 이론은 권리의 속성에 있어서 이러한 기본적 차이가 있음을 간과하고 있다.

이렇게 볼 때, 시민권적 복지관은 현대산업사회의 복지 성격과 사회복지정책의 발달과정을 설명하는 준거틀(the framework of reference)로서는 불충분하다고 평가할 수밖에 없다. 하지만 그럼에도 불구하고 자본주의의 변화과정을 사회복지정책과 연계시키고 국민적 혹은 사회적 최소한(a basic minimum of social or national provision)의 원리를 제시하였으며, 복지서비스가 현대사회의 존립조건인 연대성을 창조 · 유지시킨다는 것을 밝힌 점 등은 높이 평가하지 않을 수 없다.

(3) 정책적 함의

사회복지정책에 대하여 시민권 이론이 갖는 기본적 가치는 정책의 정당성에 대한 철학적 기반을 제공하는 데 있다. 왜냐하면 시민권 이론에 의하면 복지서비스가 보편적이고 포괄적인 권리가 되기 때문이다. 그렇다고 시민권에 바탕을 둔 사회복지정책을 형성하는 데 문제가 없는 것은 아니다.

첫째, 의문이 제기되는 것은 시민권 사상이 자원배분의 기초로서 자본주의 가치나 지배적 신념과 어떻게 양립할 수 있겠는가 하는 문제이다. 즉, 복지권을 형성하는 재화, 서비스 유형, 복지배분기준이 선험적으로 결정되어 있는 것이 아니라는 점

등이 시민권 이론의 정책적 유용성에 제약을 가하고 있는 것이다.

둘째, 시민권 이론에 의한 사회복지정책의 결정 및 집행과정에서 형식적으로 존재하는 사회적 권리(복지권)와 이를 실천하는 과정에서 존재하는 괴리(discrepancy) 내지 갭(gap)의 문제이다. 다시 말해, 형식적으로 평등한 입장에 있는 시민이 모두 동등한 복지서비스를 받게 되면 실제 혜택이 필요하지 않은 사람이 복지서비스를 받는 결과가 초래된다. 여기에 어떻게 빈민, 요구호자에게 적절한 복지서비스를 받게 하느냐 하는 문제와 고객(복지서비스 수혜대상자)을 어떻게 평등하게 취급하느냐 하는 것이 과제이다.

셋째, 시민권 이론을 정책과정에 실제 원용할 때 사회복지정책결정에 대한 민주적 통제와 고객의 사회복지정책결정에의 참여확대문제, 이해 당사자의 타협과 합의, 경제적 상황에 대한 고려 등에 유념할 필요가 있다는 점 등이다.

4) 갈등주의 이론(마르크스주의적 사회복지관)

일반적으로 갈등이론은 한때 마르크스주의로 인식되기도 하였으나, 이는 고전이론이고, 현대 갈등이론은 오히려 이를 비판하는 입장에 서 있는 신갈등이론(new conflict theory)이다. 즉, 갈등주의적 복지관은 마르크스와 같은 고전이론가와 Saville, Sweezy, Mandal과 같은 신마르크스주의(new-Marxist)자 또는 신갈등이론가의 견해에서 찾아볼 수 있다.

(1) 마르크스주의 복지이론

마르크시즘(Marxism)은 사회복지정책을 설명하는 데 매우 설득력 있는 이론적 도구의 하나로 간주된다. 이러한 마르크시즘은 복지국가가 자본주의의 발전을 위한 필요성에 의해 기능적으로 배태되었을 뿐만 아니라 노동자계급의 정치적 투쟁의 결과로서 생성되었다는 모순적 성격을 이해하게 한다. 즉, 마르크스는 복지를 연대성(solidarity)과 협동(cooperation)의 가치에 기초한 사회규범으로 파악하였다. 그런데 이러한 복지조건이 자본주의 제도 및 가치와는 모순된 것이라고 한다.

왜냐하면 자본주의하에서는 소득과 생활이 거의 대부분 비인간적 시장기구에 의해 지배되고 이러한 시장과 물질(현금)의 지배는 결과적으로 인간의 요구와 사회연대성을 부정할 수밖에 없다는 것이다. 이에 마르크스의 복지가치와 규범이 역사상으로 사회구조의 다양한 형태와 어떻게 연관되어 있는지를 이해하기 위해 마르크스 이론의 기본적 특성 및 그 타당성 여부를 간략하게 살펴보고자 한다.

첫째, 자본주의 제도와 가치는 복지사회와 모순된다는 점이다. 마르크스는 자본주의의 내적 모순(internal contradiction)으로 생산력과 생산관계 사이의 모순, 이윤율 저하의 법칙에 대한 자본주의 존재 자체의 모순, 정치경제적 모순, 복지와 생산성과의 모순 등을 지적하고 있다. 즉, 자본주의의 가장 중요한 모순은 생산력과 생산관계의 모순인데 이는 생산력을 가진 생산집단에 의한 생산잉여분이 배분되지 않고, 생산과정이 통제되어 극히 소수의 가진 자(중세 : 귀족, 교회, 근대 : 토지, 자본 등의 생산수단 소유자, 자본가, 주주 등)의 수중에 들어가 독점된다. 생산력과 생산관계의 이러한 모순은 결국 계급투쟁을 야기하고, 나아가 자본주의 사회질서의 붕괴를 초래하게 된다는 것이다.

둘째, 자본주의 국가는 두 가지의 상호 모순된 기능을 수행하지 않으면 안 된다고 마르크스주의자는 보았다. 즉, 자본축적과 정당화 기능인데, 자본주의의 확대, 발전을 위해서는 자본축적이 필요한 데 반하여 소수 몇 사람의 자본축적에 대한 사회적 불만 및 불안의 제거로 체제존립 자체의 정당성을 유지, 확보하기 위해 복지활동을 더욱 확대하게 되고 결국은 이로 인한 재정위기에 직면하게 된다는, 자본주의 존재 자체가 모순이라는 점과 자본주의 국가의 정치경제적 모순을 지적하고 있다. 그리고 최근에는 비마르크스주의자들에 의해 복지국가를 지지하기 위해 요구되는 높은 생산성과 생산성을 저하시키는 사회복지정책 사이에는 본질적 갈등이 존재한다고 주장되고 있다. 즉, 자본주의는 분명히 복지국가를 요구하고 있지만 다량의 거대하게 요구되는 복지서비스의 파괴적 잠재력 때문에 결국 복지국가는 더 이상 지탱할 수 없다는 주장이 제기되고 있다.

(2) 마르크스의 복지모순론에 대한 비판

지금까지 살펴본 바와 같이, 자본주의가 구조적으로, 존재론적으로 모순성을 내포하고 있고 자본주의의 확대·발전을 위한 사회복지정책으로 인해 그 모순성이 더욱 가중되어 붕괴위기에 직면하고 있다는 마르크스의 주장은 피상적으로 보아서는 상당한 설득력이 있어 보인다. 그러나 이러한 주장들은 아래와 같은 정당성 여부에 대한 비판을 면치 못한다.

첫째, 복지비의 증대가 노동생산성을 저하시켜야 한다는 점이다. 20세기 후반 유류파동 이후 영국과 같은 복지국가에서는 어느 정도 이러한 사실들이 일어났으나, 스칸디나비아 제국, 즉 스웨덴, 오스트리아 같은 복지국가에서는 이와 상반된 사실들이 나타났다. 즉, 복지가 생산성에 어떠한 영향을 미치느냐 하는 것은 다양한 요인, 복지서비스의 규모, 대상결정방법에 따라 다르며 복지와 생산성의 관계가 부정적 효과 내지 상충관계(trade-off)만을 가진다고 판단할 수 없다는 점이다.

둘째, 복지수혜자가 복지서비스를 받고 나서도 계속 투쟁적이어야 한다는 점이다. 이는 자본주의 체제의 노동계급에 대한 통제효과가 나타나지 않아야 한다는 것인데, 이와 같은 사회복지정책이 개인에게 미치는 영향은 긍정 및 부정의 양 측면을 고려할 수 있다. 긍정적 측면은 사회복지정책의 복지서비스를 통해 개인적 능력이 증대되는 것이고, 부정적 측면은 국민이 자본주의 사회에 적응하도록 통제·억압함으로써 개인적 영향력을 축소시키는 것이다. 복지의 이와 같은 통제효과를 입증할 만한 자료는 없지만, 사회복지정책의 각종 서비스가 자본주의 이데올로기를 쉽게 받아들이도록 작용하거나, 사람을 길들이지 말라는 법도 없다. 즉, 사회복지정책의 음모이론(a conspiracy theory of welfare policy)에 의해 의도적이든, 전혀 예상하지 못한 것이든, 사회복지정책이 빈민이나 노동자계급을 비투쟁적으로 순화시킴으로써 자본주의 사회의 안전장치로서의 역할을 수행한다는 것은 널리 인식되고 있다.

셋째, 사회복지정책 실시로 지배계급이 상대적으로 약화되어야 한다는 점이다. 그러나 실제로 이러한 가설은 쉽게 맞아 들어갈 것 같지 않다. 왜냐하면 자본주의 국가는 결국 힘과 영향력이 지대한 지배계급의 이익에 반(反)하는 행동을 하기가 어렵기 때문이다.

이는 복지국가가 노동계급의 요구에 부응하는 한편, 노동자계급에 대한 억압과 통제를 통하여 지배계급의 이익에도 역시 봉사한다는 것을 의미한다. 이렇게 볼 때, 복지국가의 모순이라는 관념은 어떤 면에서 자본주의와 복지국가를 설명하는 데 어느 정도의 설득력은 있으나 현상의 기술(記述)과 분석(分析)을 위한 정확한 도구는 될 수 없고, 자본주의 국가에 대한 마르크시스트들의 이론적 취약성을 보완하기 위한 일종의 고립전략이라고 보아야 한다.

(3) 신갈등주의 이론

신갈등주의적 복지관은 신마르크스주의자(Mandal, Baran, Sweezy)와 Dahrendorf의 견해로 나누어 볼 수 있다. 먼저 신마르크스주의자들은 자본주의 사회에서도 복지의 발전이 가능하다고 보고 있으며 이는 국가의 적극적 개입(state interventionizm)에 의해 가능하다고 인식한다.

즉, 신마르크스주의자들이 강조한 자본주의 경제의 변화, 다시 말해 기업경쟁에서 통합적이고 독점적인 성질로의 변화가 체제의 효율성을 증진시키기 위한 것으로, 이는 대기업의 규모와 자본집약적 기능이 투자뿐만 아니라 소비의 안정을 요망케 한다는 것을 의미한다. 여기에 소비의 안정을 보장하기 위하여 경제생활의 국가개입이 필요해진다. 사회보험, 사회보장, 실업보상 등의 제도가 이러한 소비의 안정성을 가능하게 한다는 것이다.

다른 한편 체제통합을 위한 복지관은 Dahrendorf에서 발견할 수 있다. 그는 산업사회에 있어서 계급갈등의 제도화와 산업민주주의의 발전 때문에 산업갈등으로 야기되는 폭력성이 감소되는 경향이 있다고 한다.

여기에 그는 선진자본주의 국가의 산업민주주의를 위해 ① 대립된 이익집단, ② 이러한 집단이 만날 수 있는 의회와 같은 협의체 구성, ③ 중재와 조정제도, ④ 개별기업에 있어서의 공식적 노동자 대표, ⑤ 산업경영에의 노동자 참여의 제도화 등 5가지 요소를 제안하고 있다.

이러한 조정에 의하여 계급갈등이 해소되면 체제통합이 가능하다는 것이다. 최근 유럽에서는 이러한 제도로서 노사의 공동경영참여, 즉 노사협의제도가 각국에 따라 상이하나, 보편화되어 가고 있다.

Dahrendorf의 입장은 앞서의 신마르크스주의자와도 다르며 마르크스의 갈등주의와도 다르다. 그는 신보수주의적 입장에서 복지문제를 보고 있다. 즉, 마르크스는 갈등(conflict)을 생산관계에서 일어나는 폭력적 성격으로 보고 있으나 Dahrendorf는 분배(권위)관계에서 야기되는 보편적인 잠재적 갈등으로 이해한다. 같은 갈등모형이지만, Dahrendorf의 입장은 평화적 방법(제도)에 의하여 해결되는 것을 이상적으로 생각하고 있다. 이러한 신갈등주의적 복지관은 다음과 같은 정치적 의미가 내재되어 있다.

첫째, 사회개혁과 사회봉사의 발전이 자본주의 사회에 있어서도 가능하다고 인식한다.

둘째, 복지국가는 계급구조 및 자본주의 경제의 변화를 도모할 수 없기 때문에 사회개혁은 마르크스주의자의 가치체계에 있어서는 높은 평가를 받지 못한다.

셋째, 신갈등주의 이론은 복지국가를 유지하기 위하여 노동계급의 입장에서 끊임없는 투쟁의 필요성을 암시하고 있다.

5) 사회복지정책의 발달근거이론

사회복지제도나 사회복지정책의 변천과정을 설명할 수 있는 이론(가설)으로서 서구 자본주의 국가를 대상으로 발전되어 온 사회양심이론(the social conscience theory), 합리이론(the rationality theory), 테크놀로지 이론(the technology theory), 시민권 이론(the citizenship theory), 사회정의이론(the social justice theory) 및 음모이론(the conspiracy theory)과 식민지를 경험한 제3세계 및 개발도상국의 경우, 서구 선진자본주의 국가와는 달리 그 발달맥락의 상이성으로 인해 다른 차원에서 접근하고 있는 Macpherson의 종속이론과 Midgley의 확산이론 등이 있다(김상균, 1990 : 86-102; Macpherson, 1982 : 45 ; Midgley, 1981 : 167-188).

복지제도 및 정책이 그 발달과정에서 어떤 동기와 사회적 배경에 의해서 변천하였는지를 규명하기 위해 이론화된 서구사회의 복지제도 발달의 제 가설이론은 앞의 사회복지정책이론과 다소 중복되는 감이 있으나 이를 간략히 살펴보면 다음과 같다.

(1) 사회양심이론

사회양심이론(the social conscience theory)은 사회적 양심이 확산되어 박애주의자나 사회사업가의 지지에 의하여 사회복지제도와 사회복지정책이 발전하였다는 가설이다. 그러나 이러한 사회양심이론에 의한 사회복지정책 발전은 단선적이고 낙관적으로 보일 수도 있다는 점이 지적된다. 즉, 선(善)이란 인간의 본성임에도 불구하고 사회복지정책을 양심적 산물로만 볼 수 없다는 것이다. 이러한 비판적 논의에도 불구하고 사회서비스 측면에서는 더욱 확대되고 제도화되고 있는 점에서 이 가설이론은 사회통합의 기초를 이루고 있다고 할 수 있다.

(2) 합리이론

합리이론(the rationality theory)에 의한 복지제도 발달이론은 현대사회에서 사회복지정책의 불가피성과 변화의 배경을 현대사회의 산업화라는 맥락에서 찾고 있다. 즉, 이는 산업화에 따른 사회 제 문제해결을 합리적으로 처리하려는 제도와 방법을 찾는 과정에서 사회복지정책이 발전되었다는 것이다. 그래서 제일 먼저 산업사회가 도래한 영국에서는 국가적 차원에서 복지제도의 개선에 큰 반향을 가져왔다는 가설이론이다. 그러나 합리이론에 대해 특정한 사안(事案)이 사회문제가 되는 점에 대한 본질을 파악하지 못하여 특정 집단이 불이익이나 고통을 당하고 있는데도 그것이 사회문제화되지 않을 시 그 이유를 밝힐 수 없다는 이론적 약점과 함께 합리적이라고 생각되고 있는 사회복지제도가 사회변동의 원인이 될 수 있다는 점 또한 지적된다.

(3) 테크놀로지 이론

이 이론은 복지 관련 전문관료들의 전문기술에 의해 사회복지제도가 발전되고 확대되었다는 이론이다(Carrier & Kendall, 1997 : 209-224). 물론 현대사회에서 행정가들의 전문성이 더욱 효과를 발휘하고 기술적으로 사회복지정책분야 발전에 기여하고 있다는 것은 수용된다. 그러나 이 가설이론도 인간과 사회의 역동적 변화를 일반적으로 설명하기 어렵고, 계층과 이해집단의 가치기준을 이 이론으로 설명할 수 없다는 비판이 제기된다.

(4) 시민권론

이 이론의 가설은 시민의 권리에 의해서 곧 복지제도가 진화되고 발전하였다는 것이다. 예컨대, 영국사회는 18~19C가 지나면서 공민권이 확립되고 20C에 들어오면서 정치권이 확립되었으며 20C 중반에는 사회권이 확립되어 개인의 생활수준이 정치적으로 보장되었다. 여기에 복지제도는 사회권 확립에 의해 진화되었다고 볼 수 있다는 것이다. 그러나 시민권은 공공서비스와 계층별 분배체계가 시장경제의 메커니즘에 모순이 있음을 간과하고 있고 또한 사회복지 개념을 제도에 의한 시민의 권리로만 이해한다는 것은 매우 제한적 입장이라 하겠다. 예컨대, 직업복지나 민간복지 등의 영역 변천에 대한 설명은 불가능하다.

(5) 사회정의이론

사회정의이론(the social justice theory)은 사회복지정책이 사회정의의 개념 변화로 이루어졌다고 보는 이론이다. 이것은 봉건시대에서의 사회정의는 기득권 보호가 1차적이었고 극빈자 몫은 2차적이었으나 시장체계라는 사회적 변화에 적응하기 위한 분배적 정의(distributive justice) 개념이 확산되면서 복지제도 발전에 영향을 미친 이론이라고 하겠다.

(6) 음모이론

이 가설이론은 이미 언급한 사회양심이론과 어느 의미에서 배치되는 이론으로서 기득권 유지와 사회안정을 위해 사회통제를 목적으로 한 음모적 배려를 사회복지정책으로 이해하는 것이다. 즉, 사회복지제도 발전은 진화과정이 아니라 개선과 악화를 왕복하는 것으로 해석하는 것이다. 다시 말해, 음모이론으로 이해할 때 정책결정자의 의도(음모)를 위해 사회적 현상을 과소평가하여 비도덕적 결과를 초래할 수 있다는 것이다. 예컨대, 정권의 정통성(legitimacy)이 결여된 당시의 사회복지비 지출은 언제나 커졌고 비용이 안 드는 제도나 법률의 제정이 늘었다는 점을 들 수 있다.

(7) 종속이론

종속이론(the dependency theory)[6]은 제2차 세계대전 이후 식민국가들의 복지제도 변천을 설명하려는 가설이론으로서 식민국가가 종주국의 이익에 도움이 될 수 있는 방향으로 사회복지제도가 운영되었고, 독립 이후에도 그 제도 등이 그대로 모방되거나 유지되는 현상을 말한다. 예컨대, 한국의 일제강점기와 미군정기의 사회복지정책 등을 꼽을 수 있다. 그러나 지역 간의 문제에서 종속적 복지제도와 비종속적 복지제도를 구분하지 못하면서 자국의 잠재력 발달과 민족사에 대한 정확한 이해를 방해할 소지가 있는 복지제도 발달이론이다.

지금까지 살펴본 복지제도 발달이론은 각 가설이론이 독립된 것이 아니라 상호 연계성을 가지고 보완적 관계에서 논의될 수 있다.

6) 사회복지정책의 정책환경연구이론

사회복지정책의 정책환경연구는 현재까지의 연구결과를 한 마디로 간단히 말하자면, 분석의 방법과 수준, 범위, 연구대상자 및 초점 등이 연구자에 따라 달라짐에 의해 연구결과가 서로 상이한 결과를 나타내고 있다고 볼 수 있다. 특히 국내적 정책

6) Macpherson은 그의 저서 『*Social Policy in the Third World*』(1982 : 12-13)에서 사회의 제 조건과 경제적 성장관계는 동일한 역동적 관계로 인정되어야 하기 때문에 경제변화의 지배적 형태는 사회적 불평등이 특징으로 되는 사회정책 저개발의 주 요인이 된다고 하였다.

환경의 연구에 있어서 사회경제적 환경결정론과 정치행정적 환경결정론이 첨예하게 맞서고 있는 경향을 나타내고 있다.

(1) 사회경제적 환경결정론

사회복지정책발달 및 사회경제적 환경결정론에 관한 연구는 1960년대에 두드러지게 나타났는데, Cutright(1965 ; 1967), Aaron(1967), Taira와 Kilby(1969), Pryor(1969 ; 1971), Peters(1972), Hage와 Hanneman(1977), Wilensky(1975), Alber(1981), Collier와 Messick(1975) 등의 연구가 그것이다. 이들 연구는 사회변동, 특히 경제환경의 발달과 성장으로 인한 산업화, 도시화 등이 사회복지정책의 내용을 결정하며 다른 변수인 정치체제의 차이나 이념적 상이성이 사회복지정책의 변화에 영향을 미치지 않는다고 보는 입장이다.

이러한 사회경제적 환경결정론은 주로 경제학자를 중심으로 해서 재정학이나 조세정책학자들에 의해 연구되어 왔다고 볼 수 있다. 이러한 연구는 정치행정학자들과 사회복지정책연구가들로부터 끊임없는 비판을 받아 왔다. 정치행정학자들의 비판을 요약하면 정치적 변수를 과소평가하고 경제적 변수를 과대평가하였다는 것이다. 이 비판은 각국의 사회복지정책 환경요인 비교개념의 계량화와 연관된 문제와 인과관계의 불명확성 문제로 집약된다.

개념의 계량화에 있어서 문제는 ① 독립변수 선정상의 문제, ② 변수 간의 상관관계 문제, ③ 정책수준의 차이에 관한 문제, ④ 계량화가 힘든 정치적 변수의 무시 등이다.

(2) 정치행정적 환경결정론

정치행정적 환경결정론은 Rimlinger(1971), Peters(1972), Collier와 Messick(1972), Heclo(1974), Flora(1976), Hewitt(1977), Castles(1978), Coughlin(1980), Schneider(1981), Kudrle와 Marmor(1981), Kudrle(1981), Flor와 Alber(1981) 등에서 나타나고 있는데, 정치적 변수와 연관된 변수들이 사회복지정책발달과 정책산출에 영향을 미

친다는 주장이다. 여기서 논의되는 정치적 변수는 정치구조(민주적 원칙에 의한 정부의 조직 여부, 즉 행정수반과 국회위원의 선출방식이 직선이냐 간선이냐, 입법부의 효과성, 공천에서의 경쟁성, 정당 사이의 경쟁성, 입법부 내의 연합의 존재 등), 정치체제의 유형(입헌군주정, 의회민주정 등), 유권자의 비율, 집권여당의 유형(자유, 보수 등), 정치이념, 관료제도의 역할 등이며, 이들 변수가 사회보장 비용을 증대시키거나 사회복지 입법이나 제도 및 프로그램 수립을 촉진시키는 데 영향을 미친다는 것이다.

7) 사회복지정책의 형성과정이론

사회복지정책의 형성과정이론은 특히 특정의 사회복지정책이 '어떤 배경'에서 '왜' 수립되었는지에 대한 '목적론적 관심'을 가진다. 이러한 관심에서 사회복지정책의 과정을 바라보게 된다면, 정책과정에서 '누가' 중요한 영향력을 행사하며, 여러 행위자들 사이의 관계는 어떠한가에 대한 역동적 분석과 해석이 가능하다. 이러한 관심에 대한 과거의 선행연구는 적어도 다음과 같이 4가지로 요약할 수 있다.

(1) 다원주의론

다원주의론(pluralism)은 정책의 내용과 형태는 이익집단과의 상대적 영향력의 정도에 따라 달라진다는 것인데 이러한 집단의 영향력은 구성원의 수와 능력, 재원, 조직력, 지도자의 리더십, 정책결정자에의 접근 가능성, 내적 결속력 등에 의하여 결정된다고 한다(이와 같은 다원주의론은 앞의 기능주의 이론과 유사하여 질서·조화이론으로서 중복되는 감이 있다).

다원주의를 사회정책에 적용하여 설명한 사람으로는 Ham과 Hill(1984), Joseph(1984 : 26-29)과 Hoffernan(1979 : 62) 등의 학자가 있다. 또한 Eckstein은 보건의료정책(medical care policy)을, 그리고 Mesa-Lago(1978)는 사회보장제도의 분석에서 다원주의적 입장을 취하고 있다.

(2) 엘리트론

엘리트론(elitism)은 정책이 엘리트로부터 대중에게 일방적, 하향적으로 전달되고 집행될 뿐 엘리트에 대한 대중의 요구와 비판은 수용되지 않는다는 것이다. 이때 엘리트란 행정관료라든지 부자, 기술전문가, 지식인 등으로 그들이 사회적으로 힘을 가지게 된다.

1960년대 1970년대에 있어 미국의 노령급여 및 노인복지 관련법이 수립・개선되는 이유로, Derthick(1979 : 17)은 진보적 관료 엘리트의 노력의 결과라고 설명하였다. 그는 사회보장청의 고위직책에 있는 관료 엘리트들이 순수하게 인간에 대한 자유스런 신뢰를 바탕으로 사회의 개량과 개선을 위해 헌신한 노력의 결과로 고령자의 복지 개선이 급속하게 이루어질 수 있었다고 주장하였다.

(3) 코포라티즘(조합주의)

코포라티즘(corporatism)은 정책형성과정에 있어서 국가가 능동적이고 적극적인 주도권을 행사한다는 점을 특징으로 하고 있다. 다원주의론에서는 정책형성과정에서 사회 내의 제반 집단을 분석대상으로 삼으며, 국가는 수동적이고 일종의 집단 간 게임의 심판관으로서 역할을 한다는 생각을 특징으로 한다. 하지만 코포라티즘은 국가 전체의 이익 확대와 사회질서의 유지를 위해서 국가가 사회를 일정한 방향으로 유도하기 위하여 의도적으로 사회집단과 개인의 이익 및 가치를 통제・조정하는 수단을 갖는 것을 의미한다.

(4) 마르크시즘

마르크시즘(Marxism)은 자본주의 사회에서 국가란 하나의 중립적 기관이나 조직이 아니라 계급지배에 기여하는 도구로 간주한다(이 마르크시즘 이론은 앞의 갈등주의 복지이론과 유사하거나 같은 이름으로 중복되는 감이 있다). 이때 국가는 지배계급이나 부르주아계급의 장기적 이익에 봉사하는 도구로서 활동하는 것으로 해석하고, 그 구체적 형태가 정책으로 표현되는 것으로 본다. 그러므로 마르크시즘에 입각한 Miliband, O'Connor(1973), Gough(1979), Poulantzas(1977) 등의 학자는 정책형성과정보다는 그것과 연관된 사회 전체의 구조나 계급에 상대적으로 관심을 집중하는 경향을 띤다.

제2장

사회복지정책의 이념과 정책체계

1. 사회복지정책의 이념
2. 사회복지정책의 모형
3. 사회복지정책의 체계

1 사회복지정책의 이념

1) 복지 이데올로기

사회복지정책 형성에 대한 정확한 이념 파악을 위해서는 정책형성의 환경이 되는 정치・경제・시민사회에 대한 이해가 우선되어야 한다. 이들 세 가지 체계는 사회복지정책의 형성과 결정에 영향을 미치는 이념적 환경이 되기 때문이다. 좀 더 세부적으로 말한다면, 정치세력, 자본가 세력 및 노동자 세력, 그리고 시민사회 세력은 사회복지정책의 이념을 형성하는 주체이기 때문에 정책은 그 이념의 산물이 되는 것이며, 이념(이데올로기)은 입법의 과정을 통해 구체적인 정책으로 나타나게 되는 것이다(고수현, 2001). 그러므로 해당 국가의 복지정책의 분석에는 반드시 해당 국가의 정치・경제・시민사회에서 형성되는 이데올로기적 해석이 필요하게 된다.

사회복지에서 이데올로기가 갖는 의미는 각 사상학파들의 이념적 관점에 따라 다양할 수 있지만 크게 긍정적 시각과 부정적 시각으로 양분하여 볼 때, 대체로 이데올로기는 역사적 발달과정과 관련되어 있다는 것을 알 수 있다. 민주주의 정부형태가 도입된 이후, 경제 및 사회문제에 대한 국가의 역할은 항상 이데올로기적 논쟁의 대상이었고, 사적 시장이나 국가활동, 사회적 자원배분, 그리고 가족의 역할과 같은 다양한 쟁점들과 복지국가의 발전에도 이데올로기는 여타의 부문들과 함께 중요한 역할을 해 왔다고 볼 수 있다. 전반적으로 볼 때, 복지에서 이데올로기는 개인행동 및 정부활동의 배후에 숨겨진 동기들을 대부분 정확하게 분석할 수 없도록 만드는 물질적・이기주의적・이데올로기적 요소들의 상호 복합적인 것으로 규정할 수 있다(George & Wilding, 1994).

1970년대 초반부터 이데올로기의 다양성을 띤 본질을 입증하면서 이데올로기 이론은 발전하였는데, 현재적 용도에 있어 이데올로기는 일반적으로 두 가지의 특징을 가지고 있다.

첫째, 이데올로기는 대체로 하나의 사회집단이 가지는 신념이나 태도의 체계를 말한다. 이데올로기와 관련되어 있는 사회집단의 성격은 특정한 사회분석학자의 정치사회학적 교의(dogma)에 따라서 변형될 수 있다.

둘째, 이러한 신념이나 태도체계가 그 스스로의 설명으로 평가되기보다는 그것이 기도하는 실천적 효과와 사회적 급여(social benefit)에 의해 평가되어야 하는 것이다. 이것은 복지 이데올로기에 있어서도 그대로 적용된다. 해당 사회의 복지 이데올로기는 스스로 설명되기보다는 사회보장정책이나 제도에 의해 구체화된다.

일반적으로 제1차 세계대전 이후 복지의 국가책임성이 강화된 후의 국가형태를 민주복지자본주의 국가라고 하며, 흔히 복지국가로 칭한다. 그것은 정치체제는 민주주의, 경제는 자본주의라고 하는 양대체제에서 국민복지의 향상을 추구하는 국가라는 말이 된다. 이렇게 보건대 복지 이데올로기는 우선 정치체제가 갖고 있는 이데올로기와 경제체제가 갖고 있는 이데올로기에 상관성이 있다는 논리를 도출할 수 있다. 다시 말해서, 사회복지정책을 논할 때는 정치경제적 이데올로기를 관련시켜서 논의해야 한다는 것이다.

그러면 여기서 복지 이데올로기의 도출을 위한 전 단계로서 정치 이데올로기의 몇 가지 특징에 관해 Macridis(1992)의 주장을 보면 다음과 같다.

첫째는 정치 이데올로기가 세상을 보는 관점에서이다. 가장 중요한 것은 인간의 본성, 정치적 활동과 경제적 활동의 본질로 인식한다는 것이다. 그래서 사회주의는 사람들이 상호 협력주의적이고 이타주의적인 반면 고전적 자유주의는 그들을 자기 본위적이고 개인주의적이라고 본다.

둘째는 모든 이데올로기는 사회경제적 체제에 현존하는 비판을 가능하게 해 주는데, 주로 인간본성을 보는 그들의 관점에 의존한 비판이 된다는 것이다. 즉, 자유주의가 정당하고 적절하다고 보는 보상을, 사회주의의 입장에서는 소유, 분배의 형태에 대해 여전히 비판적으로 인식한다.

셋째는 그들의 이러한 비판으로부터 근거하는 사회주의자들의 미래에 대한 비전을 제시한다. 즉, 사회주의 추종자들이 얻어 내야 하는 이상사회에 대한 전망을 보여준다는 것이다. 그들의 추종자들에게 더 많은 무게를 주기 위해 모든 이데올로기는 미래의 청사진을 단순화시키고 장밋빛으로 제시한다.

넷째는 이상사회를 성취하는 데 사용될 방법이 무엇인가에 대하여 그들의 추종자와 지지세력들에게 어떤 지침을 제공한다는 것이다. 예를 들면, 민주사회주의는 그들의 정치적 최종목적을 위해 폭력을 사용하는 것을 항상 거부하는 데 비해 마르크스주의는 다른 입장에 있다.

그리고 복지 이데올로기의 분류와 매우 상관성이 있는 것으로 보이는 정치 이데올로기의 중요성을 검증하는 네 가지를 제시하고 있다.

첫째, 결합성으로서 이데올로기의 범주, 논리, 구조를 말한다. 위에서 논의된 다양한 문제를 다룰 수 있고 동의하는지의 여부와 상관없이 해결대책이 드러나는지를 의미한다.

둘째, 파급성으로서 이는 복지 이데올로기가 실제로 전달되고 파급되는 기간을 의미한다. 이것은 오래된 이데올로기는 침투력의 정도를 구분할 수 있지만 새롭게 나타난 이데올로기에서는 구분이 쉽지 않다.

셋째, 확산성으로서 어떤 이데올로기를 공유하는 사람들의 규모를 의미한다. 이것은 정확한 규모를 가늠하기는 항상 어려움이 따르지만 페미니즘을 과거에는 복지 이데올로기로 보지 않았지만 오늘날에 소수집단 이상의 견해로 확산된 것이 그 예이다.

넷째, 수렴성으로서 이데올로기라고 하는 것은 감정적 동의나 총체적 충성심 등에서도 결단을 할 수 있는 수렴성이 검증되어야 한다.

이러한 네 가지의 기준은 사회보장정책의 배경이 되는 복지 이데올로기를 분석할 때 평가기준이 될 수 있다.

그러면 이러한 복지자본주의 국가이념을 영국의 Jones(1985)의 견해에 따라 체제 유형을 분류해 보면 다음과 같다.

첫째는 자본주의 체제와 사회복지이념의 실천 중 자본주의 체제를 강화하는 체제, 다시 말하면 R. M. Titmuss가 분류한 산업성취수행(industrial achievement performance) 모형의 체제와 유사한 것으로 기회평등을 목표로 한 체제이다. 이것은 사회보험을 강조하고 있는 독일과 미국 등의 복지자본주의를 말한다.

둘째는 자본주의 체제와 사회복지이념의 실천 가운데 개인의 복지구현이라고 할 수 있는 후자에 치중한 복지자본주의가 있다. 이것은 R. M. Titmuss의 분류 중 제도적 재분배(institutional redistributive) 모형의 체제와 유사한 것으로 보편적 평등을 목표로 한다. 따라서 시장의 논리를 벗어난 사회주의적 시장경제(socialist market economy)체제를 말한다. 스웨덴이 이 범주에 속한다고 할 수 있다.

오늘날 모든 복지 관련 이데올로기가 이들 기준에 모두 부합되지는 않다고 하더라도 그리고 분류방법의 일정한 잣대는 없더라도 대체적으로 복지 이데올로기는 학자들 나름대로의 분류방법에서 구분되고 있다.

2) 자유주의

지난 20세기의 대부분은 자본주의 국가와 사회주의 국가 간의 이념적 갈등에 의한 경쟁관계 속에서 발전해 왔다. 그리고 그 갈등의 한가운데에는 '자유'와 '평등'이라는 이념이 주된 관심사였다. 영·미를 중심으로 하는 자본주의 국가 진영은 개인의 자유를 보호하고 확대하고자 하는 사회정책을 견지하였고, 구소련과 중국은 생산수단을 국가가 관리함으로써 사회적 평등을 추구하는 체계를 구축해 왔다.

그러나 양 체제는 국민의 삶의 질을 향상시키기 위한 경제적 성장정책과 복지정책을 공히 추진해 왔으며, 때로는 서로 경쟁적 관계에 있기도 하였다. 얼핏 보면 자유와 평등은 전혀 다른 개념과 영역에 있는 것 같지만 '복지'라는 공통된 분모를 가지고 있는 것이다. 외부적으로는 자본주의 내의 자유주의자들은 사회주의 국가의 억압된 인권과 반자유를 규탄하였고, 사회주의 국가의 마르크스주의자들은 자본주의 국가가 취해 온 복지국가 사상을 모순된 것으로 비난하였지만 때로는 서로 간에 다른 이념이나 제도를 통하여 선의의 경쟁을 해 온 측면이 있다. 물론 복지라고 하더라도 사회주의 국가에서 이루어지는 복지와 자본주의 국가의 복지는 여러 가지로 차이가 있다.

자유주의는 봉건적 보호주의 혹은 온정주의적 책임의 관념이 점점 사라지고 자본주의가 본격화되기 시작한 18세기 말에서 그 시작을 찾을 수 있다. 사회복지적으로 본다면 1780~1790년대의 영국 지방정부에 의한 노동자의 임금보충제도를 폐지하고자 한 자본가들의 운동이 그 기점이 될 수 있다. 스핀햄랜드제도에서 규정하였던 임금보충제도가 산업노동력의 공급에 저해가 된다고 하여, 노동력의 이동과 임금은 수요와 공급의 법칙에 의하여 결정되어야 한다는 자유주의적 사고를 여기에서 볼 수 있다. 자유주의적 사상은 15세기 말부터 현대에 이르는 약 5세기 동안 세계 문명을 이끌어 온 지배적 사조이며 운동이라는 점에서 매우 다의적 의미를 가지고 있다.

여기에서 자유주의 사상의 사회원리를 정치적 측면과 경제적 측면으로 구분하여 정리하면 다음과 같다.

우선 정치적 자유주의 사상은 영국혁명과 프랑스혁명의 이념에서 그 배경을 찾을 수 있다. 보편적 인권 신장과 보편적 시민권 신장의 원리가 그것이다. 보편적 인권 신장은 개인이 정신적·사회적 활동에 있어서 자유의지에 따라 행동할 수 있는 권리가 확보되는 것을 의미한다. 그러므로 인간이 그들의 신앙이나 일상생활에 비인간적이거나 타율적인 강제에 의한 부문이 있어서는 안 되며 획일화된 행동을 요구받아서도 안 된다. 의사소통이나 집회 등에서도 자유로운 분위기가 조성되고 직업선택에 있어서도 능력과 의지에 따라 자유가 부여될 때 보편적 인권이 신장될 수 있다.

그리고 보편적 시민권이 지켜지기 위해서는 자유시민들의 참정권이 확보되어야 한다. 여기에서 자유시민이라고 한다면 당연히 일부 기득권층만이 아닌 다수의 시민을 말하며, 남녀 모두에게도 차별 없이 선거권, 피선거권이 주어지고 정치적 집회나 활동을 할 수 있는 권리가 보장되어야 한다.

다음은 경제적 자유주의 사상으로서, 정치적 자유주의 사상이 법률이나 사상적 부문의 자유와 함께 형식적 자유주의 사상에 해당한다면 이것은 실질적 자유주의 사상이라고 할 수 있다. 경제적 자유사상은 사유재산제, 민간의 이윤추구, 민간 계약의 자유 등과 관련되어 있다.

경제적 자유주의 사상은 중상주의적 경제사상을 비판하면서 나타난 자유방임적 고전경제학파(classical economics)[1]에 그 사상적 기반을 두고 있다. 자유주의에 기초한

1) 고전경제학파는 경제적 정통학파로 불리며, 영국에서 중상주의와 중농주의를 비판하면서 성립하였다. 이 학파의 이론은 Adam Smith를 시조로 하며, Malthus를 거쳐 Ricardo에 의해서 대표되며, Mill에 의해서 이론이 완성된 것으로 평가된다. Keynes 경제학을 비롯한 독일의 역사학파 등은 이 고전학파를 원천으로 하여 새롭게 이론을 형성하고 있다는 측면에서 경제학의 정통학파로 간주된다.

경제학을 체계화시킨 것은 Adam Smith이다. 그는 이른바 '보이지 않는 손(invisible hand)'에 의해 경제사회는 조화로운 발전이 가능하다고 본 것이다. 그러므로 국가는 민간의 경제활동에 개입해서는 안 되며, 오히려 자유롭게 방임하는 것이 혼란을 막는 최선의 방법이라는 주장을 한 것이다. 이러한 자유방임적 사고는 시장에서 자유경쟁의 원리가 적용되는 것을 의미한다.

현대의 자유주의자들은 고전적 경제주의자(classical economist)나 공리주의자들과는 달리 사회복지정책을 통한 국가개입에는 어느 정도 찬성하고 있지만, 개인의 책임과 사회적 도덕성을 고려한 잔여적 복지모형이 되어야 한다는 입장에 있다. 그러나 이러한 사조는 자본의 독점, 경제공황, 빈부의 격차로 인한 노동세력의 정치세력화와 함께 대두한 Keynes 경제학파의 국가개입적 경제정책으로 퇴조하게 된다. 그리고 1970년대 후반부터는 다시 신자유주의 사상이 힘을 얻게 된다.

3) 사회민주주의

자본주의 사회가 정치적 자유와 경제적 자유를 바탕으로 개인의 자유를 신장하고 보호하는 체제라면 사회민주주의 체제는 인간을 사회적 존재로 인식하고 인간이 그 사회라는 구조 속에서 참다운 자유를 구가할 수 있을 것인지에 의문을 가진다. 오늘날 시민사회국가에서 그 주인은 시민이며, 시민이 철저한 자유를 보장받는 국가가 되어야 한다는 관점에서는 누구나 이견이 없다. 그러나 시민 개개인의 자유가 완전하게 보장될 수 있는 사회는 그야말로 '이상사회'에 불과한 것이다. 개인이 전체 사회 속에서 그 자신만의 자유를 끝없이 갈구한다면 그 사회는 혼란 속에 빠질 것이고, 그로 인하여 사회는 개인을 구속하고자 할 것이다. 그렇다면 이러한 자유와 구속 사이에서 조화롭고 균형 잡힌 사회의 건설이 필요할 것이며, 그것은 민주주의의 목표가 되는 것이다.

전통적 사회민주주의 입장은 다음 세 가지로 특징지을 수 있다(현외성·강욱모 옮김, 1999 : 48-49).

첫째, 사회민주주의자는 자본주의의 출연이 노동자계급에게 가혹하고 압제적인 결과를 가져왔다고 인식하고 있는 한편, 그들은 마르크스주의에 대한 비판가들이 주장하듯이 자본주의의 발전이 노동자계급의 상대적 위치를 냉혹하게 더욱 악화시키지는 않는다고 생각한다. 도시의 산업노동계급의 상황은 악화되기보다는 개선되어 왔다. 이처럼 자본주의는 개량이 가능한 것으로 증명되었다. 자유주의적 자본주의의 지나침은 점차적으로 개입주의적 사회국가(interventionist social state)에 의해 억제되어 왔는데, 이는 법적 개입을 통하여 자유주의적 자본주의의 불평등한 결과를 줄여 왔다.

둘째, 자본주의의 계급구조는 다시 마르크스주의자의 기대처럼 점차로 양극화되기보다는 실제로는 계속 확산되고 분화되어 왔다. 중요하게도 자본주의의 발달은 중간계급의 성장을 수반하여 왔다. 20세기를 지나오면서 자본의 합법적 소유와 그 효과적 통제는 노동자에게도 자본의 소유가 가능하게 만듦으로써 하나의 계급으로서 자본의 힘을 약화시킨 것으로 보인다. 동시에 개입주의 국가의 확대는 노동계급의 지위를 개선할 뿐만 아니라 확대되는 공공부문의 고용을 창조함에 있어 점차로 시장의 논리를 무너뜨리고 계급구조를 한층 더 복합적으로 만들었다.

셋째, 계량된 자본주의는 위기 없이 성장이 가능하며 또한 점차로 복합적 계급구조를 만들어 가기 때문에 사회주의적 목적으로 나아간 사회진보는 경제성장의 지속적 증대를 통하여 가장 잘 성취될 수 있다는 것이다.

사회민주주의(social democracy)는 원래 생산수단의 공적 소유와 관리를 통하여 사회를 개조하고 민주주의적 방법을 통하여 사회정의를 실현하려는 이념이다. 그러나 자유주의나 마르크스주의와는 달리 통일된 이념체계가 없고 그 개념도 시대에 따라 다르게 사용되어 오늘날에 와서도 일정한 신념체계로 규정하기는 쉽지 않다. 단지 전후 복지국가의 사상적 배경이 되는 총체적 이념체계를 사회민주주의라고 부르고 있다.

제2차 세계대전 이후 자본주의 국가는 Keynes－Beveridge 방식의 복지사상에 의해 정착하게 되었다. 사회민주주의자들(social democrats)은 '복지를 통한 사회주의(socialism through welfare)'를 주장함으로써 사회주의의 평등주의적 목표달성을 할 수 있다고 보았으며, 진보적 보수주의자들과 자유주의자(liberals)들에게서도 국가개입은 개인의 자유와 시장경제를 더욱 공고화할 수 있는 것으로 보였다. 케인주(Keynes) 식은 사회민주주의적 복지국가의 경제적 요소(economic component)라고 할 수 있으며, 베버리지(Beveridge) 식은 사회적 요소(social component)라고 할 수 있는 것이다.

즉, Keynes는 완전고용을 목적으로 불황기에 공공지출(public expending)을 증대시켜 현명하게 처리함으로써 시장경제에 대한 정부의 관리능력을 지지하였으며, Beveridge는 독일의 Bismark와 영국의 데이비드 George의 주장과 비슷한 국가의 사회적 보호방법(social protection method)으로서 최저생활을 보장하는 것이었다. 그것의 주된 내용은 보편적 사회보험 등에 의한 권리로서의 복지를 제공하는 것이었다.

4) 신자유주의 이후

1970년대 중반부터의 경기침체현상은 복지국가의 주된 이념이었던 사회민주주의적 이데올로기를 더 이상 유지할 수 없도록 만들었는데, 그 직접적 원인은 1973년의 유류파동(oil shock)에 있었다. 그동안 지속적 성장세를 보였던 경제는 감속으로 돌아섰고 늘어나는 복지비용을 충당하는 데 많은 논란을 가져왔다. 이른바 복지반격이 시작되었고 그것은 보수주의 정당에 의해 주도되었으며, 세계는 복지국가 이념에 대한 근본적 회의로부터 시작된 새로운 복지이념들이 나타나고 있는데 신자유주의, 중도노선주의, 제3의 길 등은 1980년대 이후의 주된 복지이념이 된다.

첫째, 신자유주의에서의 복지이념은 세계화 현상과 더불어 자유주의와 사회민주주의의 약화에서 비롯된 것으로, 미국과 영국을 중심으로 자본주의 국가에 전파되었다. 복지국가의 위기는 1970년대의 복지국가들이 봉착한 문제점들을 중심으로 마르크스주의자 및 네오 마르크스주의자(Neo-Marxist)들의 논쟁에서도 활발히 나타나고 있다. 단지 1970년대 이후 선진자본주의 국가에서의 주된 이데올로기는 신자유주의 내지는 신우파적 경향이었다. 신자유주의적 입장은 국가가 시장경제체제에 지나친 간섭이 복지국가의 위기를 초래했다고 본다. 국가의 지나친 사회복지 프로그램 확대가 국민의 노동동기약화로 이어지고 저축·투자 감소는 산업생산의 위축을 가져와 전체 자원이 감소된다. 이때 또 다시 사회복지 요구가 늘어나고 결국 재정위기가 온다는 주장이다.

둘째, 중도노선주의(The middle way)는 '이데올로기의 종언'에서 대두된 또 하나의 이데올로기라고 할 수 있다. 중도노선주의자들의 주된 사상은 복지국가를 지향하는 태도에 있어서 비판적 수용 견해에 있다. 즉, 이들은 국가가 복지사업에서 주요 역할을 담당해야 한다는 점은 의심하지 않으나 그 역할의 본질과 범위에 대해서는 비판적으로 접근되어야 한다고 생각한다. 자유시장체계는 최고의 경제조직방식이라고 확신하지만 그것은 관리되어야 하며 많은 부분이 통제되고 보충되어야 한다는 것이다. 중도노선주의가 복지국가를 보는 견해는 신우익과 민주사회주의의 중간적 위치에 있다. 복지국가의 아이디어에 대해서는 상당히 지지하면서 일부 정책과 정책 내의 일부 요소에 대해서는 매우 비판적이다.

셋째, 제3의 길(The third way)은 역사적으로 보아 세 번째 등장한 복지이념이라고 할 수 있다. 즉, 1942년의 베버리지 보고서 발표 이후 복지의 확대기를 제1의 길로 본다면 영국의 대처리즘(Thacherism)으로 현실화된 신자유주의 시기의 복지축소기를 제2의 길로 볼 수 있을 것이다. 그리고 1990년대 후반의(정확히 말하면 1994년) Anthony Giddens가 내놓은 『좌파와 우파를 넘어서(*Beyond Left and Right*)』에서 착상을 얻은 영국 노동당의 당수이자 수상을 역임한 Tony Blair의 새로운 이데올로기를 제3의 길로 일컬을 수 있다.

다른 한편으로는 1998년 9월에 치러진 독일 총선에서 Gerhard Schröder가 이끄는 독일 사회민주당이 집권하게 되고 유럽연합(EU) 15개 회원국 중 스페인과 아일랜드를 제외한 13개국에서 좌파가 집권하면서 '새로운 중도노선(Neue mitte)'으로 일컬어지는 1990년대 후반의 이데올로기이다. 이렇듯 다양한 각 나라의 제3의 길은 이데올로기의 종언 이후에 나타나는 복지국가에 대한 다원주의적 태도로 나타나고 있다. 그러나 근본적으로는 신혼합경제체제에 의한 좌파와 우파 국가이념을 초월 또는 극복한다는 데 초점을 둔다.

이러한 사회복지정책의 이념은 사회복지정책모형에서는 이념적 모형(ideal type)으로 다루어질 수도 있다. 즉, 사회민주주의형, 자유주의형, 신자유주의형, 중도노선주의형 등으로 이념에 따른 모형으로도 구분할 수 있다.

5) 복지이념 형성의 과제

21세기는 20세기 후반부터 지속된 세계화, 지식정보화 시대로 불린다. 지금까지의 자본주의 발달은 각 시대마다의 사상을 전개해 왔지만 자유와 평등의 이념은 지속된 기조였다고 할 수 있다. 즉, 인간복지의 추구를 위해서는 자본주의의 본래의 속성인 자유정신을 위축시키지 않으면서도 빈부 간의 소득격차를 줄일 수 있는 평등정신을 조화롭게 유지함으로써 가능한 것이다. 21세기의 복지이념에서는 다음과 같은 내용들을 포괄하여야 한다.

첫째, 전체적으로는 서구의 물질적 복지와 동양사회의 정신적 복지를 아우르는 복지의 퓨전(fusion of welfare), 즉 복합성이 요구된다. 지난 20세기에서의 사회민주주의 이데올로기는 Keynes 경제학에서 중심으로 삼는 '관리되는 자본주의(managed capitalism)'에 의해 전통적 사회주의에 대한 열망을 포기했지만 이제 Keynes 경제학의 결함에 대한 정통적 자본주의의 공격이 나타나고 있는 것이 신자유주의적 세계화 현상이라고 볼 수 있다. 결국 이러한 이데올로기들은 서구의 물질복지에 기초한 논쟁이라고 보아 동양적 공동체 정신이 혼재된 이념의 형성이 필요할 것으로 본다.

둘째, 후발 자본주의 국가의 경우 선진 자본주의 국가의 복지제도를 도입하여 서구화(westernization)하는 것보다는 복지국가의 기본원리를 가지고 개별 국가에 적합한 현지화(localization) 작업이 중요하다고 할 수 있다. 우리나라도 정부수립 이후 우리의 전통적 구제사상이나 제도는 차치하고 곧바로 서구 자본주의 방식의 복지제도를 도입하였다. 서구 자본주의가 철저히 민간복지 경험을 배경으로 국가복지를 전개해 온 것과는 달리 무비판적으로 복지제도를 수행하는 과정에서 전통적 공동체의식은 소멸되었다고 볼 수 있다.

셋째, 합의의 복지(welfare of consensus)를 지향해야 한다. 합의의 복지는 결국 사회구성원 전체가 인류복지와 관련하여 배제됨이 없이 참여하는 복지를 의미한다.

국가, 자본가, 노동자, 시민사회계층이 복지정책의 결정이나 제도의 실천에 합의를 이루는 것은 자유와 평등이 조화되는 복지의 구축을 가능하게 하는 것이다.

2 사회복지정책의 모형

1) Wilensky와 Lebuex의 모형

Wilensky와 Lebuex(1965 : 138)는 사회복지의 이념 모형을 잔여적 모형(residual model)과 제도적 모형(institutional model)으로 구분하였다. 일반적으로 잔여적 모형은 초기 산업사회 및 자유주의 국가에서 많이 볼 수 있지만, 후기 산업사회의 복지국가에서는 오히려 제도적 모형이 많다. 잔여적 모형이 사회사업과 같은 민간복지활동이고 제도적 모형은 사회정책과 같이 정부활동인 것으로 생각하는 경우가 있으나 그렇지 않다. 물론 시대적 배경과 복지의 미발달 때문에 그러한 경우가 많겠으나 반드시 그렇지는 않다는 것이다. 오늘날에는 가족해체로 말미암아 고아가 되었다면 시설보호 등을 받게 된다. 이러한 경우는 잔여적 모형에 속하고 사회보장(연금제도 등)과 같이 퇴직 및 그 후의 생활위험을 예방, 보장하기 위한 복지제도는 제도적 모형에 속한다(김영모, 1982 : 32).

이와 같이 Wilensky와 Lebuex가 제시한 이 두 가지의 모형은 사회복지정책의 모형이라기보다는 당초에는 사회복지 혹은 사회복지제도를 구분한 유형이라고 할 수 있다. 이는 영국의 사회학자 John M. Romanyshyn이 사회복지의 개념을 범위적 관점에서 제시하면서 사회복지의 수혜대상자를 불우계층(the disadvantaged)과 같은 국민의 일부에 국한시킨 소극적(negative) 사회복지와 사회구성원 전체를 대상으로 하여 그 생활의 각 측면에 나타나는 비복지(diswelfare)를 다루거나 해결하고자 노력하는 적극적(positive) 사회복지로 정의한 것과 상통한다. 즉, Wilensky와 Lebuex의 모형은 사회복지를 기능적 관점에서 다룬 것으로 볼 수 있다.

잔여적 모형은 보완적 혹은 보충적 모형으로도 불리며 여기에는 사회복지제도가 가족 또는 시장과 같은 정상적 공급기능이 제대로 발휘하지 못할 때 보충적, 보완적으로 기능해야 한다는 가치관이 내재한다. 다시 말해서, 사회복지의 기능은 사회적 약자에게 안전망(safety-net) 기능을 수행하는 것이며, 이러한 관점에서는 사회에 존재하는 가족이나 시장경제와 같은 주요 제도들이 제 기능을 수행하게 되면 결국 사회복지활동은 필요하지 않다. 그러므로 말 그대로 보충적이고 임시적이고 이차적인 기능을 수행하는 것이 사회복지라고 보는 것이다.

제도적 모형은 사회복지제도는 국가가 적극적으로 개입하여 일차적으로 기능해야 한다는 국가개입주의 모형이다. 현대사회에서는 가족과 시장경제제도는 근본적으로 제 역할을 온전하게 할 수 없기 때문에 사회를 유지하기 위해서는 사회복지가 독자적이고 근본적인 기능을 해야 한다고 본다. 이는 현대 산업사회가 핵가족화가 급속히 진행되고 그에 따라 가족의 결속기능이나 원조기능이 약화될 수밖에 없기 때문에 아동의 양육과 노인, 장애인 등의 보호 및 사회기능화를 가족 자체가 책임지기에는 한계가 있다는 견해에 기초한다. 그러므로 사회복지는 시장과 경제제도가 생산과 분배기능을 실패하는 국면에 대응해야 한다는 현실적 관점에 해당한다.

이처럼 Wilensky와 Lebuex는 사회복지제도를 양 대분하여 설명하고 있으나 사회복지의 개념과 이념의 연속선상에서 볼 때는 각각 개별적 의미로 해석하기보다는 사회복지의 모형은 여타 사회제도와 마찬가지로 사회안전망으로서의 중복적 기능과 산업화 이후 여타 사회제도와는 구분되는 독자적 영역을 가진 고유적이고 일차적 기능을 가진 것으로 이해하는 복합적 관점이 필요하다.

2) Titmuss의 모형

R. M. Titmuss(1963 ; 1974)는 사회복지정책(social policy)과 복지국가(welfare state)를 세 가지의 모형으로 제시하고 있다. 그는 Wilensky와 Lebuex가 제시한 두 가지 모형과 유사하게 보완적 모형(residual model)과 제도적 재분배 모형(institutional redistributive model)을 제시하고 그 가운데 산업성취수행 모형(industrial achievement performance model)을 위치시키고 있다.

제도적 재분배모형은 사회복지를 사회에 있어서 주요한 통합제도로 보고, 욕구의 원리에 기초하여 시장 외부의 보편주의적 서비스를 제공하는 것을 의미한다. 즉, 사회복지제도는 사회의 구조적 불평등을 보상하기 위한 것이며, 일정한 시기에 일어나는 개인의 욕구를 해결할 수 있는 자원통제능력으로서의 재분배제도를 지칭하는 것이다. 이러한 개념은 Towney, Cole, Titmuss, Crosland와 같은 민주사회주의자들의 공통된 이념에 근거한다.

산업성취수행모형은 생산적·효율적 노동촉진을 위한 인센티브로서 직업적 사회급여를 이용하고자 한다. 산업주도형 모형 혹은 산업복지형 모형으로도 불리는 것으로 사회복지를 경제의 종속물로 보는 가치관의 모형이다. 이것은 사회적 요구가 업적, 노동수행 및 생산성에 기초하여 해결되어야 한다고 보는 것이다. 이 모형은 자극동기, 노력과 보수, 계급형성과 집단의 충성과 관련된 다양한 경제적·심리학적 이론과 연관되어 있다. 또한 경제제도의 부속물(adjuncts)로 본다는 의미에서 시녀형 모형(the handmaiden model)으로도 불린다.

한편 Titmuss의 연구는 Esping-Andersen(1990)에 이르러 복지국가체제 유형이론으로 더욱 정교해진다. 즉, 그는 복지체제를 자유주의적, 보수주의－조합주의적, 사회민주주의적 유형으로 나누어 연구하여 비교복지국가연구에 기여하였다. 그는 『복지자본주의의 세 가지 세계(*Three Worlds of Welfare Capitalism*)』라는 저서에서 복지국가를 탈상품화라는 개념으로 분석하고 있다. 자본주의 체제하의 복지국가는 시장에서 자신의 노동력을 팔아야만 생존할 수 있는 인간이 시장의존성을 얼마나 탈피하고 있는지를 나타내는 것이다.

Esping-Andersen은 세 가지의 복지국가를 제시하면서 분류기준으로는 복지국가의 이데올로기적 기원과 복지제도의 특성을 양적으로 나타낸 탈상품화 지수(decomodification index)를 사용한다. 즉, 탈상품화 지수는 연금, 실업보험, 질병보험 등의 항목에 의해 임금대체율이나 수혜대상에 점수를 부여하는 방식이다.

3) Mishra의 모형

Ramesh Mishra(1977 : 13)는 잔여적 복지모형과 제도적 복지모형은 모두 자본주의 사회의 사회복지정책만을 분석한 것이라고 비판하면서 사회주의 사회의 사회복지정책을 분석할 수 있는 새로운 이념 유형인 규범적 모형(normative model)을 제시하였다. 이러한 견해는 사회복지정책이 자본주의 국가체제의 모순을 제거하고 보완하기 위한 것으로 인식했던 기존의 견해와는 차이가 있으며 구소련체제가 무너진 현시점에서는 큰 의미가 없다.

규범적 모형은 자본주의 체제에 대응한 마르크스주의적 분석에 기초하고 있고, 자본주의 체제의 모순은 사회주의에 의해 결과적으로 대체될 수 있다는 인식에 바탕을 두고 있다. Ramesh Mishra는 보완적 모형을 보수적인 것이라 하고 제도적 모형은 자유주의 또는 사회민주주의 유형이므로 사회의 중심적 가치로서 복지를 제도화하는 규범적 모형을 제시한 것이다. 규범적 모형에서의 복지정책은 최고수준의 사회복지의 권리와 급여를 보장하는 것을 이념으로 한다.

그리고 1981년의 두 번째 판에서는 구조적 모형(structural model)이라는 새로운 모형구축(model-building)을 하고 있다. 즉, 이념적으로 말하면 '각자에게 그가 가진 욕구에 따라'라는 말에서 나타나듯 완전히 욕구에 기반을 둔 분배모형을 제시한 것이다. 이는 종래의 규범적 모형의 관점과 큰 차이가 없으며, 잔여적(보수주의적) 모형과 제도적(자유주의적, 사회민주주의적) 모형 이외의 세 번째 모형으로서, 1979년에 Robert Pinker가 제시한 자본주의(capitalism), 집합주의(collectivism), 사회주의(socialism)의 세 유형과 함께 기능적 모형구분에서 점차 이념적 모형구분으로 확산되는 관점의 변화를 보여준다. 즉, 사회복지가 자본주의 체제의 사회정책을 분석하는 모형에만 한정되었던 것이 사회주의 사회에서의 복지를 논의하고 분석하는 모형으로 발전되기에 이른 것이다.

Ramesh Mishra가 사회구조와 복지모형을 설명하면서 자본주의 사회에서 욕구를 충족시키기 위한 제도형태로서 사회서비스, 재정복지, 기업복지, 상호부조, 자선적 · 민간적 원조 등이 두 가지 상이한 접근을 나타낸다고 한 잔여적 모형, 제도적 모형과 사회주의 사회에서 유용한 사회제도이며 사회구조의 핵심적 기제인 사회서비스를 욕구에 따라 분배하는 구조적 모형을 주요 특징별로 제시해 보면 〈표 2-1〉과 같이 요약할 수 있다.

표 2-1 Mishra의 복지모형

주요 특징	잔여적 모형	제도적 모형	구조적 모형
1. 욕구충족에 대한 국가책임	최소수준	적정수준	전체적
2. 가치로서의 욕구에 근거한 분배	주변적	이차적	일차적
3. 법정서비스 범위	소범위	광범위	포괄적
4. 법정서비스에 포괄되는 인구	소수	다수	전 국민
5. 국가복지에 지출되는 국민소득의 비중	낮음	보통	높음
6. 자산조사의 활용여부	일차적	이차적	주변적
7. 클라이언트의 성격	빈민	시민	집합체의 구성원
8. 클라이언트의 지위	낮음	보통	높음
9. 서비스의 지향성	고압적	공리주의적	연대지향적
10. 복지에 있어서 비법정기관의 역할	일차적	일차적	주변적

출처 : Mishra의 모형을 재구성함.

이처럼 잔여적 모형에서는 법정복지의 범위는 최소한으로 제한되며 사회서비스는 대체로 미발달상태로 있으며 비법정복지가 상대적으로 많은 기능을 하게 된다. 반면에 제도적 모형에서는 잔여적 모형와 비교해서는 법정복지가 우월한 역할을 하게 되며, 자본주의 사회는 제도적 모형으로 진화 내지 변화되고 있는 경향이 있다.

한편 규범적 모형 내지는 구조적 모형은 생산과 분배제도가 공동체적 통제나 국가통제하에 있을 때 가능한 것으로서 제도적 모형이 더 발달된 형태로 분석할 수 있는 것이 아니라 사회주의적 이데올로기에서 분석가능한 별도의 유형이라고 할 수 있다.

Ramesh Mishra는 마르크스주의나 사회주의에서의 사회정책은 산업화된 서구(자본주의 체제)에서의 그것과는 다르다는 점을 주장한다. 자본주의에서는 가장 발달된 복지국가에서도 사회복지서비스는 기본적인 최소한의 욕구에 대한 급여로 제한되어 있으며 시장체계를 보완하는 수준에 그치고 있다고 본다. 왜냐하면 자본주의에서 국가개입은 부분적으로는 자본주의적 구조와 제도를 유지하려는 의도가 존재하기 때문에 사회주의에서와 같이 사회적 평등을 지향하고 계급 없는 사회를 목적으로 하지는 않는 것이다. 그러나 영국의 국민보건서비스(NHS)제도는 보편적이고 무상으로 제공된다는 측면에서 자본주의 국가에서의 의료서비스 형태와는 다르며, 사회주의적 의료서비스 모형과 유사한 경우도 있다.

4) Parker의 모형

잔여적 모형, 제도적 모형, 규범적(구조적) 모형으로 정리할 수 있는 이론적이고 기능적 이념 모형이 아닌 순수 이념적 모형으로서는 Parker의 모형이 있다. 이는 사회복지정책의 이념과도 상통하는 것으로서 세 가지의 유형으로 구분하였다(Parker, 1975 : 4-5).

Parker는 사회복지정책의 모형을 자유방임형과 사회주의형으로 크게 나누고 그 중간에 자유주의형이 있다고 보았다. 자유방임형은 개인주의에 기초하고 있으며, 사회주의형은 공동체주의나 전체주의에 바탕을 둔 유형이며, 자유주의형은 최저한의 정부책임주의를 강조하며 다음과 같이 정리할 수 있다(김영모, 1982 : 31).

자유방임형은 단순한 개인주의 형식에 기초하여 있고 경제성장과 부의 극대화에 큰 가치를 부여하며 모든 종류의 계약과 합의에 있어서 개별적 자유선택을 강조한다. 소득과 부, 교육, 의료서비스 및 그 밖의 사회보호의 형태는 생산제도에 의해 좌우되고 그것이 약자를 보호하든 강자를 억제하든 간에 최소의 국가개입하의 개별적 교환력에 좌우된다. 이러한 경우 빈곤대책은 상대적 개념보다도 절대적 개념에 의해 접근하게 된다.

사회주의형은 자유방임형과는 기본적으로 반대되고 이것은 자원의 배분이 능력보다 요구에 기초해야 한다고 본다. 사회주의형은 정치적・사회적・경제적 활동에 참여하기 위하여 질적 가치와 공동권리를 강조한다. 정부는 누구에게든지 적극적 선택을 할 수 있도록 유사한 기회를 허용하고 결핍을 예방하기 위한 활동보다는 쾌적한 기준을 제공하기 위한 환경을 조성할 책임이 있다. 배분은 완전한 노동제도하에 빈곤이 존재하지 않도록 요구에 따라야 하는 것이다.

자유주의형은 기회와 개인적 자유 및 사회적 배분방법으로서 시장의 중요성을 인정한다. 그러나 이것은 동시에 생계의 필수요인도 아니지만 다른 공동사회의 생활기준과 관련된 것인 최저기준을 보장할 정부의 책임을 의미한다. 자유주의형은 시장을 생활기준의 중요한 결정요인으로 인정하고 선택의 자유를 중요시한다. 이것은 개인의 책임과 독립을 주장하고 또한 개인이 개별적으로 선택하는 정도의 복지기준을 사적으로 조정하려고 한다. 자유주의형의 관점에서 보면 공공봉사[2)]의 주요한 역할은 스스로 부양할 수 없는 사람을 위하여 최저기준을 보장하는 것이다.

3 사회복지정책의 체계

1) 사회복지정책의 영역

사회복지정책의 영역을 체계화해 보면 사회복지정책은 국가나 사회가 주체가 되어서 개인이 인간답게 살아가고자 하는 행복의 질을 향상시키는 계획과 행동이라고 할 수 있다. 그런데 개인, 즉 국민의 삶의 질을 향상시키고자 하는 정부의 계획과 행동이라면 너무 광범위한 범주가 될 수 있다. 따라서 정부의 행동영역을 어느 정도 제한할 필요성이 있으며 그것이 사회복지정책의 영역이 된다.

인간답게 사는 데 필요한 기본적 욕구 가운데 제일 먼저 해결해야 할 욕구는 육체적 생존의 욕구이다. 따라서 음식을 비롯하여 육체적 생존에 필요한 기본적 재화를 구입할 수 있는 소득보장, 질병이 발생했을 때 치료해 줄 수 있는 의료서비스, 거주해야 할 주택 등은 육체적 생존에 가장 필수적인 것들이라고 할 수 있다. 인간다운 생활은 위와 같은 물질적 측면의 요구만으로 해결되는 것은 아니다. 사람에게는 비물질적 측면의 요구 또한 중요한데 이를 위해서는 사회통합을 위한 교육과 아동, 노인, 장애인 등 사회적 약자들의 특별한 비물질적 욕구에의 해결을 위한 개별사회서

2) 여기에서의 공공봉사는 사회봉사(social service)를 말하는 것으로 소득유지서비스, 교육서비스, 보건서비스, 주택서비스, 기타 서비스가 포함된다.

비스(personal social service)가 필요하다.

이러한 차원에서 사회복지정책의 주요 영역은 학자에 따라 그 분야가 각기 다르게 제시될 수 있음을 알 수 있다. Rodgers(1979)는 그의 저서에서 ① 사회보장, ② 고용과 훈련, ③ 보건위생, ④ 교육, ⑤ 주택정책 등의 영역으로 구분하고 있다.

일반적으로 사회복지정책의 영역은 ① 소득보장정책, ② 건강·의료보장정책, ③ 교육정책, ④ 주택정책, ⑤ 개별사회서비스, ⑥ 조세정책, ⑦ 노동시장(고용)정책 등으로 분류할 수 있다. 그리고 이 중에서 조세정책과 노동시장정책을 제외하고 나머지를 5대 주요 영역으로 간주하기도 한다.

그러나 여기서는 정부가 직접적으로 정책에 개입하는 영역이 많은 분야로 제한하여 보면 다음과 같다.

첫째, 국민최저생활의 보장이라는 복지국가이념의 경제적 실천, 즉 빈곤선(poverty line)에 있는 계층인 생활보호대상자에 대한 공공부조정책의 영역이다.

둘째, 직업을 가진 계층을 비롯한 사회중간계층(middle class)의 사회보장대책으로서의 사회보험정책의 영역이다.

셋째, 위의 두 가지의 정책이 소득보장적 사회복지영역이라면 전체 국민에 걸친 사회복지서비스 정책이 한 영역으로 다루어져야 한다(고수현, 2006 : 43).

이것은 미국의 Roosevelt 대통령 시기에 1935년에서 1939년까지 지속된 뉴딜정책의 제도화인 1935년의 사회보장법의 주된 개념이다. 사회복지의 출발은 사회보장에 있고 그 사회보장의 시작은 사회적 위기(social crisis)나 위험사회(risk society)에 대한 경제보장이 된다는 것이다. 그리고 이 사회보장의 개념은 제2차 세계대전 중 전후 세계에 대한 국민에게 비전을 제시하는 정치슬로건으로 발전한다. 1941년 영국 수상 Churchill과 미국 대통령 Roosevelt가 전후 세계질서의 모색을 위해 대서양헌장(Atlantic Charter)을 발표하면서 그 소프트웨어로서 사회보장의 이념을 삽입하게 되는 것이다. 이것이 바로 두려움과 결핍으로부터의 해방(freedom from fear and wants)이라는 슬로건이다. 이 대서양헌장의 사회보장정신은 영국에서는 1942년 베버리지 보고서로 나타났고, 1948년에는 UN인권선언 제22조에 "모든 인간은 사회구성원으로서 사회보장을 받을 권리가 있다"는 규정으로 구체화되었다.

이러한 사회보장의 개념발전은 1952년이 되면 국제노동기구(ILO)에 의해 「사회보장의 최저기준에 관한 조약(제102조)」에서 사회복지정책적 프로그램 내지 제도로 확대되기에 이른다. 사회보장이 관념적 보장이 아니라 구체적이고 기술적으로 제도화하는 단계라고 할 수 있다. 사회보장의 개념에 사회보험(social insurance), 공공부조(social assistance), 기타 서비스 체계가 하나로 통합되는 것이다. 우리나라에서도 「사회보장기본법」 제3조에서는 사회보장의 영역을 사회보험, 공공부조, 사회서비스로 규정하고 있다.

따라서 사회복지정책의 주요 5대 영역 중에도 공공부조(public assistance), 사회서비스(social service)의 2대 영역은 향후의 복지이행기에서도 국가와 시민사회가 양대축이 되어 발전시켜야 할 사회보장영역이다.

2) 공공부조

(1) 공공부조의 개념

공공부조는 나라마다 상이하게 표현되고 있다. 우리나라와 일본, 미국에서는 법률상 공공부조 또는 공적 부조(public assistance)로, 영국에서는 국가부조(national assistance)로, 프랑스에서는 사회부조(social assistance)로 표현한다. 우리나라는 '공적 부조'라는 용어를 사용하였으나, 1995년 12월 30일 제정된 「사회보장기본법」에서 '공공부조'라는 용어로 변경하였다.

공공부조에 대한 또 다른 협의의 개념은 자본주의 사회의 모순이 심화됨에 따라 그 구조적 산물로서 빈곤이 발생됐다는 역사적 인과관계를 인정하여 국가의 책임하에 일정한 법령에 따라 공공비용으로 경제적 보호를 요구하는 자들에게 개인별 보호필요에 따라 주게 되는 최저한도의 사회보장을 일컫는데, 이 역시 사회보장의 일환으로 이해되고 있다. 이와 같이 공공부조는 빈자의 생활보장기능에서 그 의의를 찾아볼 수 있는데, 생활보장은 최저한의 수준에 그쳐야 하며 이를 국민최소(national minimum) 또는 사회최소(social minimum)원칙이라 부른다.

즉, 공공부조란 국가가 규정한 일정한 수준 이하에서 경제적으로 빈곤한 생활을 하고 있으며, 자신의 능력으로 독립적 생활이 불가능하거나, 부양의무자의 도움을 받을 수 없어 보호를 필요로 하는 상태에 있는 자를, 신청에 근거하여 또는 직권으로 자산조사(means test)와 상태조사(status test)를 실시한 후, 수급권자로 판명되면 이들에 대해 건강하고 문화적인 최저한도의 기초생활을 유지할 수 있도록 현금급여, 현물급여 또는 이용증서(voucher)를 제공해 주는 제도이다. 한편 자활능력이 있는 자에 대해서는 이들의 자립자활을 촉진하기 위한 필요한 조치를 취하거나 근로를 조건으로 원조를 제공하는 근로연계를 실시하며, 수혜자의 비용부담 없이 국가나 지방자치단체가 일반조세수입을 기초로 한 공적 재원을 활용하여 필요한 비용을 충당하는 무기여-보충적 원조이며, 자본주의 사회의 공적인 최후의 안전망(the last public safety net)이다(김기원, 2000 : 17-18).

정의를 살펴보면 우리나라 「사회보장기본법」에서는 "국가 및 지방자치단체의 책임하에 생활유지능력이 없거나 생활이 어려운 국민의 최저생활을 보장하고 자립을 지원하는 제도"라고 정의하고 있다. OECD에서는 "어려운 사람에게 최저생계수준을 유지해 주기 위하여 자원조사를 거쳐 제공되는 일단의 급여와 서비스"라고 정의하고 있으며 UN에서는 "공공부조란 일정한 최저기준선으로 볼 때 보호를 요함과 동시에 개인적 자력이 부족한 경우에 갹출을 하지 않고 공비에서 지급하는 제도로 급여의 산정기초는 최저생활수준에 있으며, 자격심사를 위하여 자산조사가 실시된다."(장동일 외, 1995 : 10-11)고 정의하고 있다.

(2) 공공부조의 역사

최근까지도 빈곤은 그 자신의 게으름과 무능을 원인으로 보아 자신의 책임하에 있었다. 그러나 그에 대한 인식이 변화하여 개인을 빈곤으로 몰고 간 사회에 그 책임을 묻게 되었다. 그리하여 개인이 모든 방법을 다 동원하였음에도 최저생활유지에 곤란을 겪을 경우에 한해 다시 일어설 수 있는 기반을 제공하는 차원에서의 원조가 이루어지게 되었다.

1897년 국민최소한(national minimum)이란 개념을 처음으로 착안한 Webb 부처는 시간이 흐름에 따라 이 용어를 변화, 발전시켜 '노동자로 하여금 생산자 그리고 시민으로서의 실력을 가진 상태로 유지시키는 것에 필요한 최저한도의 생활수준의 확보'라는 의미로 사용하였다. 그 후 Webb 부처는 1911년 저술에서 1897년의 개념과는 변화된 '국민생활최저선' 개념을 제시하였는데 기초보장대상을 취약계층 전반으로 확대하고, 보장영역을 ① 최저임금제, ② 8시간 노동제, ③ 실업방지, ④ 아동양육, ⑤ 주거, ⑥ 의료 등 6개 분야로 제안하였으며, 최저생활보장에 필요한 비용을 국가가 전액 부담하는 공공부조방식을 주장하였다. Webb 부처가 제시한 변화된 '국민생활최저선'은 '비로소 취약계층의 생존권 보장이라는 고유한 목적을 가지게 된 것'으로 평가되고 있다.

제2차 세계대전 종전 이후 착수할 국가재건 프로그램의 일환으로 작성된 1942년 베버리지 보고서(Beveridge Report)는 국가재건을 위해서 극복해야 할 5대 악(빈곤, 질병, 무지, 불결, 나태)을 제시하고 이 중에서 빈곤을 극복하는 방안으로 전 국민에게 국가책임에 의한 국민생활최저선의 보장방안을 제시하였다. 베버리지 보고서로 인해 Webb 부처 이후 세상의 관심에서 사라져 간 국민생활최저선은 재차 논의의 대상으로 부각되었으며, 전후 복지국가건설의 좌표로서의 역할을 수행하게 된다. 1960년대 이후 1970년대 중반의 유류파동이 도래하기까지 이른바 복지국가의 황금기에 경제개발협력기구(OECD) 주요 국가들은 기초보장의 목표를 기존의 절대빈곤 극복에서 상대빈곤극복으로 변경 설정하였다.

1970년 후반 이후 현재까지 공공부조 수급요건이 강화되고, 급여수준이 하향 조정되고, 급여기간이 단축되고, 각종 이행조건이 부과되는 등 경제개발협력기구(OECD) 주요 국가들의 기초생활보장에 대한 사회적·국가적 지지가 후퇴되는 현상이 뚜렷하게 나타난다(한국보건사회연구원, 2000 : 4-6).

(3) 공공부조의 원리와 특징

공공부조제도의 원리를 정리하면 다음과 같이 다섯 가지로 정리할 수 있다.

첫째, 인간다운 삶을 보장하기 위해 최저생활수준보장의 원리를 가진다. 둘째, 자신의 능력과 부양의무자의 능력이 부족하여 다른 법에 대한 보호를 받은 후에도 곤란을 겪는 경우에 비로소 행해지는 보충성의 원리를 가진다. 셋째, 무조건적 원조를 제공하는 것이 아니라 다시 설 수 있는 기반을 마련해 주므로 자립심과 독립심 조장의 원리를 가진다. 넷째, 개인의 곤란을 그 개인의 책임으로 보지 않고 사회 전반의 책임으로 보기 때문에 국가책임의 원리를 가진다. 다섯째, 인간다운 삶 이전에 생존이라는 기본적 문제를 해결해 주기 위한 것으로 생존권 보장의 원리를 가진다.

그리고 공공부조제도의 특징은 다음과 같이 다섯 가지로 정리할 수 있다.

첫째, 수행주체는 국가나 지방자치단체 또는 관련 공공기관이 된다. 따라서 사적 부조 등과는 구별되는 공적 프로그램이다. 둘째, 대상은 법적으로는 모든 국민이지만, 실제로는 자산조사와 상태조사를 거쳐 선정한 일정한 빈곤선 이하의 생활무능력자이다. 따라서 선별적 프로그램이다. 셋째, 재원은 전적으로 정부의 일반세입에 의한다. 즉, 표적집단에 필요한 도움을 주려는 원조 프로그램이다. 단, 국가나 지방자치단체는 근로능력자에 대해서는 구직등록이나 고용 및 직업훈련 프로그램에 참가하는 것을 조건으로 원조를 제공하는 근로연계를 실시할 수 있다. 넷째, 최후의 사회안전망의 역할을 한다. 말하자면 공공부조의 수혜대상자가 자신의 자산과 근로능력을 최대한 활용하고, 부양의무자의 부양을 우선적으로 받고, 다른 법에 의한 보호를 받은 후에도 생활상 곤란을 겪는 경우에 비로소 행해지는 보충적 제도이다(김기원, 2000 : 20). 다섯째, 납세능력자로부터 수혜자에게 베풂으로써 소득재분배기능을 하여 사회적 안정을 도모한다.

(4) 공공부조의 종류

기초생활보장제도의 차원에서 살펴보면 제도의 분립 여부, 사용하는 방법의 종류, 보장하고자 하는 영역의 범위 등에 따라 공공부조의 내용이 달라진다. 제도의 통합 여부에 따라서는 일체형과 분립형으로 구분 가능하다. 일체형은 하나의 제도 내에 국민기초생활보장대상자 전체를 포함하고, 급여의 종류도 망라하여 운영하는 방식으로서 한국과 일본이 이에 해당한다. 반면 분립형은 기초생활보장대상자의 범주에 따라 혹은 급여의 종류에 따라 각기 분리된 제도에 의하여 운영하는 방식으로서 미국과 영국이 이에 해당한다.

또 국민기초생활보장을 제공하는 수단에 따라서는 ① 보험방식, ② 공공부조방식, ③ 수당방식, ④ 조세방식으로 구분된다. 보험방식은 기여금의 납부를 전제로 급여를 지급하는 방식이며, 공공부조방식은 자산조사를 전제로 기여금의 납부 없이 급여를 지급하는 방식이다. 수당방식은 인구학적 요소[3]를 기초로 기여금의 납부 없이 급여를 지급하되, 자산조사를 행할 수도 있고 하지 않을 수도 있는 방식이다. 조세방식[4]은 일반 조세체계를 이용하여 저소득근로가구에게 근로소득의 일부를 보전하는 방식이다(한국보건사회연구원, 2000 : 6-7).

좀 더 좁은 범위에서 공공부조제도의 종류를 분류해 보면, 첫째, 대상에 따라 일반부조와 제한부조로 나누어진다. 일반부조가 보편적 부조라면 제한부조는 실업부조나 노인부조와 같이 그 대상이 되는 인구가 정해져 있는 경우이다. 둘째, 급여내용에 따른 종류에는 현금급여, 현물급여, 이용증서제도가 있다. 현금급여는 일정 금액을 직접 지급하는 방법이며 현물급여는 물건이나 서비스를 지급하는 방법이며 이용증서제도란 인환권, 즉 푸드스탬프와 같이 현물로 바꿀 수 있는 증서를 제공하는 방법이다. 셋째, 정기성에 따른 종류에는 정기적으로 원조해 주는 정기부조, 필요에 따라 임시적으로 원조해 주는 임시부조가 있다.

3) 사회보험

(1) 사회보험의 개념

사회보험은 사회복지정책을 위한 보험으로서 국가가 사회복지정책을 수행하기 위해서 보험의 원리와 방식을 도입하여 만든 사회경제제도라고 할 수 있다. 이러한 의미

3) 여기서는 자녀 유무, 노령, 장애 등의 요소를 말한다.
4) 대표적 사례로 1975년 처음 도입된 미국의 현금급여 프로그램인 EITC(Earned Income Tax Credit)를 들 수 있다.

에서 「사회보장기본법」 제3조 제2호에 의하면, “사회보험이라 함은 국민에게 발생하는 사회적 위험을 보험방식에 의하여 대처함으로써 국민건강과 소득을 보장하는 제도를 말한다”고 정의하고 있다. 구체적으로 살펴보면 사회보험은 국민을 대상으로 질병·사망·노령·실업 기타 신체장애 등으로 인하여 활동능력의 상실과 소득의 감소가 발생하였을 때 보험방식에 의하여 그것을 보장하는 제도이다. 다음에서는 사회보험의 원리와 특징, 사회보험의 종류를 다루고자 한다(http://www.4insure.or.kr 참고).

(2) 사회보험의 원리와 특징

사회보험은 운영과 방법론에서 보험기술과 보험원리를 따르고 있다는 점에서 공공부조와 상이하다. 사회보험은 사회의 연대성과 강제성이 적용되며, 사보험과는 다른 주요한 특성을 가지고 있으며 이를 정리해 보면 다음과 같다.

사회보험에서 다루는 보험사고로는 업무상의 재해, 질병, 분만, 폐질(장애), 사망, 유족, 노령 및 실업 등이 있으며, 이러한 보험사고는 몇 가지 부문으로 나뉘어 사회보험의 형태를 이루게 된다. 즉, 업무상의 재해에 대해서는 산업재해보상보험, 질병과 부상에 대해서는 건강보험 또는 질병보험, 폐질·사망·노령 등에 대해서는 연금보험(국민연금), 그리고 실업에 대해서는 고용보험(실업보험)제도가 있으며 이를 4대 사회보험이라 한다.

사회보장제도 중 건강보험제도는 국민의 질병·부상에 대한 예방·진단·치료·재활과 출산·사망 및 건강증진에 대하여 보험급여를 실시함으로써 국민건강을 향상시키고 사회보장을 증진함을 목적으로 「국민건강보험법」을 제정하여 생활유지능력이 있는 국민을 대상으로 ‘건강보험제도’를 하고 있고, 「의료급여법」을 제정하여 생활유지능력이 없거나 어려운 국민대상으로 ‘의료보호제도’를 실시하고 있다.

(3) 사회보험의 종류

국민연금은 공적 연금보험제도로서 가입이 법적으로 의무화되어 있기 때문에 사보험에 비해 관리운영비가 훨씬 적게 소요되며, 관리운영비의 많은 부분이 국고에서 지원되므로 영업이익을 추구하지 않는다. 현행 국민연금제도는 부담과 급여의 수준이 일정 기간 불완전균형을 이루는 수정적립방식을 채택·운용하고 있다. 보험료는 40년 가입기준 시 60%의 급여수준이 보장되려면 평균소득수준인 가입자의 경우 보험료율이 최소한 13~16%는 책정되어야 하나, 제도시행 초기라는 점을 고려하여 최초 3%에서 시작하여 점진적으로 보험료를 인상토록 설계되어 있다.

즉, 제도도입 초기의 낮은 보험료 부담으로 제도의 조기정착을 도모하면서 자신의 노후소득보장을 스스로 대비하지 못한 현세대의 부담분 중 일부분을 후 세대가 부담토록 함으로써 세대 간 소득재분배가 되도록 설계되었다. 이러한 특성 때문에 모든 가입자는 소득의 고저에 관계없이 부담에 비해 급여수준이 높으므로, 미가입자는 조기에 가입하고 또한 자기의 실제 소득에 맞게 보험료를 부담하여야 노후에 적정 수준의 연금을 받을 수 있다.

건강보험제도란 일상생활의 우연한 질병이나 부상으로 인하여 일시에 고액의 진료비가 소비되어 가계가 파탄되는 것을 방지하기 위하여, 보험원리에 의거 국민이 평소에 보험료를 내어 기금화하였다가 보험사고가 발생할 경우 보험급여를 지급함으로써 국민 상호 간에 위험을 분담하고 의료서비스를 제공하는 사회보장제도이다. 건강보험제도는 각국의 고유한 문화와 전통을 배경으로 하는 역사적 산물로서 단순 분류에는 어려움이 있으나 일반적으로 경제개발협력기구(OECD)는 3가지로 분류하고 있다. 즉, 사회보험(NHI : National Health Insurance)방식, 국민보건서비스(NHS : National Health Services)방식, 민간보험(consumer sovereignty)방식이며 민간보험방식은 사회복지정책적 차원의 제도는 아니다.

사회보험(NHI)방식은 '의료비에 대한 국민의 자기 책임의식'을 견지하되 이를 사회화하여 정부기관이 아닌 보험자가 보험료로 재원을 마련하여 의료를 보장하는 방식으로 독일의 비스마르크(Bismark)가 창시하였기 때문에 비스마르크(Bismark) 방식이라고도 한다. 이는 보험원리에 의해 1차적으로 국민의 보험료에 의해 재원을 조달하고 국가는 2차적 지원과 후견적 지도기능을 수행함에 따라 국민의 1차적 부담의무가 전제된 비용의식적 제도이며 국민의 정부의존심을 최소화할 수 있다. 또한 관리체계는 민간 자율기구(조합 또는 금고) 중심의 자치적 운영을 근간으로 하며, 의료의 사유화를 전제로 의료공급자가 국민과 보험자 간에서 보험급여를 대행하는 방식이다. 독일, 일본, 프랑스, 한국 등이 그 대표적인 국가이다.

사회보험(NHI)방식을 취하고 있는 나라에서는 조합원이 대표의결기구를 통해 건강보험운영에 관한 의사결정에 참여함으로써 제도 운영의 민주성을 기할 수 있고, 국민의 비용의식이 강하게 작용하여 상대적으로 양질의 의료를 제공할 수 있다는 장점은 있으나, 소득유형 등이 서로 다른 구성원에 대한 단일 보험료 부과기준 적용이 어렵고, 의료비 증가에 대한 억제기능이 취약하여 보험재정 안정을 위한 노력이 필요하다.

국가보건서비스(NHS)방식은 "국민의 의료문제는 국가가 책임져야 한다"는 관점에서 정부가 일반조세로 재원을 마련하여 모든 국민에게 무상으로 의료를 제공(universal type)하는, 국가의 직접적 의료관장방식으로 일명 조세방식 또는 베버리지(Beveridge) 방식이라고 한다. 이 경우 의료기관의 상당부분이 사회화 내지 국유화되어 있으며, 영국의 Beveridge가 제안한 이래 영국, 스웨덴, 이탈리아, 뉴질랜드 등이 그 대표적인 국가이다.

국가보건서비스(NHS)방식을 채택하고 있는 나라에서는 소득수준에 관계없이 모든 국민에게 포괄적이고 균등한 의료를 보장하며 정부가 관리주체로서 의료공급이 공공화되어 의료비 증가에 대한 통제가 강하게 나타난다. 그리고 조세제도를 통한 재원조달은 비교적 소득재분배 효과가 강하다는 장점이 있으나, 반면에 의료의 사회화가 상대적으로 의료의 질을 저하시키며 조세에 의한 의료비 재원조달에 많은 어려움이 있어 정부의 과다한 복지비용 부담이 문제가 되고 있다. 또한 의료수용자 측의 비용의식 부족과 민간보험의 확대 그리고 장기간 진료대기문제 등 부작용이 나타나고 있어 이에 대한 제도개혁의 필요성이 증가되고 있다.

고용보험이란 실직근로자에게 실업급여를 지급하는 전통적 의미의 실업보험사업 외에 적극적 취업알선을 통한 재취업의 촉진과 근로자의 고용안정을 위한 고용안정사업, 근로자의 직업능력개발사업 등을 상호 연계하여 실시하는 사회보험제도이다. 따라서 실업보험은 단순하게 실직자의 생계를 지원하는 사후적 · 소극적 사회보장제도에 그치는 반면, 고용보험은 실직자에 대한 생계지원은 물론 재취업을 촉진하고 더 나아가 실업의 예방 및 고용안정, 노동시장의 구조개편, 직업능력개발을 강화하기 위한 사전적·적극적 차원의 종합적 노동시장정책의 수단이라고 할 수 있다.

산업재해보상보험은 공업화가 진전되면서 급격히 증가하는 산업재해근로자를 보호하기 위하여 1964년에 도입된 우리나라 최초의 사회보험제도이다. 산업재해로부터 근로자를 보호하기 위해서는 산업재해 자체를 예방하는 것이 가장 바람직한 것이나 이미 발생한 산업재해로 인하여 부상 또는 사망한 경우는 그 피해근로자나 가족을 보호 내지 보상해 주기 위해서 산재보험이 중요한 의미를 지닌다 할 것이다.

산업재해보상보험은 산업재해근로자와 그 가족의 생활을 보장하기 위하여 국가가 책임을 지는 의무보험으로 원래 「근로기준법」상 사용자의 재해보상책임을 보장하기 위하여 국가가 사업주로부터 소정의 보험료를 징수하여 그 기금(재원)으로 사업주를 대신하여 산업재해근로자에게 보상을 해 주는 제도이다. 따라서 근로자부담금은 없으며 전액 사용자부담으로 운영된다.

4) 사회(복지)서비스

(1) 사회(복지)서비스의 개념

사회(복지)서비스는 사회보장제도에서 공공부조, 사회보험과 더불어 사회보장정책의 중심을 이루고 있는 것으로 사회가 복잡해짐에 따라 사회문제가 가속화되어 사회적응, 인간성 회복, 사회복귀 등의 사회복지서비스 수요가 급증하고 있다. 일반적으로 사회(복지)서비스는 사회적으로 불우하고 열세한 위치에 있는 아동, 노인, 여성 및 장애인 등을 대상으로 전문적 지식과 방법을 활용하여 이들의 제반 문제를 해결하여 정상적 사회인으로 복귀시키는 데 목적을 두고 있다(김운태 외, 1982 : 675).

그러나 이러한 개념화는 협의의 관점에서 보았을 경우에 해당하며 오늘날 사회(복지)서비스는 사회의 불우계층뿐만 아니라 사회구성원 모두가 가지는 다양한 사회문제를 해결하고 복지욕구를 충족시키고자 하는 전문 사회(복지)서비스라고 해야 더욱 타당할 것이다. 「사회보장기본법」 제3조의 규정에 의하면 '사회서비스'란 국가·

지방자치단체 및 민간부문의 도움이 필요한 모든 국민에게 복지, 보건의료, 교육, 고용, 주거, 문화, 환경 등의 분야에서 인간다운 생활을 보장하고 상담, 재활, 돌봄, 정보의 제공, 관련 시설의 이용, 역량 개발, 사회참여 지원 등을 통하여 국민의 삶의 질이 향상되도록 지원하는 제도를 말한다.

아울러, 「사회복지사업법」에서의 정의에 따르면(「사회복지사업법」 제2조), 사회복지사업의 영역을 다양하게 규정하고 있는데, 사회복지사업 관련 개별 법률에 따른 보호·선도(善導) 또는 복지에 관한 사업과 사회복지상담, 직업지원, 무료 숙박, 지역사회복지, 의료복지, 재가복지(在家福祉), 사회복지관 운영, 정신질환자 및 한센병력자의 사회복귀에 관한 사업 등 각종 복지사업과 이와 관련된 자원봉사활동 및 복지시설의 운영 또는 지원을 목적으로 하는 사업을 말한다. 따라서 오늘날의 사회복지사업은 인간의 다양한 욕구에 부응하여 모든 사람들의 삶을 행복하게 보장해 주기 위한 전문 서비스라고 볼 수 있다.

「사회복지사업법」 제3조 제4호에는 "국가·지방자치단체 및 민간부문의 도움이 필요한 모든 국민에게 복지, 보건의료, 교육, 고용, 주거, 문화, 환경 등의 분야에서 인간다운 생활을 보장하고 상담, 재활, 돌봄, 정보의 제공, 관련 시설의 이용, 역량 개발, 사회참여 지원 등을 통하여 국민의 삶의 질이 향상되도록 지원하는 제도를 말한다."라고 정의하고 있으며, 이는 종래의 사회보장체계에서 일반적으로 '사회복지'로 불리던 것이 '사회복지서비스'로 변경된 것이며 2013년에 개정된 「사회보장기본법」에서는 또 다시 '사회서비스'라는 명칭으로 변경된 것이 특징적이다.

(2) 사회(복지)서비스의 대상과 종류

사회(복지)서비스의 대상은 정상적 일상생활의 수준에서 탈락, 낙오되거나 또는 그러한 우려가 있는 불특정 개인 또는 가족이며 구체적으로 빈곤, 질병, 범죄, 또는 도덕적 타락으로 나타나게 되는데 이러한 내용을 E. F. Devine은 미국사회복지를 중심으로 3D(Destitution 빈곤, Disease 질병, Delinquency 비행)로 설명하기도 한다. 그러므로 사회복지서비스의 목적은 정상적 일반생활의 수준에서 탈락된 상태의 사회복지서비스 대상자에게 '회복, 보전'하도록 도와주는 것을 말하며 이는 개별적, 집단적으로 보호 또는 처치를 행하게 된다(http://www.4insure.or.kr 참고).

우리나라의 경우 사회복지의 대표적인 대상은 전통적으로 노인, 장애인, 아동, 부랑인과 여성이었다. 그러나 최근에는 가족복지와 그 밖의 다양한 인구집단이 사회복지서비스의 대상으로 등장하고 있다.

사회(복지)서비스에 대한 개념적 정의에 의거하여 사회(복지)서비스의 종류를 정리해 보면 우선 사회복지대상자가 보지(保持)하고 있는 사회적 욕구나 문제에 따른 영역 분류와 그 다음은 그것을 실천할 구체적 접근방법에 따라 분류할 수 있다. 그 외에도 실천주체에 따라 공공부문과 민간부문으로 구분이 가능하겠으나 우리나라의 사회(복지)서비스의 여건상 공공부문에 속하는 민간부문도 민간위탁이나 정부지원에 의한 제3의 영역이 많으므로 여기에서는 세부적 구분은 제외한다.

그리고 사회(복지)서비스의 특성상 일부 서비스에서는 공공부조 차원의 서비스와 중첩될 수도 있다. 다시 말해서, 저소득 노인단독세대를 위한 재가·지역사회서비스는 그러한 경향이 있으며, 특히 시설서비스의 경우는 주거보장정책과 의료보장정책의 측면도 강하다. 그리고 사회(복지)서비스정책은 구체적으로는 「사회복지사업법」 등에서 구체화되고 그것을 바탕으로 실천되는 제도로 나타나는 특성이 있는 만큼 「사회복지사업법」상에서 정하고 있는 사회(복지)서비스에 한정·제시하고자 한다. 그러므로 대부분의 분석대상은 공공부문의 서비스가 될 것이다. 그렇지만 우리나라의 복지환경상 공공부문과는 분리된 민간부문이 뚜렷하지 못한 실정을 감안한다면 민간부문의 서비스 내용도 범주에 들어갈 수 있다.

시설복지서비스는 생활(수용)시설에서 이루어지는 서비스로서 주된 내용은 생계급여와 수용생활과 관련된 프로그램이다. 이용시설의 경우에는 다양한 프로그램이 있으나 수용생활시설의 경우에는 시설보호(생계보호)가 주된 영역을 차지한다. 시설수용자에 대한 급여는 재가수급자에 대한 급여형태와 같은 수준이지만 집단시설생활로 인한 주거적 특성에 따라 다소 차이가 나고 있다(연료비, 월동대책비 등). 그러나 대인적 특성(아동, 노인, 장애인, 여성, 부랑인 등)에 따른 생계급여액의 차이는 없으며, 아동시설의 경우는 학령기에 있을 경우 생계비 외의 학비 관련의 부가적 급여가 있다.

재가복지서비스는 재가보호(home care)에 의한 노인복지를 증진시키는 데 목적을 두고 있다. 우리나라의 경우는 제6공화국 시기에 정책적 논의의 대상[5)]이 되어 문민정부 시기인 1993년에 「사회복지사업법」 개정에 따라 재가복지사업이 사회복지사업의 한 영역으로 규정되었다. 그리고 노인복지영역에서는 1993년 12월의 「노인복지법」 개정을 통해 재가노인복지사업이 노인복지사업의 영역에 포함되었다. 1997년에 개정된 「노인복지법」에서는 ① 가정봉사원파견사업, ② 주간보호사업, ③ 단기보호사업, ④ 가정봉사원양성교육사업이 재가노인복지사업에 해당된다.

서구의 경우는 1970년대에 들어와서 탈시설화, 정상화의 이념의 확산과 함께 지역사회보호(community care)운동이 각광을 받음으로써 노인과 장애인에 대한 보호의 인식전환이 있었다. 즉, 시설에서 탈피하여 지역사회에 거주하면서 그 지역주민과 함께 정상적 사회생활을 할 수 있도록 조력하는 새로운 접근방법이 이슈가 된 것이다. 이렇게 본다면 재가복지서비스는 시설복지서비스와는 상대적 개념으로서 가족이나 지역주민, 그리고 전문적 서비스 인력에 의해서 재가(在家) 혹은 재(在)지역사회 중심의 서비스를 전개하는 것을 의미한다.

사례관리(care management)서비스는 한국사회복지협의회가 발간한 『사회복지사전』에서 "사례관리란 복합적 원인으로 요보호의 상태에 있는 클라이언트에게 다양한 지역사회자원을 연결시켜 관리하는 원조대책으로서 정신장애인, 누워 있는 노인, 치매성 노인 등이 가지고 있는 여러 가지 욕구를 조기에 적절하게 대응하는 지역보호체계이다"라고 설명하고 있다. 이렇게 볼 때 사례관리서비스란 복합적이고 다양한 욕구와 문제를 지닌 클라이언트를 중심으로 그들의 욕구와 문제를 해결하고 사회적 기능을 증진시키기 위해서 그들이 필요로 하는 보호와 서비스를 효과적으로 제공받을 수 있도록 공식적 보호체계와 비공식적 보호체계를 통합 · 조정 · 관리하는 과정으로 개념화할 수 있다.

한편 사례관리를 담당하는 사례관리자란 사례관리에 관한 전문적 지식과 기술을

5) 1989년 12월의 제1차 「노인복지법」 개정에서 가정봉사사업과 재가노인이라는 용어가 최초로 사용되기 시작하였다.

소유하고 클라이언트와 사회자원체계와의 연계, 통합, 조정, 관계유지 등을 행하는 전문가들이다. 이들은 주로 능력부여자, 중개자, 옹호자, 동원자, 조정자, 지도감독자, 행동변화자, 평가자 등의 역할을 수행한다. 그리고 미국이나 캐나다의 경우에는 사례관리자의 대부분은 사회복지사이며 나머지는 간호사, 보건직원, 작업치료사 등으로 구성되어 있다.

제3장

사회복지정책의 역사와 복지국가

1. 빈민법 시대
2. 사회보험 시대
3. 복지국가 이후 시대

둘째, 독일에서의 사회보험제도는 비스마르크 시대 세계 최초의 사회보험인 1883년

사회복지정책론 제1부 사회복지정책의 개념, 이념, 역사

질병보험, 1884년 근로자 재해보험(산재보험, Unfallversicherung), 1889년 양로 및 폐질보험(Rentenversicher-ung) 등이 제정되었고, 1927년에는 실업보험(Arbeitslosenver sicherung)이 입법화되었다.

셋째, 프랑스에서는 1898년의 산재보상보험법을 시작으로 1910년의 노동자 및 농민연금제도(Rop), 1932년의 가족수당제도 전국 실시, 1928년과 1930년의 사회보험법에 의한 제도 등이 있다.

넷째, 미국에서는 사회보험법으로서 단독 입법은 추진되지 않았고 1935년 8월 14일에 제정된 사회보장법에서의 사회보험제도를 들 수 있다. 사회보험에는 두 가지의 프로그램이 중요한데 실업수당(unemployment Compensation)과 노령, 유족, 건강 및 장애보험(OASDHI : Old-Age, Survivors, Disability and Health Insurance)이다. 그 외 공공부조제도와 보건 및 사회복지서비스제도가 미국의 사회보장제도 프로그램이다.

3 복지국가 이후 시대

1) 복지국가 시대

(1) 시대적 배경

복지국가의 시대는 제2차 세계대전 직후 영국에서 시작된 복지국가 발달의 역사에서 파악될 수 있다. 복지국가란 이론적으로는 복지국가의 이념을 구현한 것이고, 전략적으로는 설정된 복지정책과 제도대로 국민의 기본적 욕구(needs)를 충족시켜 주는 것을 말한다. 따라서 자본주의의 기본적 이념인 자유경쟁과 최대이윤추구라는 경제적 평등은 사회적 평등이라는 사회주의 이념에 수정되지 않을 수 없고 공정한 소득분배에 의한 사회정의를 실현해야 하는 당위성을 내포하고 있는 것이다.

복지국가의 사상적 배경이라고 하면 공산주의 경우의 마르크스-레닌주의에 대신할 만한 공식적 사상은 없을 것이다. 그러나 복지국가의 사상적 중심을 이루어 온

것은 민주사회주의(democratic socialism)라고 할 수 있다. 복지국가라는 용어는 현실 속에서 생겨나서 현실과 함께 성장해 가고 있는 것이나 실제로 복지국가라고 불리는 선진 제국의 경우도 이념형으로서의 복지국가에 가까울 뿐이며, 엄밀히 복지국가로 정의하기에는 어려운 점이 많다고 할 것이다.

복지국가라는 말의 어원은 17세기 엘리자베스 시대의 공동복지(common weal)라는 말이나 19세기 독일의 볼팔트슈타트(wohfahrtstaat)라는 말에까지 거슬러 올라갈 수 있는데, 그런 의미는 오늘날 복지국가의 의미와는 약간 다른 것이었다. 복지국가라는 말이 오늘날과 같은 의미에 가까운 형태로 사용되게 된 것은 비교적 최근의 일이다.

Maurice Bruce의 『복지국가의 도래(*The Coming of the Welfare State*)』(1961)의 서문에 의하면 이 말은 1930년대 후반에 Alfred Zimmern이 권력국가(power state)에 대비하여 사용한 것이 최초의 것이며, 그 후 1941년에 William Temple이 『시민과 성직자(*Citizen and Churchman*)』라는 책 속에서, 나치스의 '전쟁국가(Warfare State)'와 대조시켜 영국의 국가이념을 '복지국가(Welfare State)'라고 부르고 나서부터 일반에 사용되게 되었던 것이다.

복지국가는 말에 구체적 의미부여가 되어 사람들이 주목하게 된 것은 1942년 영국에서 Beveridge가 「사회보험과 관련 서비스(Social Insurance and allied Services)」라는 유명한 보고서를 발표하고, 나아가 1944년에 완전고용에 관한 정부의 백서가 발표되어, 광범위한 사회보장과 완전고용을 행하는 것이 국가의 책임이라고 보게 되었기 때문이다. 이와 같은 사고는 제2차 세계대전 후인 1945년에 정권을 인수한 영국 노동당에 의하여 구체화되었다. 노동당 정부는 기간산업의 국유화와 경제의 계획화를 행하여 혼합경제화를 추진함과 더불어 광범한 사회보장과 완전고용을 실현하여 세계의 주목을 받게 되었다.

이때부터 영국을 복지국가의 대표적인 나라로 보게 되었다. 복지국가의 대표국이라고 보게 된 또 하나의 나라는 북구의 스웨덴이다. 스웨덴에서는 1930년대의 세계적 대불황을 계기로 하여 경제의 계획화와 사회보장이 진전되었다. 더구나 경제의 운영이 노동조합이나 관련 단체의 대표 참가하에 행해져서, 높은 생활수준을 누리고 있다. 스웨덴과 긴밀한 관계에 있는 다른 북구 제국(특히 노르웨이와 덴마크)도 스웨덴과 똑같은 방향으로 나아가고 있다(우재현 옮김, 1982).

복지국가 시대의 복지주체는 국가와 시민단체가 되며, 복지대상은 시민과 개인이 되며 국민최소한(national minimum) 이상을 보장하는 것을 목적으로 복지를 실현한다.

(2) 사회복지 사상

사회보장제도는 냉전시대에 자본주의가 사회주의와의 경쟁체제에 힘입은 바가 크지만 그렇다고 사회주의 사상이 배경으로 되었다고는 볼 수 없다. 페이비언 사회주의자들의 사상이 복지국가 사상에 커다란 영향을 미친 것은 분명한 사실이지만 사회보장은 자본주의 체제가 만들어 낸 철학이며 제도인 것이다. 여기서는 1945년 이후의 복지국가 발달의 배경사상이 되는 사회민주주의 사상을 바탕으로 살펴보면 다음과 같다.

복지국가는 시장자본주의와 사회주의 계획경제 사이의 국가가 역할을 하는 장면에서 시작된다. 시장에 대한 국가개입(state intervention)이 이루어짐으로써 계획경제와 시장자유주의가 양립할 수 있다는 가능성을 보여준 것이라 할 수 있다. 이것은 오늘날 후기 자본주의(post capitalism) 사회의 대표적 형태라 할 수 있다.

사회민주주의는 복지국가의 이데올로기가 된다. 더 정확히 말하면 사회민주주의자들은 자본주의보다 사회주의가 우월한 체제라고 생각하고 복지국가가 그 중간단계의 이행체제라는 의미 있는 단계(staging post)로 인식한다. 이 복지국가가 세계 각국에 보편적으로 인식된 것은 1940년대 중반 이후가 될 것이다. 1944년의 베버리지 보고서 이후 영국 노동당이 정략적으로 활용한 것에서 기인된다.

복지국가에 대한 사회민주주의의 사상분석 배경은 그 당시 세계체제의 냉전구도에서 찾아야 할 것이다. 세계체제 구축을 위한 일본과 독일의 전쟁도발에 대한 종결은 1945년 2월 미・소 양 진영의 얄타회담으로 미・소 양 체제의 냉전구도를 탄생시켰다. 소련은 1917년 혁명 이후 1940년대까지 동유럽에 대한 지배체제를 공고화하였고, 미국은 다자주의(multilateralism)에 기반을 둔 트루만 독트린(Truman Doctrine,

1947)과 북아메리카와 유럽의 북대서양조약기구(NATO)의 설립(1949)으로 소련에 달러와 무력으로 대응할 것을 천명하였던 것이다.

이러한 냉전구도는 1968년 베트남의 구정공세(Tet Offensive)[4]와 1973년 석유수출기구(OPEC)가 주도한 유류파동시기까지 지속된다. 여기서 세계 인간복지의 향상과 연관해 본다면 이러한 국가 간 냉전체계가 자기진영의 우수성을 천명하기 위하여 복지팽창을 경쟁적으로 하였다는 점은 중요한 인식이 될 것이다. 여하튼 이 시기에 사회민주주의는 점진적 사회발전이라는 측면에서 복지국가를 선택하고 있는데 사상적 주요 태도를 보면 다음과 같다(George & Wilding, 1994).

첫째, 사회복지서비스는 사회 내의 고통과 욕구를 해결해 준다는 것이 복지국가를 정당화해 준다. 둘째, 사회복지서비스는 경제를 자극하고 국가의 경제적 번영에 대한 투자가 된다고 본다. 셋째, 교육에 대한 사회복지서비스는 평등한 사회창조의 수단이 된다. 넷째, 사회복지서비스는 사회의 이타주의를 증가시킨다. 사람들은 천성적으로 이타적이지도 이기적이지도 않지만 사회제도(복지 및 건강체계)의 구성방법에 따라서 이타적이게 할 수 있다. 또한 이러한 사회제도는 사회통합을 가져올 수 있다. 다섯째, 복지국가는 수평적 및 수직적 불평등을 감소시킬 수 있다는 확신을 갖고 있다.

그리고 사회민주주의자들은 사회복지서비스에 있어서 보편성을 강조하고 자산조사에 의한 급여를 반대하는 태도를 취한다. 그 이유는 다음과 같다.

첫째, 자산조사는 급여대상자를 배제시키고, 신청을 하거나 청구하는 자로 낙인하게 된다. 둘째, 자산조사는 차별급여를 가져와 서비스 수준이 후퇴한다. 셋째, 자산조사에 의한 급여의 수령이 아동수당이나 퇴직연금 수령비율보다 낮아진다. 넷째, 보편적 급여나 보험급여보다 개별조사비용이 많이 든다. 다섯째, 급여기준선을 정하는 데 논란이 있다.

4) 1968년 1월 30일 북베트남군이 베트남 구정기간(Tet)에 대공격을 시도하여 사이공과 후이를 민족해방전선(NLF)이 점령한 사건 이후 세계의 헤게모니 강대국인 미국이 정당성에 타격을 입게 된다.

(3) 사회보장제도와 정책

사회보장제도는 이론적으로 공공부조, 사회보험, 사회복지서비스제도의 3대 부문을 골간으로 한다. 그러나 사회복지역사에서는 사회보장을 공공부조와 사회보험의 양대 프로그램에 초점을 맞추고 있다. 다시 말하면, 공공부조와 사회보험이 통합을 중심으로 국민에게 최저생활을 보장하는 것이며, 공공부조 측면은 영국의 구빈법에서 기원하였고 사회보험은 독일의 사회보험이 기원이 된다. 그러나 현대에 있어 사회보장제도의 구축은 미국 Roosevelt 대통령 시기의 사회보장법(Social Security Act)에서이다.

미국의 사회보장제도는 공공부조와 노령연금제도, 실업수당제도를 바탕으로 한 것이다. 그리고 프랑스에서의 사회보장제도 역시 1944년 9월 파리임시정부 수립 이후 확대일로에 들어서게 되었다. 여기서는 1940년대 중반에서 1970년대 중반에 이르는 시기의 각국의 사회보장제도를 정리한다.

① 영국의 사회보장제도

영국의 사회보장제도의 확대는 베버리지 보고서(Beveridge Report)라 불리는 「사회보험과 그 관련 서비스에 관한 보고서」(1942)에서 찾을 수 있다. 이 보고서에서 Beveridge는 국가재건 범정부위원회에서 영국을 재건하기 위해서는 물질적 궁핍을 제거하기 위한 사회개량계획이 필요하다고 역설하면서 그것이 사회보장계획이라고 주장하였다.

이것을 바탕으로 노동당 정부에 의한 1945년에 가족수당법, 1946년에 국민보건서비스법(National Health Service Act), 국민보험법(실업, 질병, 출산, 과부, 퇴직, 사망에 대한 급여), 1948년의 국민부조법, 아동법이 제정되었다. 이로써 영국의 사회보장제도는 '요람에서 무덤까지'라는 세계적 평을 받게 되었으며, 보수당 정부가 들어선 1979년의 대처 정부 이전까지의 복지팽창기를 이행하였다.

② 미국의 사회보장제도

미국은 20세기 초의 약 20~30년간은 진보시대(progressive era)로서 사회입법(social action), 사회개량(social reform)운동이 전개되었지만 경제공황 이후 사회보장법이 구축된 후 '사회보장국가'적 이행을 하게 되는데, 1950년대까지의 안정기를 거쳐 1960년대의 Kennedy 대통령과 Johnson 대통령의 시기에 공공부조의 획기적 성장이 있었다.

Kennedy 정부는 '요보호아동을 가진 가정에 대한 부조(Aid to Families with Dependent Children, AFDC)' 프로그램을 1961년에 개선하여 아버지가 실직상태에 있는 가정(Aid to Families with Dependent Children Unemployed, AFDC Up)도 급여를 받을 수 있도록 확대하였다. 그리고 1962년에는 1961년에 구성된 '공공부조 특별위원회'의 제안을 바탕으로 사회보장법을 개정하였는데, 그 주요 내용은 주 정부의 사회복지서비스 사업의 75%를 연방정부가 보조하는 것이었다.

Kennedy 정부 뒤의 Johnson 정부는 Kennedy가 빈곤자 원조를 '사회정의'라고 표현한 것에서 한 걸음 더 나아가 '빈곤과의 전쟁'을 통한 '위대한 사회(The Great Society)'를 선언하게 된다. 1964년의 「경제기회법(The Economic Opportunity Act)」은 빈곤문제를 광범위하게 접근하고 있다. 헤드스타트 프로그램, Job Corps, Work-Study 프로그램, VISTA(Volunteers in Service to America) 프로그램은 그 주된 내용이다. 또한 1965년에는 노인 의료보험(Medicare)과 빈곤자 의료보호(Medicaid)제도를 완화하는 개정이 있었다.

③ 프랑스의 사회보장제도

프랑스의 사회보장제도는 1945년의 사회개혁주체들에 의해 이루어졌는데, 사회보험 위주의 제도로 출발하였다. 공공부조는 1953년에 이르러 '사회부조 관련법'에서 확대되는데 기존의 수혜자에게 수치감을 주었던 공공부조(Assistance Publique)라는 용어 대신에 사회부조(Aide Sociale)라는 용어로 대체한 특징이 있다.

Pierre Laroque와 Francis Nette의 주도하에 이루어진 사회보험제도를 보면 1945년의 「사회보장 조직에 관한 명령」, 1946년의 「사회보장의 보편화에 관한 법」, 「가족수당법」, 「노령연금법」, 1967년의 '의료, 출산보험', 1958년의 '실업보험', 1978년의 '일반조합 내의 개인보험제도' 신설 등이 있다.

2) 사회보장의 개혁시대

(1) 시대적 배경

사회보장의 개혁을 위한 필요성은 근본적으로 복지국가의 위기논쟁에 기인한다. 그리고 그에 대한 직접적 계기는 1973년의 유류파동 이후의 감속경제이행에 있다. 그러므로 사회보장의 개혁시대는 1970~1990년대 말까지 지속되고 있는 신자유주의적 사상 하의 사회복지의 침체기인 약 한 세대 간에 해당한다. 이 시기는 Ferge(1989)가 제시한 3단계의 사회복지정책 역사 구분에서는 해당되지 않지만 그 연장선상으로 보면 복지국가의 후퇴시기(period of the welfare state)라고 볼 수 있다.

1973년의 유류파동 이후 경기침체상황에 처한 선진자본주의 경제는 그동안 지속해 온 Keynes－Beveridge 방식의 복지국가의 위기를 맞게 하였고 새로운 사회 이데올로기를 필요로 하게 되었다. 여기에서 새로운 이데올로기는 사회민주주의가 아닌 자유주의적이고 보수주의적이며, 반사회주의적 성격의 이념을 의미한다. 그리고 정책상으로는 국가개입주의적 정책에 반대하면서 자유주의를 강화하는 노선이 된다. 즉, 세계대전으로 거의 소멸해 갔던 자유주의로 새롭게 다가서려는 사상적 편향을 나타내게 된 것이다.

그러므로 이러한 신우파 내지 신자유주의라고 하는 것은 국가 간의 완전한 정책적 일치를 찾을 수는 없다. 영국의 경우는 대처리즘으로, 미국은 레이건노믹스로 구체화되었고 일부 국가에서는 독특한 이념으로 나타나기도 하였다.

Gamble(1994)은 신우파(new-right) 사상의 대두가 그간의 사민주의적 집합주의의 수명이 다하게 했고, 전후의 시민사회와의 합의에 바탕을 둔 정치(politics of consensus)의 포기와 자유시장경제의 복원과 강력한 국가의 구축을 시도한 것으로 보고 있다. 또한 그는 신우파가 직접적 공격에 나선 것은 20세기 자본주의 국가의 국가개입 증대와 복지국가에 대한 것으로 보고, 복지국가를 사회주의에 오염된 것으로 보고 자본주의 내에서 사회주의적 요인을 걷어 내는 것으로 반사회주의적 사상을 강조하였다.

보다 더 직접적인 견해는 프랑스의 Pierre Rosanvallon이 1981년에 출간한 『복지국가의 위기(*La crise de l'Etat-providence*)』에서 나타나고 있는데, 이 책은 복지국가 위기의 논쟁을 가져온 책이다. 그는 사회보장제도에 대하여 혹독한 비평을 하였는데, 그것은 사회보장을 실시하는 복지국가에 대한 논쟁의 도화선이 되었다. 그의 입장은 사회보장이 빈곤제거나 소득재분배 등의 본래의 목표도 달성시키지 못했으며, 그 수단이 되었던 사회보험, 공공부조 등의 제도도 더 이상 필요한 것이 아니라는 사회보장 급여의 부당성을 지적한 것이다.

또한 이 시기에는 민영화에 대한 논쟁도 많았는데 복지부문의 민영화에 대한 자연스런 논의로 이어진 것이다. 자본주의 국가에서 복지는 어차피 부정하기는 힘든 것으로, 그 대안이 민영화 대책으로 제시된 것이다.

여기서 민영화와 관련하여 복지를 공공부문과 민간부문 중에서 어느 쪽이 공급하는 것이 장점이 있는지를 정리해 보면 다음과 같다(Stokey, 1978). 이것은 사회복지 공급이 공공부문에서 이루어져야 하는 당위성은 시장의 실패(market failure) 문제에 있다는 관점이다.

첫째, 사회복지는 공공재(public goods)이므로 무임승차(free rider)현상이 생김으로써 민간시장에서는 공급할 수 없다. 둘째, 사회복지는 긍정적 외부효과가 있으므로 시장에서 공급하기에는 효율성이 적다. 셋째, 시장에서는 정보제공의 불완전성으로 사회복지서비스를 제공하기 어렵다. 넷째, 사회복지는 규모의 경제(economic of scale)가 적용될 속성이 많다. 그러면 수수료나 거래비용이 늘어난다. 다섯째, 사회복지는 거래를 원하는 어떤 상품이나 내용이 선택될 수 있어야 한다. 여섯째, 거래비용이 없어야 한다. 일곱째, 사회복지는 시장에서처럼 자격이 임의조정되어서는 안 된다는 것이다.

반대로 사회복지 공급이 민간부문에서 제공되어야 하는 민영화의 당위성은 정부의 실패(government failure)와 비시장의 실패(non market failure)의 관점에서 설명할 수 있다.

(2) 사회복지 사상

사회보장 개혁사상은 한 마디로 신자유주의적 흐름의 사상에서 찾아야 할 것이다. 구체적으로는 영국의 대처리즘이나 미국의 레이거노믹스 등이 대표적인 사상으로 볼 수 있다. 여기서는 먼저 신자유주의 사상을 개관한 다음 두 부류의 구체적 흐름을 고찰하였다.

① 신자유주의의 개관

신자유주의는 신우파 사상으로 규정할 수 있다. 자유주의자들이 자유주의적이고 개인주의적인 사회가치관을 가지고 경제적 진보를 통하여 이 세계의 면모를 일신시켰다면 세계대전은 자유주의 정신에 대한 반자유주의 사상의 대항이 될 수 있다. 그 중에서 19세기의 사회주의 사상은 유럽뿐만 아니라 더 많은 국가에서 자유주의자들을 비판의 대상으로 삼게 만들었고 급기야 제2차 세계대전은 근본적으로 자유주의의 막을 내리게 하는 대사건이 된 것이다.

제2차 세계대전 종전 이후의 서구 국가는 사회민주주의자들의 천국이 되었고 오늘날에도 세계의 어느 국가도 본래의 자유주의적 정당들이 정권을 잡고 있는 곳은 없다고 할 것이다. 자본주의 체제 내의 자유주의자들은 여전히 존재하지만 실제로 그들은 온건한 사회주의자이거나 중도 좌파적인 경우가 많은 것이다.

Bosanquet는 신우파는 구우파가 주로 전통과 위계(hierarchy)에 대한 정치철학에 기반을 둔 것에 비하여 개인주의와 시장에 대한 경제사상에 기반하고 있다고 보았다. 그가 들고 있는 신우파의 사상적 특징을 사회복지와 관련하여 정리하면 다음과 같다(Bosanquet, 1983).

첫째, 정부는 위해한 정책을 생산하므로 자유를 확보하기 위해서는 정부의 성장이 축소되어야 한다.

둘째, 지금까지의 경제변화과정은 빈민의 생활수준을 높이는 것이었고, 빈곤은 개입하지 않아도 경제성장과정의 진행으로 줄어들게 된다.

셋째, 생계유지 이상으로 소득을 재분배하려는 시도는 합법성이 없다.

넷째, 영국과 미국에서는 사회보장과 건강보호를 위하여 프로그램들을 실시해 왔으나 소비자들의 실제적 이익은 없었고 낭비적인 것이었다. 사회보장은 화폐를 빈민에게서 부자에게로 잘못 재분배함으로써 복지국가는 실패해 왔다는 것이다.

② 대처리즘과 레이거노믹스

영국에서의 신자유주의는 정부개입에 의한 복지국가와 그의 배경사상인 사회민주주의를 배격하고 시장과 민간원리에 의한 새로운 복지의 모색을 기도한 것이다. 그리고 정책으로는 1976년 말에 IMF 구제금융의 지원을 받게 된 노동당의 캘러헌 정부가 이미 수용하였던 경제사회복지정책을 1979년의 총선에서 승리한 보수당의 대처 정부가 급진적 부르주아 개혁세력(radical conservative)으로서 주도권을 쥐었던 변혁이기도 한 것이다. Thatcher는 1979~1991년까지의 재임기간 동안 복지축소경향의 신보수주의적 태도를 취했는데 이른바 대처리즘(Thatcherism)에 의한 복지정책을 구현한 것이다.

미국의 경우는 경기침체가 있었던 카터 정부에 이어서 집권한 우익의 공화당 대통령인 Reagan의 보수주의적 사회정책에서 구체화되었다. 신국가시대(Era of National Renewal)를 내걸었던 그의 경제정책은 이른바 레이거노믹스(Reaganomics)라고 해서 바로 정부지출을 줄이는 것에 초점을 두었는데, 그 중에서 사회복지비용의 감소가 두드러진 것이다. 이 경제정책을 이끌었던 각료와 정치가들의 철학 역시 복지급여의 삭감을 통하여 낭비요인을 제거하고 사회복지서비스는 중앙정부가 하는 것이 아니라 주 정부나 지방(카운티)정부에서 맡아야 한다는 입장에 있었던 것이다.

대처리즘과 레이거노믹스는 국가의 역할이 미진한 부문에는 기업이나 종교, 자선단체의 다원적 복지활동을 강조하여 사회민주주의적 복지국가 전체의 포기를 시사한 것이다. 그러나 사회복지는 전국적 통일성이 필요하고, 기존의 빈곤문제가 지방정부나 교회 등의 자선단체가 주도하기에는 용량이 부족하여 국가가 주체가 되었다는 사회복지역사를 고려하지 못함으로써 많은 문제점을 노출시키게 되었다. 그것은 최근의 사회복지사상이 중도노선(middle way)으로 전환되고 있음을 증명하는 것이다. 영국의 Anthony Giddens가 주창하고 Tony Blair 총리가 구체화한 '제3의 길(The

Third Way)'이라든지 독일의 Gerhard Schröder 총리가 말한 '새로운 중도노선(Neue Mitte)' 등이 신자유주의적 복지국가 흐름의 대안으로 채택되어 온 것이다.

③ 사회보장제도의 개혁

사회복지 정체기의 사회보장제도의 개혁은 복지민영화와 복지다원화의 원리에 의한 정책으로 나타났다. 사회복지의 정체가 세계적 경기침체기와 맞물려 있었으므로 복지급여를 축소하고 일을 통한 복지(workfare)를 지향하는 정책으로 구체화되었다. 그러나 늘어나는 실업문제와 사회안정적 요인 때문에 실제적으로는 복지의 축소가 어려웠고 일부 국가의 경우는 재정적 확대현상도 보여서 복지의 축소보다는 복지가 정체된 기간으로 보는 것이 타당할 것이다. 이것은 사회복지의 불가역성에 기인하는 것이기도 하다. 다음에서는 각국의 사회보장 정체기의 개혁조치를 살펴보았다.

가. 영국의 사회보장제도 개혁

영국에 있어서 1979년에 집권한 대처 정부의 출현은 그간의 사회민주주의적 복지서비스에 대한 국가공급을 제한하려는 보수주의적 회귀를 의미하였다. 11년간의 집권 뒤에 출범한 Major 수상 역시 복지축소정책을 지속하였다. 그들의 복지축소적 정책은 대부분 사회보험제도의 개혁으로 나타났는데, 그 결과 취약계층에 대한 공공부조 예산은 늘어나게 되었다.

예를 들면, 사회보장 지출예산 가운데 공공부조급여가 차지하는 비율이 1980년에 1할 정도가 1985년에는 3할 정도가 되었고 1990년에도 줄어들지 않았던 것이다. 이것은 보수당 정부의 사회정책의 한계를 보여준 것이다. 결국 노동당 정부인 Tony Blair 수상에게 선거에서 패배하게 된 원인으로 작용하였다.

한편 사회보장제도의 개혁내용을 보면 1980년에 보충급여(supplementary benefit)제를 소득보조(income support)제로 개혁했고, 1986년에는 사회보장제도를 전면 개편하여 노동을 장려하는 시스템(workfare system)을 구축하고 실업보험제도를 제정비하였다. 그리고 가족소득보조제도를 대부제로 고친 '가족신용제(family credit)'로 바꾸고 주택급여도 낮추거나 아예 분양제도를 실시하기도 하였다.

나. 미국의 사회보장제도 개혁

Johnson 대통령의 '빈곤과의 전쟁' 선언 이후 미국은 Nixon 대통령 시기까지 사회보장급여의 확대가 추진되었다. 그러나 그 뒤의 Ford 대통령 시기와 Carter 대통령 시기에는 보수주의로 회귀하는 전환기적 복지이행이 이루어졌다. 다시 말하면, '복지국가에 대한 전쟁'시기로 불리는 Reagan 정부로 넘어가는 과도기였던 것이다. Reagan은 경제성장 위주 정책에 대한 인기에 힘입어 2기에 걸쳐 재임하였고 Bush, Clinton 정부에게도 영향을 미쳐 복지정체기를 지속하게 하였다.

Reagan과 Bush는 C. Murray와 같은 극우론자의 입장에 동조하여 민영화(privatization)를 사회복지서비스 분야에 적용하였고 연방정부의 사회복지예산을 축소하였다. 그 결과는 상위계층과 하위계층 간의 소득격차를 더욱 격심하게 하였는데, 레이건의 경제적 관점인 '트리클 다운(trickle down)' 이론은 대표적 배경이 된다. 즉, 더 많은 자본이 상위층에 투자될 수 있으면, 그들은 기업에 투자할 것이며, 그것으로 인하여 경제가 활성화된다는 관점이다. 그 결과 노동자는 일자리를 얻게 될 것이고 가난은 제거될 수 있다는 낙관적 견해였다.

다. 프랑스의 사회보장제도 개혁

프랑스에서 복지국가와 사회보장에 대한 위기감이 제기된 것은 1970년대의 1973~1974년간의 제1차 유류파동을 겪고 난 이후이다. 1945년의 사회보장제도에 대한 개혁의 필요성이 제기되었고, 새로운 복지체계로 나아가는 개혁이 추진된 것이다. 실업인구도 계속 증가되었는데 1978년의 100만 명에서 1982년에는 200만 명, 1996년에는 300만 명에 달하여 1988년에 새로운 '생활보호제도'를 실시하였다. 1953년의 「사회부조에 관한 법」 제정 이후 아동부조, 장애인부조, 노인부조, 의료부조제도와 함께 실업빈곤인구에 대한 최저생활부조가 포함된 것이다.

복지국가위기 이후 사회부조, 사회서비스 부문에서의 큰 변화는 중앙정부 소관이었던 많은 업무가 도의회와 집행부로 이관되었다. 그러나 재정이 열악한 지방정부가 재원 마련에 한계를 나타내었고 결국 복지집행의 양적 확대는 정체된 실정을 보였다.

3) 복지와 경제의 조화 시대

(1) 중도노선주의의 사회복지이행

중도노선주의(the middle way)는 역사적으로 신우파(new right)나 신좌파(new left) 사상이 대두되어 자본주의 사회 이데올로기를 점유한 시기(1980년대와 1990년대 초기)의 전 단계 사회체제의 정치체제 내지는 사회체제이면서, 1980년대 이후에도 지속되어 온 이데올로기이다. 좀 더 정확한 분석은 Daniel Bell의 '이데올로기가 없는 투쟁'의 정치체제에서 거론된 1960년대의 '이데올로기 종말' 논쟁과도 연관시켜야 할 것이다.

중도노선주의는 국가의 복지대책을 자본주의와 융합하며 미숙한 부분을 잘 다듬어야 한다는 점에서 보면 영국의 전통 보수당원인 Macmillian과 Butler 그리고 Gilmour 등이 중도노선주의의 사상적 중심을 이루지만 Beveridge와 Keynes와 같은 비보수당원들 역시 이 집단의 일부로 분류할 수 있다. 이들의 주된 사상의 핵심은 복지국가를 지향하는 태도에 있어서 비판적 수용견해에 있다. 즉, 이들은 국가가 복지사업에서 주요 역할을 담당해야 한다는 점은 의심하지 않으나 그 역할의 본질과 범위에 대해서는 비판적으로 접근되어야 한다고 생각한다. 자유시장체계는 최고의 경제조직방식이라고 확신하지만 그것은 관리되어야 하며 파생된 결과 중 많은 부분의 통제되고 보충되어야 한다는 것이다.

중도노선주의가 복지국가를 보는 견해는 신우파와 민주사회주의(democratic socialism)의 중간적 태도에 있다. 복지국가의 아이디어에 대해서는 상당히 지지하면서 일부 정책과 정책 내의 일부 요소에 대해서는 매우 비판적이다.

(2) 제3의 길의 사회복지이행

제3의 길(The third way)은 역사적으로 보건데 세 번째 등장한 복지이념이라고 할 수 있다. 즉, 1944년의 베버리지 보고서 이후 복지의 확대기를 제1의 길로 본다면 영국의 대처리즘으로 현실화된 신자유주의 시기의 복지의 축소기를 제2의 길로 볼 수 있을 것이다. 그리고 1990년대 후반의(정확히 말하면 1994년) Anthony Giddens[5]가 내놓은 『좌파와 우파를 넘어서(*Beyond Left and Right*)』에서 착상을 얻은 영국 노동당의 당수이자 수상이었던 Tony Blair의 새로운 이데올로기를 제3의 길로 일컬을 수 있다.

다른 한편으로는 1998년 9월 27일 치러진 독일 총선에서 Gerhard Schröder가 이끄는 독일 사회민주당이 집권하게 되고 유럽연합(EU) 15개 회원국 중 스페인과 아일랜드를 제외한 13개국에서 좌파가 집권하면서 '새로운 중도노선(Neue Mitte)'으로 일컬어지는 1990년대 후반의 이데올로기이다.

그러나 이것 역시 Grancis Fukuyama가 말한 이데올로기의 종언과는 양립되는 것이 현실이다. 뿐만 아니라 유럽의 신좌파가 지향하는 개별국가에 따라 토양이 달랐던 만큼 이들의 이념의 연속체나 스펙트럼도 각기 다르다. 단지 이들 국가의 이념적 향도라 할 수 있는 Tony Blair가 제3의 길을 민주적 사회주의와 자유주의 내지는 신자유주의를 통합하는 개념으로 정체화시키게 된 것이다.

이렇듯 제3의 길은 이데올로기의 종언이라는 은유 뒤에 새로이 전개되는 만큼 복지국가에 대한 태도 역시 다원주의적으로 나타나고 있다. 하나의 복지정책노선이나 철학으로 거론하기에는 너무나도 큰 간극이 있다. 그러나 커다란 줄기는 '현실주의'와 '실용주의'에 관통되어 있다는 공통점이 있다. 중국의 덩샤오핑이 말했던 "검은 고양이든 흰 고양이든 쥐만 잡으면 된다"는 현실주의적 철학이 유럽정치세력에 만연되어 있다는 말이다. 그러나 근본적으로는 신혼합경제체제에 의한 좌파와 우파 국가이념을 초월 내지는 극복한다는 데 초점을 둔다.

제3의 길도 고전적 제3의 길(중도노선주의, middle way)과 유사하게 사회민주주의의 맥을 잇고 있으며, 시장논리와 정의, 연대의 가치를 중요시한다는 점에서 보면 복지와 경제의 조화로운 이행을 모색하고 있는 21세기의 복지국가의 역사를 전망할 수 있다.

5) Anthony Giddens는 1998년에도 *The Third Way : The Renewal of Social Democracy*라는 저서를 통하여 제3의 길을 구체화하고 있다.

제 2 부

사회복지정책의 목표, 절차, 분석

제4장

사회복지정책의 목표와 가치

1. 사회복지정책의 목표
2. 사회복지정책의 가치
3. 사회복지정책의 가치갈등

1 사회복지정책의 목표

1) 사회복지정책목표의 개념과 유형

(1) 개 념

사회복지정책의 목표는 사회복지와 관련하여 보다 나은 미래의 방향으로 집단적 활동을 수행해 나가는 바람직한 상태와 연관된다. 다시 말해, 사회복지정책의 목표는 사회복지정책을 통해 달성하려는 미래의 바람직한 상태(desirable condition)를 말한다.

사회복지정책목표와 관련하여 종종 목표(objective)와 목적(goal)에 대한 구분을 필요로 하는 경우가 있다. 이때 목적이란 궁극적으로 도달하여야 하는 지점, 목표는 목적으로 향해 나가는 과정에 거치는 지점이라고 구분할 수 있다. 하지만 이 책에서는 이러한 용어의 구분을 염두에 두면서 상호 교호적으로 혼용(interchangeably)하고자 한다.

(2) 유 형

사회복지정책목표의 내용이 구체적으로 무엇이냐를 논하기에 앞서 정책목표가 취하는 다양한 형태 혹은 유형을 밝힐 필요가 있다. 이러한 언급은 사회복지정책의 목표를 명확하게 분석하는 데 중요한 요소가 되기 때문이다. 대개 사회복지정책의 목표는 장기적 목표와 단기적 목표, 공표된 목표와 숨어 있는 목표, 의도한 목표와 의도하지 않은 목표 등으로 구분한다(송근원 · 김태성, 1995 : 204-207).

① 공표된 목표와 숨어 있는 목표

공표된 목표(stated goal)는 일반적으로 정부의 문서를 통해 발표되거나 책임 있는 관리자를 통해 천명된다.

한편 숨어 있는 목표(real goal)는 2가지 측면에서 이해된다. 그 첫째는 밝힐 필요가 없는 사소한 사항에 관한 것이거나 고위 정책결정권자 사이에서 이해되는 목표이다(George & Wilding, 1984 : 2-4). 숨어 있는 목표가 특히 문제시될 수 있는 점은, 숨어 있는 목표가 드러난 목표와 전연 다르거나 상충적 목표를 가질 경우이다. 이는 보통 정치적 목적에서 나온 것으로서, 사회복지정책발달이론으로 '음모론(conspiracy theory)' 혹은 '사회통제론(social control theory)'으로 불리는데, 이는 숨어 있는 정책목표는 정치지배집단의 이익을 옹호하는 것이고, 겉으로는 그럴듯한 명분을 정책목표로 내세워 정책을 실행한다는 것이다.

② 의도한 목표와 의도하지 않은 목표

의도하지 않은 목표는 정책목표를 설정하였을 당초에는 예상하지 못했던 부차적 결과가 초래하는 목표를 말한다. 아무리 과학이 발달하고 인지능력이 뛰어나다고 할지라도 미래의 사회변동을 예측하기가 쉽지 않다. 이러한 연유에서 의도하지 못했던 정책목표가 출현할 수 있다. 따라서 사회복지정책을 수립하는 경우, 이러한 예상치 못한 결과에 대처할 수 있는 여지를 남겨 두는 것이 좋다.

③ 치료적 목표와 예방적 목표(창조적 목표)

사회복지정책의 목표방향성에 따라 이미 발생한 비복지상태의 해결, 즉 비복지상태 발생 이전으로의 치료에 목표를 둔 사회복지정책목표와 비복지상태가 발생하기 전 예방에 목표를 둔 사회복지정책목표를 의미한다.

이상과 같은 사회복지정책목표 이외에도 분류기준에 따라 장기적 목표와 단기적 목표, 단일목표와 복합목표, 직접적 목표와 간접적 목표로 구분할 수 있다.

2) 개인 · 집단 측면의 사회복지정책목표(기본적 목표)

사회복지정책의 목표는 사실 구체적인 사회복지정책내용에 따라 매우 다양하다. 예컨대, 빈곤문제 해결을 위한 정책일 경우에는 빈곤문제를 해소하는 것으로 자활이나 직업재활 등을 통한 소득의 확보가 사회복지정책의 목표가 될 수 있다.

이와 같이 구체적 사회복지정책의 내용에 따라 상이한 정책목표가 다양하게 존재한다는 것이다. 여기에 이 책에서는 사회복지정책이 어떤 상황에서나 사회구성원인 개인이나 집단을 향하여 기본적으로 목표가 될 수 있는 것을 '기본적 목표'로 또 사회 전체적 측면에서 요구되는 기본적 정책목표를 '사회기능적 목표'로 이해하고 몇 가지씩만 제시해 보고자 한다(김신복, 1982).

(1) 인간의 존엄성 유지

인간의 존엄성이란 한 개인은 인종, 종교, 연령, 성, 교육수준, 경제사회적 신분 등의 차이에 관계없이 인간으로서 존엄한 가치를 지닌 존재라는 것을 의미한다.

1919년 바이마르 공화국 헌법 규정에 이른바 생존권 규정을 삽입함으로써 인간의 존엄성 확보를 위해 국가가 적극적으로 개입할 수 있는 길을 열어 놓았다. 이러한 생존권 개념을 실현하기 위한 구체적인 제도적 장치가 바로 사회복지정책인 것이다. 그러므로 오늘날 복지국가를 지향한 세계 거의 모든 국가에서는 국민복지를 위해 '요람에서 무덤까지' 각종 사회복지정책적 노력을 강구하고 있다. 우리나라도 제6공화국 「헌법」에서 인간의 존엄을 확보하기 위해 제34조에 구체적으로 사회복지 관련 규정을 설정해 놓고 있다. 「헌법」 제34조에 의할 것 같으면, "모든 국민은 인간다운 생활을 할 권리를 가진다"고 되어 있다. 바로 이 「헌법」 제34조 제1항의 규정이 우리나라 사회복지의 목적 혹은 기본가치로서 의미를 지니고 있는 것이다. 즉, 인간다운 생활을 통해서 인간의 존엄성이 유지·확보되는 것으로서, 인간의 존엄성은 사회복지의 최고의 기본적 목표로 자리 잡고 있다.

(2) 자립성 유지

사회복지의 이상이자 목표는 타인에 의한 의존에서 벗어나 자기 스스로 삶을 영위하는 데 있다. 사회복지서비스가 아무리 전문적이고 수준이 높다고 하더라도 자신이 스스로 생활하는 사람과는 비교할 수 없는 것이다. 자립성 혹은 자율성의 목표는 한 개인이 스스로 자신의 생활을 결정하고 영위할 수 있는 데까지 이르도록 사회복지정책실천의 목표로 정하는 것을 말한다.

(3) 개인적 성장과 계발

사회복지는 인간의 문제를 해결하고 예방하는 데서부터 한 걸음 더 나아가 한 개인이나 가정 혹은 집단이나 지역사회, 국가 등이 성장하고 발전할 수 있는 잠재력을 가진 것으로 수용한다. 그러므로 개인적으로 사회복지의 정책목표는 모든 사람들이 제각기 능력에 따라 성장하고 발달할 수 있는 잠재력을 발휘할 수 있도록 원조하는 데 목표를 두기도 한다.

여기에 사회복지는 인간을 합리적이고 이성적인 존재로 간주하는 한편 자신의 문제를 스스로가 해결할 수 있다는 이른바 '자기결정권(self determination)'의 원리를 중시하고 있다. 사회복지는 인간의 잠재력과 성장가능성을 인정하는 원리를 바탕으로 하여 정책과 실천이 이루어지고 있다. 따라서 개인적 성장과 계발은 사회복지정책의 기본적 목표로서 중요성을 충분히 가지고 있다고 하겠다.

3) 사회 전체적 측면의 사회복지정책목표(사회기능적 목표)

(1) 사회통합과 안정

사회복지가 사회 전체적 수준에서 어떤 기능과 목적을 가진 것이냐는 물음에 대한 논의는, 사회질서의 유지와 사회안정 혹은 사회통합이냐 그렇지 않으면 기득권의 유지와 현상유지를 위한 사회통제냐 하는 상반되는 주장으로 구분되어 있다. 사회복지의 목적, 동기에 대한 관점에서 볼 때는 그러한 논의가 있을 수 있다.

그러나 다른 측면, 즉 사회 전체적 측면에서 사회복지는 사회생활상 어려움을 가지고 있는 개인이 사회복지적 원조를 통하여 사회생활을 유지하게 함으로써 개인적으로 사회에 적응할 수 있을 뿐만 아니라 사회 전체적으로도 사회혼란을 방지하게 되어 사회통합과 안정에 기여하게 된다는 설명이다. 사회복지는 사회제도의 하나로서 다른 사회제도가 제 기능을 상실하게 되었을 때, 그 제도를 일시적으로 보충하고 보완하게 함으로써 사회 전체의 질서와 안정, 통합에 기여한다는 입장으로 이해되고 있다.

따라서 사회복지정책의 목표 중 사회 전체적인 면에서 볼 때 사회통합과 안정의 목표가 핵심적인 사회기능적 목표로서 자리 잡게 된다.

(2) 경제성장과 안정

사회복지가 경제성장에 플러스 효과를 가져오는 요인은 사회복지적 활동을 통해 인적 자본의 질적 수준을 높임으로써 가능하다. 이는 건강과 보건, 교육, 주택, 기타 사회복지서비스 등이 노동자의 복지증진은 물론 노동력의 질적 수준을 향상시킨다는 것으로 풀이된다. George와 Wilding(1984)은 이러한 문제를 그동안 있어 왔던 실질적 연구와 결과를 바탕으로 심층적으로 분석하고 있다.

개발도상국 혹은 저개발국의 경우 경제성장을 위한 자본축적을 위해 사회복지제도를 활용하는 경우가 흔히 있다. 이 경우는 소비억제를 도모하는 동시에 저축증대와 같은 효과를 지닌 장기보험으로서, 사회보험제도를 활용하여 투자재원을 확보하는 장치로서 사회복지제도를 활용하는 경우가 많이 있다.

사회복지가 비단 경제성장에만 효과를 미치는 것이 아니라, 경기변동에 영향을 미쳐 경기를 안정화시킴으로써 경제성장에 간접적 기여를 하는 측면도 있다. 사회복지재원으로 사용되는 세금이나 기여금 등은 경기변동에 영향을 미치는 폭이 크다. 예컨대, 세금의 경우 간접세보다는 직접세가 일반적으로 누진적 성향을 띠고 있으므로 경기변동의 안정화에 기여하게 되는 폭이 크다. 또한 대부분의 국가에서는 사회복지재원으로서 누진적 직접세를 채택하는 것이 일반적이어서 경기변동에 기여하는 측면을 짐작할 수 있다.

이런 측면에서 사회복지정책은 여러 나라에서 경제안정과 성장에 기여하는 정책목표로서 활용되는 경향이 있다. 따라서 사회복지정책의 사회기능적 목표의 하나로서 경제적 성장과 안정의 목표가 경제적 영역과의 관계에서 좋은 정책목표의 하나가 될 수 있다.

(3) 정치적 안정

다원주의적 민주주의 발달이 오히려 사회적으로 분파적 이익에만 급급하게 함으로 인하여 사회적 불평등을 드러내 왔다는 반성과 비판이 지적되어 왔다. 그것은 정치적 결사의 자유에 힘입어 자신들의 이익을 정치활동에 투입하여 각종 입법화와 정책화를 도모해 왔다는 반성이다. 이로 인하여 보다 좋은 조직력을 갖추거나 권력과 금권을 가진 것을 통해 자신의 이익을 더욱 증대하여, 상대적으로 사회적 약자에게 불평등한 관계를 더욱 강화하게 되었다는 결론이다.

그리하여 각종의 사회복지제도를 불평등의 해소와 사회적 갈등을 해소하는 데 초점을 맞추기도 한다. 이러한 견지에서 볼 때, 사회복지정책목표로서 정치적 안정은 정치영역과 연관하여 주요 요소가 될 수 있다.

2 사회복지정책의 가치

1) 사회복지정책가치의 성격

사회복지정책은 본질적으로 당위성(sollen) 내지 규범적 성격을 갖는다. 따라서 사회복지정책의 목표 및 방향 그리고 가치 및 이념의 내용은 매우 중요하다. 그럼에도 불구하고 사회복지정책의 가치 및 이념에 대한 논의는 1970년에 와서야 비로소 활발하게 논의되기 시작했다. 사회복지정책을 통해 실현하고자 하는 가치가 무엇인지를 한 마디로 얘기하기는 어렵지만 오늘날의 사회복지정책은 국민생활의 안정과 향상, 소득과 의료보장뿐만 아니라 교육과 직업, 주택 및 환경 등에 대한 시책을 마련하여 실질적인 경제적 민주화와 정치적(형식적) 민주화를 실현함으로써 민주복지국가를 건설하는 데 종국적 목표를 두고 있다. 여기에 사회복지정책을 통해서 실현하고자 하는 보다 구체적인 가치에 대해서 여러 학자들의 견해를 중심으로 살펴보면 다음과 같다.

2) 사회복지정책가치의 구체적 내용

첫째, Furniss와 Tilton의 견해이다. 현대복지국가는 결국 사회복지정책의 실현을 통하여 그 가치 및 이념을 구현코자 하므로 복지국가의 추구가치이념과 동일하다. 즉, Furniss와 Tilton은 사회복지정책이 추구하는 일반적 가치로서 자유, 평등, 민주주의, 사회적 연대, 생존권의 보장 그리고 경제적 효율성 등 여섯 가지를 지적하고 있다. 다만 이러한 가치 사이의 우선순위(priority)는 각 사회나 국가가 직면한 정치, 경제, 사회, 문화적 상황에 따라 결정되어야 한다고 보고 있다.

둘째, Friedlander의 견해이다. Friedlander는 사회복지정책의 기본적 가치에 대해 ① 개인존중의 가치, ② 자기결정권의 가치, ③ 기회균등의 가치, ④ 사회연대성의 가치 등을 지적하고 있다. 이 가운데서 가장 오랫동안 널리 인정받아 온 가장 궁극적인 복지정책의 가치는 '모든 인간의 존엄성에 대한 가치'라 할 수 있을 것이다.

셋째, 사회복지정책은 자원의 분배에 관한 정책이므로 분배의 정의를 실현하는 것이 정책의 궁극적 목표요 가치이다. 여기에 Gilbert와 Specht는 이러한 분배적 정의에 기준이 되는 가치로서 ① 생존권(existence right), ② 평등(equality), ③ 형평(equity)의 세 가지를 지적한 바 있다.

넷째, 사회복지정책이 등장하고 발전하게 된 동기에 관한 견해 및 가설이론에서 사회복지정책가치를 살펴볼 수 있다.

즉, ① 사회양심론의 주장은 사회복지정책은 결국 인간이면 누구나 갖고 있는 인간의 기본적 가치인 '타인에 대한 사랑'이라는 양심이 국가를 통해 등장하고 발전하게 되었다고 보고 있으므로 이 학설의 기본적 추구가치는 '타인에 대한 사랑, 자선, 박애' 등으로 볼 수 있다.

② 그리고 합리이론(the rationality theory) 및 산업화 이론(the industrialization theory)의 주장은 어떤 형태의 사회나 국가이든 그것이 산업화 과정에서 필연적으로 야기되는 제 사회문제(산업재해, 빈곤, 범죄, 주택, 환경오염, 실업 등)를 합리적으로 해결하고자 하는 시책으로 등장하게 된 것이 사회복지정책이라는 것이므로 이 학설의 추구가치는 '합리성'으로 볼 수 있는 것이다.

③ 또한 Marshall 등이 주장한 사회구성원의 한 사람으로서의 인간이 향유할 수 있는 권리로서 등장하게 되었다는 것이다. 이 점은 결국 현대 복지국가에서 개인의 생활은 그 사람의 신분이나 능력과 무관하게 일정 수준 이상으로 보장받을 수 있는 권리가 있다는 것이므로 이 학설의 궁극적 추구가치는 '인간 기본권 및 생존권' 가치의 추구라고 볼 수 있다.

④ 마지막으로, 음모이론(the conspiracy theory)의 주장은 복지정책이 인도주의나 사랑의 실현이 아니라 사회안정과 질서유지, 그리고 사회통제를 위해 등장하게 되었다는 것이다. 이들은 정치적 불안 및 대량실업으로 소요가 발생하면 사회복지정책을 확대하고, 안정되면 복지를 축소하는 것은 노동자계층의 요구를 사전에 봉쇄하려는 음모라는 것이다. 따라서 이 사회복지정책 가설이론이 추구하는 가치는, '질서유지, 사회통제' 등이 그 등장배경에 있다고 보는 것이다.

이렇게 볼 때 체제와 이를 둘러싸고 있는 제 가치 및 사상들이 서로 간에 완전히 구분될 수는 없지만 나름대로 구분하여 이들의 관계를 도표화하면 [그림 4－1]과 같다.

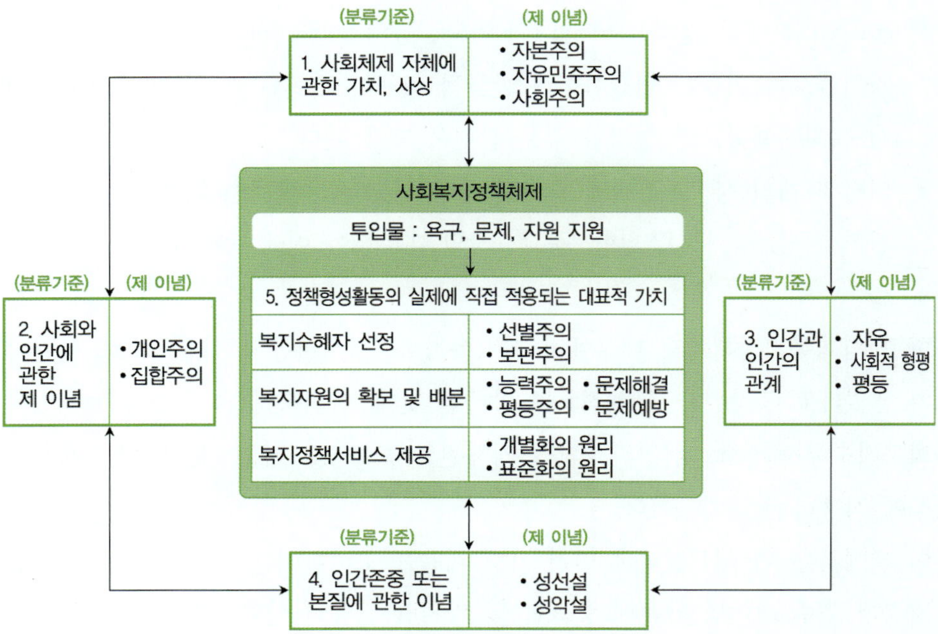

[그림 4－1] 사회복지정책체제에 관련되는 제 가치

이에 이 책에서는 사회복지정책체제 외부에서 환경적 요인으로 작용하는 제 가치 모형을 설정, 우리나라의 사회복지정책체제가 지향할 가치를 선진국의 그것과 대조해 보고자 한다(송근원, 1986).

① 사회체제 자체에 관한 가치 : 사회복지정책체제를 둘러싸고 있는 외적 영향으로서의 사회체제의 존재형식에 관한 사상, 즉 자본주의, 자유민주주의, 사회주의, 사회개량주의 등으로 표현되는 사회, 경제, 정치, 사상 등이 있다.

② 사회와 인간의 관계에 관한 가치 : 개인을 사회의 중심단위로 파악하는가, 집단을 우선시하는가에 따라 개인주의(individualism)와 집합주의(collectivism)로 나뉘는데 이들은 인간의 일상생활 속에 용해되어 인간의 행동과 그 사회의 성격을 결정지어 주는 기본적 성격을 띤다. 바로 이러한 점에서 사회체제 자체에 관한 사상들과도 밀접히 연결되며, 특히 사회복지정책의 영역에서는 개인책임사상과 국가책임사상으로 구체화되어 사회복지정책체제에 많은 영향을 미친다.

③ 인간과 인간의 관계에 관한 가치 : 자유(liberty), 평등(equality), 사회적 형평(social equity), 분배적 정의(distributive justice), 공익(public interest) 따위로 표현되는 가치들로서 이들은 인간사회의 궁극적 목표와 관련된 개념들이다. 이런 점에서 복지정책목표의 설정과 깊은 관련을 맺게 된다.

④ 인간 자체의 성격・본질에 관련된 사상 : 성선설, 성악설, 인간의 존엄성 등에 관한 사상, 즉 도덕, 철학, 종교사상의 대부분이 이에 속한다.

한편 사회복지정책체제 내부에서 사회복지정책형성활동에 직접적으로 관련되는 가치가 있다고 생각된다. 구체적으로 말하면 첫째, 사회복지정책형성활동에 있어서 사회복지수혜자(client) 선정과 사회복지재원의 확보 및 배분, 사회복지정책서비스 제공에 작용하는 가치들이다.

이 책에서는 위에서 살펴본 여러 가지 내용을 고려하여 다양하게 주장되고 있는 복지정책의 주요 이념 가운데 중요한 몇 가지만 간단히 살펴보고자 한다. 즉, 전통적으로 자유주의 국가 사회복지정책에 작용한 주요 가치로는, 최저생활의 보장과 사회적 형평, 그리고 자유의 확대, 생활의 질 향상이었다고 할 수 있다.

첫째, 최저생활보장가치이다. 복지관념은 비복지로부터의 구제에서 비복지의 예방, 복지의 증진이라는 적극적 방향으로 확대되어 왔고 따라서 그 대상도 빈궁자, 사회적 약자로부터 국민 일반으로 확대되었다. 따라서 사회복지정책이 추구하는 기본적 목표는 이들로 하여금 인간으로서의 최저생활을 어떻게 누리게 하느냐는 것이다.

여기서의 최저생활이란 단순히 최고빈곤계층의 생활 정도를 말하거나 생명만 유지하는 정도를 의미하는 것이 아니라 육체적, 정신적으로 건강한 상태를 유지하면서 노동력을 재생산할 수 있는 정도의 생활상태를 의미한다. 이러한 최저생활을 보장하기 위해서는 고용보장과 최저임금제도 등을 통한 소득보장과 의료보호제도 등의 제도적 수단이 마련되는 것이 보통이다.

둘째, 사회적 형평 가치이다. 사회복지정책에 있어 형평성이 강조되는 것은 자본주의 국가에서 부(wealth)의 불평등현상이, 즉 빈부격차와 부의 편재현상이 두드러지게 나타나고 있기 때문이다. 이와 같은 배분의 형평성은 분배적 정의의 기본속성일 뿐만 아니라 사회복지정책의 기본적 가치이기도 하다.

여기에 Gilbert도 사회복지정책의 가치로서 생활보장을 위한 적정성(adequacy)과 모든 국민에게 골고루 지원되어야 한다는 평등성(equality) 그리고 배분의 형평성(equity) 가치를 강조하고 있고, 신행정론자들도 현대정부가 민주복지사회를 추구하자면 사회적 형평성을 제고시키기 위한 적절한 대책을 강구하지 않으면 안 된다고 주장하고 있다. 이러한 경향에도 불구하고 사회복지정책에 있어서 사회적 형평성 가치가 실제 어느 정도로 반영되는지는 역시 나라에 따라 많은 차이가 있으나 이러한 사회적 형평성 가치를 실현하기 위한 정책수단으로서의 누진세와 사회이전비의 지출상태도 다양하다.

셋째, 자유가치 확대이다. 사회복지정책이 추구하는 가치 중에서, 최근 사회복지정책이 과연 자유를 확대하느냐 축소하느냐에 관한 논쟁이 일고 있다. 결국 "사회복지정책은 자유의 불평등을 완화하며 덜 중요한 자유의 희생 위에 보다 중요한 자유를 획득하게 함으로써 전체적으로 볼 때 순자유(net liberty)를 극대화시킨다"는 것이다. 이와 같이 자유의 확대는 사회복지정책이 추구하는 이념적 가치 가운데 하나이다.

넷째, 삶의 질 가치의 향상이다. 현대 민주복지국가가 추구하는 궁극적 정책목표는 삶의 질을 향상시킴에 있다. 과거 전통적 복지정책이 국민최소(national minimum)를 보장하는 데 주안점이 있었다면 현대사회복지정책은 한 걸음 더 나아가 생활의 물질적 풍요와 심리적 충족감을 기본요소로 하는 삶의 질 향상을 추구하는 것이다.

사회복지정책의 목표가 궁극적으로는 모든 국민의 복지향상에 있다고 하더라도 그 제도나 정책의 핵심대상은 정책의 혜택 없이도 자족할 수 있는 안정층 또는 부유층이라기보다는 비복지상태에 있는 빈자층과 그 저변층 내지 비복지에 전락할 위험성을 가지고 있는 하층 노동자와 농민이 된다.

3 사회복지정책의 가치갈등

앞에서 살펴본 사회복지정책의 제 가치갈등 간의 근원은 일반적으로 아래와 같은 6가지로 대립되고 있다.

첫째, 사회가치(social value)의 근본적 상이성 문제, 즉 자유와 평등이라는 가치의 갈등문제이다. 인류역사를 살펴보면 인간은 국가를 만들고 국가로부터 자유와 평등을 동시에 보장받으려고 했다. 그러나 자유와 평등이라는 가치는 동일선상에서 보면 별 차이가 없는 듯 보이지만 실제는 서로 상반된 가치개념이다.

'자유'란 타인의 강제와 속박이 없는 상태를 의미한다. 즉, 자유는 강제성이 없어야 하며 극단적으로는 방임된 상태라 해도 과언이 아니다. 그러나 '평등'이라는 가치는 타인과 비교해서 차별받지 않는 것이다. 즉, 고르고 한결같은 상태를 의미한다. 그러므로 이러한 가치는 국가와 관련해서 생각해 보면 그 차이가 명백해진다. 즉, 개인의 자유가 보장되고 강조되려면 국가는 개인의 생활에 간섭과 통제를 하지 말아야 한다. 다시 말해, 정부의 개입은 없거나 최소한에 그쳐야 한다. 이러한 자유가 매우 강조된 사회도 존재했지만 많은 부작용을 낳았다. 18C 자본주의는 이러한 자유를 지나치게 강조하다 보니 '빈익빈 부익부' 현상을 초래했다.

한편 평등이 보장되고 누구나 할 것 없이 동등한 혜택을 누리려면 국가의 철저한 간섭과 통제가 필요하다. 개인의 사생활을 어느 정도 침해받지 않을 수 없다. 이러한 평등가치를 지나치게 강조한 사회가 바로 사회주의(socialism)이다. 이렇게 볼 때 자유와 평등은 서로 상반된 가치로 인식된다. 이를 두고 "인간은 서로 모순된 두 가치(자유와 평등)를 동시에 가지려고 노력하는 바보다"라고 독일의 대문호 Goethe는 지적한 바 있다.

둘째, 사회복지정책을 통한 복지서비스 제공에 대한 국가역할에 관한 차이, 즉 선별주의(selectivism)와 보편주의(universalism)의 대립갈등문제이다. 다시 말해, 복지서비스 수혜자(client)의 수혜자격(eligibility)의 결정에 관한 보편주의와 선별주의 원칙에 대한 가치갈등이 주요 논점이 된다. 즉, 보편주의는 복지개념을 제도적 개념(institutional conception)으로 이해하여 복지수혜대상범위를 모든 국민으로 확대시키는 것이다. 한편 선별주의는 복지개념을 보다 잔여적 개념(residual conception)으로 파악하여 복지수혜대상범위를 선별된 특정의 대상자로 한정할 것을 의미하므로 이 두 가치는 서로 상반된 갈등의 근원이 될 수 있다.

셋째, 빈곤에 대한 상이한 개념문제, 즉 절대적 빈곤과 상대적 빈곤 가치대립문제이다.

넷째, 국가자원가치의 배분(allocation)과 분배(distribution)문제이다.

다섯째, 자산조사(means test)를 통한 열등낙인(stigma)문제이다.

여섯째, 국가자원에 대한 낭비문제와 국가복지서비스 제공으로 인한 사회심리적 나태, 게으름 등의 도덕적 가치문제에 대한 관점의 대립갈등이 존재하고 있는 것이다.

이와 같은 사회복지정책상의 가치갈등 해결방안은 다양하게 접근이 가능하겠지만 무엇보다도 가치 간의 우선순위(priority)를 정하는 것이 중요하다고 판단된다. 즉, 가치 간의 관계에 있어서 목적가치(민주, 자유, 효과성)는 수단가치(능률성, 경제적 효율성, 선별성)에 앞서 그 강조점이 두어져야 한다.

다시 말해, M. E. Dimok이 얘기하는 사회적 능률성은 능률의 추구목적이 무엇인가를 다시 한 번 상고하게 하는 의미를 띤다는 점에서 수단가치는 목적가치의 달성을 위한 범위 내에서의 추구가 정당하다.

제5장

사회복지정책의 절차

1. 사회복지정책의 의제화
2. 사회복지정책의 결정
3. 사회복지정책의 집행

1 사회복지정책의 의제화

사회복지정책의 절차나 과정에 관해 다양한 견해가 있지만, 많은 학자들은 정책형성과정을 일련의 연속된 단계들로 모형화해 왔다. 대부분 그러한 과정이 질서정연한 단계적 순서를 갖긴 하지만, 동시에 그 단계들은 동태적 조정의 상황에 있어, 데이터의 환류를 통해 이전의 정보를 변경하면서 동시에 이후에 수집되는 데이터의 근거를 형성하기도 한다. 정책이 개발되는 그러한 과정모형들이 다양한 형태들을 갖지만 또한 많은 공통점을 지니고 있기도 하다. 〈표 5-1〉은 문헌들에 나와 있는 세 모형들을 비교하고 있다. 모형 A는 여섯 단계의 정책기획과정을 보여주고(Kahn & Alfred, 1969 : 61), 모형 B는 다섯 단계의 정책형성과정을(DiNitto, 2000 : 12), 그리고 모형 C는 세 단계의 사회정책개발모형을 보여주고 있다(Freeman & Sherwood, 1970 : 3-16).

표 5-1 정책개발과정의 모형

모형 A 정책기획과정	모형 B 정책결정과정	모형 C 사회정책개발과정
1. 정책기획 창안자	1. 정책문제의 확인	1. 정책기획
2. 탐색	2. 정책제안의 형성	2. 프로그램 개발과 집행
3. 정책기획 과업의 정의	3. 정책의 합법화	3. 평가
4. 정책형성	4. 정책의 집행	
5. 프로그래밍	5. 정책의 평가	
6. 평가환류		

출처 : Gilbert & Terrell(2002 : 274).

이처럼 사회복지정책과정의 절차에 관한 다양한 견해에도 불구하고, 어느 정도 공통적인 내용이 있음을 알 수 있다. 즉, 대체적으로 사회복지정책의 과정이 문제인식에서 출발하여 구체적인 정책대안에 관한 의사결정이 이루어지고, 거기서 결정된 정책대안을 집행하고, 나아가 그 정책결과를 평가하는 절차를 거친다. 문제인식의 단계를 정책의제화의 단계로 본다면, 결국 사회복지정책의 과정은 정책의제화(아젠다 형성) 단계, 정책결정단계, 정책집행단계, 정책평가단계로 요약해 볼 수 있다. 이에 정책평가의 단계는 제11장에서 다루고 여기서는 정책의제화의 단계와 정책결정 및 정책집행의 단계만을 살펴본다.

사회복지정책의 형성과정은 정책결정이 이루어지기에 앞서 사회문제를 인식하고 그것을 정책의제로 채택하는 정책의제화의 단계에서 시작된다. 과거에는 사회문제가 발생하고 그것이 정부의 정책의제로 채택되는 과정은 소홀히 다루어졌으며, 정책의제가 채택된 후의 활동을 분석하는 데 정책연구의 중점이 두어졌다. 그러나 문제가 있으므로 정부의 활동이 이루어지며, 문제의 성격에 따라 정책결정의 성격도 달라지므로 문제의 인식 및 정책의제의 채택에 관한 연구는 중요하다. 그렇듯 최근 정책의제화에 대한 관심도 상당히 증가하였다.

정책의제화가 중요한 이유를 좀 더 자세히 살펴보면 다음과 같다.

첫째, 특정한 사회문제가 어떻게 해서 정책의제로 전환되었는가 하는 데에 따라서 정책의 성격과 내용이 달라질 수 있다. 사회문제를 정책의제로 등장시키는 데 성공하거나 실패한 개인이나 집단은 그 후에 이어지는 정책의 결정, 집행, 평가에 직·간접으로 개입하는 경우가 많다.

둘째, 대부분 정책의제화의 단계에서 이미 여러 정책대안들이 제시된다. 현실적으로 정책결정이 그 이전의 정책의제화의 단계와 별개로 새로운 정책대안을 기초로 이루어지기보다는 정책의제화의 단계에서 나온 여러 대안들을 구체화하거나 수정, 보완하는 정도에서 결정되는 경우가 많다.

셋째, 모든 사회문제가 정책의제로 논의되거나 채택되지는 않는다. 특정한 문제들은 매우 중요한 것일 수도 있는데, 정책의제화 과정에서 은폐되거나 관련 집단 간의 역학관계 속에서 사장될 수 있다. 이것은 소위 무의사결정(non-decisionmaking)이라는 것으로서 의사결정자의 가치나 이익에 대한 잠재적인 도전을 억압하거나 방해하는 결과를 초래하는 결정이다(Bachrach & Baratz, 1970 : 44). 즉, 사회 내에서의 혜택이나 특권의 기존 배분상태를 변화시키려는 요구는 표명되기도 전에 질식시켜 버리거나 의사결정의 장에 도달하기 전에 없애 버리든지 하고, 만약 그러한 노력이 성공하지 못하면 정책결정이나 집행단계에서 파괴, 좌절시키는 것이 바로 무의사결정이다.

사회 내에서 문제가 발생하여 정책의제(정부의제)로 채택되기까지는 여러 단계를 거치게 된다. 이를 Cobb와 Elder(1972 : 82-89)의 논의에 따라 개략적으로 보면 [그림 5－1]과 같다.

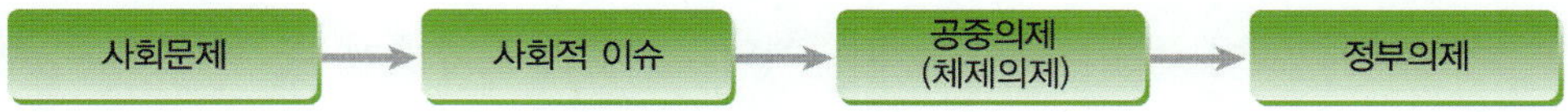

[그림 5-1] 정책의제화의 과정

여기서 사회적 이슈 또는 사회적 쟁점은 문제의 성격이나 문제의 해결방법에서 집단 간 의견일치를 보기 어려운 사회문제로서 집단 간 논쟁의 대상이 되어 있는 사회문제를 말한다. 공중의제는 체제의제라고도 하며, 일반 대중의 주된 관심을 받을 가치가 있고 정부가 그 해결을 위해 노력하는 것이 정당한 것으로 인정되는 사회문제이다. 많은 사람들이 관심을 갖고 정부가 해결할 수 있는 것으로 인정하는 사회문제인 것이다. 정부의제는 정부가 공식적인 의사결정에 의해 해결하기로 한 문제들이다. 바로 정부의제가 등장하게 되는 이 과정이 정책의제화 과정이라고 할 수 있다.

Cobb와 Elder(1971)에 의하면, 정책의제의 설정은 사회 내 이익배분에 커다란 영향을 미치며, 이어지는 정책결정이나 정책집행단계의 성격을 결정짓기도 한다. 하지만 그렇게 중요한 의미를 갖는 정책의제 설정이 대부분 사회 내 세력 있는 소수집단에 의해 실질적으로 주도되고 있으며, 이들의 편향된 시각으로 인하여 사회 내 해결되어야 할 중대한 문제들이 정책의제에서 배제되기도 한다. Cobb와 Elder는 이와 같은 정책의제 설정에서 권력의 과점현상에 초점을 맞추고 있다. 그들의 주장은 정책의제 설정에서 대중의 참여를 확대하는 것이다. 따라서 그들은 사회 내에서 소외되고 박탈된 집단의 불만이 외부로 표명되고 그에 대한 대책을 정부로부터 얻어낼 수 있도록 이슈를 확장시키는 전략을 제시하고 있다.

그러한 관점에서 Cobb와 Elder는 [그림 5－2]에서처럼 정책형성과 관련하여 정책의제화를 상세히 다루고 있다. 즉, 관련된 개인이나 집단은 어떤 계기를 통해 사회적 이슈를 문제화한다. 이러한 이슈는 대중매체를 통해 넓은 대중에게 확산되고 그 확산된 이슈는 정부기관의 관심을 끌게 됨으로써 체제에 진입하게 되고 나아가 정책의제로 논의되는 과정을 거치는 것이다. 이 정책의제화 모형은 대중의 참여와 대중의 정당화 과정을 주된 내용으로 하므로 서구 선진국의 정책형성과정에 잘 적용되는 모형이다. 하지만 일반 대중이 사회문제에 대해 관심이나 지식이 부족하거나 민주주의가 발달하지 못한 사회에서는 잘 적용되지 않는 모형이다.

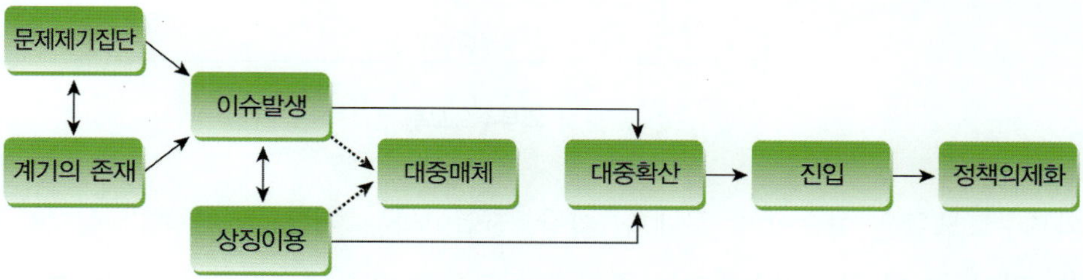

출처: Cobb & Elder(1971).

[그림 5-2] Cobb와 Elder의 정책의제화 모형

1) 정책의제화의 모형

Cobb는 이후 Ross와 함께 정책의제화 모형을 좀 더 세분화하여 외부주도모형, 동원모형, 내부접근모형으로 분류하였다(Cobb & Ross, 1976). 이들 세 모형에 대해 간략히 살펴보기로 한다.

(1) 외부주도모형

외부주도모형은 [그림 5−2]의 Cobb와 Elder의 정책의제화 모형과 유사하다. 사회 내 대립하는 집단 사이의 갈등으로 이슈가 발생하고, 이 이슈가 널리 공중에 확장되어 체제의제로 등장하면 정책결정자의 관심을 끌게 되어 제도의제에 도달하게 된다. 이슈가 발생하여 공중으로 확장되는 확장경로와 체제의제에서 제도의제로 전환되는 진입경로에는 이슈경로를 촉진시키거나 방해하는 요인들이 많이 나타난다. 외부주도모형의 이해를 돕기 위해 그림으로 표시해 보면 [그림 5−3]과 같다.

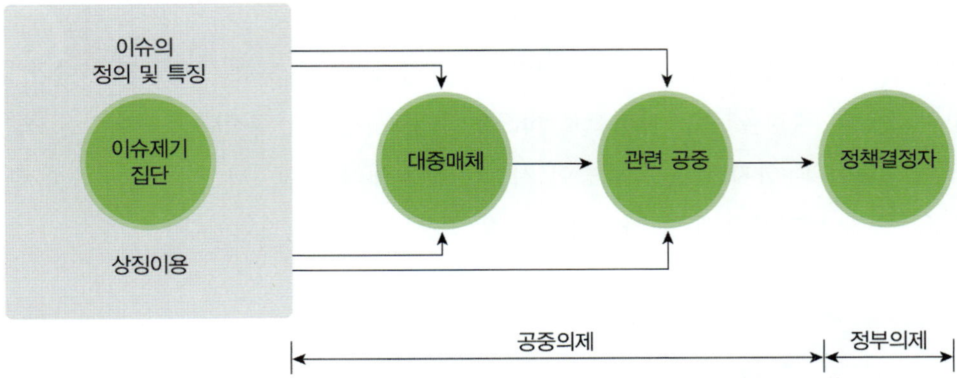

[그림 5-3] 외부주도모형

외부주도모형은 이슈제기, 구체화, 확장, 진입이라는 이슈경로에 따라 살펴볼 수 있다. 먼저 첫 단계인 이슈제기는 공식적 정부구조 외부에 있는 어떤 집단에 의해 매우 일반적인 용어로 고충이 표명되는 단계이다. 이슈제기 단계에서 표명된 일반적 고충은 특정한 요구로 변하는 두 번째 단계인 구체화의 단계에 들어간다. 이를 위해서는 여러 가지 방식이 있을 수 있는데, 특히 현대사회는 과거와는 달리 이익표출을 전문적으로 수행하는 개인 또는 집단들도 있다. 정부 외부집단이 이슈를 제도권에 올리려면 정책결정자가 압력을 느끼거나 관심을 갖도록 해야 한다.

세 번째 단계인 확장은 이슈를 좀 더 큰 공중으로 확장하고, 이미 존재하던 이슈들과 결부시키는 것이다. 물론 이슈가 공중에 확장되지 않고 바로 정책결정자의 손으로 진입하는 경우도 있지만 사회적으로 중요한 이슈는 대개 관련 공중에게 확장된다고 보아야 한다. 공중의제에 등장함으로써 쉽게 정부의제에 도달할 수가 있는 것이다. 이슈 확장에 성공하면 이슈는 공중의제 혹은 체제의제가 되고 많은 사람의 관심을 끌게 되는데, 이때 사람들은 정부의 응답이 필요하다고 본다. 진입이란 이와 같이 공중의제에 오른 이슈가 정부의제로 이동하는 것을 말한다.

(2) 동원모형

동원모형은 정책결정자가 정책과 프로그램에 내포되어 있는 이슈를 정부의제에서 공중의제로 이동시키려고 하는 경우를 잘 설명해 준다. 이러한 이슈는 정책결정자나 그의 측근에 의해 정부의제에 상정된 것이고 사전에 공중에까지 확장된 적은 없다. 여기서 확장은 정책결정 이후에 필요한데, 정책 혹은 프로그램의 성격상 효과적 정책집행을 위해 국민의 지지와 협조를 얻어야만 하기 때문이다. 동원모형에서는 주로 정책집행을 위해 필요한 관심과 지지를 얻으려고 노력하는 과정을 설명해 준다. 이 모형을 그림으로 나타내면 [그림 5-4]와 같다.

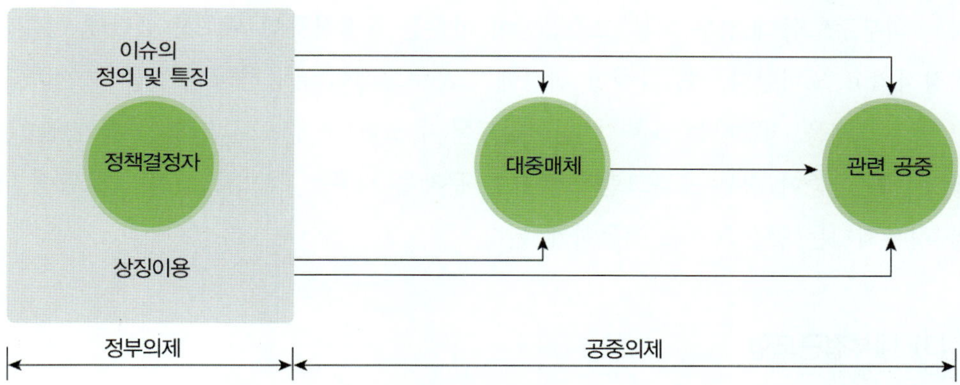

[그림 5-4] 동원모형

동원모형은 보통 우리가 알고 있는 정책의제설정이론과는 많이 다르다. 정책의제설정 혹은 정책의제화란 정책결정의 전 단계로서 사회문제 가운데 일부가 정책문제로 채택될 때까지의 과정이라고 설명되고 있는데, 동원모형에서는 정부의 정책이나 프로그램의 효과적 집행을 위하여 이슈를 공중에 확장하는 것을 다루는 만큼 그 초점은 집행단계에 해당하고 공중의제와 정부의제의 순서가 뒤바뀌어 있다.

이슈경로에 따라 이 모형의 특징을 살펴보자. 먼저 이슈제기의 단계로서 하나의 새로운 정책이나 프로그램이 정치지도자에 의해 공포될 때는 자동적으로 정부의제에 오르게 된다. 새 프로그램의 공포 이전에 정부 내에서 많은 논쟁이 있을 수 있지만 공중의 관심이나 지지는 없는 것이 보통이고, 주도권의 근원은 정치지도자이다. 정부주도의 개발계획이 그 대표적인 예이다. 다음은 구체화의 단계로서 새로운 정책이 공포될 때 세목까지 공포되는 일은 거의 없고, 공포를 한 후 정치지도자들과 관료들은 공중에게서 기대되는 것, 협조 또는 지지, 물질적 자원, 노동, 행동양식의 변화 등을 구체적으로 정하기 시작한다. 이 같은 구체화가 있음으로 해서 국민은 프로그램의 내용을 잘 알고 정부에 협조하게 된다.

다음은 확장의 단계인데, 새로운 프로그램은 공포된 순간부터 정부정책으로 되기는 하지만 그로써 끝나는 것이 아니라 원활한 집행이 되기 위해서는 공중이 정책을 잘 받아들이고 태도의 변화를 보여야 한다. 이를 위해서 최초에 이슈를 제기한 지도자는 외부주도형의 경우 외부 고충집단이 이슈를 확장하듯이 새로운 집단에 이슈를 확장하려고 노력한다. 즉, 특정한 집단에게 프로그램이 유용하다는 것을 보여준 후 그 프로그램을 집행하는 노력에 참여하도록 유도한다. 끝으로 진입의 단계에서는 상당수의 공중이 정부 프로그램이 중요한 문제를 다루는 것으로 인식하게 됨에 따라 정부의제는 공중의제로 이동하게 된다.

(3) 내부접근모형

이 모형은 공중의 참여를 배제하고자 시도하는 정책의제설정모형을 잘 설명해 준다. 최초의 정책제안은 정부 단위 내부 혹은 측근 집단에서 이루어지지만 이슈는 공중에게 확장되지 않는다. 내부접근모형에서는 의제를 대중에게 확산시키는 확산단계가 존재하지 않는다. 문제제기자는 이슈를 공중의제에 확장하려는 노력을 않을 뿐만 아니라 오히려 의도적으로 확장을 막으려 한다. 이 모형을 그림으로 나타내면 [그림 5-5]와 같다.

사회문제에 대해 대중의 관심이나 인식이 미흡한 경우나 사회집단의 요구나 의견제시가 활성화되어 있지 않은 사회적 여건에서는 정부주도의 정책의제화가 이루어지기가 쉽다. 그럴 경우 외부주도모형보다는 동원모형이나 내부접근모형이 적용될 가능성이 상대적으로 더 크다고 하겠다.

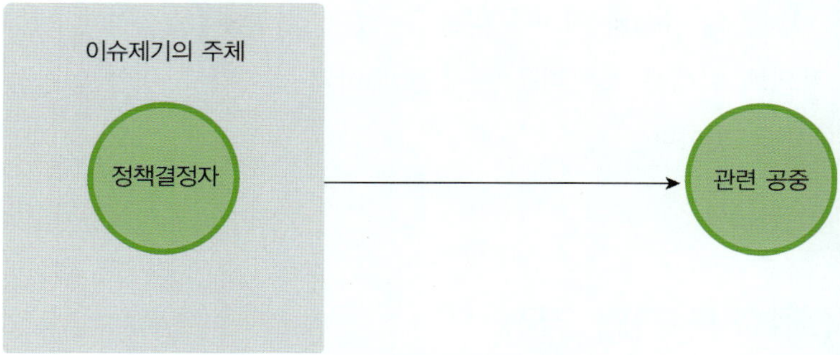

[그림 5-5] 내부접근모형

2) 사회문제의 성격과 정책의제화

정책의제화 또는 정책의제의 채택은 사회문제의 성격이 어떠한가에 따라서 크게 달라질 수 있다. 즉, 문제의 성격에 따라서 해결을 위한 정책내용이 달라질 수 있고, 또한 정책내용에 따라서 결정과정이 영향을 받게 된다. Cobb와 Elder(1972 : 96-100 ; 112-124)는 이슈의 성질을 분석하여 구분하고 그에 따라 정책의제 채택이 달라진다는 점을 설명하고 있다. 정책의제의 채택에 영향을 주는 사회문제의 특성들을 살펴보자.

첫째는 사회문제의 구체성이다. 사회문제가 구체적이지 않고 포괄적일수록 관련되는 이해관계자가 많아지므로 정책의제로 채택될 가능성이 높아진다. 둘째는 사회적 중요성이다. 사회문제가 사회적으로 관심이 높고 사회 전체에 주는 충격의 강도가 클수록 정책의제로 채택될 가능성이 높아진다. 예를 들면, 어느 한 가정에서의 소음보다는 새벽에 교회에서 울려 퍼지는 소음이 사회에 미치는 영향이 훨씬 크므로 이 문제가 정책의제로 채택될 가능성이 더 높을 것이다. 셋째는 기간의 적실성이다. 사회문제가 일시적으로 존재하는 것보다 오랫동안 누적되어 온 것일수록 또 향후 장기적으로 고통을 줄수록 정책의제로 채택될 가능성이 높아진다. 넷째는 선례의 유무이다. 사회문제 중에서 그와 유사한 선례가 있었던 문제가 정책의제로 채택될 가능성이 더 높아진다. 마지막으로 다섯째는 기술적 복잡성이다. 사회문제가 복잡하고 기술적으로 까다로운 경우에 비해서 단순하고 기술적으로 이해가 쉬운 경우가 더 많은 사람들의 관심과 지지를 얻을 수 있어 정책의제로 채택될 가능성이 높아진다. 기술적으로 이해하기 어려운 문제는 오히려 정치체제 내에서 능동적으로 정책의제로 채택할 것이다.

2 사회복지정책의 결정

사회복지정책의 결정은 일차적으로 정책결정에 속하며 더 넓게는 의사결정이라는 범주에 포함된다. 사회복지정책의 결정을 이해하기 위해서는 정책결정이론 및 의사결정이론의 모형을 살펴볼 필요가 있다. 대표적인 모형으로서 합리모형, 만족모형, 점증모형, 혼합주사모형, 공공선택모형이 있다. 또 사회복지정책의 결정을 둘러싸고 정부 내부뿐만 아니라 정부와 여러 사회집단 사이에 상호작용이 일어나며, 그러한 상호작용의 산물로서 사회복지정책의 내용이 결정되기도 한다.

1) 사회복지정책결정의 개념

정책결정도 여러 정책대안 중에서 가장 바람직한 것을 선택하는 일종의 의사결정이며 다만 결정의 주체가 정부에 한정될 뿐이다. 따라서 미시적 차원에서 보아 문제를 확인하고, 바람직한 대안들을 모색하며, 개발된 대안들을 서로 비교하고 평가한 후 특정의 대안을 선택하는 일련의 과정은 정책결정과 의사결정에 공통된 것이라 하겠다. 다만 정부기관 내부 및 환경과의 상호작용, 또 행정부와 의회·사법부와의 거시적 연계를 대상으로 삼는 거시론적 연구의 필요성이 정책결정에서 더 요구된다고 할 수 있다.

이러한 정책결정의 개념에 대해서 보면 연구의 목적이나 관점에 따라 학자마다 그 정의하는 바가 다양하다. 정책결정을 "사회문제를 공적으로 해결하는 일반적 방향의 결정"이라고도 하였고(Caiden, 1982 : 51), "다양한 요인들이 상이한 작용을 하는 복잡한 동태적인 과정으로서 주로 정부기관에 의해서 장래의 활동지침을 결정하는 것을 목적으로 한다"고 정의하기도 하였다(Dror, 1983 : 12). 그렇다면 정책결정은 어떤 문제의 해결을 위해 정부기관이 장래의 주요 행동지침인 정책대안을 결정하는 매우 복잡하고 동태적 과정이라고 이해할 수 있다. 따라서 사회복지정책의 결정은 "사회복지의 증진을 위해 정부기관이 장래의 주요 행동지침인 정책대안을 결정하는 복잡하고 동태적인 과정"이라고 정의를 내릴 수 있다.

2) 정책결정의 일반적 과정

많은 학자들이 정책결정과정의 단계를 구분하고 있다. 단계의 구분은 관점이나 사용목적에 따라서 각기 다르게 제시되고 있을 뿐만 아니라 명칭 자체도 정책형성과정, 정책분석과정, 정책개발과정 등 다양하다. 이러한 정책결정의 과정은 개인의 의사결정과정을 정부의 의사결정에 유추한 것으로 볼 수 있다. 가장 전형적인 합리모형에서는 의사결정단계를 다음과 같이 구분하고 있다.

(1) 문제의 정의

문제란 바람직한 상태와 현실의 상태 사이에 괴리가 존재할 때 발생하게 된다. 요구가 인식되고, 이렇게 인식된 요구가 문제로서 형성되어야 한다.

(2) 대안의 탐색

문제가 형성되었으면 이를 해결하기 위한 가능한 행동과정이 탐색되어야 한다. 이러한 탐색은 가치, 기술, 정보, 자원, 시간 등으로 제약을 받게 된다.

(3) 대안의 평가

각 대안이 가져올 결과가 미리 정해진 기준에 따라서 평가되어야 한다. 이러한 결과예측의 첫 단계는 어떤 결과가 나타날 것인가이고, 둘째 단계는 예측한 결과가 일어날 확률을 구하는 것이다.

(4) 대안의 선택

여러 대안 중에서 정해진 기준에 비추어 가장 바람직한 결과를 낳는 대안을 선택한다.

이러한 정책결정의 단계는 순차적으로 이루어지는 것이 가장 이상적이겠지만, 현실적으로는 그렇지 못하다. 즉, 각 단계가 서로 겹치거나 병행하기도 하며, 뒤의 단계가 앞으로 가기도 하고, 뛰어넘기도 한다. 그것은 시간이 급하거나 능력이 부족하기 때문이다. 여기서 이러한 현실적 상황을 근거로 여러 가지 의사결정 혹은 정책결정의 방법이 등장하게 된다. 그리고 정책결정과정은 정책집행, 정책평가단계로 이어지는 전체적인 정책과정을 이룬다.

3) 정책결정의 이론모형

정책결정모형은 의사결정모형을 바탕으로 하고 있다. 즉, 대부분 정책결정모형은 의사결정모형을 공공정책 분야에 수정하거나 변경, 개발하여 적용하고 있다. 의사결정모형은 초기에는 개인적 차원을 분석하는 데 중점을 두다가 점차 집단적 차원의 의사결정에 초점을 맞추기 시작하였다. 그리고 인식의 합리성에 대한 관점에 따라서 의사결정자의 완전한 합리성을 가정하는 합리모형에서부터 합리성을 부인하는 쓰레기통 모형에 이르기까지 그 중간영역에 많은 이론들이 있다.

여기서 다루게 될 모형들은 합리모형, 만족모형, 점증모형, 공공선택모형이다. 여기서 어느 하나의 모형이 정책결정의 실제상황을 모두 완벽하게 설명해 주지는 않는다. 각각 상황과 보는 시각에 따라 설명력이 달라질 뿐이다.

(1) 합리모형

① 의 의

합리모형(rational model)은 인간이 이성과 합리성에 입각하여 정책을 결정한다는 이론으로서 '포괄적 모형', '최선의 대안선택모형', 또는 '순수합리성 모형' 등으로 불리기도 한다. 이 모형은 다른 정책결정모형들의 원형으로서 대다수의 정책결정모형들이 합리모형을 비판하거나 현실에 맞게 수정하는 과정에서 나왔다는 측면이 강하기 때문이다.

② 기본전제와 내용

합리모형에서는 정책결정자가 다음의 사항들을 전제로 하고 있다. ㉠ 문제를 완전히 이해하고, ㉡ 해결을 위한 모든 대안을 파악하고, ㉡ 대안선택의 기준이 명확히 존재하며, ㉣ 자원이 충분하며 합리적으로 최선의 대안을 선택한다.

이러한 전제에 입각한 합리모형의 내용을 요약하면 다음과 같다(Anderson, 1987 : 9-10).

- 정책결정자는 많은 문제에 직면하지만 완전한 정보를 가지고 상호 비교하며 분리할 수 있다.
- 정책결정자가 추구하는 가치와 목적들은 중요도에 따라 분류되고 서열화된다.
- 문제해결을 위한 모든 대안이 탐색된다.
- 각 대안으로부터 나타날 모든 결과(비용과 편익)가 계산된다.
- 각 대안과 그 결과들이 대안 간에 비교된다.
- 정책결정자는 목표나 가치를 극대화하는 대안을 선택한다.

③ 비 판

합리모형은 현실을 설명하고 예측하기 위해 경험에서 도출된 이론이라기보다는 정책결정자에게 하나의 이상적 준거의 틀을 제공한다고 보아야 할 것이다. 이것이 바로 합리주의가 갖는 규범적 성격이기도 한데, 그 비판이 바로 여기에서 나왔다.

합리모형에 대한 주요 비판을 살펴보면 다음과 같다(Dye, 1981 : 34-35).

- 정책결정자가 직면하는 문제는 매우 다양하고 복잡하기 때문에 명확히 규정하기란 매우 어렵다.
- 인간의 능력에는 한계가 있다. 즉, 모든 정보를 가지고 정확한 결과를 예측하고, 모든 대안을 비교한다는 것은 인간의 능력을 벗어나는 일이다. 또한 다수인 사이에 이루어지는 결정의 경우에도 각자의 선호를 정확히 표출하고 결집하기 어렵기 때문에 정치과정에 의존하는 경우가 많다(Thompson & Williams, 1981 : 124).
- 정책결정자도 개인적 가치를 지니며, 더구나 사회의 가치들은 서로 갈등을 일으키고 합의를 이루기가 어렵다.
- 매몰비용(sunk cost)의 문제가 있다. 즉, 기존 정책이나 사업에 이미 상당한 투자나 개입이 이루어졌을 경우 그보다 더 합리적인 대안이 있다 하더라도 이미 투자된 비용, 즉 매몰비용 때문에 기존의 정책이 계속 시행된다는 것이다. 예를 들면, 이미 건설된 공장은 매몰비용 때문에 다른 곳으로 쉽사리 옮길 수 없다.
- 정책결정자는 가치의 극대화를 추구하기보다는 만족 수준에서 멈추어 버린다.

이러한 합리모형에서 무엇보다 큰 장애가 되는 것은 문제의 복잡성, 미래의 불확실성, 정보의 부족 등을 지적할 수 있는데, 오늘날 이러한 장애를 극복하는 데 도움을 주는 많은 기법들이 개발되고 있다. 이러한 기법으로는 OR, 선형계획, 시뮬레이션, 게임이론, 비용·편익분석, 대기행렬이론, 동적 계획, 결정이론 등을 들 수 있다.

(2) 만족모형

① 의 의

만족모형(satisfying model)은 March와 Simon(1958)에 의해 주장되어 Cyert와 March(1963)에 의해 발표된 이론으로서 인간의 제한된 합리성에 기초하여 최적 수준에 의한 최적 대안보다는 현실적으로 만족할 만한 대안의 선택이 타당성을 갖는다는 이론이다. 이 모형의 특징은 인간의 절대적 합리성보다는 제한된 합리성을 기준으로 삼고 있다는 점이다.

② 내 용

만족모형의 내용을 보면, 첫째, 정책결정자는 문제의 인식에서 인지상의 제약을 받는다. 객관적 상황은 매우 복잡하며 인간의 능력으로는 완전히 인지할 수 없기 때문에 이를 간소화하여 이미 관심을 가지고 있던 점에 대해서만 선별적으로 인식한다(selective perception). 여기서의 인식이라는 것은 비이성적이며 주관적인 측면이라는 점에서 이성적 측면이 강한 인지(cognition)와 구별된다(Simon, 1957 : 309-314).

둘째, 목표에서도 모든 목표를 동시에 달성하기보다는 일부 목표만을 고려하며, 목표의 간소화를 위하여 요소화(factoring)를 하게 된다. 여기서 요소화라는 것은 수단과 목표의 분석을 통하여 하위조직에 조작가능성(operationality)이 높은 하위목표를 부여하는 것이다.

셋째, 정책대안을 탐색하는 경우에도 모든 대안을 동시에 탐색하기보다는 소수의 대안만을 고려하여 순차적으로 행한다. 즉, 여러 대안 중에서 맨 처음 머리에 떠오르는 대안을 먼저 생각하게 되고, 그것에 대해서만 자주 생각하면서 순간적으로 그 대안만 평가하게 된다. 그것이 목표달성에 부적절한 경우에만 비로소 다른 대안을 고려한다.

넷째, 대안의 선택은 최적화 기준보다는 만족화 기준을 따르게 된다. 즉, 주위에서 쉽게 머리에 떠오르는 대안을 먼저 검토하여 그것이 최소한의 기대수준에 부응하면 다른 대안을 생각하지 않고 채택하게 된다.

다섯째, Simon은 자주 발생하는 유사한 성격의 문제에 대해 반복적 의사결정을 피하기 위해 다양한 대응책을 미리 준비해 두었다가 필요할 때 사용하면 합리성을 높일 수 있다고 한다(Allison, 1971 : 71-72).

여섯째, 이 모형에서는 일반적으로 조직의 구성원이 불확실한 상황 속에서 결과에 대한 추측을 통하여 행동으로 옮기는 것을 피하고, 조직 내에서의 단기적 환류를 기준으로 삼아 자신의 행동방향을 설정한다고 한다. 이것을 불확실성의 회피(uncertainty avoidance)라고 부른다.

③ 비 판

Simon의 만족모형은 의사결정에서 인간의 인식적·감정적 요소를 많이 고려함으로써 합리모형의 비현실성을 극복하고 좀 더 인간의 실제상황에 적합한 이론모형을 개발했다는 점에서 높이 평가받을 만하다. 이와 같이 의사결정의 현실을 적나라하게 파헤쳤다는 점에서 그의 모형을 현실적·경험적 접근방법으로 간주하기도 한다.

하지만 그의 이론이 의사결정과정에서 조직체 내 개인의 심리적 측면에 비중을 두었기 때문에 다음과 같은 문제점들이 있다.

- 만족의 질을 주어진 것으로 여기고 있으며, 만족의 질을 형성하고 있는 변수들이 무엇인지에 관해서는 간과하고 있다(Dror, 1983 : 148). 즉, 만족의 정도를 결정해 주는 객관적 척도가 없다.
- 이 모형은 대안의 선택 시 지나치게 주관의 지배를 받기 쉽다.
- 조직에 따라서는 만족의 수준이 보수적 성향을 지닐 가능성이 크다.
- 이 모형은 개인의 의사결정에 초점을 두고 있기 때문에 정책결정의 상황에 그대로 적용하기에는 한계가 있다.

(3) 점증모형

① 의 의

점증주의(incrementalism)는 Lindblom(1959 ; 1980)과 Wildavsky(1964)에 의해 대표되는 이론으로서 합리모형을 전적으로 거부하고, 정책의 실현가능성을 중요시하는 이론이다. Simon의 만족모형이 인간의 보편적 의사결정에 초점을 둔 이론이라면, 이 모형은 정책결정자에 주로 적용되는 이론이다. Lindblom은 정책결정에서 선택되는 대안들은 기존의 정책이나 결정을 점진적으로 개선해 나가는 것이며, 정책결정은 부분적·순차적으로 진행되고, 정책결정의 과정에서 대안분석의 범위는 크게 제약을 받는다고 보았다. 여기서는 기존 정책을 고려할 첫 대안으로 생각하여 거기에

다가 약간의 수정만 가하게 된다.

② 내 용

점증모형의 내용을 요약하면 다음과 같다(Lindblom, 1959 : 78-9).

첫째, 목표나 가치를 선택하는 일과 목표달성을 위한 행동을 분석하는 일은 서로 밀접하게 연결되어 있기 때문에 구분하기가 어렵다. 목표에 관해서는 관련자들이 합의를 이루기가 쉽지 않으며, 시간과 장소에 따라서 목표의 성격은 달라질 수도 있다. 따라서 이러한 목표는 대안을 선택함으로써 오히려 명확해질 수 있다.

둘째, 합리모형에서는 목표와 수단을 뚜렷하게 구별하지만 사실 이것은 어려운 일이고 거의 동시에 진행이 된다고 보아야 한다.

셋째, 목표와 수단의 연결 및 내용은 끊임없이 조정되고 재정의된다.

넷째, 어떤 정책대안이 좋은 대안인가를 판단하는 기준은 정책에 관련된 자들의 합의에 달려 있다. 달성해야 할 목적에 관한 의사가 없거나, 적절한 정책에 대한 합의가 없다 할지라도 정책대안의 선택에 관한 합의는 이루어질 수 있다.

다섯째, 인간의 능력과 시간에는 한계가 있으며 정보도 제한되어 있기 때문에 고려할 수 있는 대안의 범위는 축소된다. 따라서 정책결정자들은 복잡한 문제를 단순화해야 하는데 이에는 두 가지 방법이 있다. 즉, 기존의 정책과 차이가 적은 정책대안들만 선별하여 비교하는 방법과 정책대안이 실현됨으로써 발생할 수 있는 중요한 결과의 일부와 그에 결부된 가치를 능력상 무시해 버리는 방법이다.

여섯째, 문제해결을 위한 단일의 해결책은 없다.

일곱째, 정책대안을 비교하거나 선택할 때 동시에 하지 않고 점진적 변동을 연속적으로 해 나간다.

여덟째, 정책은 미래의 사회목표를 증진하는 것보다는 현재의 사회병리에 대한 개선에 더 중점을 두는 치료적 성향을 갖는다.

③ 비 판

점증모형이 일반적으로 현실의 결정상황에 적용가능성이 매우 높다고 하지만 다음과 같은 문제점들이 존재한다.

첫째는 부분최적화이다. 그런데 부분최적화가 반드시 곧 전체최적화가 되는 것은 아니다. 점증모형에서는 과거의 정책근저인 뿌리는 그대로 유지되고, 지엽적인 가지만 조정되는 것이다. 이를 부분최적화라고 한다. 한편 영기준예산제도처럼 과거 정책을 근본적인 수준에서 재검토하는 것은 전체최적화이다. 점증주의자들은 부분에서의 최적을 모두 합치면 전체도 최적이 된다고 주장한다. 그러나 전체적으로 보면 부분 간에 충돌이 일어날 수 있고, 바람직하지 못할 경우도 있다. 대체로 현실의 정책결정이 점진적으로 이루어지고 있는 것도 사실이지만 반드시 그렇게 해야만 최적이 된다고는 할 수 없다. 최적이 되기 위해서는 과거의 정책이 합리적이어야 하며, 정치적 다원론의 주장이 옳아야 한다. 정치적 다원론이란 정책결정자의 결정이 사회 각 계층의 이익을 골고루 반영하여 이루어진다는 것이다. 따라서 이러한 조건을 충족시키지 못하는 상황, 즉 과거의 정책이 바람직한 것이 아니거나 다원론자의 주장이 옳지 못할 경우에는 점증주의자들의 주장은 비판을 면하기 어렵다.

둘째는 반쇄신성(anti-innovation)이다. 현실적으로는 점진적으로 결정되지 않는 경우도 많이 있다.

셋째는 보수성이다. 빈부의 격차가 심하고 권력이 한곳으로 편중되어 있어 약자의 의견이 무시되는 사회에서는 기존 사회의 전반적 개혁이 필요하게 되는데, 점증모형은 이를 과소평가하는 보수적 성향을 지니고 있다(Etzioni, 1968 : 273). 이러한 주장은 정치적 다원론의 주장이 옳아야 한다는 전제와 밀접하게 관련되어 있다. 이에 대해 Lindblom은 점증모형이 반드시 보수적인 것이 아니라고 주장한다. 즉, 사회의 구조적 모순이 있다 하더라도 이를 일시에 급격하게 개혁하는 것보다는 계속적으로 점진적인 개선을 해야만 혼란이 없이 해결할 수 있다고 주장하면서, 미국의 흑인 지위에 관한 정책을 예로 들어 설명하고 있다(Lindblom, 1980 : 41).

넷째는 적용의 국지성이다. 미국과 같이 개방적이고 정치적 활동이 활발한 사회에서는 몰라도 우리와 같이 결정자에 대한 여러 방면으로부터 압력이 약해 결정자 자신의 판단이 크게 작용할 가능성이 많은 사회에서는 점증모형의 적용이 제한된다.

다섯째는 사회변동에 대한 적응능력의 부족이다. 정책이 점진적으로 변화하는 또

하나의 중요한 이유는 현대사회에서 점차 거대화되어 가는 정책관료제의 타성 때문이다. 그런데 산업사회에서 급격한 사회변동에 대한 대처는 기존 정부조직의 점진적 정책보다는 새로운 조직을 창설함으로써 이루어지며, 기존의 정책과 전혀 다른 정책에 달려 있다는 것이다(Williams, 1979).

여섯째는 합리성에 대한 과소평가이다. 점증모형은 합리성을 거의 부정하는 입장인데, 오늘날 여러 가지 분석기법의 개발과 정보처리기술의 발전은 이러한 합리성을 크게 신장시켜 주고 있다. 또한 정책결정에는 시간과 비용이 반드시 수반되는 것인데도 충분한 시간과 비용을 들이지 않고 정책을 만든다면 사실상 쓸모없는 정책이 될 위험성이 있다(McCurdy, 1977 : 91).

(4) 공공선택모형

공공선택이론(public choice theory)은 본질적으로 정치적 과정에 현대 경제학의 방법들을 적용시킨 분야이다.[1] 이 모형은 수요와 공급의 관점에서 공공정책을 검토한다. 정책에 대한 수요는 집단적 조직과 행위를 통해 '주장(voice)'을 표현하는 개인들로부터 나온다. 일반적으로 정책에 대한 수요는 관련 당사자들의 경제적 이기심에 관련되어 있다. 경제학에서와 마찬가지로 공공선택이론에서도 합리적 개인들은 자신의 이익을 추구할 것이라는 가정을 한다. 사람들은 적절한 유인이 주어지지 않으면 집단적 이익을 추구하지 않는다는 것이다. 그래서 정책결정에 있어서 중심적인 문제는 어떻게 하면 개인의 다양한 선호들을 관련된 모든 사람을 구속하는 집단적 선택(collective choice)으로 집계하느냐 하는 것이다. 그리고 국가나 정부관료제라는 것은 그러한 집단적 선택을 도출해 내기 위한 하나의 의사결정규칙에 불과한 것으로 보

1) 공공선택이론은 역사가 그렇게 오래되지 않은 학문분야로서 종종 '정치경제학'으로 불리기도 한다. 정치학자들은 그 분야를 '수리정치학' 혹은 '실증주의적 정치이론'으로 이해하고 있는 경우가 많으며 유럽에서는 '경제정치론(Economic theory of politics)'이라는 용어가 더 보편적으로 사용되고 있다.
이 이론에 크게 기여한 경제학자들로는 Kenneth Arrow, James Buchanan, Gordon Tullock, Duncan Black, Anthony Downs 등이 있다. 하지만 William Riker, Vincent Ostrom, Elinor Ostrom, Peter Ordershook, Melvin J. Hinich 등의 많은 정치 및 행정학자들도 역시 이 분야의 발전에 크게 기여해 왔다. 이 분야에 속하는 하위이론들로서는 공리이론(axiomatic theory), 게임이론(game theory), 재정이론(public finance), 공간적 투표이론(spatial theory of voting) 등이 있다.

고 있다. 우선 이 모형이 근거하고 있는 기본적 가정들을 요약해 보면 다음과 같다.

① 자원의 희소성: 사회에는 모든 개인이 원하는 만큼 공·사적 재화가 충분히 있는 것은 아니다.

② 개인주의: 사회적 산출은 개인의 선택과 행위의 결과이다. 개인들은 합리적 선호체계를 갖고 있으며 투표 등 사회적 의사결정 메커니즘들은 그러한 개인의 선호들을 집계하기 위한 절차이다.

③ 이기심: 개인의 선호체계는 일차적으로 자신의 이기심에 따른다.

④ 합리성: 개인은 우선순위가 정해져 있는 특정한 선호체계를 갖고 있다. 그들은 어떤 선택상황에서든 자신이 가장 선호하는 결과를 알고 있으며 자신의 이익을 극대화하려고 노력한다.

이러한 가정하에서 이해할 경우 정책과정은 대부분 경제적 이익이 주된 내용을 이루는 개인의 선호에 기초를 둔 사회적 혹은 집단적 의사결정에 이르는 절차이다. 예컨대, 노동자와 자본가는 자국의 생산물보다 더 큰 경쟁력을 갖는 수입품에 대한 규제조치에 공동의 이해관계를 갖는다. 반면에 소비자들은 그러한 수입품을 접할 수 있는 것이 이익이므로 관세부과를 반대하는 로비를 하기 마련이다. 또한 만약 수입품에 대해 관세가 부과된다면 상대국의 보복이 따르게 되므로 국제적으로 충분한 경쟁력을 갖는 상품을 생산하는 국내 생산자들도 소비자와 이해관계를 같이할 것이다. 물론 보다 저렴한 수입품을 생산요소로 사용하고 있는 국내 생산업자도 동일한 입장을 가질 것이다.

그러한 집단적 행동이 분명히 합리성을 갖기는 하지만 언제나 소기의 목적을 달성하지는 못한다. 이해관계를 가진 사람들이 수적으로 많고 따라서 효과적으로 조직화되기가 어렵기 때문이다.[2] 통신기술의 발달로 인해 어느 정도 해결된다 하더라도 역시 지리적으로 분산되어 있다는 것이 조직화를 더욱 어렵게 만들고 있다. 더구

2) 집단형성과 집단활동에 대한 경제적 분석을 행한 Olson은 특수한 이해관계를 가진 소규모의 집단들은 경제적 이익을 얻기 위한 정치적 행동에 쉽게 조직화되지만 일반대중의 공익은 조직화된 형태로 표현되기가 어렵다고 했다 (Mancur Olson, 1956).

나 관세변경의 효과는 다양한 이해관계를 가진 집단들에게 서로 다르게 나타난다. 보다 저렴한 외국상품들은 소비자의 복지를 증진시켜 주는 반면 자국의 산업을 해치게 되고 따라서 그 산업에 종사하는 노동자와 자본가의 생계를 직접적으로 위협할 것이다. 그래서 규제조치를 옹호하는 생산자 집단의 로비가 그것을 반대하는 보다 산만한 소비자 집단보다 더 큰 강도를 가질 것이다. 과세, 정부지출 및 환경규제 등의 정책들에도 동일한 논리의 요구들이 나올 것이다. 그러한 분야들의 각 정책이 갖는 '정치적 시장'에는 집단들이 크게는 생산자와 소비자로 분류될 것이지만 아무튼 다양할 것이다. 예컨대, 중앙은행은 금융자본의 이익을 대변하고 농수산부가 농민의 이익을 대변하는 등 특정한 이익집단에 유리한 정치적 통로가 제도화될 수도 있을 것이다. 그래서 수요측면이 그러한 제도화를 통해 정책형성의 공급측면에 부분적으로 연결된다.

공공선택의 공급측면에서 중심적 행위자들은 정부와 관료제이다.[3] 자유민주주의 국가에 있어서 정치가들은 충분한 정치적 지지를 얻어 공직에 계속 남아 있으려는 욕구에 의해 움직이는 것으로 간주된다. 이를 위해 그들은 반드시 전부는 아니지만 적어도 일부 집단들이 표명하는 조직화된 요구의 규모와 강도를 반영할 수 있는 일단의 정책들을 합리적으로 추구한다.[4] 그러한 요구를 충족시키기 위해 정치가들은 일부 집단들로부터 다른 집단들에게로 자원을 교묘하게 이전시킬 가능성이 높다. 이런 관점에서 본다면 시민사회는 민주적으로 선발된 정치적 지도자들에 의해 좌우되는 소지가 크다고 하겠다.

그러나 유권자의 요구들에 대한 그러한 반응은 선거에 의한 제약을 훨씬 적게 받는 관료집단의 이익과 영향력에 의해 좌우될 수도 있다.[5] 관료들은 일반적으로 직

3) 공공선택이론은 여기서 말하는 정치가 및 관료들뿐만 아니라 제도 그 자체도 공급측면에 포함시키고 있다. 여기서 제도는 사회구성원의 다양한 선호들을 집계하는 절차 내지 방식에 해당한다. 공공선택이론에서 정부와 관료제의 구조적 측면과 모든 법규 등이 포함되는 제도는 결국 공공선택을 위한 의사결정규칙으로 간주되는데, 이러한 관점에서 그것을 '신제도주의'라고도 한다.

4) 민주주의 사회에서 유권자의 선호와 정책선택 간의 관련성을 검토한 초기의 대표적인 사람은 Downs이다. 그는 정당들이 선거에 승리를 거두기 위해 이념적으로 중도입장을 택하게 되는 논리를 설명했다(Downs, 1957). 그리고 Downs의 모형을 현대에 와서 정치하게 발달시킨 사람들은 Enelow와 Hinich이다.

5) 예컨대, Tullock(1965)은 합리적이고 이기적인 관료들이 대규모의 정부관료제 내부에서 자신들의 이익을 극대화시키려는 상황을 분석했다.

업적 안정성과 전망 및 작업조건의 개선, 그리고 자신들의 관할영역의 규모와 범위의 확대에 관심을 갖는 것으로 여겨진다. 이것을 공공선택이론은 관료들에 의한 예산극대화의 목표라고 설명한다.[6)]

무역규제와 관련하여 본다면 여기에 함축된 첫 번째 의미는 산업구조, 다양한 이익집단의 조직과 힘, 그리고 유권자들의 특성과 가치 등 정치적·경제적 힘들의 변화에 따라 정치적 시장에서의 수요와 공급이 만들어 낸 '정책균형'도 변할 것이라는 점이다. 어떤 정책들에 대한 수요 역시 경제적 상태의 변화에 따라 변하게 될 것이다. 예컨대, 경기후퇴기에는 그로 인해 잉여생산능력을 지닌 산업들이 경제가 활성화되어 완전가동에 거의 가까운 수준으로 생산시설을 활용할 때보다 무역규제를 더 요구할 것이다. 두 번째로 함축된 의미는 대외적인 경제정책들이 국가의 정치경제적 세력들의 균형에 의해 일차적으로 결정될 것이라는 점이다. 이것이 의미하는 바는 핵심적인 자본주의 국가들에서 '국제주의자들'의 정치적 연합이 대외적인 경제정책에 대해 충분한 영향력을 행사할 수 있게 된 상황에서는 개방적 국제경제를 유지하는 데 도움이 될 수 있는 정책들이 추구될 수 있다는 것이다.

공공선택이론에 속하는 많은 연구들은 주로 Arrow, Black, Buchanan 및 Tullock 등의 연구로부터 나왔다. 그들이 가진 주된 관심은 개인선호의 집계, 즉 개인선호들과 집단적 결정의 관계에 대한 논리였다. 따라서 초기의 공공선택이론가들은 공공선택의 일차적 행위로서 투표에 커다란 관심을 가졌다. 하지만 점차 이론적 발달이 있게 되자 이 이론은 정치적 리더십, 관료 및 관료제의 행태, 이익집단의 행동논리, 민주주의 사회의 정책결정논리, 정책투표의 평가, 정치적 연합의 행동논리, 공공재의 공급결정, 그리고 사회복지함수 등 다양한 주제들에 관심을 갖게 되었다. 이러한 주제들은 앞으로 사회복지 및 공공복지와 관련된 정책의 연구에도 많은 도움을 줄 것으로 예상되며, 그에 따라 공공선택모형의 유용성이 평가될 것이다.

특히 오늘날 대부분의 선진 산업국에서 제공되는 재화와 서비스의 상당한 부분이 공공복지와 관련된 것이다. 그래서 국가에 의해 이루어지는 빈곤정책 등 공공복지

6) 이것을 논의한 대표적인 사람은 Niskanen, W.이다.

에 관한 결정이나 정책이라는 집단적 선택 내지 공공선택이 어떻게 한 사회의 구성원 사이에서 어떠한 방식과 내용으로 이루어지는가를 보다 분명하게 보기 위해서는 공공선택이론에 대한 이해가 필요하다.

민주주의 사회에서 이러한 공공선택 혹은 집단적 선택을 이루어 내는 방법은 크게 직접 민주주의 방식과 대의제 민주주의 방식으로 나눌 수 있다. 직접 민주주의 방식은 다시 만장일치제(unanimity rule)와 다수결제(majority rule)로 나뉜다. 그리고 대의제 방식에서는 국민의 정책선호가 선거라는 매개를 통해 집단적 선택인 국가의 정책형성에 연결되는 논리들이 다루어진다. 여기서는 앞서 언급되었듯이 정치적 지도자, 관료, 그리고 특정한 이익집단이 국민의 정책선호와 함께 집단적 선택에 영향을 미치는 것으로 인식된다.

3 사회복지정책의 집행

사회복지정책이 결정되면 관련된 사회문제를 해결하기 위해 구체화의 과정이 이루어지는데, 바로 집행의 단계이다. 따라서 정책집행과정에서는 정책목표를 달성하기 위한 구체적 활동이 이루어진다. 이제 사회복지정책의 집행에 대한 개요와 그 중요성, 그리고 집행모형에 대해 살펴보기로 한다.

1) 사회복지정책집행의 의의

정책결정을 실천에 옮기는 단계인 정책집행에 관해서는 학자들 사이에서 여러 가지 용어가 사용되다가, Pressman과 Wildavsky의 『집행론(*Implementation*)』(1973)이 출간된 이후로는 대체로 '정책집행(policy implementation)'이라는 용어가 사용되었다. 일반적으로 정책집행이란 정책에 포함된 목표나 내용을 구체화시키고 달성해 나가는 활동을 의미한다.

이러한 관점에서 보면 사회복지정책의 집행은 정책집행자인 관료들이 클라이언트와 직접적 상호작용을 통하여 사회복지정책의 목표를 구체화시키고 달성해 나가는 과정이다. 이 과정에서 해결하려는 사회문제와 관련된 여러 이해집단들 역시 관여하게 된다. 그래서 정책집행의 과정은 사회복지정책의 목표를 달성하기 위한 기술적 과정인 동시에 정치적 과정이다. 이러한 양면성은 정책집행의 개념에 대해 단일방향적 접근과 순환적 접근이라고 하는 두 가지 접근과 관련되어 있다고 할 수 있다.

(1) 단일방향적 접근

정책집행을 단일방향의 활동으로 파악한 입장들을 살펴보자. 먼저 Pressman과 Wildavsky(1973)는 정책집행을 "정책을 수행, 달성, 충족, 생산, 완성하는 것"이라고 정의했다. 즉, 정책의 목표나 내용을 구체적으로 달성하는 것을 정책집행으로 보았던 것이다. 이것은 정책집행을 단일의 방향을 갖는 것으로 인식한 것이 된다.

Meter와 Horn(1975 : 447)은 "정책결정에서 미리 설정된 목표를 성취하기 위하여 정부부문 및 민간부문의 개인이나 집단이 수행하는 활동"이라고 집행을 규정하였다. 역시 집행을 미리 설정된 목표를 달성하기 위한 단일방향적인 것으로 보았으며, 과정으로보다는 활동으로 보고 있다는 점이 특징이다.

Bardach(1977 : 36-38)는 집행과정을 "기계를 조립하여 작동되도록 하는 조립과정"이라고 정의하여 집행문제를 집행과정을 구성한 조립활동에 한정된 통제의 문제로 보고, 느슨하게 연결된 집행게임(implementation game)의 체제라는 관점을 통해 과정상의 기계적 조립과 정치부문을 통합하려고 했다. 집행과정을 기계의 조립과정에 비유한 것이 특징적이다.

(2) 상황적 접근

정책집행을 활동보다는 과정을, 그리고 단일방향적이기보다는 순환적인 것으로 보는 상황적 입장들을 살펴보자. Rein과 Rabinovitz(1978 : 309-315)는 정책이 원래 의도했던 바를 얼마나 달성했는가의 여부를 평가하는 데 중점을 둔 것이 집행연구의 최초 경향이라고 지적하였다. 또 집행을 "교호적 권력관계와 협상으로 특징지어지는 순환과정을 창조하는 수많은 활동가에 의해 고려된 정부의 선호를 공포하는 것"이라고 정의했다. 이들은 집행의 전통적인 단일방향적 시각을 극복하고 집행자의 모든 단계가 상호 의존적이라는 순환성의 원리(principle of circularity)를 부각시킨 점이 특징이다.

Nakamura와 Smallwood(1980 : 1)는 집행을 "권위 있는 정책지시를 실천에 옮기는 과정으로서, 그 과정은 결코 용이하지도 않고 자동적이지도 않다"고 정의했다. 단일방향적 과정이 아니라 순환적 과정으로 보고 있다. Ripley와 Franklin(1984 : 4)은 집행을 "사업계획, 정책, 수혜 및 어떤 구체적 산출에 정당성을 부여하는 법이 통과된 후에 발생하는 것"이라고 규정하면서 정책의 목표와 바람직한 결과에 대한 내용의 언명 후에 수반되는 일련의 관료들에 의한 활동으로 간주하고 있다. 특히 집행과정의 복잡성과 동태성을 강조하고 있다. Sabatier와 Mazmanian(1983)은 정책집행을 "항상 법조문과 관련되거나 정부 고위층의 명성 또는 법원 판결의 형태를 취할 수 있는 기초적인 정책결정을 수행하는 것"이라고 규정하면서 법적 명령지침을 강조하였다.

정책집행에 대해 이상에서 살펴본 여러 학자들의 정의에서 특징들을 요약해 보면 다음과 같다. 첫째, 복합적 과정이다. 정책집행은 기계적 과정이 아니고 여러 가지 요인이 개입하여 작용하는 복잡한 과정이다. 둘째, 상호 적응과정이다. 정책집행은 집행조직의 내부와 대상집단을 포함하는 환경 간에 상호 적응하는 과정이다. 따라서 이러한 상호 적응과정을 통하여 이해의 대립과 갈등이 조정되고 순응이 확보되기도 한다. 셋째, 순환적 과정이다. 정책집행은 결정이 이루어진 후의 후발적 활동만이 아니고 결정과정으로 다시 투입되고 반영되어 조정되기도 하는 순환적 과정이다. 넷째, 정책결정으로서의 정책집행과정이다. 정책집행과정에서 집행자는 원래의 정책목표를 더욱 구체화하거나 재해석하기도 하는데, 이것은 일종의 정책결정과정으로 볼 수 있다. 다섯째, 정부관료제는 집행의 전반적 과정을 통제하지는 않지만 집행과정에 행사하는 직·간접적 영향력은 상당히 중요하며, 따라서 집행과정에서 가장 중요한 역할을 하는 책임자이다. 여섯째, 정책집행과정에 참여자들은 다양한 선호, 이익, 가치나 신념체계에 따라 행동한다. 그러나 정책목표의 모호성, 정치체제의 복잡성 및 상황의 가변성 등으로 인해 어떤 정책집행도 모든 참여자들의 기대에 다 부응할 수 없게 된다. 일곱째, 집행되는 정책의 사회적 목표에 따라 집행유형은 달라진다. 효과적인 집행은 획일적인 것이 아니고 상황에 따라 달라진다. 여덟째, 정치체제의 분권적 성격은 정책집행의 유형에 지속적으로 영향력을 미친다. 아홉째, 구체적 정책 프로그램이 효과적으로 집행되었다 하더라도 반드시 본래 의도한 바람직한 산출, 성과, 영향 등을 보장하지는 못한다.

2) 사회복지정책집행단계의 중요성

앞에서 살펴본 바와 같이 정책집행은 결코 간단하거나 자동적인 것이 아니고 정책의제화나 정책결정의 단계 못지않게 복잡하고 정치적인 단계이다. 사회복지의 정책목표와 정책결과를 연결하는 중요한 매개변수의 역할을 하기 때문에 그러한 정책결과는 결국 매개변수인 사회복지정책의 집행에 달려 있다고 해도 지나친 말이 아니다. 이러한 중요성을 충분히 이해하기 위해서 우선 왜 정책집행을 연구하게 되었는가 하는 정책집행연구의 배경을 살펴보고, 다음으로 정책순환에서 집행단계가 갖는 중요성을 검토하기로 하자.

(1) 정책집행연구의 배경

고전적 행정모형은 일단 정책이 결정되고 나면 그 후 별문제 없이 집행이 잘 된다고 가정하고 있었는데, 많은 학자들이 실제 조사연구를 한 결과 그렇지 않다는 것이 밝혀졌다. 대부분 정책이 모호하고 추상적으로 결정되고 나면 집행과정에서 많은 이해관련 집단이 개입하게 되고, 이러한 상황하에서 정책집행자가 오히려 정책결정의 정치적 역할을 수행하게 된다.

미국에서는 1970년대부터 정책집행에서 나타나는 여러 가지 어려움 때문에 정책이 원래 의도했던 목표를 달성하지 못하고 흐지부지되거나 실패하게 되는 현상에 대해 본격적으로 연구가 착수되기 시작하였다. 최근 집행에 대한 연구가 활발해진 배경에 대하여 살펴보면 다음과 같다.

① 정책대상집단의 비협조

정책대상집단이 비협조적 태도를 보여 정책집행이 실패한 경우가 생긴다. 1967년 미국 Johnson 대통령은 대도시 지역에 남아 있는 연방부지에 모범적 지역공동체(community)를 세울 새로운 사업계획을 발표하였다. '도시 내 신도시'(New Town in Town)로 알려지게 된 그 사업의 목표는 문제성 있는 중심도시에 연방정부가 직접 개입하여 적극적으로 문제를 해결하려는 것이었다. 이에 대해 Martha Derthick은 조사연구를 통해 4년이 지난 후에도 새로운 도시는 건설되지 않았을 뿐만 아니라 착수조차 되지 않았다는 것을 밝혀냈다. 이렇게 된 원인은 정책대상집단이 서로 대립만 하다가 2~3년이 지나가 버려 사업이 흐지부지되고 집행이 이루어지지 않았기 때문이다.

또 다른 예를 보면, 연방정부가 고용증대사업을 추진하기 위해 여러 기업 중에서 몇 개 기업에 유리한 조건으로 재정투자를 하기로 결정하고(정책결정) 투자대상기업에는 몇 가지 조건을 붙이기로 하였다. 즉, 흑인을 몇 명 이상 고용할 것, 사적 재산증식에 투자하지 말 것과 같은 종류였다. 하지만 이러한 조건에 대해 기업은 별로 달갑게 생각하지 않았다. 그리고 비록 어렵게 타협이 이루어졌다 하더라도 사장이 경질되는 등 기업 내부의 사정과 여러 가지 변화에 의해 실제로 집행이 이루어지지 않고 시간만 흐르게 되었으며 결국 집행은 흐지부지하게 되었다. 이와 같은 이유로 인해서 정책의 집행이 순조롭게 이루어지지 않자 많은 학자들이 집행문제에 관심을 갖게 되었다.

② 중간매개자

정책집행은 중간매개자가 많으면 실패할 가능성이 많아진다. 이러한 경우를 몇 가지로 나누어서 살펴보면 다음과 같다. 첫째, 중간개입이 없는 경우 조직 내부에서는 집행이 잘 이루어진다. 둘째, 중간개입이 한 번 일어나는 경우로서, 예를 들면 중앙정부가 광역자치단체를 통해서 집행을 하는 경우 문제가 발생할 수 있다. 셋째, 중간개입이 두 번 일어나는 경우로서, 예컨대 중앙정부가 광역자치단체와 기초자치단체를 거쳐서 집행할 경우 문제가 발생할 가능성이 더욱 커진다. 넷째, 한 걸음 더 나아가 중간단계에 완전히 민간인만 개입하는 경우로서, 이들이 많아지면 통제가 쉽지 않아 집행이 가장 어렵게 된다. 즉, 연계결정이나 연계행동이 많이 일어나면 이해관계가 상반되거나 시간상 지연이 발생하게 되어 집행은 그만큼 어렵게 된다.

③ 사회문제에 관한 입법

1960년대 중반에 미국 Johnson 대통령의 노력에 의해서 '위대한 사회' 입법이 의회에서 통과되었다.[7)] Johnson 대통령이 이러한 법률을 보수파의 반대를 물리치고 의회에서 통과시키기 위해서 타협이 필요했는데, 그 일환으로 법률규정을 모호하고 추상적으로 표현하였다. 이와 같은 법 규정의 모호성은 집행과정에서 여러 가지 복잡성과 혼란을 야기했으며 결국 집행에 커다란 장애요소가 되었다.

④ 권력분립과 조직변화

권력분립이 엄격할 경우 정책집행은 그만큼 어려움이 따르게 된다. 권력분립은 크게 두 가지 경우로 나눌 수 있는데, 조직 내의 권력분립과 중앙과 지방 간의 권력분립이 그것이다. 조직 내의 권력분립은 조직의 계층제적 문제로서, 엄격한 피라미드 조직보다는 네트워크 조직의 경우가 집행에는 더 어려움이 따른다. 그리고 중앙과 지방 간의 권력분립은 중간매개자와도 관련이 있는데 권력분립이 엄격하여 각자 독립적으로 행동할 때 영향을 미치는 변수는 많아지고 집행은 그만큼 어렵게 된다. Lowi는 미국의 경우 점차 집행부의 자유재량이 커지고 있다고 지적하고, 이에 따라 명확한 기준보다는 추상적 기준이 적용됨으로써 집행에 혼란이 야기된다고 주장하였다. 이와 같은 경향이 증가함에 따라 점차 집행에 관하여 학자들이 관심을 가지기 시작하였다.

7) '위대한 사회(Great Society)' 입법은 Johnson 대통령에 의해 통과된 빈곤, 소년범죄, 실업, 도시문제, 인종차별, 남녀차별, 기타 각종 사회문제에 관한 법률을 말한다.

집행연구는 조직이론의 현 연구와 나란히 조직에 대한 학자들의 사고방식에 혁명적 변화를 가져왔다(Lincoln, 1986). 이러한 새로운 견해는 조직연구를 가장 우선적인 관심사로 보고, 정책이 조직 내 고위층에 의해 형성되기보다는 주로 하위층에 의해 형성된다고 본다(Lipsky, 1980 ; Ham & Hill, 1984). 조직은 목표가 설정되는 합리적 수단이 아니라 '조직적 무정부', '쓰레기통'(Cohen, March, & Olsen, 1972) 또는 느슨한 연계체제(Weick, 1976)로 간주되었다.

(2) 정책순환에서 집행단계의 중요성

정책연구에서 집행은 정책순환의 가장 중요한 측면 중의 하나로 간주되고 있다(Lewis & Wallace, 1984). 이것은 과거 입법부가 정책을 입안하면 행정가는 단순히 그것을 집행하는 것뿐이라는 관점으로부터 많은 변화가 일어났다는 의미이기도 하다. 정책순환에서 집행이 중요한 단계가 되는 이유를 다음과 같이 다섯 가지로 요약해 볼 수 있다(Palumbo, 1988 : 102-104).

① 정치적 이유

입법가들은 법률을 제정할 때 그 내용을 모호하고 추상적으로 만들려는 경향이 있다. 명확하고 구체적인 법률은 더욱 강한 저항에 직면하게 될 것이기 때문이다. 이해관계가 복잡한 이슈를 가능한 한 회피하기 위하여 입법가들은 소위 상징정치(Edleman, 1964)를 벌이게 되는데, 예를 들면 중앙정부가 지방정부에 지역개발사업 보조금을 주는 경우 구체적 사업내용이나 수단 또는 사용용도에 관해서는 언급하지 않고 보조금 지원이라는 일반적 이슈에 관해서만 입장을 표명하는 것이다. 어떤 이슈에 관해 입법가가 취하는 상징적 가치가 일반적으로 법률의 목표가 집행될 수 있는지의 여부에 관한 구체적 질문보다 더 중요하다.

② 법적 명료화의 불가능성

대부분의 경우 사전에 법적 내용을 자세히 규정한다는 것은 불가능하다. 법의 구체적 내용은 대상 지역 수준에서 적용될 때 자세히 밝힌다. 입법가는 어떤 구체적 이슈에 관한 법률을 제정할 때 그 이슈를 성취하기 위한 구체적 기술이나 방법에 관해 잘 모른다. 따라서 법률에서는 그 이슈에 관해 대강만 규정해 놓고 구체적 내용은 그 법률을 집행하는 행정가에게 맡겨 놓는다(Elmore, 1976).

③ 제한된 기술

일반적으로 정책목표를 성취하려 할 때 이용할 수 있는 기법은 제한되어 있다. 따라서 집행기관은 정책목표를 성취하기 위하여 여러 가지 상이한 방법들을 실험해 보게 된다. 때로는 정책목표를 달성하기 위하여 사용된 방법이 예상치 못한 결과를 가져오는 경우도 있다.

④ 집행가의 저항

집행기관의 행정가가 법률에 의해 명시된 정책목표에 대해 항상 동의하는 것은 아니다. 때로는 그들이 그 정책의 실행을 거부할지도 모른다. 또한 법률이 이미 확립된 관료제 내 관행을 거스를 경우 그 법의 실행은 집행가로부터 많은 저항을 불러일으킬 수 있다. 이때 이들이 사용할 수 있는 방법은 매우 다양하다. 즉, 언론기관에 정보를 누출시켜 그 프로그램이 시행되기 전에 반대에 직면하도록 하는 방법에서부터 업무태만, 낮은 성과, 지체, 과다비용 등에 이르기까지 다양하다.

⑤ 통제의 어려움

의회와 법원이 집행책임기관을 통제할 수 없거나 통제를 원하지 않는 경우가 많다. 그들은 집행기관에 영향을 미칠 수 있는 권력을 가지고 있지만 실제 그것을 거의 사용하지 않는다. 의회는 집행기관의 예산사용과 관련하여 상당한 영향력을 가지고 있지만 실제 이러한 권력은 거의 사용되고 있지 않다. 법원도 판결을 통하여 집행기관에 상당한 영향을 미칠 수 있지만 실제 거의 그렇게 하지 않는다.

3) 사회복지정책집행의 분석모형

모형은 복잡한 현상을 핵심개념이나 요소 간의 관계로 단순화시켜 복잡한 현상을 잘 이해하게 해 준다. 정책집행의 분석모형은 정책집행이라는 현상을 체계적으로 분석하거나 이해하는 데 필요한 이론적 틀을 제시한다. 즉, 정책이 어떻게 집행되는가? 정책집행이란 현상을 구성하는 변수들은 무엇이며, 그 변수 간의 상호관계는 어떠한가를 체계적으로 설명해 준다. 또 정책분석가들이 집행과정에서 발생되는 문제 간의 차이를 파악할 수 있게 해 줌으로써 행위전략의 효율적 분석도구를 제공한다.

그동안 사회복지정책을 포함하여 정책이 일단 결정되고 나면 집행은 순조롭게 된다고 믿어 정책집행에 대해서는 소홀히 다루어 왔다. 고전적 행정모형에서는 정책결정과 정책집행이 계층제적 상하관계로 명확히 구분되는 것으로 생각하였으나, 최근의 연구에 따라 양자는 성질상 경계가 명확히 구분되는 단계가 아니라, 상호 교호적으로 영향을 주고받는 순환적 관계임이 밝혀졌다. 따라서 정책결정이 집행의 근거를 마련해 주는 반면, 정책집행은 항상 정책을 어느 정도 변경하거나 결정하게 된다. Hargrove(1975)는 정책과정을 연구하는 가운데 결정·평가하는 단계는 상당한 연구가 이루어졌으나, 정책의 집행단계가 소외되었다고 하고, 이를 '잃어버린 연계(the missing link)'라고 표현했다. 그러나 미국의 경우 1970년대 초반부터 정책의 실패원인을 집행에서 규명하였고, 그에 관한 많은 연구사례를 발표하였으며, 나아가 정책집행과정의 분석을 위한 모형의 탐구에 진전이 있었다.

많은 학자들의 연구결과에서도 알 수 있지만, 정책이 실패하는 이유가 정책결정 자체에 문제가 있기도 하겠지만, 집행과정 특히 정부기관의 활동뿐만 아니라 정책대상집단을 포함하는 대외적 집행과정에서 차질이 생기기 때문이기도 하다. 이에 따라 종래의 고전적 정책모형은 비판을 받았으며, 심지어 정책과정 중에서 정책집행자의 역할이 정책결정의 역할보다 오히려 강조되어야 한다는 견해까지 등장하였다(Lipsky, 1980 : 390-402). 그러나 이러한 여러 견해들이 반드시 정책과정 중에서 정책집행이 다른 과정보다 더 중요하다고 보거나, 정책집행자의 역할이 가장 중요하다고 보는 것만은 아니다. 단지 고전적 정책모형에서 정책결정과정만 너무 강조하고, 상대적으로 집행과정을 경시하는 데 대해 주의를 환기시키며, 실제 정책집행과정의 연구가 요구된다는 의미로 봐야 할 것이다.

이제 그동안 여러 학자들이 제시한 정책집행의 여러 가지 이론적 분석모형 중 대표적인 것으로 보이는 Pressman과 Wildavsky 모형과 Van Meter와 Van Horn의 모형을 살펴보려 한다.

(1) Pressman과 Wildavsky의 분석모형

Pressman과 Wildavsky가 정책집행에 관한 체계적 연구의 대상으로 삼은 것이 오클랜드 프로젝트였다. 그것은 존슨 행정부의 위대한 사회를 구현하기 위한 빈곤퇴치 프로그램이었다. 의회가 필요한 자금을 전폭적으로 지원하였고, 시 공무원들과 고용주들의 동의도 이루어졌으므로 낙관적 정책여건과 연방정부의 큰 기대 하에서 일반 시민에게 발표도 되었다. 하지만 몇 년 후 그 사업은 단지 부분적으로만 시행되었고, 사업자원은 완전히 고갈되었으며 고용창출효과도 미미하였다. Pressman과 Wildavsky는 이 오클랜드 사업의 과정을 상세히 분석하여 사업이 실패한 요인을 밝혀내고, 그로부터 교훈을 얻으려는 것을 연구목적으로 삼았는데, 그 연구가 바로 『정책집행론(*Implementation*)』(1984)이었다. 그들의 연구결과를 요약하면 다음과 같다.

첫째, 정책집행을 정책과 결정 분리시켜서는 안 된다. 집행을 정책의 설계와 독립적으로 취급해서는 안 되고, 정책설계 후에 일어나는 과정으로 생각해서도 안 된다. 즉, 정책집행 그 자체가 정책결정이다.

둘째, 정책의 설계자는 그들의 목적을 달성할 직접적 방법을 생각해야 한다. 즉, 정책결정자는 정책을 수립할 때 집행단계에서 발생할 문제점도 동시에 예상해야 한다. 오클랜드 사업의 중요한 실패원인은 중간기관이 너무 많았다는 것이다. 중간기관이 많음으로 인해 연계행동이 복잡하게 되었으며, 수많은 결정점들(decision points)이 집행을 마비시켰다는 것이다. 따라서 정책을 집행할 조직기구를 창설하는 데도 관심을 기울여야 한다.

셋째, 둘째의 이유로 인해 단순한 정책이 더 바람직하다.

넷째, 행동의 기초가 되는 이론에도 신중한 고려가 필요하다. 즉, 정책의 수단과 목표 간에 인과관계가 이루어져야 한다. 그렇지 않으면 수단을 실현해도 목표를 달성하지 못하게 된다. 오클랜드 사업의 경우는 인건비에 지원을 한 것이 아니라 대상기업의 자본에 지원을 해 주었기 때문에 경제이론이 잘못되었다.

다섯째, 지도자의 계속성이 성공적 집행을 위해서 중요하다. 집행과정상에 갑자기 책임자가 바뀌게 되면 사업이 흐지부지해진다. 오클랜드 사업의 경우 창안자인 상무부 차관보 Foley가 중간에서 갑자기 물러나 사업을 곤경에 빠뜨렸다.

비록 Pressman과 Wildavsky가 집행과정에 관한 이론적 분석모형의 구성을 의식적으로 시도하지는 않았지만, 그들의 주장은 하나의 이론적 모형으로서 주된 요소들을 포함하고 있다. 그들은 정책이 먼저 지도자들에 의해 형성되고, 다음에 중간집행자들을 통하여 수행된다고 하는 단일방향적 정책과정의 성격을 지닌다고 가정한다. 하지만 Pressman과 Wildavsky의 연구는 고전적 정책집행모형과 달리 정책의 설계와 집행 간에 밀접한 상호관계가 있다고 인식하였으며, 뒤이어 이루어진 많은 정책집행연구들의 출발점이 되었고 또한 영향도 많이 미쳤다.

(2) Van Meter와 Van Horn 분석모형

Van Meter와 Van Horn은 공동연구에서 정책집행을 "이전 단계의 정책결정에서 수립된 목표를 달성하기 위한 대중과 개인 또는 집단의 활동"이라고 정의하였다. 정책집행의 고전모형 또는 Pressman과 Wildavsky처럼 정책집행을 단일방향적 과정으로 보고 있다. 하지만 이들 연구의 특징은 먼저 조직이론을 검토하고 집행영역 내의 활동에 영향을 미치는 인간적·심리적 요소들을 강조하였다는 점이다. 이들은 우선 정책집행의 성공을 위한 요인들을 크게 세 가지로 나누어서 다음과 같이 주장했다.

첫째, 정책관련요인으로서 정책내용 속에 나타난 기준과 목표들이 명확해야 하고 정책결정에서 자원이 반드시 뒷받침되어야 한다. 둘째, 집행주체에 관한 것들로서, 집행 관련 조직 간의 의사전달과 연계활동(추진활동)이 원활해야 하고 집행담당조직의 구조나 분위기가 집행에 도움이 되어야 하고 능력 있는 집행요원을 확보하고 있어야 하며, 집행자들이 정책에 호의적이어야 한다. 셋째, 경제 · 사회 · 정치적 요인들도 중요하다.

Van Meter와 Van Horn이 정책집행의 요인들로 파악한 것은 정책의 기준과 목표, 자원, 조직 간 의사전달과 연계활동, 집행기관의 성격, 정치 · 경제 · 사회적 조건, 집행자의 성향이다. 이들은 정책집행을 정책과 정책성과를 연결하는 과정으로 보면서, 정책성과에 영향을 미치는 그러한 여섯 가지의 요인들을 집행모형을 구성하는 변수로 삼았다(Van Meter & Van Horn, 1975). [그림 5-6]에서 보는 바와 같이 정책과 성과 사이에서 영향을 미치는 그러한 여섯 가지 주요 변수들로서 연계를 이루는 체제모형을 제시하여 정책집행을 역동적으로 고찰한다.

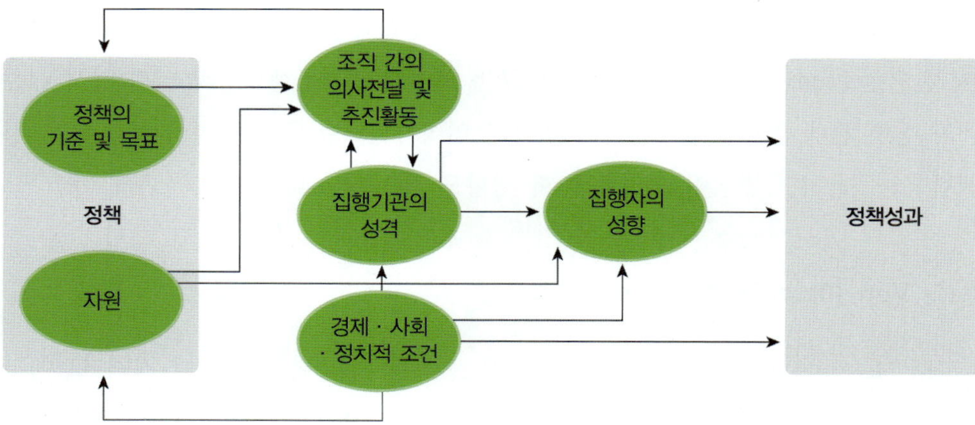

[그림 5-6] Van Meter와 Van Horn의 정책집행 분석모형

모형을 구성하고 있는 정책집행의 여섯 가지 주요 변수들을 하나씩 살펴보면 다음과 같다.

첫째, 정책의 기준과 목표이다. 정책의 기준과 목표는 정책이 달성하려는 전체적 목표와 정책집행의 행위기준을 비교적 상세하게 나타낸다. 이것은 조직 간 의사전달과 추진활동에 직접 영향을 미치며, 이를 통해 집행자의 성향에 간접 영향을 미친다. 집행에서 이러한 기준과 목표에 부합된 추진활동을 확보하기 위하여 여러 가지 권력관계가 형성된다. 특히 정책의 명확성 정도와 뒷받침하는 지식의 완전성 정도는 집행에 직접 영향을 미친다. 정책은 그 내용이 구체적이어야 하며 정책목표의 달성을 위한 수단과 방법도 명확히 제시되어야 한다.

둘째, 자원이다. 여기에는 정책집행에 필요한 인적·물적 자원 및 각종 유인이 포함된다. 정책집행을 위해서는 필요한 자원의 동원이 감안되어야 한다. 대체로 정책집행에 필요한 자원은 부족하기 마련이므로 주어진 여건에서 효율적으로 자원을 동원하고 활용할 수밖에 없기 때문이다. 동원할 수 있는 자원의 형태와 범위는 조직 간 의사전달과 추진활동, 집행자의 성향에 직접 영향을 미친다.

셋째, 조직 간 의사전달과 추진활동이다. 정책추진의 과정에서 정책집행자는 관련 정책의 기준과 목표에 대해 정확하게 이해하고 있어야 한다. 그러기 위해서는 정책의 기준과 목표가 정책집행자에게 명확하게 그리고 일관성 있게 전달되어야 하며, 집행과정에서도 관계기관 사이에 정확한 의사전달이 이루어져야 한다. 즉, 조직 간에 명확한 의사전달을 통해 정책의 기준과 목표가 전달되며 집행기관은 전달된 정책목표를 달성하기 위해서 전달된 기준에 맞추어 정책을 집행하는 것이다. 따라서 조직 간 의사전달과 추진활동의 특성은 집행자의 정책성향뿐만 아니라 집행기관의 성격에도 영향을 미치며, 역으로 영향을 받기도 한다. 정책집행 체제 내에서 의사전달이 정확하고 일관성을 지닐수록 정책이 본래 의도한 결과가 이루어져 정책집행의 효과성이 높아질 수 있다. 특히 의사전달의 효율성 정도는 정책집행의 지체·실패의 중요한 요인이 된다. 명령이나 지시가 계층제의 통로를 내려가면서 잘 전달되거나 잘 이해되지 못하여 결국 실행되지 못하거나 일선기관의 집행과정에 차질이 빚어져도 그것이 상향적 의사전달을 통해 알려지지 못하고 시정조치도 취해지지 못하는 일이 빈번하다. 한편 정책집행자들이 정책을 충실히 집행하도록 하기 위한 통제장치로서 흔히 인사권과 재정권이 활용된다. 대등한 관계의 상호 독립적 기관들이 동일한 정책의 집행에 관여할 경우 통제가 어려울 수도 있다. 집행과정에서 이러한 관계가 나타날 경우 기술적 자문과 조언을 하거나, 사회화를 통해 동일한 규범을 갖게 하거나, 설득을 하는 모습으로 진전된다.

넷째, 집행기관의 성격이다. 정책집행기관이 어떤 성격을 갖고 있느냐 하는 것이 집행의 성패에 중요한 요인이 된다. 집행기관의 성격은 크게는 기관의 공식구조적 특성과 기관구성원의 비공식적 특성으로 나눌 수 있으며, 구체적 요인들은 다음과 같다. 즉, 집행기관의 규모와 구성원의 자질, 계층제적 통제의 수준, 기관이 소유하거나 동원할 수 있는 정치적 자원의 정도, 기관의 조직활성도, 의사전달의 개방성 수준, 정책결정체와의 공식·비공식 연계의 정도 등이다. 이러한 집행기관의 성격은 정책성과에 직접 영향을 미치기도 하고, 정책집행자의 성향에 일차 영향을 미치고 나아가 집행결과에 간접으로 작용하기도 한다. 즉, 집행기관의 계층제적 상하관계와 통제의 수준, 의사전달의 성격, 리더십의 유형들은 조직목표에 대한 구성원들의 일체감이나 사기에 영향을 주어 효과적 집행을 촉진하거나 방해한다. 특히 정책집행은 일반적으로 많은 기관이 관여하게 되므로 집행기관의 상호관계에 의해 큰 영향을 받는다. 집행기관이 다른 기관의 동의나 양해를 얻어야 할 경우 집행이 봉쇄되거나 지체될 수 있다. 또 집행기관의 내부구조도 정책집행에 영향을 미치며 계층제적 상하관계가 명확할수록 정책집행은 용이하게 되는 경향이 있다.

다섯째, 경제·사회·정치적 조건이다. 정책이 집행되는 당시의 경제·사회·정치적 조건은 구체적으로 다음과 같은 변수들을 통해 정책집행에 큰 영향을 미친다. ① 정책집행의 성공을 뒷받침해 줄 수 있는 경제적 여건과 자원은 어떠한가? ② 여론의 반응은 어떠하며 관련된 정책문제에 대한 공중의 인식은 어느 정도인가? ③ 정책집행에 대한 엘리트 집단의 반응은 어떠한가? ④ 정책집행에 대한 관련 이익집단들의 견해는 어떠한가? 이러한 요인들은 집행기관의 성격, 즉 집행기관의 능력과 의욕, 조직활성화의 정도, 기관이 얻는 정치적 지지의 수준에 큰 영향을 미친다. 또 이것들은 집행자의 성향에도 직접 영향을 미쳐 정책집행자가 정책에 대한 자신의 선호와 관계없이 집행하게 하는 수도 있다. 또 정책집행 당시의 경제·사회·정치적 조건은 정책집행자의 성향이나 정책기관 등 다른 변수들을 통하지 않고 직접 정책성과를 높이기도 하고 제약하기도 한다.

여섯째, 정책집행자의 성향이다. 집행자의 성향은 정책집행의 모든 변수들에 갖는 심리적 상태이다. 여기에는 정책의 전반적 의도에 대한 정책집행자의 인식수준, 구체적 목표와 기준에 대한 태도 등에 관한 것으로서 정책성과에 직접 영향을 미치는 중요한 역할을 한다. 결국 정책이 성과를 거두느냐 하는 것은 바로 이 정책집행자의 성향에 달려 있다고 해도 과언이 아니다.

이러한 Van Meter와 Van Horn의 연구가 고전적 집행모형을 벗어날 수 있었던 것은 집행의 영역에서 행위자들에게 영향을 미치는 개인적이고 심리적인 복잡성을 중시하고 그것을 탐구의 대상으로 삼았기 때문이다. 이들 행위자들은 고전적 집행모형에서처럼 수동적이고 기계적인 인간이 아니라 정책을 구체화하는 중요한 역할을 할 수 있는 감정을 지닌 참여자들로 간주되고 있다.

한편 Van Meter와 Van Horn의 연구는 상대적인 것이긴 하지만 다음과 같은 몇 가지 제약점들을 갖는다고 볼 수 있다. 첫째, 추상적 체제모형이 지니는 고유한 결함을 함께 지닌다. 예컨대, 체제의 정태적 성격과 균형을 강조하고 환경적 요인을 지나치게 중시하는 것이다. 둘째, 체제모형의 요소들은 우리의 사고활동에는 도움을 주지만 조직화가 쉽지 않다. 셋째, 분석요소 간의 인과관계에 대한 설명력이 약하다.

4) 사회복지정책의 집행과 정책결정의 관계

정책결정과 정책집행은 개념적으로나 논리적으로는 구분되지만 현실적으로 상대적이고 매우 밀접하여 구분하기가 어려운 경우가 많다. 정책집행이 실질적으로는 정책을 결정하거나 수정한다고 볼 수 있는 것이다. 따라서 그 두 가지는 구분될 수 없을 뿐만 아니라 불가분의 관계에 있다. 정책결정단계에서 이루어지는 대안선택이나 정책집행단계에서 구체적 수단과 방법을 선택하는 것은 서로 상대적인 차이일 뿐만 아니라 본질적으로 모두 의사결정에 속한다. 그리고 집행과정에 이해관계가 대립되는 관련 당사자 간의 흥정과 타협에 의해 정책집행의 내용이 바뀌게 되면 실제로 정책내용의 수정이 이루어진 것이나 동일한 것이다.

정책집행이 정책결정의 성격을 갖는 구체적인 이유를 살펴보면 다음과 같다(Lindbrom, 1980 : 65-8).

첫째, 정책결정자가 모든 상황에 대응할 수 있는 구체적이고 명확한 정책을 결정하는 것은 실제로 불가능하므로 집행자는 집행과정에서 상당한 범위에 걸쳐 결정권을 행사한다. 둘째, 정책에 적용되는 여러 기준들은 상호 모순되므로 집행자가 정책결정을 하게 된다. 셋째, 정책집행명령에 따르도록 적절한 유인이 없는 경우 상급자의 지시가 묵살되거나 소극적으로 집행되어 정책집행이 집행자의 의사에 의해 좌우된다. 넷째, 정책집행자는 여러 관계기관으로부터 상호 모순되는 지시를 받게 되면 사실상 직접 정책을 수립하게 된다. 다섯째, 정책집행의 방법을 모르거나 정책을 본래대로 집행할 수 없는 경우 집행자는 어느 정도까지는 스스로 정책을 수립한다. 여섯째, 정책집행에 필요한 인원, 예산, 권한이나 기타 통제수단을 충분히 확보하지 못하게 되면 집행자는 한정된 자원을 투입할 분야에 관한 결정을 스스로 내리게 된다.

사회복지정책이나 프로그램의 경우에도 집행과정에서 정책이나 프로그램의 내용이 수정될 수 있다. 그 구체적인 내용을 살펴보면 다음과 같다(박정호, 2007 : 311).

첫째, 사회복지정책을 결정하는 단계에서 집행과정에 직면하게 될 모든 상황을 고려하는 것은 불가능하므로 정책집행에 필요한 상세한 지침을 제시하기가 어렵다. 정책집행에 필요한 지침이나 기준이 없는 경우, 일선 사회복지사가 프로그램의 집행과정에서 결과적으로 정책결정의 내용을 수정하게 될 수도 있다.

둘째, 사회복지정책이나 프로그램의 집행과 관련하여 상부로부터 상호 모순된 지침이나 기준이 하달될 수 있는데, 그럴 경우 사회복지사는 상부에 모순된 지침을 수정하도록 요구하기보다는 자의적 판단에 의해 행동할 수도 있다.

셋째, 사회복지정책이나 프로그램의 집행에 유인이 작용하지 않는 경우인데, 즉 그 집행이 어렵거나 인기가 없을 때는 사회복지사가 집행을 회피하는 등 원활한 집행이 이루어지지 않을 수도 있다. 예를 들면, 저소득층 밀집지역에 있는 사회복지관은 저소득층에 대한 서비스 제공이 의무화되어 있지만 재정적 이유로 그 집행을 회피하는 경우가 빈번하다. 또한 할당과 관련하여 정선(精選, creaming)이 발생할 경우 사회복지정책이나 프로그램이 본래의 목적을 달성하기 어려울 것이다.

넷째, 정책이나 프로그램의 집행자가 능력 부족으로 그 목표나 구체적 수단과 방법을 알지 못하는 경우, 자의적으로 정책이나 프로그램의 목표를 해석하거나 그 집행 자체를 하지 않을 수도 있다.

제6장

사회복지정책의 분석

1. 사회복지정책 분석의 의의
2. 사회복지정책의 분석의 방법
3. 사회복지정책 분석의 틀(유형)

1 사회복지정책 분석의 의의

1) 정책분석의 의미

사회복지정책분석은 대체적으로 사회복지정책에 규정된 사회문제와 정책목표, 정책문제의 사회적·역사적 배경, 정책 프로그램의 내용과 집행, 정치적 영향, 주요 제약요인과 촉진요인, 그리고 평가요소 등을 분석하는 것을 말한다. 결국 사회복지정책을 대상으로 한 정책분석인 것이다. 사회복지정책이 무엇이며 어떤 요소들을 지니느냐 하는 것은 앞에서 살펴보았으므로 여기서는 정책분석이라는 용어에만 집중해서 그 의미와 개괄적 과정을 살펴보기로 한다.

정책분석은 그 의미가 학자에 따라 다양하게 정의되고 있고 심지어 정책연구 내지 정책학이라는 용어와 동일하게 사용되기도 한다(Dye, 1981). MacRae와 Wilde(1979 : 4)는 정책분석을 "여러 대안들 중에서 최선의 것을 선택하기 위해 이성적 사고와 실제적 증거를 활용하는 것"이라 하고, Stokey와 Zeckhauser(1978 : 3)는 "합리적 정책결정자가 목표를 수립하고 그 목표를 달성하기 위한 최선의 방법을 탐색해가는 논리적 과정이 활용되는 분야"라고 했으며, Quade(1982 : 3-5)는 좀 더 포괄적인 의미로 "사회적·과학기술적 문제들에 대한 좀 더 깊은 이해를 얻기 위해 수행되는 응용연구의 한 형태"라고 하였다. Quade에 의하면 정책분석은 현대과학과 기술을 사회문제의 해결에 활용하기 위하여 여러 행동노선을 탐색하고 정보를 산출해 내며, 선택한 행동노선을 수행할 경우 발생할 편익 및 기타 결과들에 관한 실제적 증거를 파악하여 제시해 준다. 그리고 Dunn은 "정책문제를 해결하기 위하여 정치적 장에 이용될 정책 관련 정보를 산출하거나 전달하기 위한 탐구와 논의의 다양한 방법들을 사용하는 응용사회과학"이 정책분석이라 하였는데, 그가 설명한 정책분석의 특징을 살펴보자(나기산 외, 1994 : 72-84).

첫째, 정책분석은 하나의 응용사회과학으로서 행태과학뿐만 아니라 행정학, 법학, 철학, 윤리학 및 다양한 체제분석과 응용수학으로부터 이론과 기법을 원용한다. 따라서 정책분석가는 다음의 세 가지 질문에 대한 정보와 타당한 논증을 제공해야 한다.

① 그 실현 여부가 문제해결의 여부를 판단하게 해 주는 가치들

② 가치의 달성을 제약하거나 촉진시켜 주는 사실들

③ 가치의 달성이나 문제의 해결을 가져다주는 행동들

이 세 가지 질문에 대해 타당한 논증과 정보를 산출하기 위해 정책분석가는 분석의 세 가지 접근법, 즉 경험적 · 평가적 · 규범적 접근법을 사용할 수 있다. 경험적 접근법은 주로 공공정책의 원인과 결과를 기술하는 것이며 "어떤 사실이 존재하며 또 존재할 것인가?" 하는 질문을 다루고 기술적 · 예견적 정보를 산출한다. 평가적 접근법은 정책의 가치문제를 결정하는 것이며, 그것이 어떤 가치를 갖는가 하는 질문을 다루며 평가적 정보를 산출한다. 끝으로 규범적 접근법은 공공문제를 해결할 수 있는 미래의 행동노선을 제안하는 것이며, 무엇이 행해져야 할 것인가 하는 질문에 대하여 주로 처방적 정보를 산출한다.

둘째, 정책분석은 다양한 탐구방법을 갖는다. 정책 관련 정보는 일정한 분석적 절차를 거쳐 산출되는데 정책분석은 인간의 문제를 해결하기 위한 모든 노력에 공통적 점검이나 기술(記述), 예측, 평가, 제안 혹은 처방 등으로 이루어지는 일반적 분석절차와 문제구조화를 이용한다. 좀 더 상세히 살펴보면 다음과 같다.

① 점검(monitoring) 혹은 기술(記述)은 정책의 과거 원인과 결과에 관한 정보를 산출한다.

② 예측은 정책의 미래 결과에 관한 정보를 산출한다.

③ 평가는 과거와 미래의 정책이 내포하고 있는 가치에 관한 정보를 산출한다.

④ 제안(처방)은 미래의 행동노선이 가져다줄 바람직한 결과에 관한 정보를 산출한다.

⑤ 문제구조화는 위의 네 가지 일반적 분석절차와는 직접적으로 연관지을 수 없는 것으로서, 어떤 정책결과에 관한 정보를 접하게 된 분석가들이 '근심스럽고 당혹스러우면서도 무엇인가를 해야만 하는 상황, 즉 총체적으로 어렵게 된 상황'을 탐구하는 단계이다.

셋째, 정책분석은 정책논증의 구조이다. 정책분석은 단지 정책 관련 정보를 산출하기 위한 다양한 탐구방법을 사용하는 데 그치지 않는다. 즉, 분석가는 다양한 정보를 산출하려 할 뿐만 아니라 그러한 정보를 공공정책에 대한 타당한 논증으로 전달하려 한다.[1] 정책논증은 이해관계자들이 정책대안에 대해 합의하지 못하는 이유를 밝혀 줄 뿐만 아니라 정책이슈에 대한 논쟁을 하기 위한 중요한 도구이기도 하다. 모든 정책논증은 다음의 여섯 가지를 포함한다(나기산 외, 1994 : 78-80).

① 정책 관련 정보(policy-relevant information) : 여러 가지 방법들을 통해 산출되며 분석가의 주장에 대한 증거를 구성하며 정책논증의 출발점이다. 정책분석은 정책문제, 정책미래, 정책행위, 정책결과, 정책성과 등에 관한 정보를 산출해 내기 위해 다양한 방법을 사용한다.

② 정책주장(policy claim) : 정책논증의 결론이며 정책정보의 출현에 뒤따라 나타날 때 '그러므로'라는 표현으로 연결된다. 따라서 정책주장은 정책 관련 정보의 논리적 귀결이다.

③ 근거(warrant) : 정책분석가가 정책 관련 정보를 정책주장화시키는 데 필요한 정책논증에서의 가정이다. 이것은 정책 관련 정보를 합의하지 못하거나 갈등이 유발될 수 있는 정책주장으로 전환하는 과정에서 그 주장이 수용되도록 정당한 이유를 제공하는 역할을 한다.

④ 보강(backing) : 근거가 제대로 수용되지 않을 경우 근거를 보강하기 위해 사용될 수 있는 추가적 가정이다. 이것은 분석가로 하여금 좀 더 근본적인 가정들을 파악할 수 있게 해 준다.

⑤ 반론(rebuttal) : 원래의 주장이 수용되지 않거나 조건부로만 수용되는 상태를 말하는 제2의 결론, 가정, 혹은 논증이다. 정책주장과 반론이 합쳐져서 정책이슈를 형성하며 분석가들은 반론들로 인해 상대방의 입장을 이해할 수 있고 자신의 주장과 가정 및 논증들을 비판적 관점에서 체계적으로 조명해 볼 수 있다.

⑥ 정당화의 요건(qualifier) : 정책주장에 대한 분석가의 확신 정도를 나타낸다.

1) 정책논증에 대해서는 Anderson(1987), Dunn(1994), Campbell(1982), MacRae(1988) 등을 참고할 것.

넷째, 정책분석은 정보활용의 정치이다. 다양한 방법으로 정책 관련 정보와 타당한 논증들을 산출해 내었다고 해서 그것이 곧 정책결정자에게 이용된다는 보장은 없다. 정책분석이 본질적으로 인지적 과정인 반면 정책결정은 정치적 과정이기 때문이다. 정책결정자가 정책분석을 활용하게 되는 데는 방법론 외에 많은 요인들이 영향을 미친다. 즉, 정치적 힘의 구조, 제안된 대안의 정치적 실현가능성, 시간과 자원의 제약, 정보의 형태와 내용, 정책결정자 자체의 성격 등이 있다(Weiss, 1976 : 221-287). 따라서 정책분석가는 정책과정에서 정책분석의 활용화를 실현시키기 위한 계획을 미리 세워야 한다.

다섯째, 정책분석가는 정책체계에 관련되어 있는 다양한 형태의 행위자들 중 한 사람이다. 정책체제, 즉 정책이 만들어지는 전반적인 제도적 형태는 공공정책, 정책관련자, 정책환경이라고 하는 상호 관련된 세 요소들로 구성되어 있다.

이상에서 살펴본 정책분석의 핵심은 정책결정자를 도와 합리적 정책결정이 이루어지도록 하는 데 있다. 따라서 정책결정과 집행이 이루어지고 난 뒤 그 효과성을 사후적으로 평가하는 정책평가와는 구분된다.[2)]

2) 정책분석과정

Stokey와 Zeckhauser(1978)는 정책분석과정은 구체적 상황이나 분석가의 특성에 따라서 일부 생략되거나 수정될 수 있다고 하면서 다음과 같은 다섯 가지의 표준절차를 제시하였다. 즉, 맥락의 설정, 대안의 설계, 결과의 예측, 결과의 평가, 정책결정이다. 한편 Dunn(1994)은 [그림 6−1]에서처럼 정책분석을 사각형 속에 있는 다섯 가지의 정책정보요소들이 원형 속에 있는 다섯 가지의 정책분석절차들의 활용을 통해 상호 전환되는 탐구과정으로 보고 있다.

2) 정책평가와 정책분석을 구분하지 않고 사용하는 경우도 있다. 특히 정책분석을 전망적(prospective) 정책분석, 회고적(retrospective) 정책분석, 그리고 통합적(integrated) 정책분석 등으로 구분하기도 한다(Dunn, 1994). 전망적 정책분석이란 정책행동이 취해지기 전에 결정에 도움을 주기 위한 정보활동이나 대안탐색을 의미하며, 회고적 정책분석은 정책행동이 취해진 후 정보의 전환과 산출에 한정하는 것을 의미한다. 끝으로 통합적 정책분석은 이 양자를 포함하는 계속적 정보활동의 과정을 의미한다. 이러한 측면에서 보면 여기서의 정책분석은 전망적 정책분석이 될 것이다.

여기서 정보와 방법은 정책정보전환을 포함하는 하나의 동태적 과정으로 연결됨으로써 상호 의존적이다. 즉, 정책정보요소들은 적절한 정책분석방법의 사용을 통해 상호 전달된다.

따라서 정책분석과정은 한 번으로 그치는 것이 아니라 계속적이고 반복적인 과정이다. 또한 반드시 전체적 과정이 그대로 일어나는 것이 아니라 현실세계에서는 생략되거나 중복되는 경우도 빈번하다. 이러한 점에 유의하면서 정책분석과정에 대한 여러 견해들을 다음과 같이 종합해 볼 수 있다.

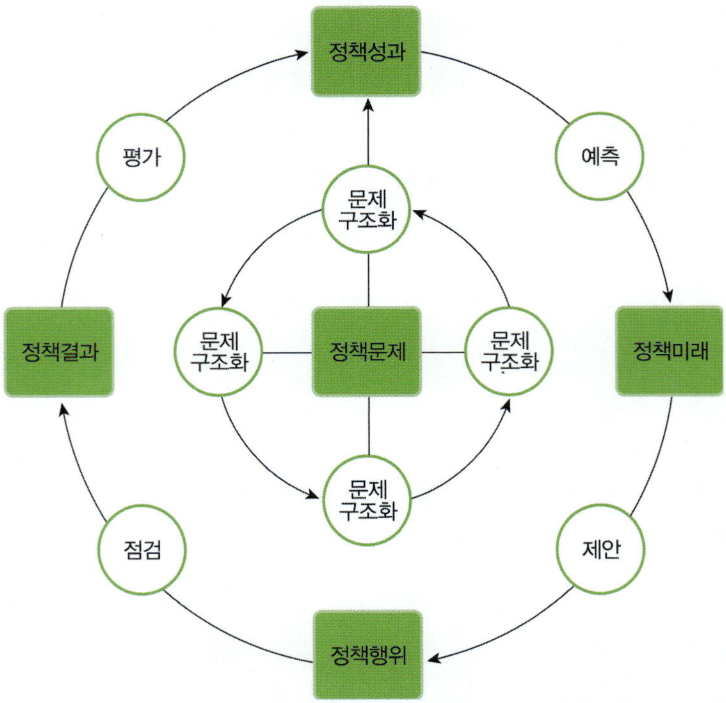

출처 : 나기산 외(1994 : 85).

[그림 6-1] 문제중심의 정책분석

(1) 문제의 명확화

현실에서 수많은 복잡한 정책문제가 대두되는데, 먼저 그 성질과 유형을 명확히 밝혀야 한다. 즉, 정책문제를 명확하게 인식하는 데서 정책분석이 시작된다.

(2) 목표와 기준의 설정

다음은 문제해결을 위해 목표를 명확히 설정해야만 한다. 설정된 목표가 명확하지 않으면 정책대안의 탐색에서 어려움을 겪게 된다. 또한 이 단계에서 여러 대안들을 평가할 때 사용될 평가기준을 정해야 하는데, 그것은 관점에 따라서 그 내용이나 수준이 달라질 수 있다.

(3) 대안의 탐색

정책문제를 해결하는 데는 여러 방법이 있을 수 있다. 처음에는 가능한 한 많은 방법들을 고려해 보는 것이 바람직하나 시간, 자원, 인식능력 등의 면에서 만나게 되는 현실적 제약으로 인해 많은 대안들을 탐색하는 데는 그만큼 어려움이 따르게 되고 결국은 소수의 몇 가지 정책대안들만을 정하는 데 그치게 된다.

(4) 자료와 정보의 수집

정책문제의 해결과 관련된 상황은 매우 복잡할 뿐만 아니라 동태적이다. 따라서 이를 해결하기 위한 대안탐색이나 결과예측에는 많은 정보와 자료가 필요하게 된다. 이러한 자료의 수집과 정보의 산출 및 전달을 위해서 관리정보체계나 자료은행 등이 필요하다.

(5) 모형의 작성과 검증

미래의 체제가 운영되는 여러 가지 방법에 따른 비용과 기타 영향 등을 비교하기 위해서는 광범위하고 상이한 조건에 수반되는 체제의 성과를 평가할 필요가 있다. 이를 위해서 그 환경과 체제 간의 모형을 작성해서 사전에 모의실험(시뮬레이션) 등의 실험을 통해 미래에 대한 더욱 정확하고 필요한 정보를 얻을 필요가 있다.

(6) 각 대안의 실현가능성에 대한 검증

정책대안이 마련되면 그것에 대한 정치적 · 사회적 · 경제적 · 기술적 실현가능성을 검토해 보아야 한다. 아무리 바람직하다고 생각되는 대안이라도 현실적으로 그러한 측면들에 비추어 실현 가능하지 않을 경우 채택될 수 없는 것은 당연하다.

(7) 비용 · 효과의 분석

검토되는 각 대안의 비용과 효과를 분석하면 그 대안들의 우선순위를 정할 수 있다. 하지만 공공정책의 경우 비용과 효과를 정확히 측정한다는 것은 대단히 어려운 일이며 오늘날 그것을 위해 여러 가지 분석기법들이 개발되고 있다.

(8) 평가와 제안

이러한 단계를 거쳐 각 대안 간의 우선순위가 정해지면 그중에서 가장 바람직한 대안의 선택이 이루어진다. 그러나 분석가의 주관이 개입될 뿐만 아니라 공공정책의 경우 대안 간의 우선순위가 명백하게 매겨지는 경우가 드물기 때문에 현실적으로 그러한 선택도 용이한 것만은 아니다. 일단 정책대안이 선택되고 나면 최종적으로 정책결정자에게 제안을 하게 된다. 최종안이 만족스럽지 못할 때에는 처음단계로 돌아가서 반복될 수 있음은 물론이다.

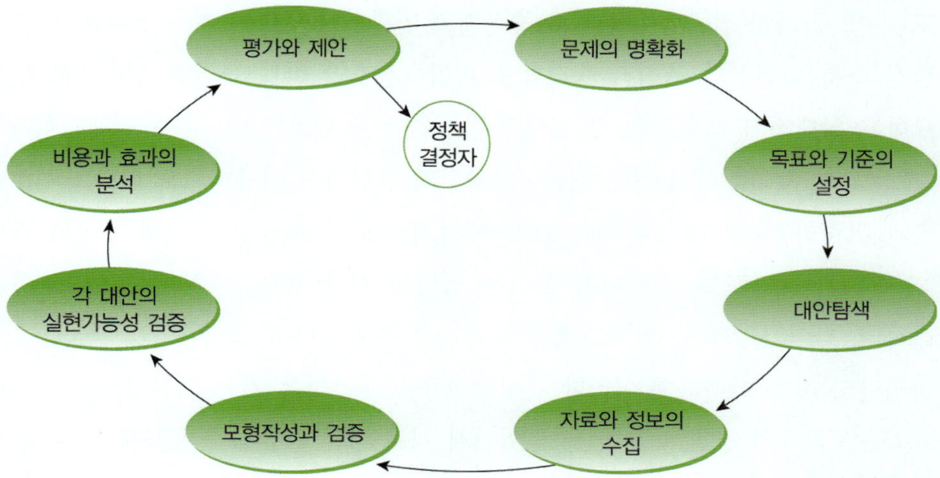

출처: 박성복 외(2000: 211).

[그림 6-2] 정책분석과정의 종합

2 사회복지정책 분석의 방법

사회복지정책의 분석방법으로는 여러 가지가 있겠지만, 주된 접근법은 3P, 즉 사회복지정책의 과정(process), 산출(product), 성과(performance)의 세 측면에서 보아 과정분석, 산출분석, 성과분석으로 대별해 볼 수 있다(Gilbert & Terrell, 2002: 14-17). 각 접근은 기획, 행정 및 조사연구와 같은 전문가 역할들에 일차적으로 관련된 사회복지정책의 문제들을 검토한다. 이러한 활동들에 관여하는 전문가는 사회복지정책의 과정, 산출 및 성과의 문제에 자신의 자원과 에너지의 대부분을 쓴다.

기관의 실무현장에서는 세 가지 역할 모두가 한 사람의 사회복지사에 의해 수행되기도 한다. 하지만 규모가 큰 기관이나 프로그램 대부분에 있어서는 기획, 행정 및 조사연구의 업무들이 전문화되고, 실천가들은 어느 하나의 분석방법이 주는 통찰들에 다른 방법들의 경우보다 더 많은 관심을 갖는 경향이 있다. 그렇지만 기획가, 행정가, 조사연구자의 역할이 명확하게 구분되어 있을 때조차도 업무수행의 과정에서는 직접적인 업무 외의 것도 처리해야 할 필요가 있게 된다.

또한 이 세 가지 접근법들이 서로 중복되고 연관되어 있다는 것을 유념해야 한다. 개념적 구분은 현상의 핵심적 속성들을 파악하겠지만 바로 그러한 성격으로 인해 미묘하고 상대적인 특성들을 잘 설명하지 못하는 경향이 있다. 흔히 정책분석가들은 자신의 연구에서 여러 접근법들을 다양하게 결합하여 사용하기도 한다. 『재정적 긴축과 고령화(*Fiscal Austerity and Aging*)』에서, Estes 등(1983)은 노인의 욕구와 관련된 입법의 발달과정을 추적하고, 이러한 입법의 산물이었던 다양한 프로그램들을 기술하며, 나아가 그러한 프로그램들의 성과를 평가했다.

하지만 실제가 어떠하든 이러한 분석방법들을 구분하는 것은 이론적으로 유익하다. 그것은 각각의 방법이 그 핵심에 있어서 서로 다른 종류의 질문들을 다루고, 또 거기서 나온 지식과 통찰들이 사회복지정책과 관련된 중요한 실천적 역할들에 차별적으로 적용될 수 있기 때문이다. 이제 사회복지정책분석에 대한 세 가지 접근법들로서 과정분석, 산출분석, 성과분석을 살펴보기로 한다.[3)]

1) 과정분석

사회복지정책의 과정에 대한 분석은 사회정치적 및 기술방법론적 변수들과 관련하여 정책형성의 동태적 측면에 초점을 둔다. 정치학과 정치사는 과정연구가 근거하는 두 가지의 주된 학문분야이다. 과정연구는 한 사회 내에서 정치집단, 정부집단, 이익집단 간의 관계와 상호작용이 정책형성에 어떻게 영향을 미치는가 하는 것을 이해하는 데 가장 많은 관심을 기울인다.

과정연구는 의사결정에 대한 정치적·기술적 투입에 대한 사례연구의 형태로 정책사정(policy assessments)을 정리할 수 있게 해 주는 요점과 맥락을 밝혀내는 방법이 된다. 과정연구는 다루는 시간의 차원과 분석의 수준에 따라 다양한 형태를 띨 수 있다. 즉, 전체적인 사회복지체계의 발달에 관한 장기적 연구일 수도 있고, 구체적으로 한정된 프로그램의 발달에 관한 연구일 수도 있다.

3) 세 가지 접근법에 대해서는 주로 Gilbert와 Terrell(2002)의 *Dimensions of Social Welfare Policy*, pp.14-17 참고.

전자에 대한 예로서는 Leiby의 『미국 사회복지와 사회사업의 역사(*The History of Social Welfare and Social Work in the United States*)』와 Heffernan의 정치적 · 경제적 분석인 『사회복지정책 입문: 권력, 희소성, 공통의 인간욕구(*Introduction to Social Welfare Policy : Power, Scarcity, and Common Human Needs*)』가 있다. 구체적 프로그램에 대한 분석들로서는 Derthick의 『통제되지 않는 사회서비스 보고금 지출(*Uncontrollable Spending for Social Service Grants*)』, Gordon의 『동정은 받지만 수급자격은 없다 : 편모(偏母)와 복지의 역사(*Pitied But Not Entitled : Single Mothers and the History of Welfare* 1890-1935)』, Gilbert와 Specht의 『동태적 지역사회기획(Dynamics of Community Planning)』, Skocpol의 『부메랑 : 미국 정치에서 클린턴의 건강보장 노력과 반정부 흐름(*Boomerang : Clinton's Health Security Effort and the Turn Against Government in U. S. Politics*)』 등이 있다.

분석을 중시하는 강한 전통은 계급, 문화, 억압의 관점에서 복지를 파악한다. 마르크스 관점이 계속 그러한 문헌 속에서 잘 반영되면서, 성차별주의와 억압적 가족윤리(family ethic)라는 말을 사용하여 사회복지활동에 대한 여성주의적 이해를 증진시키고 있다. Piven과 Cloward의 사회학적 분석이기도 한 『빈자의 규제 : 공공복지의 기능(*Regulating the Poor : The Function of Public Welfare*)』과 같은 좌파 관점들은 지배계급, 가부장제, 기득권층 혹은 권력 엘리트 등 어떤 입장에서 기술하든, 복지 프로그램을 지배계급과 그들의 이해관계에 의해 형성된 것으로 본다. 다른 접근법들은 근본적인 정부의 결정들을, 경제계의 권력집단들 및 그들과 연계된 엘리트들뿐만 아니라 시민의 이익집단, 정책주장집단, 정책전문가, 선출직 공무원, 개별 유권자들을 포함하는 광범위한 참여의 결과로 본다. 이러한 다원주의적 접근은 지배적 계급, 성 혹은 인종의 결정적 영향력을 부정하고 대신에 복지국가를 사회적 · 정치적 · 지적 · 경제적 세력의 광범위한 영향의 산물로 파악한다.

2) 산출분석

기획과정의 산물은 정책선택들이다. 이러한 선택들은 결국 프로그램으로 전환될 프로그램 제안, 법령 혹은 미해결의 계획들로 된다. 산출연구에 대한 분석의 초점은 '정책설계를 구성하는 구체적 선택들의 형태와 내용이 무엇이냐?', '이 선택은 다른 어떤 가능한 선택들을 포기하도록 하고 있느냐?', '어떤 가치와 이론 및 가정들이 이러한 선택을 지지해 주고 있는가?' 하는 선택의 문제들에 있다.

본질적으로 분석적 접근은 산출연구를 위한 접근이다. 산출연구는 비록 다양한 학문분야에서 널리 사용되고 있지만, 사회복지정책분석에서 가장 체계적이지 못한 분야이다. 분석들이 대개 특정한 정책에 적절한 어느 하나의 선택문제에 초점을 두지만, 정책설계의 일반적 문제들을 포괄적 맥락 속에 설정하기 위한 체계적 틀은 없는 실정이다.

산출분석은 정책과정에서 선택된 정책을 할당, 급여, 전달, 재원의 네 차원에서 분석한다. 이러한 네 차원의 선택들은 정책대안, 가치, 이론이라는 세 축에서 분석될 수 있다. 즉, 정책은 ① 선택되는 정책대안, ② 정책대안을 지지하는 사회적 가치, 그리고 ③ 정책대안을 뒷받침하는 이론이나 가설이라는 세 축들의 상호작용의 결과로 볼 수 있다.

3) 성과분석

성과분석연구는 정책선택이 가져오는 프로그램 측면에서의 결과를 기술하고 평가하는 것과 관련되어 있다. 프로그램의 경계가 보다 분명하게 표현되어 있기 때문에, 프로그램 결과에 대한 연구는 과정과 산출에 대한 연구보다 객관적이고 체계적인 관찰에 더 적합하다. 성과는 질적 데이터와 양적 데이터의 수집을 통하여 그리고 다양한 학문분야에서 취한 광범위한 방법론적 도구의 적용을 통하여 측정될 수 있다. 그래서 사회과학의 여러 학문분야들과 사회복지 전문대학원에서 교육되고 있는 조사연구방법론은 이러한 연구들을 위해 중요한 기술적 · 이론적 지식을 제공한다.

이러한 관점에서 조사자들은 두 가지 질문을 던진다. 첫째, 프로그램이 얼마나 잘 수행되는가? 둘째, 그 효과는 무엇인가? 앞의 질문과 관련하여서는 프로그램이 무엇으로 구성되어 있으며, 그 대상집단에 도달하고 있는지, 그리고 얼마나 많은 비용을 요하는지 등을 파악하기 위해 프로그램에 대한 추적조사가 이루어진다. 그 효과는 한편으로는 사전의 행동 및 상태와 다른 한편으로는 정당하게 개입에 그 원인을 돌릴 수 있는 사후의 행동 및 상태 사이의 차이로 측정된다(Freeman & Sherwood, 1970 : 13). 성과연구의 예로서는 Rein의 『근로냐 복지냐 : AFDC 어머니들을 위한 선택의 요인들(*Work or Welfare : Factors in the Choice for AFDC Mothers*)』, Segal과 Aviram의 『지역사회보호와 정신병(*Mentally Ill in Community-Based Care*)』, 그리고 Berrick과 Gilbert의 『최고의 성의 : 아동에 대한 성적 학대 예방운동(*With the Best of Intentions : The Child Sexual Abuse Prevention Movement*)』 등이 있다.

성과분석연구는 흔히 정책감시의 책임이 있는 입법부 소속의 분석관에 의해서도 수행된다. 예컨대, 미국의 회계감사원(General Accounting Office)은 미 의회의 정규적 기준에 따라 연방정부의 사회 프로그램들을 추적조사하고 사정한다. 그들의 최근 연구 중에는 Head Start의 평가, 정신장애인을 위한 공공주택의 평가, 그리고 노숙자를 위한 맥키니 법(McKinney Act)의 평가 등이 있다.[4)]

일반적으로 볼 때 산출분석이나 성과분석과 관련된 연구에서보다 과정분석연구에서 지적 토론이 더 활발하게 이루어지고 있다. 하지만 이것은 산출분석이나 성과분석 연구와 관련하여 아무런 논쟁이 없는 것은 아니다. 오히려 그 두 분야 연구들에서 문제가 되고 있는 사안들은 프로그램이 개발되는 정치적 · 경제적 · 사회적 맥락으로부터 발생하는 경우가 매우 빈번한 반면, 과정분석연구들의 근저에 있는 문제들은 사회적 맥락 그 자체에 관한 지적이고 철학적인 가정들과 관련되어 있을 가능성이 더 크다. 예를 들면, 어떤 특정한 프로그램의 설계에 초점을 두는 분석은 사회서비스의 이용에 대해 요금을 부과하는 것이 유리한지 어떤지, 급여의 현금제공과 현물제공 중 어

4) 예컨대, 다음과 같은 문헌을 참고할 수 있다. *U.S. General Account in Office, Early Childhood Programs*, GAO / HEHS-94-169BR, May, 1994 ; *Public Housing : Housing Persons with Mental Disabilities*, GAO / RCED-92-81, August 1992 ; *Homelessness : McKinney Act Programs and Funding*, GAO / RCED-91-126, May 1991.

느 것이 유리하고 어느 것이 불리한지 등과 같은 문제들을 다루게 될 것이다.

성과분석은 사회복지 프로그램의 효과성과 능률성을 측정하려고 한다. 그러한 연구들에서는 정책과 프로그램의 목적과 목표가 출발점이 된다. 그러나 과정연구에서 분석가들은 다음과 같은 질문들을 해결하려고 한다. "한 사회 내에서 어느 정도의 정치적·경제적 힘들이 이러한 사회복지정책과 프로그램들이 만들어지도록 하였는가? 공동체가 변화하는 사회적 욕구들에 어떻게 대처하는가를 결정짓는 요인들은 무엇인가?" 분석가들이 이러한 질문들을 다루는 방식은 그들 자신의 문화적 및 철학적 가치들과 세계관에 의해 큰 영향을 받는다.

정책의 산출을 분석하기 위해 이 책에서 사용되는 개념들은 자본주의이든 사회주의이든 혹은 다른 어떤 형태의 사회이든 관계없이 그 사회적 맥락 속에서 사회복지 프로그램에 적용될 수 있다. 비슷하게 사회복지정책의 산출분석연구에 사용되는 분석방법도 사회적 맥락에 따라 그렇게 다양하지 않다. 하지만 과정분석연구는 사회적 맥락에 관한 분석가의 기본적인 지적·철학적 가정들에 크게 의존하고 있다. 분석가는 인간사회의 성격에 관한 근본적 관념들에 의해 이끌리는 경우가 흔히 있으면서도, 그러한 가정이나 관념들이 자신의 사고방식에 어떤 영향을 미치고 있는지 잘 인식하지 못할 수도 있다.

3 사회복지정책 분석의 틀(유형)

사회복지정책의 분석틀이란 복잡하게 얽혀 있는 사회복지정책 현상들을 체계적으로 정리하고 분해하여 요소 상호 간의 논리적 연계성이나 인과관계 및 규칙성을 밝혀냄으로써 그 현상을 올바로 이해하기 위한 개념적 도구라고 할 수 있다. 하지만 이러한 개념적 도구인 분석틀도 사회복지정책 현상 중 대상으로 삼는 측면이 무엇이냐에 따라 달리 구성되어야 한다. 이러한 관점에서 분석틀을 앞의 사회복지정책의 분석방법에 따라 과정분석틀, 산출분석틀, 평가분석틀로 나누어 살펴본다.

1) 과정분석틀

사회복지정책 형성의 동태적 측면에 초점을 두는 과정분석을 위한 과정분석틀은 주로 사회복지정책의 환경을 분석한다. 사회복지정책은 정치, 경제, 시민사회 등 사회의 전체적 체계 속에서 형성되기 때문에 정책환경의 분석은 체계이론적 관점을 갖게 된다. 예컨대, 정책문제발생의 근원은 어디인가? 이 정책문제의 발생과 문제제기에 주도적 역할을 한 주체는 누구인가? 그리고 정책결정자가 특정한 쟁점에 대한 해결책을 마련하도록 하는 데 누가 영향을 미치는가? 하는 정책체계를 둘러싸고 끊임없이 상호작용하는 일체의 외부환경을 정책환경으로 볼 수 있다.

이러한 정책환경은 정치적 환경, 경제적 환경, 시민사회적 환경으로 대별할 수 있다(고수현, 2006 : 45-46). 사회복지정책의 환경을 그 세 하위환경들로 나누고 각각의 하위환경에 관련된 이슈를 정리 · 요약하면 〈표 6－1〉과 같다.

표 6-1 사회복지정책의 과정분석틀

분석대상	하위환경	집단 및 사회변화	관련 이슈
사회복지정책환경	정치적 환경	• 집권여당 • 행정관료 • 군부 • 지방의회 • 야당	• 사회복지입법 활동 • 복지이념에 대한 정강 • 방위비의 복지비용 억제 • 선거전략
	경제적 환경	• 경제성장과정 (경제동향, 정부예산구성) • 자본가계층 • 노동자계층 (노동계층의 세력, 노동운동)	• 경제성장, 물가상승 • 복지재정 할당 • 정경유착 정도 • 노동권 확보
	시민사회적 환경	• 민주화 운동 • 중간계층 • 사회복지운동	• 복지의식의 행동화 • 복지욕구의 확대 • 사회복지운동의 조직화

출처 : 고수현(2006 : 45) 〈표 2－1〉 수정.

이러한 환경적 요인들은 정책의 종류에 따라 정책의 원인변수나 결과변수가 되며, 그것들에 대한 충분한 분석 없이 과정연구는 만족스럽게 이루어질 수 없을 것이다. 즉, 이러한 환경적 요인들이 앞에서 언급된 질문들에 대해 인과적 혹은 상황적 설명이 된다.

2) 산출분석틀

산출분석은 정책내용을 분석하는 것으로 정책 자체를 대상으로 사회복지정책의 대표적 가치인 평등, 자유, 효율, 욕구, 사회적 적절성, 인간의 존엄성 등을 어느 정도 달성하고 있는지를 연구한다. Gilbert와 Specht는 사회복지정책의 산출분석틀로서 다음과 같이 네 가지 선택의 차원들을 제시했다(2002 : 60-61).

① 누구에게 급여하는가(할당체계 혹은 대상체계)

② 무엇을(어떤 형태로) 급여하는가(급여체계)

③ 어떤 방법으로 급여를 전달하는가(전달체계)

④ 어떻게 재원을 조달하는가(재원체계)

이 네 가지의 차원은 단지 어느 하나의 특정한 프로그램 영역에 국한된 선택들을 설명하기보다는 사회복지정책의 전 분야를 포괄한다. 그리고 네 차원들은 다시 다음의 세 축에 의해 분석될 수 있다고 제안하였다.

① 각 차원과 관련된 정책대안들의 범위(대안)

② 그러한 대안들을 지지하는 사회적 가치(가치)

③ 그러한 대안들의 기초가 되는 이론이나 가정(이론)

이러한 네 차원들과 세 축들을 연결하여 하나의 표로 만들어 보면 〈표 6-2〉와 같다. 표 안의 내용은 특히 공공부조와 사회복지서비스 영역에 대해서 대안 및 가치의 두 축만을 기준으로 네 차원들에 관련된 일부를 예시적으로 정리해 본 것이다.

표 6-2 선택의 차원

차원 \ 축	대안	가치	이론
할당	• 기초생활보장 수급자 • 사회복지서비스 대상자	• 선별주의 / 보편주의 • 비용효과성 / 사회적 효과성	-
급여	• 현금 / 현물 • 기회 / 역량강화 • 할인 / 감면	• 평등 / 공평 • 소비자 주권 / 사회적 통제	-
전달	• 공공전달체계 / 민간전달체계 • 집권화 / 분권화	• 관료중심 / 시민참여 • 중앙통제 / 지방자치	-
재원	• 급여수준 • 부담방법 • 예산액	• 인간의 존엄성 / 사회적 적절성 • 평등 / 공평성 • 중앙집권 / 지방분권	-

출처: 고수현(2006: 47) 재수정.

이 분석틀은 구체적 사회복지정책을 분석하고 그 정책의 구성요소를 밝혀내는 데 많은 도움이 될 것이다. 결국 이러한 분석틀의 개발을 포함하여 사회복지정책의 분석방법을 정치하게 발전시키는 것이 사회복지정책을 적절하게 수립하게 할 뿐만 아니라 사회복지의 여러 정책대안 중에서 적절한 것을 선택하게 해 줄 수 있다.

3) 성과분석틀

성과분석틀은 성과분석 혹은 성과연구를 위한 이론적 분석도구이다. 이것은 산출분석틀과 다소 중첩되는 부분도 있지만 정책요소들을 좀 더 세분화하여 사회복지정책의 성과를 분석하고 최종적 평가를 할 수 있게 한 것이다. 따라서 보다 세밀한 산출분석을 위해서 이 평가틀을 사용할 수 있음은 물론이다. 시민과 사회 프로그램의 클라이언트 혹은 수혜자에게 매일 제공되는 모든 정책과 프로그램의 기초를 구성하고 있는 정책요소들은 다음과 같이 여섯 가지로 요약해 볼 수 있다(Chambers, 2000: 71-74).

① 목적 · 목표

② 전달되는 급여나 서비스의 형태

③ 자격규정

④ 서비스 전달을 위한 행정적·조직적 구조
⑤ 재원충당방법
⑥ 앞서 언급한 요소들 간의 상호작용

바로 이런 정책요소들은 실제 사회정책분석가들이 사회복지정책에 대해 판단하는 근거가 된다. 다만 정책요소들에 관한 정보출처는 반드시 신뢰할 수 있는 것만은 아니라는 점을 염두에 두어야 한다. 오늘날 사회복지 프로그램의 규모와 복잡성을 생각한다면 기관의 직원들, 행정가들, 정책편람들은 언제나 정확하거나 완전한 정보가 될 수는 없을 것이다.

다른 어떤 요소들보다 이 여섯 가지 요소들을 연구하는 것은 그것들이 없으면 사회복지정책을 운영할 수 없기 때문이다. 즉, 이 여섯 요소들은 프로그램이나 정책의 시스템을 집행하는 데 필요하다. 예컨대, 당신이 어떤 귀중한 물건을 가졌고, 그 귀한 것을 버리거나 친척이나 친구에게 주는 것을 원하지도 않고 다른 누군가에게 주려 한다고 하자. 당신은 그것을 어떻게 처분하는 것이 합리적일까? 합리적 결정에 도달하기 위하여 당신은 다음과 같은 여섯 가지의 질문을 하게 될 것이다.

① 이 증여를 제공함으로써 당신이 이루려는 목적은 무엇인가?
② 목적이 정해져 있다면, 증여를 받을 자격이 있는 사람은 누구인가?
③ 사람들이 그 증여를 현금이나 다른 것으로 쉽게 전환할 수 있다고 가정할 때, 증여는 어떤 형태로 주어질 것인가?
④ 당신은 급여를 전달하기 위하여 누구를 선택할 것인가?
⑤ 당신은 모든 증여를 한꺼번에 주려고 하느냐 아니면 단지 원금에서 나온 이자만을 주려고 하는가, 혹은 다른 사람들로 하여금 돈을 좀 보충하여 그들이 재원충당에 기여하기를 바라는가?
⑥ 만약 증여가 현금으로 제공된다면, 수혜자는 원래 의도된 목적에 지출할 것인가?(즉, 목적과 급여형태 간의 상호작용)

표 6-3 사회복지정책의 가치비판적 평가를 위한 정책요소의 하위유형들과 평가기준

기본정책요소	유형	평가기준
목적·목표	1. 장기 / 단기목표 2. 명시적 / 잠재적 목표	1. 목적·목표에 대한 구체적 기준 (a) 단순한 서비스 전달이 아니라 최종 생산물 (b) 명확성, 측정가능성, 조작가능성 (c) 성과기준과 대상의 구체화 포함 2. 적실성·형평성·능률성에 대한 목적·목표의 의미 3. 사회문제분석과 목적·목표의 적합성: 원인분석에서 문제정의와 인과분석상의 변수들(결과)
급여와 서비스의 형태	1. 대인적 사회서비스 (a)전문가 서비스 2. 물질적 급여: 현금, 재화, 상품 3. 적극적 차별 4. 신용 / 상품권 5. 보조금 6. 정부융자보증 7. 보호규정 8. 일탈행위 감독 9. 결정에 대한 권력행사	1. 급여와 서비스에 대한 구체적 기준 (a) 낙인찍기 (b) 대상의 능률성 (c) 비용효과분석 (d) 대용가능성 (e) 소비자 주권 (f) 손익교환(trade-off) (g) 강제성 / 개입성 (h) 행정의 복잡성과 비용 (i) 수혜자를 위한 융통성 (j) 정치적 위험부담 2. 적실성·형평성·능률성에 대한 급여 / 서비스의 의미 3. 사회문제분석과 급여 / 서비스 형태의 적합성
자격규정	1. 자산조사 2. 행정규정 3. 민간계약공급 4. 사전 기여금 5. 전문가의 재량 6. 사법적 결정 7. 근로와의 연계	1. 자격규정에 관한 구체적 기준 (a) 과도한 활용 / 불충분한 활용 (b) 과도한 비용 (c) 낙인 / 소외 (d) 근로의욕의 감퇴 (e) 출산·이혼·세대 간 의존에 대한 유인책 2. 사회문제분석과의 적합성: 문제정의와 대상집단의 명확화 3. 적실성·형평성·능률성에 대한 자격규정의 의미
행정과 서비스 전달	1. 중앙집권 2. 연방(연합)제 3. 사례관리 4. 의뢰기관 5. 현지 인력의 충원 6. 인종문제기관 7. 행정 '공청회' 8. 수혜자들의 절차적 권리보호를 위한 정당한 과정의 보호 9. 시민참여	1. 행정전달 / 서비스 전달을 위한 구체적 평가기준 (a) 상세한 프로그램 계획 / 정책계획 (b) 통합성 / 계속성 (c) 접근성 (d) 책임성 (e) 클라이언트 / 소비자의 역량강화 (f) 의사결정에 대한 소비자 참여 (g) 인종·성·민족의 다양성 문제의 해결 2. 사회문제분석과의 '적합성' 3. 적실성·형평성·능률성에 대한 의미
재원충당	1. 사전지불과 보험원리 2. 공공의 규제를 받는 민간계약 3. 자발적 기여 4. 조세수입 5. 서비스 요금 6. 민간 기부금	1. 재원충당을 위한 구체적 평가기준 (a) 재원충당의 연속성 (b) 광범위한 경제적 변동 속에서의 안정성: 인플레이션·경기침체·인구학적 변동 2. 사회문제분석에 대한 '적합성' 3. 적절성·형평성·능률성에 대한 행정적 유형의 의미
상호작용		유일한 평가기준이 존재하지 않음

출처: Chambers(2000: 73-74)의 〈Table 4.1〉 수정.

공익 혹은 일반이익을 위한 정책이나 프로그램도 효과를 얻으려면 이와 같은 선택들이 이루어져야 한다. 물론, 이상의 세계라면 모든 사람들이 요구하는 것에 대해 공급이 무한정이기 때문에 그러한 선택들이 반드시 필요하지 않을 것이다. 하지만 우리가 살고 있는 불완전한 세계에서는 모든 사람이 충분하게 소유할 수만은 없으므로 사회복지정책과 사회적 프로그램이 필요할 수밖에 없게 된다.

사회복지정책은 열거된 여섯 개의 요소들과 관련되어 있는데, 그러한 정책요소들이 최종적 분석에서 사회복지정책이 급여를 할당하고 배분하며, 수혜자를 선정하고, 나아가 현금, 재화 및 서비스가 능률적이고 효과적이며 낭비 없이 사용되도록 보장하는 데 기초가 되기 때문이다. 사회복지정책은 부정의(不正義)를 바로잡으려는 선택과 할당에 관한 것이다. 사회복지정책은 구체적 경험의 세계와 관련되어 있으며 흔히 볼 수 있는 비참하고 비인도적인 현실의 결과들을 경감하려는 인간의 노력이다.

〈표 6-3〉은 실제 적용되는 각 특징에 대한 두 가지의 추가적 정보유형인 하위유형과 평가기준을 나타내고 있다. 실제의 정책분석가가 특정한 사회복지정책이나 급여체계의 정책요소들을 연구할 때, 그러한 기준을 충족할 수 있기 위해서는 단지 몇 개의 방법만이 한정되어 있을 것이다. 예를 들면, 권리부여나 자격의 규정에서 대략 여섯 가지 정도의 하위유형만은 분명하다. 이것은 창의력이 풍부한 사람이 다른 요소들을 고려할 수 없다거나 정책들이 다른 요소들을 지니지 않았다는 것이 아니다.

〈표 6-3〉의 2열은 정책요소의 주요 하위유형, 예를 들면, 급여형태의 주요 하위유형으로 현금, 상품, 그리고 대인적 사회서비스 등을 요약하고 있다. 이런 요약은 어떤 사회복지서비스 또는 급여 프로그램의 주요 특징을 설명하는 데 있어서 빠르고 손쉬운 참고가 될 것이다. 〈표 6-3〉에서 나열되고 있는 하위유형들은 정책이나 프로그램이 수혜자에게 유용한지 아닌지 알기 위해 사람들이 평가해야 하는 사회복지 프로그램과 정책들로 가득 찬 세계를 일상적으로 만나고 있는 실제의 정책분석가들이 사용하기 위한 것이다. 이런 하위유형들은 물론 상호 배타적인 것들이 아니다.

제 3 부

사회복지정책의 내용(산출)분석

제7장

사회복지정책의 주체와 대상

1. 사회복지정책의 주체
2. 공공부조와 사회복지서비스의 대상
3. 사회보험의 대상

1 사회복지정책의 주체

1) 사회복지정책주체의 개념과 유형

(1) 사회복지정책주체의 개념

사회복지정책의 주체란 사회복지를 실천하는 주된 체계를 말한다. 모든 국가의 사회복지정책주체는 동일한 형태로 형성되어 온 것은 아니다. 사회복지정책의 주체는 개인의 자발적 활동으로부터 국가의 강제적 활동 등 여러 가지의 형태로 형성, 발전되어 왔다. 과거 전통적 사회의 경우 개인의 복지책임이 개인이나 가족, 친지 등에 있었으나 시민권의 발달로 인한 복지권의 형성으로 사회복지의 책임이 국가에 있다는 인식이 높아지게 되었다.

1970년대 중반 복지국가의 위기와 1980년대 이후 복지국가체제에 대한 새로운 모색으로 사회복지정책의 공급주체에 대한 관심이 증대되었고, 최근에는 사회복지정책에 대한 시장원리의 도입과 자조집단의 강화, 비공식부문에 대한 새로운 인식 등으로 사회복지 공급주체에 대해 매우 다양한 논의가 이루어지고 있다(현외성, 2002 : 93).

(2) 사회복지정책 공급주체의 유형

사회복지정책 공급주체의 유형은 기준에 따라 매우 다양하다. 사회복지의 공급기능을 수행한다는 입장에서, 기능적 측면에 따라 사회복지 공급주체를 구분한 Gilbert와 Terrell (1988 : 3)은 ① 가족을 포함한 친족, ② 종교, ③ 기업, ④ 시장, ⑤ 상호부조, ⑥ 정부 등으로 공급주체를 분류하고 이들 주체가 주된 기능을 하면서, 동시에 사회복지기능을 수행한다고 하였다.

Johnson(1987)은 복지공급주체를 ① 국가, ② 자원부문(voluntary sector), ③ 비공식부문(informal sector), ④ 상업부문(commercial sector) 등으로 구분하였다.

Evers 등(1990)은 ① 가계(households), ② 국가, ③ 시장경제의 3가지로 구분했는

데, 이 3가지 축의 배합이 변화하면서 다양한 형태의 공급주체가 생겨난다고 주장했다. 가계와 국가 사이에 존재하면서 가계에 상대적으로 가까운 형태의 공급주체로서 ④ 자조집단(self-help group)이 있으며, 상대적으로 국가부문에 가까운 형태로 ⑤ 자원조직(voluntary organization)이 있다고 하였다. 그리고 가계와 시장경제 사이에 존재하는 ⑥ 소규모의 직업조성집단(small-scale initiative for job creation)이 있고, 가계, 국가 및 시장경제의 정중앙에 ⑦ 협동(cooperative)조직이 존재한다고 공급주체를 유형화하였다.

Glennester(1985)는 사회복지의 재원과 공급 측면에서 ① 공적 공급–공적 재원, ② 공적 공급–사적 재원, ③ 공적 공급–혼합 재원, ④ 사적 공급–공적 재원, ⑤ 사적 공급–사적 재원, ⑥ 사적 공급–혼합 재원 등으로 분류했다.

이와 같은 사회복지 공급체계를 종합해 보면 사회복지정책주체를 국가, 민간, 공·사 혼합체계로 분류할 수 있다.

2) 공공과 민간 공급주체의 구분

국가와 민간공급주체에 관한 구분을 기준하여 공급주체가 국가책임으로 하는 것이 바람직한 경우는 다음과 같다.

첫째, 사회복지욕구를 시장기능에 맡겨서 해결하기 어려운 경우 국가책임으로 하는 것이 좋다. 예를 들면, 공공재적 성격을 가지는 의료, 교육서비스 등인데, 공공재(public goods)의 경우 비용지불능력이 없는 사람들을 배제해서는 안 되기(비배제성, non-exclusiveness) 때문에 국가가 책임져야 한다.

둘째, 가족의 결손과 해체로 인한 문제로부터 발생한 욕구와 사회적·환경적 원인으로 발생한 문제 등에 대한 사회복지서비스는 국가에서 책임져야 한다.

셋째, 국민의 보편적·기초적 욕구와 관련된 사회복지서비스 제공은 국가에서 담당해야 한다. 왜냐하면 모든 국민의 인간다운 생활의 보장은 복지국가의 존립의 근거이며 정책목표이기 때문이다.

민간책임으로 하는 것이 바람직한 경우는 첫째, 시장 메커니즘이나 가족기능에서 충분히 대처할 수 있는 욕구나 문제이며, 둘째, 기본욕구 이외의 부가적 욕구에 관련된 사회복지서비스 공급은 민간부문이 책임지는 것이 바람직하다.

3) 공공과 민간 공급주체기능의 특징

(1) 공공 공급주체

① 중앙정부

제2차 세계대전 후 평등사상이 대부분의 국가에 확산되면서 중앙정부가 수행해야 하는 복지서비스를 전달하기 위한 전달체계의 확립 및 사회복지급여가 확대되는 현상이 나타나기 시작했다. 복지국가 발달과정에서 초기에는 민간부문이, 다음 단계에서는 지방정부가, 그리고 성숙단계에는 중앙정부가 가장 중요한 역할을 하였다. 이처럼 복지국가의 발전에서 보면 중앙정부의 역할이 커져가는 현상이 나타나는데, 오늘날 대부분의 국가에서는 급여자격, 재원, 세부적 전달체계 등에 관한 결정을 중앙정부에서 하고 있다. 특히 사회보험과 공공부조는 거의 대부분 중앙정부에서 결정하고 있다.

중앙정부의 사회복지 공급체계와 관련한 기능을 살펴보면 다음과 같다.

첫째, 모든 국민의 생존권을 보장하기 위한 정책을 일관성과 책임성을 가지고 펼치기 위해서는 중앙정부에서 모든 국민을 대상으로 포괄적으로 관리하는 것이 지방정부에서 하는 것보다 바람직하다.

둘째, 사회복지정책이 추구하는 목표인 평등과 사회적 적절성의 가치실현에 있어서 중앙정부가 보다 유리하다. 왜냐하면 중앙정부의 정책에 의한 조세징수와 급여는 소득재분배에 대한 정치적 저항이 적을 수 있기 때문이다. 오늘날 대부분의 국가는 중앙정부에서 지방정부나 민간 사회복지 공급주체에 보조금을 지원하고 있다.

셋째, 사회복지욕구를 체계화하고 다양한 사회복지 프로그램을 통합, 조정하거나 유지하는 데 있어 중앙정부가 유리하다.

넷째, 사회복지정책목표 달성을 위한 전문적인 조직체계를 만들거나 사회복지인력을 채용하는 정책을 결정하는 데 있어 중앙정부가 유리하다. 그러나 중앙정부가 공급주체로 거대화될 경우 접근성과 편익성에 있어서 단점이 발생할 수 있다.

② 지방정부

지방자치제도가 발달한 나라일수록 사회복지부문에서 지방정부의 역할이 높아지고 있다. 지방정부의 사회복지 공급체계와 관련한 기능은 다음과 같다. 첫째, 지방정부는 각 지방의 특성을 반영한 특수한 욕구에 보다 효과적이고 효율적으로 대처할 수 있다. 둘째, 지방정부에게 재량권을 주면 경쟁논리에 의해 지방정부 간에 서비스 상호 경쟁을 유발시킬 수 있으므로 서비스의 질적 측면에서 효율성이 강화될 수 있다. 셋째, 지방정부는 중앙정부에 비해 보다 창의적이고 실험적인 서비스 개발이 용이하여 이용자들의 욕구에 보다 적극적으로 대처해 나갈 수 있다. 넷째, 지방정부는 정책결정에 있어서 보다 쉽게 이용자들의 의견을 반영할 수 있으므로 지역에 적절한 사회복지 프로그램을 실천할 수 있다.

그러나 지방정부가 공급주체가 될 때 지방정부 간의 재정자립도 격차는 사회복지서비스의 불평등을 초래할 수 있다. 이상과 같이 중앙정부와 지방정부 공급주체는 장·단점이 있으므로 상호 보완적으로 기능할 수 있어야 한다.

(2) 민간 공급주체

① 자원조직

자원조직(voluntary organization)은 규모나 형태, 그리고 기능이 매우 다양하므로 이들 모두를 통칭하는 개념적 정의를 내리기는 어렵다. 자원조직은 공공조직과 같이 법률로 규정되어 있는 것도 아니고 영리조직과 같이 시장기구 내에서 활동하는 조직도 아니다.

자원조직은 하나의 조직적 형태로 활동한다는 점에서 가족, 친구, 이웃 및 직장동료와 같이 비조직적 모습으로 상호 원조하는 비공식 지원체계와는 엄연히 구별되며 집단적 사회복지활동(collective social welfare)의 한 형태이다(현외성, 2002 : 104).

자원조직의 특성은 첫째, 자원봉사자에게 의존하는 비중이 높다. 둘째, 재원이 자선적 기부에 의존하고 있다. 셋째, 조직구성원이 스스로 재원조달과 활동을 하는 경우가 많다. 그 예는 공제조합 등에서 찾아볼 수 있는데, 공제조합은 조합원 자신들의 권익과 복지를 위해 자율적으로 조직되었으며 재원조달을 스스로 한다. 넷째, 자원조직은 사회변동에 의해 발생하는 문제에 보다 역동적이고 탄력적으로 개입한다.

② 종교조직

대부분의 종교는 각 시대마다 사회복지활동에 참여한 오랜 역사적 배경이 있다. 현대 사회복지는 서구 기독교 전통에서 시작되었다고 할 수 있으며, 우리나라의 경우에도 불교, 기독교, 가톨릭 등의 각 종교는 전통사회로부터 오랜 기간 다양한 분야에서 사회복지사업을 실천해 왔다. 현대사회에 이르러 종교단체는 현대적 의미의 사회복지사업에 참여하여 사회복지기관, 시설 등을 운영하고 있는데, 종교단체는 자발적 의사에 의한 재원확보에 있어서 유리하기 때문에 민간사회복지활동을 보다 적극적으로 할 수 있으며 공공복지를 보완하는 데 있어서도 매우 필요하다고 하겠다.

③ 기 업

기업이 사회복지정책의 공급주체가 된 것은 산업혁명 시기로 산업혁명은 자본주의의 성장과 함께 거대 기업이 출현되게 하였고, 기업들은 산업화의 과정에서 근로자와 그 가족의 복지를 증진하기 위해 기업 내 사회복지 프로그램을 계획하고 실천하였다. 이러한 기업의 복지활동은 근로자의 복지를 증진시킴으로써 생산성을 향상시키고 궁극적으로 기업의 이윤을 높이고자 하는 목적으로 실시되었다. 사회복지의 발달로 인해 기업복지부문은 점차 공공복지부문으로 바뀌고 있는데, 오늘날 대부분의 기업복지 영역을 국가가 떠맡고 있음을 알 수 있다. 대표적인 예는 산재보험, 고용보험 등으로 이들 제도는 기업주의 책임보험으로부터 시작되어 공공복지제도로 바뀌게 된 것이다.

기업복지는 기업 내 종사하는 근로자와 그 가족을 위한 사회복지 프로그램과 전체 국민을 위한 사회복지로 구분된다. 대기업이 전체 국민을 위하여 사회복지재단을 설립하여 복지재단을 통해 사회복지사업 등을 실천하는 것은 전체 국민을 위한 기업복지라고 볼 수 있다. 이처럼 오늘날 기업복지는 전체 국민복지와 국가경제에 중요한 영향을 미치고 있는 까닭에 더욱 중요하게 여겨지고 있으며, 기업복지는 기업의 이미지 향상, 즉 브랜드 가치를 높이는 기업 경쟁력 확보 수단으로 이용되고 있으며, 전체 국민에게 미치는 영향력 또한 높아지고 있는 현실이다.

(3) 공공과 민간의 혼합체계

오늘날 사회복지 공급주체는 완전 국가 혹은 지방정부, 민간부문이 점차 사라져 가고 있다. 이처럼 사회복지 공급주체는 '공 · 사 혼합체계'로 변화되어 가고 있는데, 이는 각각의 공급체계가 가지고 있는 한계를 극복하고자 하는 데 있다. 선진 복지국가들은 복지국가의 위기의식으로 인해 1980년대부터 민간부분에 위임과 '공 · 사 혼합체계'로 정책변화가 이루어졌는데 예를 들면, 영국과 일본의 국민연금 프로그램 가운데 일부는 정부의 일정한 규제하에 민간보험회사와의 계약을 통하여 운영되며, 미국의 산재보험은 전통적으로 지방정부와 민간보험회사와의 계약을 통하여 운영되고 있다.

대부분의 국가에서 공 · 사 혼합체계를 통하여 제공하는 사회복지급여는 개별적 사회서비스이다. 개별적 사회서비스는 전체 사회복지지출에서 차지하는 비중이 낮기 때문에, 전체적으로 볼 때 정부와 민간부문의 혼합체계는 다른 공급체계에 비하여 역할이 상대적으로 적다고 할 수 있다(송근원 · 김태성, 1995 : 368-369).

2 공공부조와 사회복지서비스의 대상

사회복지정책의 내용을 분석하는 데 있어 가장 논란이 되는 것 중의 하나는 급여를 받을 수 있는 자격이다. 즉, 누구에게 급여를 제공하는가 하는 문제이다. 한 국가의 사회적 자원은 제한되어 있으므로 주어진 자원의 적정한 배분에 있어서 급여자격의 문제는 기회비용의 측면에서 매우 중요한데, 이는 대상자에게 급여를 했을 때, 사회적 목표가 얼마나 달성되는지를 고려해야 하기 때문이다.

사회복지정책의 대상을 선정하는 원칙에는 보편주의와 선별주의가 있다. 보편주의는 모든 사회구성원은 다양한 사회적 욕구를 가지고 있고, 사회적 위험에 노출될 가능성이 있기 때문에 사회구성원 모두가 사회복지서비스의 대상이 될 수 있다고 보는 것이다. 따라서 보편주의의 목적은 모든 사회구성원에 대한 사회적 책임을 강조하는 것이므로 사회통합에 있다. 그리고 보편주의에 의한 서비스 제공은 문제를 사전에 예방할 수 있으며, 대상자 선정을 위한 행정적 절차를 간소화할 수 있고 낙인(stigma)이 없다는 장점이 있다.

한편 선별주의는 빈민이나 장애인 등 특별한 욕구가 확인된 개인이나 집단만을 대상으로 선정한다. 선별주의 원칙은 스스로 자신의 문제와 욕구를 해결할 수 없는 사람들에게 서비스를 제공하기 때문에 서비스 비용의 절감 등을 극대화할 수 있으나 자산조사(means test)를 통한 자격기준에 기초하여 대상자를 선정한다는 점에서 대상자에게 사회적 낙인(stigma)을 줄 수 있다.

1) 공공부조 대상

공공부조 대상은 선별주의에 의해서 급여자격이 주어진다. 공공부조제도는 스스로 생활유지능력이 없는 자들을 대상으로 하기 때문에 이들의 빈곤상태를 판단하기 위하여 자산조사를 실시한다. 즉, 자산조사를 통하여 대상자의 근로능력과 부양가족의 부양능력에 따라 보충적으로 원조가 이루어진다. 공공부조제도는 조세를 통하여 저소득층에게 소득이 이전됨으로써 계층 간의 갈등을 해소하고 사회통합의 기능을 수행한다. 그러나 공공부조는 빈곤을 예방하는 차원에서 지원되는 것이 아니라 이미 발생한 빈곤상황으로 인해 발생된 문제들을 해결하는 사후적 제도이다. 공공부조 대상은 「국민기초생활 보장법」을 적용받는 수급권자와 수급자, 차상위계층, 「의료급여법」을 적용받는 의료급여대상자 등으로 구분된다.

(1) 수급권자와 수급자

「국민기초생활 보장법」의 적용대상은 수급권자와 수급자이다. 수급권자는 이 법에 의한 급여를 받을 수 있는 자격을 가진 자를 말하며, 수급자는 급여받는 자를 의미한다. 수급권자는 부양의무자가 없거나 부양의무자가 있어도 부양능력이 없거나 부양을 받을 수 없는 자로서 소득인정액이 최저생계비 이하인 자, 또는 생활이 곤란하여 이 법이 정하는 급여의 전부 또는 일부가 일정 기간 동안 필요하다고 보건복지부장관이 정하는 자이다. 다만 근로능력이 있는 자는 자활근로사업에 참여하여야 한다. 예를 들면, 자활후견기관에서 시행하는 자활사업에 참여하는 등 근로의무가 이행되어야 한다.

(2) 차상위계층

국민기초생활보장 수급권자처럼 절대빈곤층은 아니지만 사회보험 등의 사회적 보호를 받지 못하여 사회안전망의 사각지대에 있는 빈곤층이다. 차상위계층은 일반적으로 불안정한 취업상태에 있으면서 자신뿐만 아니라 가족의 기본적 욕구를 충족시키지 못한 상태에 있는 사람들로서 우리나라의 경우 「국민기초생활 보장법」에서 대상자 기준을 정하고 있다. 이 계층은 절대빈곤층에 포함되지 않지만 상황에 따라 쉽게 절대빈곤층이 될 수 있는 잠재성을 가지고 있기 때문에 「국민기초생활 보장법」 제24조에 의하여 매년 수급권자의 차상위계층에 대한 조사를 실시하도록 하고 급여가 필요할 때 급여의 대상이 되도록 하고 있다.

우리나라에서 규정하고 있는 차상위계층은 수급권자 선정기준보다 높거나 가구원 중에 경제활동 연령인구가 있으며, 최저생계비의 120%의 소득이 있는 자로 규정하고 있다.

(3) 수급자 선정기준

수급자 선정기준은 소득인정액과 부양의무자로 2가지이다. 2003년부터 소득과 재산을 통합한 소득인정액을 도입하였다. 소득인정액 기준은 개별가구의 소득평가액과 재산의 소득환산액을 합산한 금액으로 가구별 최저생계비 이하가 되어야 한다. 소득평가액은 개별가구의 실제소득에서 가구특성에 따른 지출금액을 뺀 소득이며, 실제소득은 근로소득, 사업소득, 재산소득 및 기타소득, 추정소득을 합산한 금액이다.

사업소득은 농업소득, 임업소득, 어업소득, 기타사업소득을 말하며, 재산소득은 개별가구 구성원이 소유하고 있는 건축물, 토지, 자동차, 임차보증금, 저축성 예금을 포함한 재산으로 이를 소득으로 환산하여 수급자의 소득에 합산한다. 추정소득은 취업 및 근로여부가 불분명하여 소득을 조사할 수는 없으나 주거 및 생활실태로 보아 소득이 있다고 간주하여 소득을 추정하는 것이다. 이러한 재산의 소득환산액과 실제소득을 합산한 소득인정액은 수급자의 선정기준이 되고 동시에 생계비 지급기준으로 활용된다.

(4) 의료급여대상자

의료급여대상자는 의료급여제도에 의한 급여를 제공받는 공공부조대상자이다. 이 제도의 급여대상자는 거주지를 관할하는 보장기관장이 세대를 기준으로 일정 소득 이하의 저소득층 및 타 법률에 의한 의료급여가 필요하다고 요청한 자 중 보건복지부장관이 인정한 자로서 1종과 2종으로 구분된다. 의료급여대상자 중 1종은 ①「국민기초생활 보장법」에 의한 수급권자 중 근로능력이 없는 자만으로 구성된 세대이거나 생활시설의 급여를 받고 있는 자, ② 의료급여특례수재민, ③「재해구호법」에 의한 이재민, ④「의사상자 예우에 관한 법률」에 의한 의상자 및 의사자 유족, ⑤「독립유공자 예우에 관한 법률」 및 「국가유공자 등 예우 및 지원에 관한 법률」의 적용을 받고 있는 자와 그 가족으로서 국가보훈처장이 의료급여가 필요하다고 요청한 자 중 보건복지부장관이 인정한 자, ⑥「문화재보호법」에 의하여 지정된 중요무형문화재 보유자 및 그 가족으로서 문화재청장이 의료급여가 필요하다고 요청한 자 중 보건복지부장관이 인정한 자, ⑦「북한이탈주민의 보호 및 정착지원에 관한 법률」

의 적용을 받고 있는 자와 그 가족으로서 보건복지부장관이 인정한 자, ⑧ 「5·18민주화운동 관련자 보상 등에 관한 법률」에 의하여 보상금 등을 받는 자와 그 가족으로서 보건복지부장관이 의료급여가 필요하다고 인정한 자, ⑨ 기타 생활유지의 능력이 없거나 생활이 어려운 자로서 대통령령이 정하는 자 모두를 포함한다. 그리고 의료급여 2종은 「국민기초생활 보장법」에 의한 수급권자 중 의료급여 1종에 해당되는 않는 자이며, 차상위계층 중 의료급여특례 2종 수급권자는 1년간 한시적으로 의료급여를 제공받는다.

2) 사회복지서비스 대상

사회복지서비스(social welfare service)란 사회적으로 불우하고 열세한 위치에 있는 대상에게 전문적 지식과 방법을 동원하여 문제를 해결하여 이들이 사회구성원으로서 역할을 수행하도록 지원하는 활동을 말한다. 산업화와 도시화는 보육 및 아동문제, 청소년 비행, 노인문제 및 여성문제 등을 야기했으며, 이로 인한 사회복지서비스 욕구는 급증하고 있다. 사회복지서비스는 대상에 따라 아동복지, 청소년복지, 노인복지, 장애인복지, 여성복지 등으로 구분된다.

(1) 아동 및 청소년복지대상

① 아동복지대상

아동복지란 아동을 대상으로 하는 사회복지서비스를 의미한다. 아동의 연령적 구분은 각국마다 다양하며, 우리나라의 경우에도 법의 성격에 따라 다르게 분류하고 있다. 예를 들면, 「아동복지법」에서는 만 18세 미만으로 규정하고 있고, 소년법에서는 만 20세 미만, 「근로기준법」에서는 만 18세 이하, 「민법」에서는 만 20세 미만의 자를 '미성년자'로 규정하고 있다. 이처럼 아동의 연령적 구분은 법에 따라 다양하지만 그 대상에게 서비스를 제공한다는 측면에서 볼 때 아동복지는 아동을 대상으로 하는 실천영역이라고 볼 수 있다.

표 7-1 아동복지의 대상체계

대상	구분	내용
보호를 필요로 하는 아동	양육환경상의 보호가 필요한 아동	빈곤가정아동, 조손가정아동, 한부모가정아동, 부모부재아동
	신체, 정신, 정서장애아동	신체장애아동, 정신장애아동, 정서장애아동
	사회적·법적 보호가 필요한 아동 특별보호가 필요한 아동	가출아동, 비행아동, 학대·유기아동, 미혼모의 아동
일반아동	일반 건전 아동	농어촌 아동, 근로아동 등

출처: 장인협·오정수(2001: 136).

아동복지의 대상은 기본적으로 전체 아동이 대상이나 〈표 7-1〉과 같이 보호를 필요로 하는 아동과 일반아동으로 구분할 수 있다. 이론적으로는 아동이란 미성숙하고 발달하는 단계에 있기 때문에 누구나 문제를 가질 수 있다는 점에서 모든 아동이 보호의 대상이 될 수 있겠으나, 학대, 유기, 질병, 약물남용 아동 등이 우선적으로 보호되어야 한다.

일반 아동복지서비스 대상은 자신의 가정 이외의 특별한 보호를 받지 않고도 생활할 수 있는 아동을 의미하지만, 현실적으로는 요보호아동을 포함한 모든 아동을 포함한다. 예를 들면, 초등학교 의무교육제도는 요보호아동과 일반아동을 다 포함한 전체 아동이 그 대상이 되는 것이다.

지금까지의 우리나라 아동복지서비스는 요보호아동을 위한 서비스에 편중되어 있고 일반아동의 건전육성을 위한 서비스는 부족한 실정이다. 따라서 일반아동에 대한 서비스 확대를 통하여 요보호아동 발생을 예방해야 할 것이다.

② 청소년복지대상

청소년(adolescence)이란 라틴어의 Adolescere로 '성장' 또는 '성숙'이라는 의미를 갖는다(박용순, 1999: 215). 청소년 시기는 '질풍노도기'로 정의되고 있으며, 그 특성으로는 호기심, 무한정한 체험 및 모험 등 학습욕구를 들 수 있다. 부모, 교사 등 성인은 청소년을 부정적 측면에서 바라보는 경우가 많은데, 이들 청소년은 기존질서에 저항하는 등 반항적이며 정서적으로 불안하고 쉽게 좌절한다고 말하고 있다(김용래, 1980 : 45).

우리 사회에서 청소년이라고 하면 일반적으로 중·고등학교 시기에 있는 학생으로 생각되지만, 청소년 발달학이나 제도적 측면에서 볼 때 청소년의 범위는 훨씬 넓다. 우리나라의 청소년 관련법규에 따르면, 「청소년기본법」에서는 9세에서 24세 이하인 자를, 「청소년보호법」에서는 19세 미만인 자를 청소년으로, 「민법」에서는 만 20세 미만을 미성년으로, 「근로기준법」에서는 18세 미만을 연소자로, 소년법에서는 20세 미만을 소년으로 규정하고 있으며, 공연법과 공중위생관리법은 19세 미만에게 관람금지와 출입금지를 하고 있다. 청소년은 청년과 소년의 합성어로서 아동기와 성인기 중간에 위치한 과도기적 단계에 있는 계층이라고 할 수 있다. 이러한 과도기적 시기에 있는 청소년은 급격한 성장과 변화를 경험하면서 자아정체성에 대한 혼란, 미래에 대한 불안과 갈등 등을 경험하고 있어 이들에 대한 사회적·국가적 관심이 요구된다.

청소년복지란 청소년의 인권보장과 청소년이 가족 및 사회의 일원으로서 바람직한 삶을 누릴 수 있도록 하기 위한 복지정책과 서비스 지원을 말한다. 즉, 청소년이 가족과 사회의 일원으로서 행복하고 즐겁게 살아가면서 육체적으로나 정신적으로 건전하게 성장, 발달할 수 있도록 지역사회나 사회복지서비스 분야에 있는 공·사 단체, 기관들이 협력하여 청소년에 관한 사업을 계획하고 실행에 옮기는 조직적 활동이라고 할 수 있다(표갑수, 2003 : 297).

따라서 청소년복지의 대상은 요보호대상 청소년 등 특정 집단에만 국한되는 것이 아니라 일반 청소년 및 청소년의 생활에 가장 직접적인 영향을 주는 가족까지 포함시키는 광의의 개념으로 이해되어야 한다(홍봉선·남미애, 2000 : 44).

(2) 노인 및 장애인복지대상

① 노인복지대상

의학기술의 발달과 영양 · 위생상태의 개선으로 노인인구 비율은 계속 증가되고 있으며, 산업화, 도시화, 핵가족화 등으로 인한 가족제도의 변화와 노인에 대한 사회적 인식 및 태도변화로 인해 노인복지의 필요성 또한 점차 증가되고 있다.

노인에 대한 개념은 여러 가지 차원에서 정의할 수 있다. 1951년 제2회 국제노년학회에서 내려진 정의는 "인간의 고령화 과정에서 나타나는 생리적 · 심리적 · 환경적 변화 및 행동의 변화가 작용하여 복합적 형태의 과정에 있는 자"를 노인이라고 하였다(제2회 국제노년학회보고서, 1951). 즉, 노인은 신체적 · 정신적 및 사회적 제반 측면에서 능력이나 적응성이 퇴화하여 노화현상이 나타나게 되며, 이로 인하여 기능수행에 장애를 초래하는 시기에 있다고 볼 수 있다. 우리나라는 「노인복지법」상 만 65세 이상의 노쇠자를 노인으로 규정하고 있다.

노인복지란 노인이 인간다운 생활을 영위할 수 있도록 노인 자신이 속한 가족과 사회에 적응하고 통합하는 데 필요한 자원과 서비스를 제공하며 관련된 공적 · 사적 차원의 조직적인 제반 활동을 말한다. 뿐만 아니라 지역사회나 국가적 차원에서 노인을 위한 프로그램이나 서비스를 정책적으로 결정하고 계획을 수립하는 활동과 노인 개인 및 집단의 문제나 욕구를 전문적 기술을 동원하여 해결하는 활동도 포함한다(장인협 외, 2002 : 303-301).

우리나라의 노인복지대상은 「노인복지법」상 만 65세 이상인 전체 노인으로 규정되고 있지만 서비스 주 대상자는 빈곤노인 중심이었다. 그러나 2008년 노인장기요양보험제도의 시행으로 인해 전체 노인으로 그 대상이 확대되었다.

② 장애인복지대상

장애인을 어떻게 규정하는가? 즉, 장애인복지대상의 규정에 따라 한 국가의 장애인에 대한 정책이 달라진다. 오늘날 사회변화에 따른 장애인구의 증가 등으로 장애인복지에 대한 관심이 장애인의 생존권 문제에서 생활권 문제로 확대됨에 따라 장애인에 대한 정의는 기능상실에서 사회적 장애까지로 변화되었다.

1975년 UN의 장애인 권리선언은 "장애인이라 함은 선천적이든 후천적이든 신체적·정신적 능력의 불완전으로 인하여 일상의 개인적 또는 사회적 생활에서 필요한 것을 확보하는 데 자기 스스로 완전히 혹은 부분적으로 확보할 수 없는 사람을 의미한다"고 정의하였다. 또한 1979년 UN총회에서는 "장애는 개인과 그 환경 간의 관계로 파악되어야 한다"고 함으로써 장애의 정의를 기능상의 장애뿐 아니라 사회적 불리(handicap)도 포함되어야 함을 명시하였다.

오늘날 널리 이해되고 있는 장애의 개념은 크게 협의의 개념과 광의의 개념으로 구분할 수 있다. 즉, 신체 또는 정신의 기능저하, 상실 등을 지칭하는 의학적 수준에서의 개념은 협의의 개념이고, 세계보건기구(WHO)에서 정의한 바와 같이 의학적 수준뿐만 아니라 이로 인해 발생되는 능력의 저하(disability)와 사회적 불리(handicap)를 포함하면 광의의 개념이다.

1980년 세계보건기구에서 규정한 국제장애분류(ICIDH : International Classification of Impairments, Disabilities, and Handicaps)에 의하면, 장애의 개념을 심신의 손상(impairments), 능력장애(disability), 사회적 불리(handicap)의 세 가지 차원으로 보고 있다.

세계보건기구(1976)는 장애인복지를 의료적·사회적·교육적·직업적 서비스를 통합적으로 사용하여 개인을 훈련시키고 재훈련시켜 개인의 기능적 능력을 가능한 한 최고의 수준으로 높이는 것으로 정의하였으며, 미국의 국립재활전문위원회는 장애인복지를 장애인의 신체적·정신적·사회적·직업적·경제적 가용능력을 최대한으로 회복시키는 것이라고 정의하고 있다(Bitter, 1979).

이와 같이 장애인복지는 심신의 손상으로 인한 사회생활의 곤란에 대하여 의료적·교육적·직업적·사회적·심리적 재활서비스를 제공하고 동시에 사회적 인식의 개선과 물리적 환경을 조성하여 모든 분야에서 사회생활이 보장되고 심리적으로 안정된 삶을 영위하도록 원조하는 국가 및 사회의 조직적 노력의 총체라고 정의할 수 있다(남상만 외, 2002).

우리나라 장애인복지대상자는 현행 「장애인복지법」 시행령의 진단기준에 의해 장애인으로 진단된 사람들이다. 장애의 범주 및 종류는 2000년도에 「장애인복지법」

시행령과 시행규칙이 전면 개정되어 대폭 확대되면서 장애를 크게 신체적 장애와 정신적 장애로 구분하고 있다. 신체적 장애는 외부 신체기능의 장애와 내부기관의 장애로 나뉜다. 외부 신체기능장애에는 지체장애, 뇌병변장애, 시각장애, 청각장애, 언어장애, 내부기관장애에는 신장장애, 심장장애가 포함된다. 정신적 장애는 지적장애, 정신장애, 발달장애로 분류된다. 또한 2003년 7월부터는 장애의 범주에 호흡기 질환, 간 질환, 안면기형, 장루(요루 포함), 간질 등 다섯 가지 유형이 추가되어 15가지 종류로 확대되었다(보건복지부, 장애인복지법령집, 2003).

(3) 여성복지 및 보육대상

① 여성복지대상

여성복지대상은 일차적으로 여성이라고 단순하게 생각할 수 있다. 그러나 여성복지대상은 사회나 가족이 여성에게 기대하는 역할과 관계된 다양한 개념이 존재한다. 즉, 가족을 유지하기 위한 가사노동의 전담자, 경제적으로 남편과 자식에게 의존하는 의존자, 자녀양육과 노인부양의 보호책임의 전담자로서 여성의 역할을 인식하고 있다. 따라서 여성복지의 대상자도 이러한 인식에 따라서 다르게 정의될 수 있다(김형길 외, 2002 : 327).

여성의 주요 문제를 중심으로 한 여성복지대상은 흔히 일반여성과 요보호여성으로 구분된다. 이 구분은 정부가 여성복지정책을 계획하기 위하여 요보호여성은 누군가로부터 보호를 필요로 하는 대상이라고 규정하여, 요보호여성에는 저소득 모자가정, 미혼모, 가출여성, 매매춘 여성, 학대받는 여성, 저임금 근로여성이 포함되고 있다. 요보호여성에 대한 반대개념인 일반여성은 정상적이고 문제가 없는 여성을 지칭하고 있다.

여성의 역할을 중심으로 한 구분은 여성의 출생에서 사망에 이르는 일련의 과정을 특성에 따라 단계별로 구분하고 각 단계에서 욕구 및 사건을 중심으로 여성복지대상을 정하는 것을 말한다. 즉, 생애주기(life cycle)별 여성복지대상을 말하는데, 생애주기는 보편적이고 규범적인 생의 사건과 생애주기와 관련된 위기사건으로 구성되어 있다. 보편적이고 규범적인 측면에서는 교육생활, 직업생활, 가족생활로 구성된 것이며, 생애주기와 관련된 위기사건은 여성에 대한 가정폭력, 이혼, 가족원의 사망, 실직, 가족구성원의 장애 등이다.

② 보육대상

보육사업이란 과거에는 탁아사업을 말했는데, 종전의 탁아사업은 아동이 그의 가정에서 정상적 양육을 받기 어려운 경우에, 하루 중의 일정한 시간 동안만 타인에 의해 제공되는 보호(care)를 뜻하였다. 특히 이러한 보호는 하루 중에서 대부분 주간에 이루어졌기 때문에 'day care'로 표기되었고 '맡긴다'는 의미가 강했기 때문에 '탁아'로 표기되었다(도미향 외, 2006 : 143).

전통적 의미에서의 탁아사업은 개념적·실제적 관점에서 보육사업으로 변화하고 있으며, 아동의 전인적 발달을 돕고, 복지를 향상시킨다는 점에서 단순히 자녀를 보호하는 데 그치지 않고 아동이 지닌 발달적 특성과 처하고 있는 생활환경을 고려한 넓은 의미에서의 교육적 활동을 포함한 교육보호를 포함하여 발전하고 있다.

즉, 보육사업은 아동과 부모를 지향하는 사회적 지원체계의 한 형태로서 종래의 요보호자를 대상으로 하는 구빈적·보호적 차원을 넘어선 모든 아동을 대상으로 아동 개개인이 지닌 발달특성과 생활환경을 고려한 광범위한 사회복지적 보호·교육사업이라고 할 수 있다. 따라서 보육대상자는 교육과 보호를 필요로 하는 12세 이하의 모든 아동이다.

이러한 사회복지서비스 대상자는 계속 확대되고 있는데, 최근 우리나라에서는 외국인과의 결혼이 보편화되고 있고, 이에 따라 다문화가정, 다문화아동 등도 새로운 사회복지서비스 대상자로 포함되었다. 이들에 대한 사회복지서비스는 다문화가정, 다문화여성, 다문화아동 등으로 표현되고 있지만, 한편으로는 여성과 아동복지대상으로 사회복지서비스를 제공받고 있다. 사회의 다양화와 급변화에 따른 사회복지서비스 대상자는 앞으로도 계속 확대·증가될 추세에 있다고 하겠다.

3 사회보험의 대상

1) 국민연금 적용대상

우리나라의 국민연금은 1988년 시행 당시 상시 근로자 10인 이상의 사업장 근로자를 대상으로 출발한 후 점차 적용대상을 확대하여 현재 국민연금법의 적용대상은 국내에 거주하는 만 18세 이상 60세 미만의 전 국민을 대상으로 하고 있다.

다만 공무원, 군인, 사립학교교직원 등은 특수직역연금 가입자이므로 제외대상으로 하며, 국민연금의 노령연금 수급자(60세 미만의 광부, 선원 등 특수직종근로자로서 노령연금수급자 및 60세 미만의 조기노령연금 수급자)와 공공부조 대상자인 국민기초생활보장 수급자도 국민연금의 의무가입에서 제외된다. 그리고 18세 미만의 사업장 근로자 및 지역주민은 미성년 계층으로 가입대상에서 제외하며, 60세 이상의 사업장 근로자 및 지역주민은 노령연금의 지급개시연령을 60세로 정하고 있기 때문에 가입대상에서 제외하고 있다.

또한 원칙적으로는 국내에 거주하는 국민만을 가입대상으로 하고 있지만, 국내법의 적용을 받는 기업의 직원으로 외국에 있는 지점이나 공장에 근무하는 국민도 국민연금에 가입하도록 하고 있다. 그리고 국민연금에 가입한 사업장에 고용되어 있는 외국인은 예외적으로 본인의 신청에 의해 가입할 수 있으나 국내거주 외국인과 국외거주 국민은 우리나라와 외국 간의 사회보장협정이 체결된 경우에 그 협정규정에 따른다.

국민연금가입자는 사업장가입자, 지역가입자, 임의가입자 및 임의계속가입자 유형으로 구분한다. 사업장가입자는 1인 이상의 근로자를 상시 고용하는 사업장의 18세 이상 60세 미만의 근로자와 고용주를 말하며 이들은 당연적용 사업장가입자이나, 다음의 경우에는 국민연금법상 근로자에서 제외된다. ① 일용근로자 또는 1월 미만의 기한부로 사용되는 근로자, ② 소재지가 일정하지 아니한 사업장에 종사하는 근로자, ③ 비상임 이사 또는 1월간의 근로시간이 80시간 미만인 시간제 근로자 등 사업장에서 상시 근로에 종사할 목적으로 사용되는 자가 아닌 자 등이다.

지역가입자는 사업장가입자가 아닌 18세 이상 60세 미만인 자로 원칙적으로는 도시 자영업자, 농민, 임시직, 일용직, 파트타임 근로자 등 유급 종사자와 실업자, 학생, 군인 등 비경제활동인구까지 포함한다. 그러나 18세 이상 20세 미만인 자로서 학생이거나 군복무 등으로 소득이 없는 자, 다른 연금에 가입되었거나 연금수급권자의 무소득 배우자 등은 지역가입대상에서 제외된다. 그 외 귀국예정이 없는 국외 거주자, 「국민기초생활 보장법」에 의한 수급자 등도 제외된다. 또한 행방불명, 교도소 수용, 재해・사고 등으로 소득이 감소되거나 실직상태에 처해 소득이 중단될 경우에는 일정 기간(1년 이내) 납부예외자가 될 수 있다.

임의가입자는 사업장가입자나 지역가입자의 의무가입대상이 아닌 18세 이상 60세 미만인 자로서 본인의 신청에 의하여 가입할 수 있다. 임의가입은 국민연금을 처음 시행할 당시에 당연적용에서 제외된 사람에게도 가입의 기회를 부여하기 위하여 만든 조치로 다른 공적 연금 가입자, 사업장 및 지역가입자의 무소득 배우자, 연금수급권자의 무소득 배우자, 「국민기초생활 보장법」에 의한 수급자 중 본인의 희망에 따라 임의로 가입할 수 있다.

임의계속가입자는 국민연금 가입자 중 가입기간이 완전노령연금 수급에 필요한 가입기간 20년 미만인 가입자가 60세에 도달해 자격이 상실된 경우 65세에 달할 때까지 본인의 신청에 의해 가입하는 경우를 말한다. 이는 원칙적으로 당연적용 상한 연령에 대한 예외조치로, 가입 중 언제든지 탈퇴할 수 있다.

2) 국민건강보험 적용대상

1963년에 처음 제정된 의료보험법은 1997년 지역조합과 공・교공단을 통합하게 되는 국민의료보험법으로 개정되었으며, 이후 1999년에 직장조합을 포함한 의료보험을 완전 통합하는 「국민건강보험법」이 제정됨으로써 2000년 7월 「국민건강보험법」에 의한 국민건강보험공단이 출범되었으며, 이후 2003년 7월 직장 및 지역조합의 재정이 통합되었다. 이러한 역사적 배경으로 국민건강보험의 적용대상은 국내에 거주하는 전 국민이 되었다. 국내에 거주하는 국민은 「의료급여법」에 따라 의료급여를 받는 대상자를 제외하고 건강보험의 가입자 또는 피부양자가 된다.

국민건강보험가입자는 직장가입자와 지역가입자로 구분하는데, 직장가입자는 모든 사업장에 고용된 근로자와 그 사용자, 공무원 및 교직원이고, 지역가입자는 가입자 중 직장가입자와 그 피부양자를 제외한 자를 말한다. 직장가입자의 피부양자는 직장가입자에 의해 주로 생계를 유지하는 자로서 보수 또는 소득이 없는 자로 직장가입자의 배우자, 직장가입자 또는 그 배우자의 직계존속, 직장가입자 또는 그 배우자의 직계비속 및 그 배우자, 직장가입자의 형제자매를 말한다.

3) 고용보험 적용대상

1995년 7월부터 시행된 고용보험은 실업급여, 고용안정사업, 직업능력개발사업 등의 세 가지 사업으로 구성되어 있다. 이들 사업은 사업장의 규모에 따라 그 적용범위가 다르다. 고용보험제도의 실시 초기에 실업급여는 상시근로자 30인 이상, 고용안정과 직업능력개발사업은 상시 근로자 70인 이상의 사업장에 당연적용되었다. 그리고 1998년 1월부터 실업급여는 10인 이상, 고용안정사업과 직업능력개발사업은 50인 이상으로 확대하였다가, 1998년 3월에 다시 5인 이상의 사업장으로 확대적용하였다. 그러나 외환위기 등으로 인해 실업률이 증가함에 따라 1998년 10월에는 1인 이상의 사업장으로 확대하였고, 건설업의 경우에도 실시 초기의 총공사금액 40억 원에서 2004년 1월부터는 공사금액 2,000만 원으로 확대되었다. 이로써 현재는 사실상 모든 근로자가 고용보험 적용대상이다.

그러나 고용보험법 제8조에 의하면 ① 65세 이상의 근로자, ② 1월간의 소정 근로시간이 60시간 미만인 자(1주간의 소정 근로시간이 15시간 미만인 자를 포함), ③ 국가 및 지방공무원법에 의한 공무원, ④ 사립학교법에 의한 교직원 등은 적용제외대상이다.

4) 산재보험 적용대상

산재보험 적용대상은 산재위험을 안고 있는 임금노동자와 특수위험직역에 종사하는 근로자이지만, 보험의 적용단위는 사업 또는 사업장이다. 우리나라는 1964년 산재보험이 처음 실시되던 당시 적용대상을 500인 이상의 광업과 제조업에만 적용하였다가 1974년에는 근로자 16인 이상의 사업장에까지 확대하였다. 그리고 1976년에는 광업과 제조업 중 화학, 석유, 석탄 및 플라스틱 분야에는 5인 이상의 사업장으로 그 적용대상을 확대하였다. 이후 1988년 말에는 「근로기준법」의 적용을 받는 대부분 업종의 5인 이상의 사업장으로, 1991년에는 전 업종의 5인 이상의 사업장의 근로자에 이르기까지 산재보험의 적용대상을 확대하였다.

2005년 현재 산재보험은 모든 사업 또는 사업장을 그 적용범위로 하고 모든 사업장에 강제가입의 원칙을 적용하고 있다. 당연적용사업장은 2001년부터 상시 근로자 1인 이상의 모든 사업 또는 사업장이지만 농업, 임업(벌목업 제외), 어업, 수렵업은 상시 5인 이상 사업장이다. 당연적용사업장의 근로자는 상용, 일용, 임시직 등 고용형태나 명칭과 상관없이 모두 가입대상자가 된다.

다만, 농업 · 임업(벌목업 제외), 어업 · 수렵업 중 법인이 아닌 자의 사업으로서 상시근로자 수가 5인 미만인 사업, 가사서비스업, 건설공사 중 규모가 작은 사업(총공사금액 2천만 원 미만인 공사, 연면적이 330제곱미터 이하인 건축물의 건축 또는 대수선에 관한 공사), 어선원법 또는 다른 공적 연금에 의해 재해보상이 행하여지는 사업 등은 적용제외사업으로 하고 있다.

산재보험의 가입대상자는 본인이 직접 가입하지 않고 사업주가 산재보험 가입대상이 된 날로부터 14일 이내 관할 지역본부에 보험관계성립신고서를 제출하면 된다. 산재보험은 근로자만 가입하는 것이 원칙이지만 고용근로자 50인 미만의 중소기업 사업주가 가입을 원한 경우에는 근로복지공단의 승인을 얻어 가입할 수 있다.

현재 산업재해인정의 범위는 업무상 재해에 국한하지 않고 업무로 인해 발생한 과로 및 스트레스 등의 범위까지 확대하고 있으며, 보호의 수준도 단순한 보상이 아니라 생활보장수준까지 하고 있다.

이처럼 사회보험대상자는 복지국가로 나아가는 과정에서 그 대상자가 확대되어 가고 있는데, 대상자를 어떻게 규정하고 있는가는 사회보험제도의 발전에 있어서 매우 중요하다 하겠다.

제8장

사회복지정책의 급여

1. 급여의 목표
2. 급여의 유형
3. 급여의 수준

1 급여의 목표

사회복지급여는 사회복지정책의 선택결과에 있어 무엇을 사회복지대상자에게 전달할 것인가 하는 문제에 관한 것이다.

사회복지급여는 복지욕구가 충족되지 않은 사람들에게 욕구충족을 할 수 있도록 제공되는 자원의 형태로서, 사회복지정책의 급여형태도 어떤 형태를 선택하느냐에 따라 정책의 목표달성도가 달라진다(구인회 외, 2013 : 213-214).

결국 사회복지급여는 사회복지정책결정의 최후의 산물(product)이며, 사회복지정책의 목표와 무관한 것이 아니다. 정책설계에 있어 왜 특정한 급여의 형태들이 포함되었는지를 알기 위해서는 정책목표에 깔려 있는 이론적 전제도 이해할 필요가 있다.

사회복지급여는 사회적 문제로부터 국민을 보호하기 위하여 다양한 유형의 급여 프로그램을 운영하고 있다. 사회복지급여의 종류가 다양할지라도 특성에 따라 크게 예방, 재활 및 보상이라는 목표를 추구한다(이정우, 2004 : 263-265 ; 홍봉수 외, 2011 : 178-180).

1) 예 방

예방은 일반적으로 문제사태의 발생을 예방하고 문제의 조기발견과 조기해결을 위한 원조활동을 의미한다. 즉, 사회적 문제나 위험의 발생을 사전에 예방(prevention)하게 된다면 복지의 측면에서 상당한 긍정적 효과가 있다. 대표적으로 예방사업은 피해의 발생으로 인해 개인이 입게 되는 복지수혜감소의 문제를 방지할 수 있고, 동시에 피해보상의 일환으로 사회복지정책에서 제공되는 급여의 비용을 절감할 수 있다(홍봉수 외, 2011 : 178).

이와 같이 예방사업은 복지의 측면에서뿐만 아니라 경제적 측면에서도 매우 효과적임을 알 수 있다.

사회복지정책은 피해의 사전적 예방을 목표로 다양한 형태의 급여 프로그램을 운영하고 있다. 예컨대, 건강보험제도에서 질병의 예방을 위한 건강검진, 산업재해보상보험제도에서 산업재해의 사전방지를 위해 이루어지는 근로감독 그리고 고용보험에서 실업의 예방을 목표로 운영되는 직업능력향상교육 프로그램 등이 여기에 해당된다.

2) 재 활

재활(rehabilitation)은 신체장애인에 대해서 신체만이 아닌 정신적, 사회적, 경제적, 직업적으로 가능한 한 생활능력의 회복을 도모하는 과정을 의미한다. 또 재활은 의학적 재활, 직업적 재활, 사회적 재활, 교육적 재활로 나눌 수 있다(홍봉수 외, 2011 : 178-179; 오미옥 외, 2013 : 97).

의학적 재활(medical rehabilitation)에서는 신체장애의 치료, 제거에 노력하지만 만약 이것이 영속적 장애가 되었을 경우에는 신체에 남아 있는 다른 건전한 기능, 잔존기능을 재개발해서 잃어버린 기능을 대신하여 의지, 보장구, 휠체어, 지팡이 등을 사용함으로써 장애인 개인으로서의 기능저하를 개선시킨다. 즉, 의학적 재활은 육체적・정신적 병리현상을 치유하기 위해 실시되는 프로그램을 의미한다. 이들이 목표에 도달하면 직업적 재활 또는 사회적 재활을 유도하게 된다.

그리고 직업적 재활(vocational rehabilitation)은 신체적 기능의 저하로 인해 상실된 근로능력을 재차 회복할 수 있도록 지원하는 직접적 방법 그리고 보장구와 같은 각종 보조기구의 활용방법에 대한 교육을 통하여 손상된 작업능력을 보완해 주는 간접적 방법도 있다.

또한 사회적 재활(social rehabilitation)은 일상생활의 영위와 사회적 교류를 지원하기 위하여 이루어지는 각종의 프로그램을 의미한다. 끝으로 특수교육과 같은 교육적 재활(educational rehabilitation)은 의학적 재활과 병행해서 아동에 대해서 행해진다. 따라서 재활은 '인간답게 알맞은 권리, 자격, 존엄이 어떤 원인으로 상처받은 사람에 대하여 그 권리, 자격, 존엄 등을 회복하는 것'이다(홍봉수 외, 2011 : 179; 오미옥 외, 2013 : 97).

일반적으로 특정한 피해현상이 발생하게 될 경우 당사자는 육체적 또는 정신적 병리현상으로 인한 고통뿐만 아니라 직업활동 및 사회활동에 필요한 능력의 장애를 동시에 겪게 되는 문제에 직면할 수 있다. 그러므로 재활사업은 의료재활, 직업재활 그리고 사회재활의 프로그램들이 상호 유기적으로 연계될 수 있도록 하는 정책적 노력이 필요하다(이정우, 2004 : 264-265).

3) 보 상

사회복지정책급여에는 국민이 입게 되는 경제적, 육체적 또는 정신적 피해를 보상(compensation)해 주기 위한 다양한 종류의 프로그램이 있다. 즉, 개인이 노령, 실업, 폐질 등의 사유로 소득활동을 중단하게 되었을 때 상실된 근로소득을 별도로 보상해 주기 위하여 제공되는 소득대체형의 급여가 있고, 질병의 치료나 주거의 제공 및 아동양육 등의 사유로 개별 가계의 경제적 부담이 가중될 때 이를 완화해 주기 위한 목적으로 제공되는 소득보충형의 급여도 있으며(이정우, 2004 : 263-264), 군인 및 경찰, 기타 국가 유공자와 같이 국가와 민족을 지키기 위하여 활동한 사람이 상해를 입거나, 사망 혹은 근로능력을 상실하여 본인이나 가족, 그리고 유족의 생활이 빈곤하게 될 때 국가의 재정을 재원으로 국가가 그들 본인과 가족 또는 유족의 생활을 보장해주는 급여제도가 있다.

이처럼 보상은 사회보험제도의 가입조건과 보험료 납부실적을 가진 사람을 대상으로 하는 경우도 있고, 사회적 희생자를 대상으로 하는 경우도 있는데 중시해야 할 할 조건은 형평성에 맞춰 전문가가 규범적으로 판단한 특정집단을 대상자로 선정하는 것이다(원석조, 2013 : 51).

2 급여의 유형

급여의 유형은 '무엇을 사회복지급여로 제공할 것인가?', '어떤 형태의 사회복지급여가 대상자의 욕구를 효과적으로 충족시키는가'에 관련된 내용이다. 사회복지급여의 유형은 기본적 급여와 사회적 급여로 구분되는데, 기본적 급여유형은 현물급여(in kind)와 현금급여(in cash)로 구분되며, 급여형태의 확장으로서 사회적 급여유형에는 증서, 기회, 서비스, 권력, 현금, 물질적 재화가 있다(김영화, 2005 : 192).

표 8-1 사회복지정책 영역별 급여유형

구분	급여유형	사회복지정책 영역	비고
1	현금	공공부조, 사회보장연금	금전
2	현물	사회복지시설생활자, 소년소녀가정, 장애인	쌀, 옷, 보장구
3	서비스	건강보험	의료서비스
4	기회	국민기초생활보장제도	저소득층 자녀 취업, 진학
5	증서	민간사회복지시설, 공공부조	상품권, 식권, 교육증서, 무료승차권
6	권력	공・사 복지정책결정	사회적 약자 자문, 운영위원회의 정책결정참여

사회복지정책을 통하여 달성하려는 정책목표에 따라 급여내용과 유형, 그리고 수준이 결정된다. 또한 사회복지급여는 사회복지정책의 가치지향이 무엇인가에 따라서 달라지기도 한다.

결국 사회복지급여는 〈표 8-1〉에서 보는 바와 같이 사회통제목적의 범위 내에서 선택자유권을 보장하는 입장에서 급여의 유형이 결정된다.

1) 기본적 급여

(1) 현금급여와 현물급여의 논쟁

기본적인 복지급여의 유형은 현금급여(in cash)와 현물급여(in kind) 두 종류로 구분되는데 쟁점은 어느 쪽이 더 효과적인가 하는 것이다.

현금급여는 수급자에게 복지서비스가 현금의 형태로 전달되는 것을 의미하고, 현물급여는 복지서비스가 현물의 형태로 전달되는 것을 의미하는데, 현금급여의 예로 사회보장연금이나 공공부조의 현금 등을 들 수 있고, 현물급여의 예로 건강보험의 진료서비스, 장애인복지급여의 보장구 등을 들 수 있다(원석조, 2013 : 53).

스웨덴의 경제학자 Alva Myrdal은 복지수급자에게 서비스가 비화폐적 형태로 전달되는 현물급여를 명시적으로 지지하면서 현물급여는 첫째, 급여물품의 집단생산에서 오는 물품생산의 표준화와 광고비 절약으로 현금급여방법보다 비용이 적게 들고, 둘째, 복지수급자의 소비용도를 복지목적 범위 내로 제한함으로써 복지목적 이외의 사용을 봉쇄할 수 있다고 주장하였다(Myrdal, 1968 : 133-153 ; 신상준, 1989 : 228-229).

특히 현물급여는 복지수급자에게 서비스가 물품의 형태로 전달되는 것으로서 복지수급자의 소비형태 통제, 즉 복지목적 이외의 급여품 사용을 제한하는 데 그 목적이 있다. 그러나 현물급여를 통한 복지급여방법은 반드시 복지비를 줄인다는 논리가 성립될 수 없으며, 특히 현물은 복지수급자의 복지욕구충족상의 선택권을 제한하게 된다.

한편 현물보다는 현금이 이상적이라고 주장하는 경우도 있다. 현물은 현금보다 사회통제적인 면에서 유리한 점이 있으나, 현금은 현물보다 개인의 선택자유권에 기인하는 면이 있다. 현실적으로 사회보험의 급여는 현금으로 이루어져 있고 공공부조는 현금과 현물이 혼합해서 활용되고 있다.

이러한 현금급여가 가지는 이상적 측면과 현실의 한계를 반영하면서 현물급여는 소비양식을 통제할 수 있다는 점을 주장하고 있다.

현물급여가 가지는 이러한 특징은 사회통제의 개념과 연관된다. 물론 이때의 사회통제 개념은 사회적 급여의 선택에 있어서 현물급여의 선택이 사회복지대상자들로 하여금 정책이 지향하는 목표에 도달하도록 한다는 점에서 통제적이라는 의미를 지니고 있다. 그러므로 현물급여는 불가피하게 집단적으로 사회의 공공선(public goods)을 위해 개인의 이익을 다소 손상시키는 사회통제의 역할도 부가하고 있다(현외성, 2002 : 165).

이처럼 현물급여의 지지자와 현금급여의 지지자에 의해 제기되는 절충론은 현실적으로 어느 한쪽이 우위인가를 단정하기가 어렵다는 것을 의미한다. 결론적으로 말해서, 소비자의 주권과 사회적 통제를 잘 조정하는 선에서 다양한 형태의 급여가 제공되어야 할 것이다(Mencher, 1967).

(2) 현금급여

오늘날 서구 복지국가에서 사회복지급여유형 중에서 지출액이나 수급대상자 등에서 가장 큰 비중을 차지하고 있는 것이 현금급여이다. 현금급여란 복지수급자에게 서비스가 화폐형태로 전달되어 개인이 사회적 장애요인을 극복할 수 있는 경제적 능력을 갖출 수 있도록 소득의 형태로 제공하게 되는 급여를 말한다. 즉, 국민연금(노령연금, 장애연금, 유족연금), 건강보험의 질병수당, 산재보험의 장애수당, 고용급여, 가족수당, 아동수당, 주택수당 등이 현금급여에 해당한다(홍봉수 외, 2011 : 180).

그렇다면 왜 현금으로 급여를 하는가? 현금급여는 다음과 같은 장점이 있다.

첫째, 현금급여는 무엇보다도 복지수급자의 자유의지를 존중하고 수치심이나 낙인을 줄여 주며 스스로 자기의 삶을 영위할 수 있는 존엄성을 보장해 줌으로써 소비자의 주권(consumer sovereignty) 보장으로 당사자의 복지수준을 증진하는 효과도 가져다줄 수 있다. 또한 서비스를 임의로 선택할 수 있는 권리와 민주사회에서 그 자체로 매우 중요시되는 가치인 자유와 자기결정권을 최대한 보장할 수 있다.

둘째, 현금급여는 개인이 시장에서 생산되는 상품을 소비할 수 있도록 함으로써 자본주의의 경제원리에 적합하게 운영할 수 있다.

셋째, 현금급여는 사용하기에 편리하고 현물급여에 비해 프로그램의 운영관리나 행정적으로 처리하기가 수월하고 비용도 적게 든다. 현물급여의 경우 이를 보관하는 인력, 기구가 필요하고 배분하는 데에도 적지 않은 노력과 비용이 들기 때문이다.

넷째, 현금급여는 복지수급자의 효용을 극대화할 수 있고, 사회적 차원의 효율적 배분이 가능하다. 현금급여의 경우 복지상품이나 서비스의 생산과 유통이 별도로 시장의 기능을 통하여 이루어지기 때문이다. 수급자의 효용을 극대화할 수 있고, 사회적 차원의 효율적 배분이 가능하다.

반면 현금급여는 다음과 같은 단점이 있다.

첫째, 현금급여는 복지목적을 일탈하여 복지수급자의 부당한 소비행위를 통제할 수 있는 수단이 결여되어 있다. 현금급여는 일부의 계층에 있어서 알코올이나 약물, 마약 등의 구매력을 지원하게 되는 부정적 결과를 가져다줄 수 있다.

둘째, 현금급여는 개인이 현금급여를 통하여 확보하게 되는 구매력이 실제로 시장에서 요구되는 복지상품의 가치와 괴리되는 현상이 발생하게 된다. 이에 따라 현금급여는 종종 급여수준의 과부족 문제를 초래하게 될 수 있다.

셋째, 현금급여는 수급자의 효용은 높일 수 있으나 그것이 곧 사회 전체의 효용을 높이는 것과는 무관하다.

넷째, 현금급여는 모든 수급자가 합리적인 선택을 하지 못한다는 점이다.

(3) 현물급여

현물급여는 사회복지의 역사적 발전단계에서 보면 복지국가가 발전되기 이전(20세기 이전)에 중요하였으나, 이후 국가에 의한 본격적 소득보장정책이 발전되면서 현금급여보다 상대적으로 비중이 약해졌다. 왜냐하면 현물급여는 오늘날에도 제한된 사회복지자원에서 사회복지정책에의 필요가 매우 높은 소수인에게 급여가 필요하기 때문이다(김태성, 2004 : 370).

현물급여는 현금이 아니라 상품이나 현물의 형태로 전달되는 급여이다. 이러한 현물급여는 사회복지기관이 직접적으로 생산, 공급하는 방법과 시장의 기능을 토대로 생산된 복지상품을 개인이 소비를 하도록 하고 그 비용을 대신 지원하는 방법이 있다.

일반적으로 세계적 추세는 현물급여의 역할비중이 점차 높아지는 경향을 보이고 있다. 그 중요한 이유로 주로 현물급여의 형태로 이루어지게 되는 교육서비스, 재활사업과 예방사업에 대한 사회적 관심이 높아지고 있기 때문인 것으로 생각된다.

현물급여는 다음과 같은 장점을 가지고 있다(이정우, 2004 : 268-270 ; 김태성, 2004 : 369-371; 오미옥 외, 2013 : 101).

첫째, 정책의 목표효율성(target efficiency)을 높일 수 있다. 모든 정책은 세부적 목표를 갖고 있고, 정책결정자에게 정책의 성공 여부는 이러한 목표들을 얼마나 효율적으로 이루었는지에 따라 판단된다. 이러한 측면에서 현물급여가 현금급여보다 더 효율적으로 정책목표를 이룰 수 있다는 점에서 선호한다.

예컨대, 정책의 목표가 빈곤자로 하여금 인간다운 생활을 할 수 있는 주택을 제공한다면, 직접 주택을 지어 빈곤자가 살게 하는 것이 효율적일 것이다. 만일 주택수당을 줄 경우, 수급자가 이 돈을 주택비용으로 사용하지 않고 다른 용도로 사용한다면 본래의 복지정책목표는 이루지 못하며 비효율적이 된다.

현금급여가 다른 용도로 사용된 예로 1970년대와 1980년대 미국에서 주택급여제도를 시행한 바 있는데, 주택급여 수급자의 단지 10% 정도만이 주택급여를 원래 목적대로 사용했다는 것은 대부분의 수급자들이 주택급여를 소득보조제도로 인식했다는 것을 의미하는 것이다(원석조, 2013 : 54). 즉, 현물로 급여할 때가 수급자의 소비단계에서의 통제력이 크기 때문에 복지정책목표에 적합하게끔 소비가 이루어지는 것이다.

둘째, 현물급여는 문제의 극복을 위해 필요로 하는 상품이나 서비스를 직접적으로 제공함으로써 개인의 부적절한 소비행위를 통제할 수 있다. 소비를 개인의 자유에 맡길 수 없는 부분이 있다고 본다. 음식, 보건의료, 학교급식 등 기본적 욕구가 그것이다. 이런 것들을 개인의 자유에 맡길 경우 그런 것들 대신 술, 값비싼 운동화 등을 살 수도 있다는 것이다. 이를 나쁜 선택(bad choice)이라고 한다(원석조, 2013 : 54).

셋째, 현물급여는 가장 경제적인 방법으로 복지상품을 생산할 수 있는 여건을 갖추고 있다.

현물급여는 규모의 경제효과가 있어 생산단가를 낮출 수 있다. 즉, 특정 재화를 현물급여로 지급할 경우, 그 재화는 대규모로 생산, 공급되기 때문에 그 재화의 생산, 공급비용을 줄일 수 있다는 것이다(구인회 외, 2013 : 230). 구체적으로 사회복지기관이 복지상품을 직접적으로 생산하게 될 경우 대량생산과 대량소비의 방법으로 비용절감을 할 수 있고, 시장의 기능을 통해 생산하게 됨으로써 사회복지기관은 상품의 가격이나 질을 적절하게 조절할 수 있는 능력을 가지게 된다.

넷째, 현물급여의 경우 현금급여에 비해 재분배의 효과가 상대적으로 높게 나타난다. 왜냐하면 현물급여는 그 특성상 동일한 피해현상에 대하여 동일한 내용이나 수준의 급여를 제공하게 되기 때문이다.

따라서 현물급여는 현금급여보다 욕구가 많은 사람과 그렇지 않은 사람을 더 확실히 구분할 수 있어, 급여가 필요한 사람들에게 집중적으로 급여를 제공할 여지가 크다가 할 수 있다(구인회 외, 2013 : 229).

다섯째, 현물급여는 현금급여에 비하여 정치적 측면에서 선호된다. 일반적으로 납세자들은 자신들이 낸 세금이 어떤 용도로 사용되고, 어떤 목표를 이루었는지에 대해 막연하나마 관심이 있다고 볼 수 있다. 현금급여의 경우 수급자가 확실하게 드러나지 않기 때문에 자신이 낸 세금이 어떻게 쓰이는지 납세자들은 눈으로 확인할 수 없다. 즉, 사람들은 자신들이 낸 세금으로 가시적이고 구체적인 어떤 성과를 보기를 원한다. 예컨대, 빈곤자의 빈곤아동이 의료서비스를 받아 건강해졌다든지, 무상교육을 받아 진학률이 높아졌다든지 등이다. 현물급여는 이렇게 납세자들이 원하는 구체적 목표를 비교적 명확히 이룰 수 있기 때문에 납세자들은 일반적으로 현금급여보다 현물급여를 선호한다. 이러한 현상은 특히 미국과 같은 이념적으로 사회복지의 확대를 반대하는 세력이 강한 국가에서 강하게 나타난다고 볼 수 있다(김태성, 2004 : 370).

여섯째, 현물급여는 현금급여에 비하여 평등 차원에서 선호된다. 즉, 대부분 사람들은 평등이라는 차원에서 소득의 평등보다는 필요한 물품의 평등에 더 많은 관심을 갖는다. 따라서 국민을 대상으로 이러한 물품 평등주의를 주장하는 것이 용이할 수 있다(홍봉수 외, 2011 : 184).

또한 현물급여 프로그램을 관리하는 관료들도 현금급여 프로그램보다 현물 프로그램을 선호하는데, 그 이유는 현물의 경우에 그들의 조직이 커질 수 있어 권력이나 기타 여러 가지 측면에서 유리하기 때문이다. 즉, 현물급여를 제공하는 경우, 그것을 관리하는 관료들은 수급자들에 대한 영향력이 현금급여의 경우보다 커지게 되며, 또한 급여와 관련된 물품을 생산, 공급하는 사람들에 대한 영향력도 커지게 된다(구인회 외, 2013 : 230). 예컨대, 공공주택 프로그램은 기타 여러 가지 측면에서 유리하기 때문이다. 공공주택 프로그램을 관리하는 것이 현금 프로그램인 주택수당을 관리하는 것보다 주택의 건설유지, 배분 등에서의 권력행사로 인하여 그들의 조직규모가 커지는 것이다(Weicher, 1980, 김태성, 2004 : 371 재인용). 따라서 이러한 측면에서도 현물급여가 현금급여보다 정치적으로 설득력이 있다는 것이다.

그러나 현물급여는 획일화된 급여제공으로 서비스 대상자의 자유의지나 개인의 선택을 존중하지 않아 비인간적인 급여체계라는 지적을 받고 있어 다음과 같은 기능적 한계가 있다(이정우, 2004 : 269-270; 오미옥 외, 2013 : 102-103).

첫째, 현물급여는 국가나 사회복지기관이 급여의 종류와 수준을 결정하게 되므로 복지수급자의 실제적 복지욕구를 무시할 수 있다.

둘째, 현물급여는 국가나 사회복지기관 주도의 생산방식은 복지상품을 표준화, 규격화, 획일화시켜 다양하고 전문적인 사회적 욕구에 적절하게 대처할 수 없다.

셋째, 현물급여는 복지수급자에게 낙인이나 치욕감을 줄 수 있다. 미국에서 1960년대 이후 저소득층을 위한 대규모의 공공주택을 건설하여 살게 하였으나, 오늘날 대부분 슬럼가로 변해 실패한 것으로 평가받는데, 그 가장 큰 이유 중의 하나가 공공주택에서 사는 것이 치욕을 불러일으키기 때문이다. 따라서 공공주택과 같은 현물급여보다는 주택부조(housing assistance)와 같은 현금급여의 방법이 치욕의 문제를 해결할 수 있다. 현물급여가 수치심을 주기 때문에 많은 복지대상자가 현물로 급여하는 사회복지 프로그램의 자격이 되는데도 불구하고, 신청을 하지 않아 급여를 받지 못하는 경우가 발생할 수 있고, 비인간적 처사가 될 수도 있다(박정호, 2004 : 148).

넷째, 현물급여는 상품의 생산을 위해 사전적으로 요구되는 설비 투자 비용이 과도하게 나타나는 문제점이 있다.

다섯째, 현물급여는 국가나 사회복지기관이 복지상품의 직접적 생산자가 될 경우 시장원리의 부재에 따른 각종 비효율성 문제와 관료화의 문제가 발생할 수 있다.

예를 들면, 우리나라 건강보험제도에서 볼 수 있는 과잉진료 또는 진료의 왜곡현상, 과도한 의료수요, 의료수가의 결정과 관련한 이해갈등 등이 문제점으로 지적될 수 있다(오미옥 외, 2013 : 102-103).

현금급여의 이러한 문제점에 대한 극복방안의 대표적 사례가 현재 미국에서 실시되고 있는 '식품구입권제도(food stamp system)'이다. 식품구입권제도는 국가가 저소득계층을 대상으로 그들의 기초생활에 필요한 상품이나 서비스를 시장에서 구입할 수 있도록 제공하는 일종의 증서로 다음과 같은 측면에서 장점이 있다.

첫째, 식품구입권제도는 소비자의 상품선택권을 합리적 수준으로 보장해 줄 수 있다는 점에서 현금급여와 현물급여의 장점을 동시에 반영하고 있다. 왜냐하면 식품구입권의 소비자는 시장에서 자신의 욕구에 적합한 복지상품을 구입할 수 있기 때문이다.

둘째, 식품복지상품의 생산이나 유통이 시장의 기능을 토대로 하여 이루어지므로 식품구입권제도는 한편으로는 시장경제의 운영원리에 최대한 부합할 수 있을 뿐만 아니라 관리비용을 최소한의 수준으로 억제할 수 있다.

셋째, 식품구입권제도는 상품의 선택범위를 생필품으로 제한함으로써 현금급여에서 발생할 수 있는 수혜자의 부적절한 소비행위를 통제할 수 있다.

그러나 식품구입권제도는 이러한 장점이 있는 반면에 복지상품의 구입과정에서 종종 대상자의 수치심을 유발하게 된다는 점이 문제점으로 지적되고 있다.

(4) 종합적 평가

현금급여는 개인의 자유와 소비자 선택에, 현물급여는 사회통제와 집합적 선(collective good)에 기반을 두고 있다. 현금급여 옹호론자들도 특수한 경우, 예컨대 정신질환자 문제의 해결책으로 현금급여 대신 현물급여(정신병 치료를 위한 시설의 신설 및 관련 의료인력을 통한 치료서비스)를 주장한다. 현물급여와 현금급여 간의 선택에서 초점은 개인의 자유와 사회통제 간의 갈등에 있는 것이 아니라 정부의 사회복지정책집행과정에서 복지수급자 개인의 선택의 기회가 극대화될 수 있도록 만드는 데 있다(Gilbert & Terrell, 2002 : 129-132; 원석조, 2013 : 55-56).

따라서 현금급여와 현물급여는 각각의 장점과 단점을 모두 갖고 있어 어느 형태가 우월하다고 말하기 어렵고 어느 한쪽의 급여유형이 사회복지급여를 전체적으로 지배하는 것은 바람직하지 못하다.

현금급여와 현물급여의 선택은 그 시대의 지배적인 가치에 의해 결정되는 경향이 있고 사회복지정책의 영역에서도 차이를 보이는데, 우리나라의 경우 소득보장은 주로 현금급여로 이루어지지만, 건강 · 교육 · 주택 · 개별서비스 등은 대체로 현물급여로 이루어지고 있다(김영화 외, 2008 : 195).

따라서 가장 이상적인 사회복지급여유형은 자기선택과 결정권, 효용의 극대화, 인간존엄성의 가치를 반영하여 적절한 수준의 현금급여를 하고, 교육서비스나 의료의 경우는 물품평등의 가치, 복지물품 선택의 어려움, 정치적 측면 등을 고려하여 현물급여를 하는 것이 바람직하다고 할 수 있다(오미옥 외, 2013 : 103).

사회복지급여의 유형으로서 현금급여와 현물급여를 요약하면 〈표 8-2〉와 같다.

표 8-2 현금급여와 현물급여 비교

구분	현금급여	현물급여
주요내용	복지수급자에게 복지서비스가 화폐의 형태로 전달되는 것으로서 사회보장연금이나 공공부조의 현금급여 등이 여기에 해당된다. 개인의 자유와 소비자 선택을 중요시한다.	복지서비스가 현물의 형태로 전달되는 것으로서, 건강보험의 진료서비스, 장애인복지급여의 보장구 등이 여기에 해당된다. 사회통제와 집합적 선(善)을 중시한다.
장 점	복지상품 선택의 자유를 극대화하고, 시장기능을 바탕으로 복지상품의 생산방식 및 관리비용의 절감과 행정적 편의를 제공할 수 있다.	대량생산과 분배를 통해 낭비를 줄이고 재분배의 효과가 있으며, 필요한 곳에 복지상품의 직접적 제공으로 용도 외 사용을 막아 목표달성에 효과적이다.
단 점	용도 외 사용이 가능하다(목적 외 사용통제수단 결여). 급여수준과 복지상품가격 간의 괴리가 있다.	선택의 자유를 제한하고, 시장기능의 제약과 복지상품의 표준화 및 규격화가 어렵고, 관리비용이 많이 든다.

출처 : 원석조(2013 : 55) ; 이정우(2004 : 270).

2) 사회적 급여

사회복지정책의 급여유형으로서의 사회적 급여에 관한 논의는 현실적으로 이루어지고 있는 사회복지정책을 통한 서비스의 다양한 형태와 그 원인을 분석하는 데 있어 효과적이지 못하다. 즉, 사회적 급여의 형태는 기본적으로 현금급여와 현물급여 2가지 형태로 정책입안자들이 실제로 직면하는 현실을 단순화시키는 폐단이 있다.

이들 유형에 포함되지 못하는 다양한 급여형태를 분석하는 데 한계가 있다. 따라서 다양한 급여유형을 분석하기 위하여 새로운 분석기준이 요청된다(현외성, 2002 : 163-167).

실제로 복지정책의 집행에 있어서는 다양한 형태로 나타나게 된다. 예컨대, 주택급여의 경우 공공주택 제공, 주택유지보수서비스, 주택수당, 주택임대료증서(rent vouchers) 등이 있다. Gilbert와 Terrell(2002 : 132-133)은 급여형태와 교환가치의 관점에서 볼 때 사회적 급여를 증서(상환권), 기회, 서비스, 권력, 현금(세금감면), 재화(현물, 상품권) 등 여섯 가지로 나누고 있다.

(1) 증서(상환권)

증서(voucher) 또는 상환권은 현금급여와 현물급여의 장점들을 살릴 수 있는 제3의 급여형태이다. 증서는 정부가 일정한 자격기준이 되는 개인에게 특정한 재화나 서비스에 대한 쿠폰(coupon)이나 카드 형태로 구매권을 인정해 주는 정책수단으로서 복지수급자가 일정한 용도 내에서 원하는 재화나 서비스를 자유롭게 선택할 수 있게 해 주는 사회복지급여형태이다.

증서는 교환가치를 갖고 있고 일정한 범위 안에서 본인이 원하는 재화나 서비스를 자유롭게 선택하거나 갖가지 자원으로 교환할 수 있는 급여형태이며, 증서의 유형은 다음과 같다.

첫째, 미국의 푸드 스탬프(food stamp) 프로그램은 수급자에게 증서를 주어, 이것을 이용하여 음식물이라는 용도 내에서는 다양하게 선택하게 한다(김태성, 2004 : 372).

둘째, 교육증서이다. 지금까지의 교육서비스에서 복지수급자들은 선택권이 없이 자신들이 거주하는 지역의 특정 학교에 배정받았으나, 교육증서는 복지수급자들로 하여금 다양한 학교 가운데 본인이 원하는 어느 하나를 선택할 수 있게 한다.

셋째, 주택증서이다. 미국의 경우 주택증서 프로그램은 과거의 실망스러운 주택정책의 결과에 대한 대안의 하나로 강구되었다. 정부의 공공주택정책, 특히 도심에 거주하는 저소득 계층을 위한 주택정책은 실패에 실패를 거듭해 왔다. 따라서 주택증서 프로그램은 어디든지 사용할 수 있어 빈민도 일반 지역사회 안에 거주하고 있다.

사회적 급여형태로서 증서는 현금급여와 현물급여의 중간적 성격을 갖고 적어도 이론적으로는 현금과 현물 형태의 장점을 살리면서 단점을 줄일 수 있다.

또한 증서는 다음과 같은 장점이 있다(박정호, 2004 : 154-160; 김태성, 2004 : 373-375; 홍봉수 외, 2011 : 186-187; 오미옥 외, 2013 : 104-105).

첫째, 증서는 현물급여에 있어서 관리, 행정비용을 줄일 수 있다. 증서의 보관과 관리에 따른 노력과 비용이 적지 않게 소요될 수 있지만 배분의 과정, 즉 복지수급 대상자에게 현물을 전달하는 과정에서도 마찬가지의 어려움이 따를 수 있는 것이다.

둘째, 증서는 현물급여의 장점인 정책의 목표효율성이나 대상효율성을 부분적으로 살릴 수 있고, 현물급여보다 복지수급자의 효용을 증가시킬 수 있다.

셋째, 증서는 복지수급자에 대한 사회적 통제의 효과를 어느 정도 거둘 수 있다. 증서는 식품에만 구입허용, 술 및 의류를 제외함으로써 일정한 범위 내에서의 자원만을 구입하도록 하여 복지대상자가 미리 정해 둔 용도와 목적에 맞게 급여를 사용하도록 할 수 있다.

넷째, 증서는 정치적으로도 현물급여와 유사한 기능을 하므로 납세자들이나 증서에서 사용될 재화나 서비스를 만드는 생산자들의 지지를 얻을 수 있다.

다섯째, 증서는 일정 범위 내이긴 하지만 복지수급자가 선택의 자유를 행사할 수 있도록 하고 있다. 예컨대, 식권 프로그램뿐만 아니라 교육 및 주택부문에서 소비자 주권을 어느 정도 존중할 수 있다는 이점을 지니고 있다.

여섯째, 증서는 공급자들 간의 경쟁을 통하여 재화나 서비스의 시장가격을 인하할 수 있으며, 품질을 높일 수 있다.

이상에서 살펴본 바와 같이 증서는 적어도 이론적으로는 현금급여와 현물급여의 이상적 속성을 지니고 있음에도 불구하고, 대부분의 복지국가에서 증서는 주요한 급여형태로 취급하지 않고 있으나 점차 증가 추세에 있다(오미옥 외, 2013 : 105).

그 이유는 첫째, 증서의 '중간적 성격' 때문이다. 일반적으로 민주주의 사회에서 어떤 정책이 채택되고 유지되기 위해서는 강한 정치적 지지세력이 있어야 하지만 증서는 그것의 중간적 성격 때문에 확고한 지지세력이 없다는 점이다.

둘째, 증서는 현시점에서 많은 오용과 남용의 문제가 발생하여 이론적 측면과 달리 현물급여의 장점인 목표의 효율성을 이루는 데 큰 어려움이 있다는 점이다.

따라서 증서는 사회통제의 기능을 하면서 동시에 소비자 주권을 어느 정도 보장하는 측면이 있기 때문에 집합주의자와 개인주의자 사이에 점차 광범위하게 채택되고 있다.

(2) 기 회

기회(opportunity)는 의도한 목표를 달성하기 위해 취해지는 인센티브(incentive)나 제재(sanctions) 등을 가하거나 동기를 부여하는 것을 말한다. 즉, 기회는 사회 내의 불이익 집단 또는 특별히 사회에 공헌한 사람들에게 취업이나 교육 또는 승진, 시험 등에서 다른 사람들보다 많은 기회를 제공하는 것이다(구인회 외, 2013 : 235).

급여형태로서 기회는 현물급여나 현금급여처럼 어떠한 상품가치가 있는 것이 아닌 무형의 급여형태이고 매우 포괄적인 개념으로서 추상적 의미가 강하다. 다만 사회생활을 하는 데 있어서 개인적으로 부족한 것으로 인해 받지 못하는 기회불평등을 제거하자는 의미로 받아들일 수 있다.

사회복지정책은 기회창출과 이익배분과 관련이 있다. 재화와 서비스와 달리 우선권 부여(opportunity benefits)는 시민권의 보장과 기타 기회(extra chance)의 제공을 포함하게 된다(원석조, 2013 : 56).

사회복지정책의 급여형태 중에서 사회적 약자인 소수인종, 여성, 노인, 장애인, 의사상자 등에게 진학, 취업, 승진 등에서 경제력을 높일 수 있는 유리한 기회(opportunity)를 주어 시장의 경쟁에서 평등한 기회를 주는 복지급여형태이다. 기회급여의 논리적 근거는 이러한 집단에 속하는 사람들은 사회에서 과거의 부정적 차별(negative discrimination)을 받는 것에 대해 보상하는 차원에서 다른 사람들과 적극적 차별(positive discrimination)을 해야 한다는 것이다.

일반적으로 차별은 사회적 약자에게 손해를 끼치는 데 반해, 적극적 차별은 사회적 약자 또는 불이익 집단에게 더 많은 이익을 제공하는 형태의 차별을 말한다(구인회 외, 2013 : 236).

예컨대, 소수인종이나 여성, 농어촌민 및 자녀에게 대학 입학정원의 일정한 인원을 배정하거나 일자리의 일정 부분을 이들에게 할당하는 것 등이다.

기회급여를 제공하는 방법의 궁극적 목표는 노동시장의 경쟁에서 불리한 것을 제거, 보완함으로써 사회적 약자의 소득을 높이는 사회복지정책목표를 달성하는 데 있다. 기회는 궁극적으로 다른 급여의 혜택을 받도록 유인하지만, 직접적 교환가치는 없고 제공된 목적이나 용도로만 사용되므로 타인에게 양도할 수 없으며, 재화와 서비스와 같은 다른 형태의 급여와 바꿀 수 없다는 특징을 가지고 있다.

기회급여의 형태인 우선권(extra-chances) 내지 특수기회 부여는 다음과 같은 장점이 있어 사회복지급여 형태로 채택하고 있다(신상준, 1989 : 239).

첫째, 재정과 직접적으로 연계되지 않아 조세저항이나 재정압박이 적다.

둘째, 복지수급자의 재활을 돕고 명예훼손이나 수치심을 주지 않는다.

셋째, 물질로 해결할 수 없는 영역의 복지구현이 가능하다.

반면에 기회급여의 형태는 사회적 불이익 집단들에게 집중적으로 혜택을 주므로 목표효율성이 높아 소득의 재분배 효과는 크지만 다음과 같은 단점도 있다(오미옥 외, 2013 : 106-107).

첫째, 특정 집단에 속한 사람들에게만 기회급여를 제공하면 그렇지 못한 사람들에게는 불평등을 초래할 수 있다.

둘째, 집단별 평등을 지나치게 추구하다보면 노동의 동기가 약화되거나 가족해체 등의 현상이 발생할 수 있다.

셋째, 사회구성원 전체를 대상으로 하는 포괄적인 사회복지정책을 방해할 수 있다.

넷째, 사회복지혜택을 둘러싼 집단들끼리의 첨예한 대립으로 이익집단 정치가 발생할 수 있다.

(3) 서비스

국가가 국민에게 급여하는 모든 복지혜택을 복지급여라고 한다면, 이 복지급여에는 유형적인 현금급여와 현물급여뿐만 아니라 무형적인 복지서비스도 포함된다.

서비스(services)란 가정보호, 개인상담, 케이스매니지먼트(case management), 직업훈련 등과 같이 수급자를 위한 제반 활동으로 시장에서 다른 재화와 교환할 수 없는 복지급여를 말한다(원석조, 2013 : 56).

클라이언트의 이익을 위해 수행되는 대인적 활동인 서비스는 인간관계를 통해 클라이언트의 변화를 가져오기 때문에 즉각적인 시장가치로 환원되지 않는다(김영화 외, 2008 : 195-196).

복지서비스는 대상별로 볼 때 노인서비스, 청소년서비스, 아동서비스, 출산서비스, 가족서비스, 장애인서비스 등으로 나눌 수 있으며, 서비스의 내용은 복지대상자의 문제해결을 위해 케이스 매니지먼트, 교육, 상담, 치료, 지도, 재활, 보호, 의료 및 직업훈련 등에 걸쳐 광범위하다.

서비스 급여는 서비스 자체가 복지대상자에게 직접적 현금이나 현물가치를 부여하는 것은 아니기 때문에 유동성이 크며, 서비스 제공자에 따라 서비스 내용도 차이가 날 수 있다. 복지대상자의 욕구를 해결하기 위해 제공되는 것이기 때문에 욕구해결을 위한 서비스는 무형의 것으로 표준화 작업도 사실상 어렵다.

한편 서비스 급여는 기회와 같이 사회복지대상자의 자립과 자활을 가능하게 하는 중요한 급여형태로 평가되며, 특히 다른 공공정책과는 달리 사회복지정책이 지닌 정체성(identity)이라는 독특한 심리사회적 속성을 갖고 있는 급여의 유형으로도 중요하다. 따라서 서비스 급여는 상대적으로 서비스 제공자의 전문성이 요구되므로 매우 중요한 의미를 지닌다.

또한 사회복지정책의 목적이 임시적인 물질적 급여보다는 클라이언트의 항구적인 자립생활을 가능하게 한다는 의미에서 서비스 급여의 비중은 매우 크다고 할 수 있다.

(4) 권 력

권력(power)은 재화와 자원에 대한 영향력을 재분배하는 것과 연관되며, 의사결정권을 특정 집단에게 이양하는 정책을 통해 획득된다. 사회복지정책의 이해 당사자가 정책결정과정에 직접 참여하여 자신의 이해관계를 제시하며 정책에 영향력을 미칠 수 있다. 즉, 사회복지정책 중에서는 사회복지정책의 수급자로 하여금 정책결정에 대한 권력을 주어 급여자격, 급여수준 등이 그들에게 유리하게 결정되도록 하는 것들이 있다. 흔히 영향력의 재분배는 빈민, 클라이언트 및 다른 사회적 약자 집단 등의 대표자들을 사회복지 관련 기관의 이사로 선임하는 정책을 통하여 이루어진다. 예컨대, 우리나라 건강보험이나 국민연금의 경우 가입자 대표, 노동조합이나 시민단체의 추천을 받은 자를 각종 위원회의 의사결정에 참여시키는 것이 권력급여의 일종이다.

권력은 재화나 서비스와 같이 클라이언트가 직접적으로 소비 또는 이용할 수 있는 것은 아니지만, 그들의 사회경제적 선택에 많은 영향을 주기 때문에 클라이언트에게 매우 중요하다(원석조, 2013 : 57).

권력급여는 현금이나 신용급여와 같이 직접적으로 사용할 수 없으나 물질적 재화, 서비스 및 기회와 같은 사회적 급여형태에 미치는 사회경제적 자원을 보다 폭넓게 선택할 수 있는 여지를 갖고 있다. 이런 관점에서 권력급여는 유동적 교환가치(a fluid exchange value)를 가지고 있다고 할 수 있다(박정호, 2004 : 152-153; 구인회 외, 2013 : 239).

사회복지 수급자가 정책결정에 참여하여 복지정책에 자문 등으로 영향을 주게 되면 사회복지 수급자는 실질적으로 많은 이득을 받을 수 있을 것이다. 그러나 현실적으로 기회의 경우처럼, 정책 및 의사결정에 시민참여는 대부분 명목적 참여, 일명 토크니즘(tokenism)에 그치기 쉽다. 그 이유는 첫째, 사회복지 수급자들의 참여율이 낮을 뿐만 아니라 참여한 사람들이 실질적으로 사회복지 수급자의 이익을 대변하기보다는 기존의 사회복지정책결정자들에 의하여 선택된 사람들이다(Kramer, 1969). 둘째, 사회복지 수급자들이 복지정책의 내용에 대한 전문지식이나 이해가 적기 때문에 참여를 하더라도 실질적 복지정책의 변화에 영향을 주기란 쉽지 않다(김태성, 2004 : 377-378); 오미옥 외, 2013 : 108).

권력급여도 기회급여처럼 실질적으로 사회복지 수급자들에게 이득이 가기 어려울 뿐만 아니라 참여민주주의(participation democracy)의 이름하에 대개의 경우 기득권자의 합리화를 위한 도구로 전락할 가능성이 높다고 할 수 있다.

(5) 현 금

현금급여(cash benefit)는 복지수급에 대한 급여를 화폐형태로 전달하는 것이다. 현금급여는 공공부조, 아동수당, 보육수당, 노령연금 및 사회보험 등과 같은 프로그램에서 현금을 지급하여 구매력을 제공하는 형태이다. 이 급여는 구매력 행사에 제한이 없어 보편적인 교환가치가 크고, 소비자 선택의 측면에서 가장 폭넓은 기회를 제공한다. 특히 현금은 수치심(stigma)을 가장 적게 느끼게 하는 급여방법이다.

현금급여는 그 지급이 일시적으로 이루어지는 일시급과 정기적으로 이루어지는 정기급여가 있으며, 급여의 선택은 개인적 여건과 국가사회적 상황에 따라 달라질 수 있다(오미옥 외, 2013 : 108-109).

현금급여와는 약간 차이가 있으나, 광의의 현금급여에 속하는 세금감면, '융자'와 '대여'제도가 있다. 이러한 급여유형은 간접적으로 현금급여를 제공함으로써 개인과 가족의 구매력을 증가시킨다. 현금을 통한 자기표현, 자율적 소비형태, 사회적 · 심리적 독립성 등은 자기결정권을 보장하는 것으로서 사회와의 상호작용 또는 사회적 응력을 향상시킬 수 있다는 장점을 고려하여 사회복지급여체계에 있어서 현금급여의 방법으로 병행되고 있다.

(6) 물질적 재화(현물, 상품권)

물질적 재화(goods)는 식품, 의복 및 주택 등의 구체적 상품을 말하는 것으로서 사회복지 수급자의 필요에 따라 적절하게 제공함으로써 기본적 문제와 욕구해결을 가능하게 한다. 물질적 재화는 일반적으로 현금에 비해 교환가치가 낮아 유통경로가 매우 제한적이므로 제한적 이전가치를 지니고 있다. 즉, 쌀은 주식으로만 사용되고 주택은 거주하는 곳으로만 사용되어 다른 급여의 유형으로 가치가 이전되어 사용되지 않는다는 것이다. 예컨대, 전당포, 벼룩시장 및 비공식적 물물교환과 같은 주변적 교환의 통로에서 제한적으로 통용된다.

물질적 재화는 양과 질이 확정되어 있어 측정하기도 용이하기 때문에 시장가치로 환원하는 것은 어렵지 않다. 그러나 구체적 물품으로 형상화되어 있어, 교환에 있어서는 상대적으로 어렵다. 물질적 재화는 사회복지 수급자들이 직면하고 있는 기본적 욕구를 직접적으로 충족시킬 수 있는 급여유형이지만, 특정의 목표에 맞추려는 정책적 의도에 따라 제공되는 경향을 갖고 있다. 이러한 관점에서 사회복지 수급자들은 특정한 방향으로 몰아가는 사회통제적 의미를 동시에 갖게 되므로 그래서 현재 물질적 재화나 상품은 복지서비스 주체(행정관료)들에 의해 선호되어 정치적으로 채택될 가능성이 높다(김태성, 2004 : 367-371).

3 급여의 수준

1) 사회복지정책 급여수준의 결정기준

일반적으로 국민은 사회복지정책급여의 수준에 많은 관심을 갖는다. 왜냐하면 사회복지정책의 급여가 어느 정도의 수준으로 제공되는지에 따라 국민의 복지수준과 삶의 질에 영향을 미치기 때문이다.

사회복지정책의 급여수준은 일반적으로 적정선을 최저기준(하한선)으로 하고 균등선을 중간축으로 하며 형평성(equity)에 입각하여 일정한 상한선의 범위 내에서 상하로 신축성 있게 하는 것이 이상적이라고 할 수 있다(신상준, 1989 : 216). 그러나 구체적으로 사회복지정책의 급여사유에 따라 급여수준은 달라져야 한다. 즉, 속성적 수요는 당해 욕구에 따라 보다 균등선(equality line)에 가깝도록 사회복지정책의 급여수준이 결정되어야 하고, 보상인 경우는 사회적 공헌도나 사회적 편견에 의한 희생을 보상받을 수 있을 정도로 충분해야 하며 적어도 균등선은 유지되어야 한다. 진단의 경우는 전문가의 진단에 기초하여 재활이 가능한 최소한의 급여수준이 유지되어야 한다. 그리고 자산조사에 의한 수요인 경우 최저한의 경제적 욕구를 충족시킬 수 있는 하한선, 즉 최저생계비인 빈곤선(poverty line)이 유지되어야 한다(신상준, 1989 : 216-217).

그러나 사회복지정책 급여수준을 결정함에 있어 우선 사회적 효과와 비용효과(cast-effectiveness)가 고려되어야 한다. 사회적 효과(social-effectiveness)는 복지정책이 근로동기유발이나 기타(부양가족급여와 같은 경우의 산출증가영향, 자산조사 시의 낙인방지, 명예보장 등)가 미치는 사회적 영향을 의미하며, 비용효과는 복지예산과 복지정책 산출성과 사이의 비교분석을 의미한다(신상준, 1989 : 160).

Martha N. Ozawa(1978 : 41-48, 신상준, 1996 : 217-219 재인용)는 사회복지정책의 구현방법을 기본적으로 소득보장정책(income maintenance policy)에 두고 이 소득보장정책을 평가하는 관념적 기준으로 ① 적정선(adequacy), ② 형평성(equity), ③ 경제적 능률성(economic efficiency), ④ 근로동기유인(work incentives), ⑤ 낙인과 자기 이미지 유지성(stigma and self-image of beneficiary), ⑥ 반빈곤효과(anti-poverty effectiveness), ⑦ 저축의욕에의 영향(effects of incentive to save), ⑧ 행정능률(administrative efficiency)을 제시하고 있다.

이들을 좀 더 구체적으로 살펴보면 다음과 같다.

① 적정선 : 소득보장은 한 가정에 적정 최저소득을 보장받도록 하는 것으로서, 여기에는 경제성장이나 생활수준의 변화를 고려하지 않는 정태적 절대수준과 생활수준의 변화를 고려한 동태적 상대수준이 있다. 적정선은 상대수준의 개념에 입각하여 설정한다는 것이다.

② 형평성 : 동일한 규모의 가족에게는 동일한 사회복지정책의 급여가 전달되어야 한다는 수평적 형평성과 가족은 동일한 규모일지라도 많은 소득을 필요로 하는 수직적 형평성 양자 모두를 의미한다.

③ 경제적 능률성 : 사회복지급여가 그를 필요로 하는 빈곤한 대상목표주민(targeted population)에게만 집중적으로 투자되어야 한다는 것이다.

④ 근로동기유인: 소득보장은 근로동기유인이 확보되는 범위 내에서 이루어져야 한다는 것이다.

⑤ 낙인과 자기 이미지 유지성: 소득보장은 복지수급자에게 낙인이나 명예를 침해하지 않도록 해야 한다. 또한 자산조사(means test)의 과정에서 복지수급자라는 낙인이 찍히거나 자기 이미지를 침해받지 않도록 복지수급자의 명예를 보장해야 한다는 것이다.

⑥ 반빈곤효과: 빈곤예방의 정도를 측정하는 지표는 첫째, 소득보장급여에 의해 빈곤자가 비빈곤자로 전환되기 전·후의 전체 가정에 대한 빈곤가정의 비중, 둘째, 빈곤과 비빈곤의 전환기에 빈곤자를 위해 급여한 소득보장으로 보충되는 빈곤자의 총소득결손과 빈곤과 비빈곤 전환기의 총소득결손과의 비중 모두를 의미한다.

⑦ 저축의욕에의 영향: 소득보장급여가 저축의욕을 저해해서는 아니 된다는 것이다.

⑧ 행정능률: 최소의 비용, 시간, 인력으로 최대의 행정효과를 올린다는 것이다.

이상에서 살펴본 바와 같이 대체로 복지정책급여의 수준은 첫째, 복지수급자의 갹출액, 둘째, 복지수급자 본인의 개별적 수요, 셋째, 일반인의 평균적 수요, 넷째, 복지수급자의 과거 소득 등의 네 가지 기준과 해당 국가가 지니고 있는 사회경제적 사정에 의해 결정된다고 할 수 있다(Burns, 1956: 19-56; 김정헌·박명호, 2014: 219-220).

일반적으로 합의되고 있는 복지정책 급여수준은 그 나라 국민에게 생활의 모든 측면에서 사회적으로 인정되고 있는 '최저생활의 보장'이다(George & Wilding, 1984; 강욱모, 2004: 233). 우리나라도 「헌법」 제34조에 "모든 국민은 인간다운 생활을 추구할 권리를 가진다"고 규정하여 모든 국민이 건강하고 안정된 문화적 생활을 영위하도록 최저한의 생활을 보장하고 있다.

이와 같이 급여의 대전제가 '최저생활'의 보장에 한정되는 이유는 첫째, 자본주의 체제의 기본질서가 자기책임의 원칙을 전제로 하고 있다는 점이며, 둘째, 급여의 '최저생활'의 내용은 그 하한선이 되는 국민최소한(national minimum)의 경우에 있어서도 고정적 · 절대적 수준이 아니라 경제적 · 사회적 조건의 규정에 따라 부단히 변화하는 상대적 개념으로서 파악된다는 점이다. 마지막으로 급여의 '최저생활'수준은 한 국가의 일정한 시기의 최저임금수준에 의해 규정되는데, 원칙적으로 최저임금수준 이상이 될 수 없다는 점이다. 왜냐하면 국가에 의한 복지정책 급여수준은 경제적 · 사회적 조건에 따라 끊임없이 변화하는 상대적 개념으로서 파악되고 있기 때문이다(강욱모, 2004 : 234-237).

2) 공공부조의 급여수준

공공부조는 복지수급자 본인의 개별적 욕구와 일반 국민의 평균적 욕구에 의해 급여수준이 결정된다. 공공부조의 급여수준은 빈곤선 또는 저소득수준이란 개념도구가 사용된다. 빈곤선이란 빈곤과 비빈곤의 분수령을 말한다.

빈곤을 해소하기 위한 물질적 급부를 공공부조라고 한다면 빈곤선이라 할 때의 빈곤개념은 "인간이 생존하기 어렵다고 생각되는 한계선 이하의 상태" 또는 "인간이 남이 보기에 너무 추악하지 않은 생활수준(a decent standard of living)을 유지하기에 필요한 생활필수품의 부족상태(deprevation)"라고 할 수 있다(김정헌 · 박명호, 2014 : 220).

빈곤수준은 생명의 유지를 위한 생존에 필요한 최저한 소득을 말하는 최저생존수준으로서의 절대개념과 동일한 시공간 내에서 타인 특히 부유층에 비해서 사치스럽지는 않지만 의식주, 교육, 오락 등에 걸쳐서 적어도 기본욕구를 충족시킬 수 있는 생활의 유지상태를 의미하는 최저생계수준으로의 상대개념 두 가지로 나누어진다(Horton, 1975 : 54-55).

빈곤에 대한 개념은 절대적 빈곤, 상대적 빈곤 및 주관적 빈곤으로 구분된다. 사회복지정책상 특별히 중요한 의미를 지니는 것은 절대적 빈곤 개념이다. 공공부조정책은 보다 절대적 빈곤 개념에 입각하고 있는 빈곤전략인 데 대해 일반 사회복지정책은 보다 상대적 빈곤 개념에 입각한 빈곤정책으로, 공공부조정책은 빈곤의 기준을 '소득'과 '최저수준'에 두고 있는 반면, 일반 사회복지정책은 '생활'과 '적정수준'에 두고 있다. 물론 빈곤선은 정부 측의 일방적 의사결정에 의해서 이루어지고 그의 수준은 최저한의 생활수준을 벗어나지 못하고 있는 것이 현실이다. 이러한 공공부조의 급여수준인 빈곤선은 절대개념에 입각해서 볼 때 소득과 최저생활수준 양자를 산정한 후 소득이 최저생계수준에 미달되는 상태에 의해서 결정된다(김정헌 · 박명호, 2014 : 220).

3) 사회보험의 급여수준

사회보험은 사회복지정책 수혜자의 갹출액과 과거 소득에 의해서 사회복지정책 급여수준이 결정된다. 이것은 사회보험이 주로 중산근로계층의 과거 소득인 임금과 연관되는 갹출금을 재정기금으로 하여 급여를 제공하고 있기 때문이다.[1)]

ILO가 제시하고 있는 급여수준의 적정성의 원칙이란 급여수준과 급여방법에 관한 원칙을 말한다(박석돈, 2006 : 52-53; 오미옥 외, 2013 : 112).

첫째, 균일급여의 원칙 : 보험급여는 어느 수혜자에게도 동액의 급여를 행한다는 원칙이다. 이것은 최저기준선까지는 누구라도 동일하게 확보시켜 준다는 뜻이다. 최저의 욕구를 필요로 하는 국민이 비교적 많은 국가에서는 이 제도가 환영받고 있다. 이 원칙은 보장급여가 기본급여와 부가급여로 이원화되어 있는 경우 기본급여에 적용되는 것이다. 우리나라의 경우 국민기초생활보장제도에 이 원칙이 적용되어야 할 것이다.

둘째, 비례급여의 원칙 : 급여수준은 각 개인이 사회적으로 영위하는 생활의 정도가 모두 다르기 때문에 그것에 상응하는 정도의 급여수준이 되어야 한다. 따라서 이것은 각 개인의 임금, 보수 등에 비례하는 급여를 제공하는 것으로서 일명 '개인별 급여제'라고도 한다. 이러한 급여방법의 채택은 자본주의 사회가 지니는 자유의 양을 최대한으로 보장하는 하나의 방법이 된다. 이것은 Beveridge의 동일급여의 원칙

1) 여기에는 고용주의 부담금 및 국고에 의한 관리보조금이 포함된다.

과는 차이가 있다.

셋째, 부양수준의 원칙 : 생활보장의 총액과 수혜자의 자력을 합한 것이 최저생활이 되도록 한다는 원칙이다. 따라서 이 원칙은 자산조사를 요건으로 하는 공공부조의 급여라고 볼 수 있다. 이러한 원칙이 실효를 거두기 위해서는 생계비의 변동에 따른 급여조정이 필요하고, 특히 장기급여에 있어서는 '급여의 등시성'으로서의 현금급여라 할 수 있는 물가연동제(sliding system)가 적용되어야 한다. 연동제에는 임금연동방식과 물가연동방식이 있다.

4) 현금급여와 현물급여의 수준

(1) 현금급여의 수준

일반적으로 현금급여의 수준은 개인의 경제적·사회적 상황은 물론 복지정책에 따라 다르게 나타나고 있다. 이러한 급여산정의 기준으로는 첫째, 개인의 욕구수준, 둘째, 국가에 의해 일률적으로 책정된 금액, 셋째, 개인의 종전소득 등이 고려된다.

① 개인의 욕구수준은 소득수준에 상관없이 단순히 국민 개개인의 욕구수준을 기준으로 하여 현금급여가 제공되도록 하는 방법을 말한다.

② 국가에 의해 일률적으로 책정된 금액은 특정한 사회적 애로요인에 대하여 국가가 일정한 보상금액을 책정하고, 피해의 당사자들에게 동일한 수준의 급여를 일괄적으로 제공하는 방법이다.

③ 개인별 종전소득은 소득의 단절 문제가 발생하게 될 경우 개인의 종전소득을 기준으로 하여 현금급여를 제공하는 방법이다. 이러한 급여수준의 결정방법은 주로 사회보험제도에서 활용되고 있다(이정우, 2004 : 274-276).

[그림 8-1]에서 보는 바와 같이 개인이 특정한 시점에서 어떠한 사유로 인해 소득이 단절된 경우, 사회복지정책은 복지대상자에게 어느 정도의 수준으로 급여할

것인지를 결정해야 한다. 여기서 급여수준의 결정에 대한 의사결정의 기준은 사회복지정책목표에 따라 완전생활수준보장, 부분생활수준보장, 기초생활보장 및 최저생활보장으로 나누어진다(이정우, 2004 : 283).

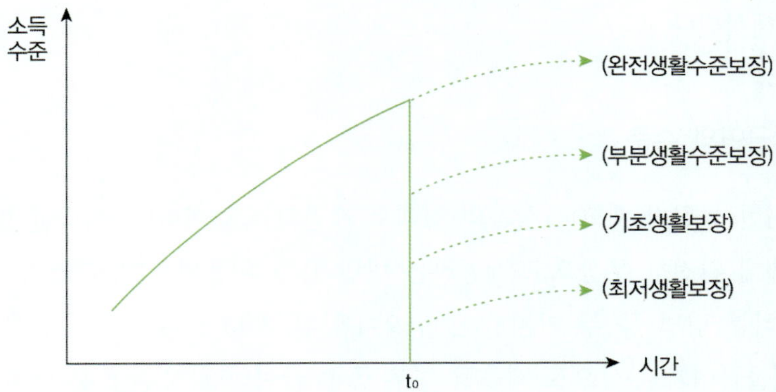

출처 : 이정우(2004 : 272).

[그림 8-1] 현금급여의 수준별 유형

첫째, 완전생활수준보장은 사회적 문제의 발생으로 인한 소득의 단절현상에도 불구하고 개인이 종전과 동일한 생활수준을 영위할 수 있도록 하는 것을 목표로 한다. 따라서 완전생활수준보장은 근로동기의 저하와 함께 국민의 복지의존심리를 조장하게 될 우려가 있다.

둘째, 부분생활수준보장은 사회적 문제로 인하여 소득의 단절현상이 발생하게 될 경우 피해의 당사자인 개인은 빈곤문제는 물론 생활수준의 하락으로 인하여 고통을 받게 된다. 따라서 사회복지정책은 국민이 소득의 단절에도 불구하고 종전과 같은 생활수준을 영위할 수 있도록 급여를 제공하게 된다. 따라서 부분생활수준보장은 개인이 사회적 문제로 상실된 소득의 일정 부분을 보상해 주는 것을 의미한다. 우리나라의 경우 주로 사회보험제도의 현금급여 등이 이러한 목표를 구현하고 있다.

셋째, 기초생활보장은 최저생활보장과는 달리 피해의 당사자인 개인에게 사회문화적 최저수준의 소득을 보장해 주는 것을 의미한다. 따라서 개인은 인간의 존엄성을 유지하고 건강하고 문화적인 생활을 영위하기 위해 필요로 하는 기초적 수준의 소득을 보장받을 수 있는 권리를 의미한다.

넷째, 최저생활보장은 소득의 단절문제를 겪고 있는 개인에게 육체적 최저생존을 위해 반드시 필요로 하는 수준의 소득을 보장해 주도록 하는 것을 의미한다. 따라서 이 경우 사회복지정책이 수행하게 되는 사회적 공존의 기능은 극도의 잔여적(residual) 개념으로 해석된다.

(2) 현물급여의 수준

현물급여란 물질적 재화나 상품의 형태로 제공되는 급여이다. 이러한 현물급여는 대상계층에게 완전히 무상으로 제공하는 방법과 그 비용의 일정 부분을 개인이 부담하도록 하는 방법 등 두 가지가 있다(오미옥 외, 2013 : 114-115).

첫째, 현물급여가 무상으로 제공될 경우 종종 급여의 과잉수급 등 낭비의 문제가 발생할 우려가 있다. 이러한 문제를 해결하기 위하여 대다수의 사회복지정책들은 현물급여 가격의 일정 부분을 개인이 부담하도록 하고 있다. 따라서 본인부담의 방법은 경제적 차원에서 낭비적 요인을 억제하고, 분배적 차원에서 현물급여의 사용이 모든 사회계층에게 골고루 배분되도록 하는 관점에서 고려되어야 한다.

둘째, 개별의 물질적 재화나 상품의 가격에 비례하여 본인부담금을 부과하는 방법이 있다. 이러한 방법은 가격의 기능을 부분적으로 활성화하여 개인의 합리적 소비행위를 유도할 수 있는 장점이 있으나 저소득계층의 경우 이러한 본인부담금 방법은 고가의 현물급여에 대한 소비의 기회가 과도한 본인부담금으로 인하여 제약을 받는 분배적 불평등 문제가 발생할 수 있다.

제9장

사회복지정책의 전달체계

1. 사회복지 전달체계의 개념
2. 사회복지 전달체계의 평가기준
3. 사회복지 전달체계의 종류와 선택

1 사회복지 전달체계의 개념

사회복지정책은 사회복지와 정책의 합성어인데, 이 사회복지정책을 분석해 보면, 사회적 할당 근거, 할당가능한 사회적 급여의 형태와 사회적 급여의 전달방안, 그리고 사회적 급여의 재원조달방법 등의 일련의 과정으로, 즉 사회복지정책 과정을 사회복지정책의 전달체계라고 할 수 있다.

이와 같이 사회복지정책의 전달체계란 서비스 제공자 사이, 또는 서비스 제공자와 수급자 사이에 존재하는 조직적 장치(체계와 서비스의 이동 통로)를 의미한다.

이는 Gilbert와 Specht(1974 : 107-134)가 제시한 사회복지정책의 4가지 분석틀, 즉 첫째, 누가 급여를 받는가? 둘째, 무엇을 받는가? 셋째, 어떻게 급여를 받는가? 넷째, 누가 급여를 지급하는가? 중에서 '어떻게 급여를 받는가?'에 해당하는 것을 말한다.

사회복지정책에 있어 전달체계는 매우 중요하다. 왜냐하면 사회복지정책을 통하여 사회복지급여나 서비스를 클라이언트에게 적절하고도 효율적으로 전달하여 그들의 욕구를 효과적으로 충족시키는 것은 전달체계가 어떻게 확립되어 있느냐에 달려 있기 때문이다.

특히 국민의 삶의 질 향상을 목표로 하는 사회복지의 경우 국민들의 욕구가 다양해지고 질적인 향상을 요구하고 있기에, 이에 따른 양질의 사회복지서비스 제공을 위한 전달체계의 확립은 중요하다 하겠다.

2 사회복지 전달체계의 평가기준

사회복지정책의 전달체계는 서비스가 필요한 개인이나 집단에게 신속하고 정확하게 전달되어 사회복지정책목표를 효과적이고도 효율적으로 달성코자 하는 데 그 특성이 있다. 정책의 내용은 물론이거니와 정책의 실질적 대상자의 자격요건을 가려내는 것과 자격조건, 전달체계와 조직의 선택과 실천, 사회복지서비스 신청, 급여과정과 절차 등과 관련된 정책의 선택 등 전달체계상에서 클라이언트와 밀접하게 접촉하면서 실천되는 일이기 때문에 전달체계가 중요한 것이다(현외성, 2002 : 196).

사회복지정책의 전달체계는 사회복지서비스를 전제로, 필요로 하는 수요자(client)들에게 사회복지서비스를 적절하게 제공할 수 있도록 해야 하기 때문에 다음과 같은 기준에 의한 특성들이 고려된다.

사회복지정책이 수립되어 클라이언트에게 급여나 서비스가 올바르게 전달되기 위해서 Gilbert와 Terrell(1998 : 151)은 첫째, 서비스가 통합되고 지속적이며, 둘째, 서비스가 클라이언트에게 쉽게 접근할 수 있어야 하고, 셋째, 전달체계는 그 활동과 결정에 대하여 책임성을 유지할 수 있어야 한다고 제안하였다.

또한 Perlman(1975 : 103-107)은 모든 사회복지기관이 클라이언트를 돕기 위한 일련의 과업을 수행해야 하는데, 이에 대한 이상적 기능으로 4가지를 들고 있다. 첫째, 투입기능, 둘째, 책임기능, 셋째, 서비스 제공 기능, 넷째, 계획 및 통제기능이다. 이와 같은 내용은 사회복지기관이 가지는 기능으로서 전달체계의 기준으로 적합하다 하겠다.

서상목 등(1988)은 사회복지서비스 전달체계를 구축함에 있어 몇 가지 주요 원칙을 제시하고 있다. 그들에 따르면, 효과적인 사회복지서비스 조직을 구축하는 데 기본적 원칙으로 행정적 측면과 서비스 제공 측면으로 나누어 제시하였는데, 먼저 행정적 측면으로는 ① 기능분담 체계성의 원칙, ② 전문성에 따른 업무분담의 원칙, ③ 책임성의 원칙, ④ 접근용이성의 원칙, ⑤ 통합조정의 원칙, ⑥ 지역참여의 원칙, ⑦ 조사 및 연구의 원칙 등이 있다. 서비스 제공 측면의 원칙으로는 ① 평등성의 원칙, ② 재활 및 자활목표의 원칙, ③ 적절성의 원칙, ④ 포괄성의 원칙, ⑤ 지속성의 원칙, ⑥ 가족 중심의 원칙 등이다.

또한 송근원과 김태성(1999 : 354-358)은 전달체계의 평가기준으로 전달하는 재화나 서비스의 속성적 측면과 전달체계 측면으로 구분하여 제시하고 있다.

① 재화 및 서비스 속성 측면

첫째, 사회복지재화나 서비스는 공공재적 성격의 정도와 외부효과의 크기에 있어서 차이가 있다. 즉, 어떤 재화나 서비스는 공공재적 성격이 강하고 또한 외부효과도 커서 그것들이 제공되면 사회 전체의 이득(social benefit)이 큰 반면, 그 재화를 제공할 때 타인이 부담을 한 경우에도 내가 이득을 볼 수 있기 때문에 사회적으로 적정한 양의 재화가 제공되기 어려워진다. 이러한 속성을 갖는 재화나 서비스로는 의료서비스, 교육서비스, 그리고 아동복지에 관련되는 재화나 서비스가 있다.

둘째, 사회복지재화나 서비스는 이용자가 합리적으로 선택할 수 있는 가능성에 차이가 있다. 예컨대, 이용자가 재화를 선택할 때 정보가 필요하거나, 그 정보를 얻는 데 비용이 크게 드는 경우가 있는가 하면, 그렇지 않은 경우도 있다. 만약 이때 이용자가 쉽게 선택하기 어려운 재화나 서비스를 공공부문에서 제공한다면 여러 가지 측면에서 볼 때 효율적인 배분이 될 수 있다(예 : 의료서비스 등).

셋째, 어떤 사회복지재화나 서비스는 그 속성상 대규모 혹은 강제적으로 제공하는 것이 기술적 측면에서 바람직할 수 있다(예 : 사회보험제도 등). 만약 이 경우 이용자가 자발적으로 선택하도록 할 경우 '역선택(adverse selection)'의 문제가 야기되어 사회보험제도 본래의 목적을 달성하기 어렵게 된다.

넷째, 어떤 재화나 서비스는 그 속성상 복수의 전달체계에서 보완적으로 제공되는 것이 오히려 바람직할 수 있다. 왜냐하면 사회복지재화나 서비스는 동시에 둘 이상의 전달체계를 통해 제공될 때 중복제공이기보다는 보완적 성격을 띠기 때문이다.

② 전달체계 측면

사회복지 전달체계의 형태에 따라서 사회복지정책이 추구하는 가치나 목표가 달라진다(송근원 · 김태성, 1999). 바람직한 전달체계를 판단하기 위한 기준으로는 첫째, 전달체계가 소득재분배(평등성)나 사회적 적절성의 목표 달성 여부이다, 즉 평등의 기준이 우선적으로 고려되어야 한다는 것이다.

둘째, 통합성(integration)이다. 사회복지재화나 서비스의 전달방법은 매우 다양하다. 그렇기 때문에 누구나가 인간다운 생활을 할 수 있는 기본적 욕구충족을 위해서는 제공되는 재화나 서비스에 대한 조정과 체계화가 필요하다(중복 또는 누락의 방지).

셋째, 지속성(continuity)이다. 사회복지의 재화나 서비스에 대한 욕구가 있을 때,

지속적으로, 혹은 안정적으로 제공할 수 있어야 한다. 또한 한 욕구가 해결되어 다른 욕구로 이전이 필요할 때, 전달체계 간의 연계(referral service system)가 필요하며, 또 지속적으로 제공되어야 한다.

넷째, 효율성(efficiency)이다. 서비스의 효율성은 신속하고 정확함에 달려 있다. 공급자와 수급자 모두가 충분한 정보와 합리적 선택으로 효율적 배분을 해야 한다. 그러기 위해서는 공급자와 수급자 간의 직접적인 거래체계를 구축할 필요가 있다.

다섯째, 경쟁성(competition)이다. 사회복지재화나 서비스가 단일 공급이 아니라 여러 공급자가 경쟁적으로 제공할 때, 수급자나 소비자는 그 가격과 질적인 면에서 유리하게 구매할 수 있다. 물론 사회복지재화나 서비스는 일반 재화들과는 다른 성격의 것이라 하더라도 일부의 경우는 경쟁체계에서 오히려 소비자에게 유리할 수가 있다. 이럴 경우에는 정부부문보다는 민간부문의 전달체계가 더 나을 수 있다.

여섯째, 접근성(accessibility)이다. 사회복지정책을 통하여 제공되는 재화나 서비스는 수급자가 용이하게 사용할 수 있어야 한다. 즉, 사회복지정책의 전달체계는 시간적, 공간적으로 수급자가 쉽게 서비스를 이용할 수 있어야 한다는 것이다.

일곱째, 책임성(accountability)이다. 복잡한 현대 산업사회에서는 수급자의 욕구가 시간적 경과에 따라 변화되기 마련이다. 이러한 변화되는 욕구에 효율적으로 대처하기 위해서는 전달체계의 구축이 중요하게 고려되어야 한다. 수급자의 욕구에 적응하기 위해서는 민간전달체계상의 경쟁체제가 필요하기도 하지만, 독점적 전달체계(공공부문) 하에서는 책임성이 약화될 수도 있다.

여덟째, 수급자 선택의 자유성이다. 일반적으로 사회복지재화나 서비스는 시장에서의 거래에 의한 경우보다 선택의 폭이 제한적이다. 물론 사회복지영역에서도 전달체계의 구조에 따라 수급자의 선택의 자유 정도가 다를 수 있다. 이때도 다양한 서비스를 경쟁적으로 공급하는 민간 전달체계가 공공부문(정부)보다 나을 수 있다.

끝으로, 재화나 서비스의 오·남용 방지이다. 사회복지재화나 서비스는 일방적으로 제공되기 때문에 오·남용의 문제가 있을 수 있다. 이 경우에는 일반적으로 수급자에게 선택의 폭이 넓은 민간전달체계보다 조정과 통제능력이 높은 공공부문(정부)이 훨씬 유리하다고 할 수 있다.

3 사회복지 전달체계의 종류와 선택

사회복지정책의 전달체계는 다양하게 구분할 수 있지만, 일반적으로는 공급주체에 따라 구분하는 방법과 사회복지제도에 의한 구분 등이 널리 알려져 있다. 이와 같이 사회복지정책의 전달체계는 크게 중앙정부와 지방정부로 나눌 수 있고, 그 외 중앙정부와 지방정부의 혼합형태 및 정부와 민간의 혼합체계, 그리고 순수 민간부문 등이 있다.

1) 사회복지 전달체계의 종류

먼저 공급주체에 따른 분류에 의하면, 공공전달체계와 민간전달체계로 나눌 수 있다.

(1) 공공전달체계

공공전달체계는 국가 또는 지방자치단체가 수립하고 직접 그 운영의 주체가 되는 것을 말한다. 대부분의 국가에서는 사회보험과 공공부조, 그리고 사회복지서비스 등은 정부 차원에서 사회복지정책을 통하여 전달하고 있다. 이와 같이 사회보험과 공공부조는 중앙정부에서, 그리고 사회복지서비스 등은 지방정부에서 분담하여 제공하고 있고, 사회복지서비스의 일부분은 민간 차원에서도 활발하게 관여하고 있다.

역사적으로 살펴보면 사회복지제도의 발전 초기에는 민간부문이 주로 감당하여 왔고, 그 다음 단계에서는 지방정부(당시엔 도시별, 교구별)가 중요한 역할을 담당하였고, 마지막 단계에서는 중앙정부가 가장 중요한 역할을 수행해 왔다고 할 수 있다.

① 중앙정부

오늘날 대부분의 서구 복지국가들은 중앙정부가 중심이 되어 사회복지정책을 수행하고 있다. 이들 복지국가에서 제공되는 재화나 서비스의 대부분은 중앙정부에서 급여자격과 급여액, 재원, 그리고 세부적 전달체계 등에 관한 전반적인 것을 결정하여 실시하게 된다. 이와 같이 중앙정부의 역할이 큰 이유는 첫째, 의료나 교육과 같이 공공재적 성격이 강한 재화나 서비스의 공급에 유리하기 때문이다. 둘째, 사회보험과 같이 규모의 경제가 발생하는 부분에서의 역할이 크기 때문이다. 셋째, 평등과 사회적 적절성 실현에 있어서 필요한 강력한 권한을 가지고 있기 때문이다. 넷째, 프로그램을 통합·조정하기에 유리하고, 또한 안정적 사회복지제도 유지에 유리하기 때문이다.

반면에 중앙정부 제공 서비스의 단점으로는 첫째, 자원의 비효율적 배분을 초래(수급자들의 효용을 극대화하는 데 한계)할 수 있다. 둘째, 중앙정부의 독점적 공급에 따른 재화나 서비스의 질이 저하될 우려가 있다. 셋째, 소비자(클라이언트)의 변화하는 욕구에 적절하게 대응하기가 어렵다.

그 외에도 중앙정부의 전달체계는 지방정부나 민간전달체계에 비해 소비자들의 접근성이 떨어지는 단점이 있다.

② 지방정부

공공부문에 해당하는 지방정부의 사회복지정책에 관여하는 역할은 결코 적지 않다. 물론 사회복지재화나 서비스가 완전하게 지방정부 단독으로 제공되는 경우는 많지 않는데, 국가에 따라 차이는 있지만 재화나 서비스의 제공에 있어 지방정부의 전달체계가 오히려 나을 수도 있다.

미국이나 영국은 다른 유럽의 복지국가들에 비해 지방정부의 역할이 상대적으로 크다. 미국의 교육서비스는 대부분 지방정부의 주도로 이루어진다. 그 밖에 산재보험과 실업보험도 주로 지방정부에서 재원을 마련·운용하고 있다. 그리고 공공부조제도나 퍼스널 사회서비스의 경우도 지방정부의 비중이 커서, 공공부조는 재원의 약 40%를, 퍼스널 사회서비스는 총 재원의 약 48%를 지방정부에서 감당할 뿐만 아니라 다른 전달체계의 방법에 관한 결정도 대부분 지방정부에서 이루어지고 있다(Bixby, 1991 : 18).

영국의 경우, 교육서비스는 재원의 80% 이상을, 퍼스널 사회서비스의 경우는 재원의 90% 이상을 지방정부에서 마련하고 운영도 지방정부가 직접 담당한다. 그러나 공공부조의 경우는 미국과는 달리 중앙정부가 주도적으로 관리한다. 그 밖에 유럽의 복지국가들도 공공부조는 지방정부의 역할이 크고, 교육서비스나 주택서비스도 지방정부의 역할이 비교적 크다고 할 수 있다.

지방정부가 서비스를 제공해야 할 필요성으로는, 첫째, 지역주민의 욕구에 신속하고 효율적으로 대응할 수 있다는 것, 둘째, 지방정부 간 경쟁에 따른 서비스 질의 향상 가능성, 셋째, 서비스 수혜자가 정책결정과정에 참여가 용이한 점, 넷째, 수급자의 변화되는 욕구에 적극적으로 대처할 수 있다는 점 등이다.

반면에 지방정부가 서비스를 제공하는 것이 바람직하지 않은 이유는, 첫째, 지역 간 불평등으로 인한 사회통합이 저해(예 : 미국의 교육서비스 등)될 수 있고, 둘째, 규모의 경제를 실현하기가 어려워 사회보험제도의 시행이 곤란하고, 셋째, 프로그램의 안정성과 지속성 보장이 곤란하며, 넷째, 지방정부단위의 프로그램 발전을 단편화할 가능성이 크다는 점 등이다.

③ 중앙정부와 지방정부의 혼합체계

중앙정부와 지방정부는 많은 경우 프로그램을 협력하여 운영한다. 이때 중앙정부는 주로 재정이나 운영상의 규제를 통하여 지방정부 프로그램에 영향력을 행사하게 되므로 그 방법에 따라 지방정부의 권한과 자율성이 달라지게 된다.

중앙정부와 지방정부의 혼합체계는 크게 네 가지 유형으로 구분할 수 있다.

가. 재정적 규제방법

중앙정부가 지방정부에 재정을 지원하는 방법은 세 가지인데, 첫째는 조건적 지원(conditional grants / categorial grants : 범주적 지원)으로, 이는 재원이 사용될 세부항목(대상인구집단, 프로그램의 목표 등에 따라)을 지정하여 지원하는 방법이므로 지방정부의 자율성이 줄어든다. 또한 조건적 지원도 재정적 규제방법에 따라 다시 세 가지로 나눌 수 있다. 그 한 방법은 무제한 'matching'의 방법으로 중앙정부가 지원하는 액수의 일정한 비율을 지방정부에 부담시키는 것(대개 50% 내외의 수준)과 다른 한 방법은 제한적 'matching'의 방법으로, 중앙정부의 지원상한액이 있어 그 범위 내에서 'matching'이 이루어지게 하는 것이고, 나머지 한 방법은 오로지 주어진 항목에만 재원을 사용하도록 단순히 일정한 액수를 지원하는 방법(non-matching)이 있다. 이와 같이 중앙정부가 재정을 지원할 경우에 matching이 필요한 이유는 중앙정부의 지나친 재정 부담을 경감하는 효과가 있고, 아울러 중앙정부가 바라는 목표를 달성하는 데 필요한 지방정부의 협조를 유발시킬 수 있기 때문이다.

둘째는, 'block grants(기능별 보조금)'이다. 이는 세부적 프로그램 항목별로 지원하는 것이 아니라 프로그램을 기능별로 묶어서 지원하기 때문에 지방정부에 권한을 크게 부여하게 되는 효과가 있다(미국 레이건 정부 때 77개의 범주적 항목을 9개의 block으로 묶어서 지방정부의 특수욕구에 부응토록 고려하였다).

셋째는, 중앙정부 예산 중 일부를 지방정부에 이관하는 방법이다. 이 경우, 재정은 중앙정부에서 지원하고, 프로그램은 지방정부에 이관하여 지방정부의 독립성과 자율성을 최대한 보장해 주기 때문에 지방정부 전달체계의 장점을 크게 살릴 수 있다.

나. 프로그램 규제의 방법

위의 조건적 지원형태는 대개 프로그램 규제를 동반한다. 중앙정부가 지방정부에 재정지원을 할 때 프로그램의 세부적 내용인 대상자 자격, 급여의 형태와 금액, 그리고 세부적 전달방법 등에 관해서도 규제한다는 것이다. 그러나 이 경우는 지방정부의 독립성이 크게 위축될 수 있어 혼합체계의 의미가 작으므로 프로그램 규제에 의한 방법은 중앙정부와 지방정부의 혼합체계 가운데 가장 바람직하지 못한 형태라고 할 수 있다.

다. 수급자 수와 욕구에 따른 규제방법

이는 중앙정부가 지방정부에 재정지원을 할 때, 프로그램에 따라서 지방정부의 수급자 수나 욕구를 가진 클라이언트의 수에 따라 차등 지원하는 방법을 말한다. 즉, 지방정부의 인구수나 욕구가 많다고 판단되는 경우에 더 많은 재정지원을 한다는 것이다. 예를 들면, 교육서비스의 경우 저소득층 밀집지역에 더 많은 재정지원을 하게 되는데, 이 방법은 지방정부 단독 전달체계가 가지는 단점인 지역 간 불평등의 문제를 해소할 수 있는 반면, 중앙정부의 재정 부담이 늘어날 수 있다는 단점이 있다.

라. 절차적 규제방법

절차적 규제방법이란 중앙정부가 지방정부에 재정을 지원할 때 일부 프로그램에 대해서는 운영상의 일정한 절차를 요구한다. 예를 들자면, 정책결정과정에 수급자를 참여시키는 문제, 급여자격심사 및 급여 시 어떤 차별을 금지할 것과 프로그램의 진행에 대한 보고와 감사 등이 그것이다.

이와 같이 중앙정부가 절차의 규제를 필요로 하는 이유는, 프로그램 운영 시 지방정부의 오·남용을 막고 중앙정부가 바라는 기본적 목표인 인권의 존중과 시민참여 등이 제대로 이루어지고 있는지를 조사하기 위해서이다. 물론 절차적 규제의 방법은 프로그램 규제에 비해 지방정부 프로그램의 독립성을 높일 수 있는 반면에 이 규제(불요불급한 행정업무가 요구) 때문에 어떤 프로그램의 목표를 달성하기 위하여 필요한 인력과 자원이 낭비될 우려도 있다.

결국 바람직한 중앙정부와 지방정부의 혼합체계는 전달하는 재화나 서비스의 속성에 의해 좌우된다. 즉, 재화나 서비스의 속성이 공공재적 성격이 강하거나, 합리적 선택을 위한 많은 정보가 필요하거나, 평등성, 규모의 경제효과가 큰 재화나 서비스들은 가능하면 중앙정부의 규제가 많은 혼합체계가 바람직할 수 있다. 또한 재화나 서비스가 비공공재적 성격이고, 지역주민의 욕구에 신속하고 융통성 있는 대응이 필요할 때나, 지방정부 간의 경쟁을 높이기 위한 경우(퍼스널 사회서비스 등)는 지방정부의 독립성을 높이는 전달체계가 바람직할 수 있다.

(2) 정부와 민간부문의 혼합체계

민간부문은 공공부문에 비해 효율성, 경쟁성, 선택의 자유, 접근성, 욕구에의 신속대응성, 그리고 융통성 등에서 나은 반면, 재정이 취약하기 때문에 지속성, 안정성 등에서 어려움이 있고, 프로그램의 전국적 실시가 어렵기 때문에 평등성의 실현이 어려운 측면이 있다. 따라서 정부와 민간부문은 역할을 적절히 분담하는 방법이 바람직하며, 종종 정부와 민간부문이 혼합형태로 프로그램을 운영하기도 한다. 이는 특히 이른바 '복지국가의 위기' 이후에 많은 국가에서 '민영화(privatization)'의 형태로 강조되고 있는 경향이 있다(Kamerman & Kahn, 1989).

정부와 민간부문의 혼합체계로 제공되는 서비스나 재화들은 국가별로 다양한 제도가 있다. 영국과 일본은 국민연금 프로그램 중 일부는 정부의 일정한 규제 하에 민간보험회사와의 계약을 통해서 운영되고 있다.[1] 하지만 대부분의 국가에서는 정부와 민간부문의 혼합체계를 통하여 제공되는 대부분의 사회복지재화나 서비스는 주로 퍼스널 사회서비스에 집중되어 있다. 물론 이 경우에 대부분의 국가에서 이들 퍼스널 사회서비스가 차지하는 사회복지 총지출 대 비율은 불과 1% 정도에 불과하기 때문에 혼합체계에 의한 의존도는 그리 높지 않다.

정부와 민간부문의 혼합체계에 대한 필요성은 혼합체계를 통하여 민간부문의 시장원리의 장점들(효율성, 경쟁성, 선택의 자유, 접근성, 대응성, 융통성 등)을 살릴 수 있기 때문에 이는 위의 중앙정부와 지방정부의 혼합체계보다 훨씬 바람직한 방법이 될 수 있다. 그러나 정부와 민간부문의 혼합체계는 민간부문의 단점들인 공공재적 성격의 재화를 제공하기 어려운 점과 평등성 추구의 곤란, 규모의 경제에 있어서의 취약점 등이 상대적으로 클 수 있다. 이와 같은 이유로 현대 복지국가의 기본목표 측면에서 볼 때, 민간부문의 장점이 많다 하더라도 정부와 민간부문의 혼합체계를 통하여 제공되는 재화나 서비스는 극히 제한적일 수밖에 없다.

(3) 순수 민간전달체계

민간전달체계는 거의 대부분 사회복지서비스 부문에 집중되어 있다. 그러나 이 부문도 사회복지 공급주체에 따라 다소 상이하긴 하나, 대개 정부의 부분적인 행·

1) 선진 복지국가들의 국민연금제도는 정액연금제와 소득비례연금제도의 2층 구조(two-tiered system)로 이루어져 있는데, 특히 영국과 일본은 이 중 소득비례연금 부분은 민간보험회사와의 계약을 체결하여 운영하고 있다.

재정적 지원과 지도감독 아래, 민간은 다양한 형태와 방법으로 전달체계를 수립, 운영하고 있다(현외성, 2002 : 209).

그러나 오늘날 복지국가들이 제공하는 사회복지재화나 서비스 가운데 순수하게 민간전달체계에 의해 운영되는 경우는 그리 많지 않다. 왜냐하면 복지국가가 지향하는 궁극적인 목표가 전 국민의 복지실현에 있기 때문에 순수 민간부문에 맡길 경우 자본주의의 취약점인 시장원리의 단점과 평등성 추구의 어려움 때문에 국가적 개입이 필연적일 수밖에 없어진다.

2) 사회복지 전달체계의 선택

사회복지정책은 국가에 따라 다소 상이한 전달체계를 가질 수가 있다. 다만 사회복지정책을 계획하고 수립하는 과정에 있어서 어떤 전달체계가 바람직할 것인가는 여러 가지 요소 또는 변수에 의해 결정되는 '선택'에 달려 있다. 물론 이러한 요소와 변수는 그 나라의 정치적 성향과 밀접한 관련을 맺을 수밖에 없다. 일반적으로 전달체계의 선택에 있어 고려 또는 반영되어야 할 기준이나 요소로는 앞서 논의한 전달체계의 기준 등과 전달체계를 통해 얻으려는 정책의 목표와 이념, 급여의 내용, 재정적 여건, 행정기술과 전문적 인력의 능력 등이 전달체계의 선택에 영향을 미치는 주요 요소 및 변수가 된다.

(1) 사회복지정책목표와 이념

사회복지정책 전달체계를 어떻게 선택할 것인가의 문제는, 우선적으로 사회복지정책의 최종목표와 그 이념적 성향에 의해 좌우될 수 있다. 왜냐하면 개별 사회복지정책 사안에 따라 유리한 전달체계를 선택, 또는 확립하는 것이 바람직하기 때문이다. 만약 빈곤문제일 경우는 소득보장이 궁극적 목표이기 때문에 형평성과 평등성을 고려하며, 지속적이고 안정적인 재정지원이 가능한 중앙집권적 전달체계가 유리하겠고, 반면에 개별사회사업실천에 관한 문제들은 지방정부 차원이나 민간부문에서 감당하는 것이 훨씬 효율적일 것이다. 또한 국가 차원의 사회복지정책에 대한 이념적 성향에 따라서도 전달체계의 선택에 지대한 영향을 미칠 수도 있을 것이다. 왜냐하면, 이른바 'Keynes-Beveridge 주의' 이후 복지국가의 위기를 겪으면서 많은 복지국가들이 신자유주의나 신보수주의, 그리고 '제3의 길'에 이르기까지 다양한 유형의 복지국가 이념들이 나타나고 있기 때문이다.

(2) 급여의 내용

Gilbert와 Specht가 제시한 사회복지정책의 네 가지 분석틀 가운데 '무엇을 받는가?'가 전달체계의 선택에 영향을 미칠 수 있다. 이는 급여의 내용이 현금, 현물, 서비스, 증서, 기회, 권력 등의 6가지 유형에 따라 전달체계를 달리하는 것이 바람직할 수 있다는 것이다. 예를 들어 현금이나 현물급여는 획일적이고 융통성이 적은 전달체계일지라도 가능하겠으나, 기타의 비화폐적 서비스는 오히려 개별성과 탄력성이 있는 전달체계를 선호하게 된다. 이와 같이 사회복지정책의 급여는 다양하기 때문에 유리한 전달체계를 선택하는 과정이 매우 중요하다고 할 수 있다. 왜냐하면 산업사회의 발전과 함께 클라이언트의 욕구 또한 다양하게 변화하고 있기 때문에 거기에 부응할 수 있는 다양한 형태의 전달체계를 수립할 필요성이 제기되고 있다.

(3) 재정적 여건

아무리 좋은 사회복지정책을 수립하였다 할지라도 재정적 뒷받침이 없이는 그 목표달성이 어렵게 된다. 재정적 여건은, 앞서 Gilbert와 Specht가 제시한 사회복지정책의 네 가지 분석틀 중 '누가 급여를 지불하는가?'에 해당된다. 재정적 여건, 즉 예산의 확보 없이는 소기의 사회복지정책 목표달성이 어렵기 때문에 사회복지정책의 전달체계를 수립하고 선택할 때 자원(인적·물적 비용 등) 확보에 대한 고려는 반드시 선행되어야 한다.

(4) 행정기술과 전문인력의 능력

사회복지정책목표를 달성하기 위한 노력 중의 하나인 행정적 구조를 기술적으로 그 효용성을 극대화하는 것(시스템화)과 클라이언트들의 접근구조를 개선하는 것, 그리고 전달체계에 투입되어 있는 전문 인력의 능력을 극대화하는 것도 전달체계 선택 시에 고려하여야 할 요소이다.

이상에서와 같이 사회복지정책 전달체계는 사회복지서비스의 효과성과 효율성을 높이기 위해서 매우 중요한 부분이다. 왜냐하면 사회복지정책이 구체적인 사회복지서비스로 전환되어 수급자에게 원활하게 전달되기 위해서는 전달체계의 확립이 반드시 전제되어야 한다.

최근 사회복지 환경 또한 급속하게 변화되고 있다. 지역, 가족, 개인별 스스로 해결하기 어려운 다양한 문제들과 욕구가 증대되고 있다.

또한 사회복지서비스 대상의 확대와 복합적인 복지욕구의 증대로 인해 통합적 복지서비스를 제공할 수 있는 전달체계의 확립이 필요하다.

이런 관점에서 볼 때 사회복지전달체계가 공급자 중심보다는 수요자 중심체계로 전환되어야 한다. 즉, 이를 위해서는 사회복지 전담기구의 설치는 필연적인 과제라고 볼 수 있다.

제10장

사회복지정책의 재원조달

1. 사회복지정책 재원의 개념과 유형
2. 사회복지정책 재원의 편성과 동향
3. 사회복지정책 재원의 영향과 과제

1 사회복지정책 재원의 개념과 유형

사회복지정책 재원이란 사회복지정책을 수행하는 데 필요한 비용이다. 재원이 불충분한 사회복지정책은 정책을 집행하는 데 있어 어려움이 발생되며, 그 정책이 추구하는 목표달성은 어렵게 된다. 따라서 사회복지재원은 사회복지정책을 계획하고 실행하는 데 있어 기본적 전제조건이라 할 수 있다.

사회복지정책에 있어서 재정에 대한 관심은 사회복지정책목표를 달성하기 위해 필요한 재원을 어떻게 얼마만큼 조달해야 하는가 하는 문제와 함께 조달된 재원을 어떻게 배분하는가 하는 문제로 크게 대별된다(현외성, 2002 : 214).

오늘날 대부분의 국가에서 사회복지재정은 국가의 예산편성에 있어서 주요 관심사가 되었으며, 사회복지재정 확보를 위한 조세부담이나 보험료 부담은 정치경제적으로 주요한 이슈로서 국민생활에 많은 영향을 미치고 있다. 왜냐하면 재정은 사회복지정책의 실천을 뒷받침하기 때문에 재원확보는 강조되어야만 한다. 이처럼 재원확보를 통해 사회복지정책이 유지되고 있다는 점에서 때때로 저개발국가에서는 사회복지정책이 국가재정의 압력요인과 경제성장의 저해요인으로 간주되는 경우가 있으며 선진국에 있어서도 국민들의 사회복지욕구의 증가로 인하여 발생되는 재정적 문제는 주요 정책과제가 되고 있다.

따라서 사회복지재원의 지출은 한 국가의 재정체계 안에서 어떠한 방법과 어느 정도의 수준에서 개인의 욕구를 충족시켜야 할 것인가 하는 점을 고려해야 한다.

사회복지정책에 사용되는 재원의 유형, 즉 재원의 조달과 관련되는 방법은 사회복지정책의 유형에 따라서 다양하게 발달되어 왔다. 사회복지정책을 분석하는 데 있어 재원의 분석이 중요한 이유는 사회복지정책이 어떤 재원에 의존하느냐에 따라 그 정책의 내용이나 목표가 달라지기 때문이다. 예를 들면, 공공부문의 재원으로 이루어지느냐, 민간부문의 재원으로 이루어지느냐, 공공부문의 재원 중에서 정부의 일반예산이냐, 사회보장성 조세냐에 따라 자격조건, 급여내용 등이 달라진다.

일반적으로 소득보장정책에 사용되는 재원은 주로 조세에 의존하는 반면에 개별적 · 사회적 서비스 정책들은 상대적으로 민간부문의 재원에 의존하는 경향이 있다(송근원 · 김태성, 1995 : 315).

사회복지재원은 공공부문이든 민간부문이든 재원의 부족함이 없이 조달되어야 하며, 조달방식에 있어서도 형평성과 소득재분배 기능을 수행해야만 한다.

1) 공공재원

일반적으로 사회복지가 발달할수록 사회복지정책에 사용되는 재원 가운데 공공부문의 비중이 커진다. 오늘날 복지선진국들의 사회복지정책 재원은 거의 대부분 공공재원이다. 사회복지정책의 공공재원은 조세와 조세비용(조세감면), 사회보험료가 있다. 조세는 국가에 의해 강제적으로 부과되는 것으로 국가가 사용할 수 있는 가장 중요한 재원 중의 하나이다. 반면에 사회보험료는 모든 국민의 사회적 위험에 대비하는 보편적 사회보장제도를 운영하기 위한 재원으로 보험의 원리를 적용한다. 따라서 사회보험의 재정은 보험가입자인 국민이 납부하는 보험료로 충당된다.

(1) 조 세

공공부조정책 등 많은 사회복지정책들은 정부의 일반예산인 조세에 의존한다. 조세방식을 통하여 사회복지재정을 충당하는 것은 모든 국민의 생존권을 국가가 책임지고 수행한다는 것을 의미한다.

조세는 목적에 따라 일반세와 목적세로 분류되며, 일반세는 납부방법에 따라 직접세와 간접세로 분류되며, 목적세는 일반세와 달리 지출용도를 정해 놓은 세금이다. 목적세는 우리나라의 경우 교육세이며, 미국의 경우 사회보장세(social security tax)이다. 직접세는 경제활동을 통해 얻은 소득에 부과되는 세금으로 소득세와 법인세로 대별된다. 이 외에도 재산에 따라서 부과하는 재산세와 증여 및 유산 등에 부과하는 증여세가 있다. 직접세는 경제적으로 능력이 클수록 또는 소득이 많을수록 조세부담률을 높게 하는 누진세율을 적용한다.

간접세는 소비활동을 하는 과정에서 이득에 대해 부과하는 세금을 말하는데, 소비세와 부가가치세로 나눌 수 있다. 소비세는 어떤 재화나 서비스 생산에서 최종 소비자가 부담하는 형태이고, 부가가치세는 재화나 서비스의 생산에서 최종소비에 이르기까지 각 단계에서 부과하는 세이다. 직접세에 비해 간접세는 국민들로부터 별다른 조세저항 없이 재원을 용이하게 조달할 수 있으나 소비액에 일정한 비율을 곱하여 정하는 비례세의 성격을 가지고 있어 고소득층에 비해 저소득층의 조세부담이 높아 소득재분배 기능은 약하다고 볼 수 있다.

일반적으로 일반세 중에서 직접세의 비중이 높으면 높을수록 조세의 형평성이 높으며, 사회복지정책에 사용할 수 있는 재원이 많아진다고 볼 수 있다. 그리고 직접세는 사회복지정책의 소득재분배 기능을 보다 많이 하기 때문에 사회복지정책의 발달에도 영향을 미친다. 즉, 시장임금에 의해 발생한 소득불평등을 조세방식에 의해 조성된 사회복지재원으로 소득을 재분배함으로써 사회적 불평등을 해소하는 효과를 높일 수 있다. 또한 직접세는 경기침체 등의 이유로 조세수입이 줄어든 경우에라도 재원이 지속적으로 공급되기 때문에 서비스의 양과 질적인 변화에 다소 안정적이다.

조세비용은 조세를 거두어서 직접적 사회복지급여를 하는 것이 아니라 사람들이 내야 할 조세를 감면시키는 방법으로 사회복지의 목표를 이루고자 하는 방법이다. 예를 들면, 사회복지시설에 기부한 후원금의 소득공제, 장애인에 대한 세금감면제도 등은 간접적 지불형태로서 결과적으로는 정부의 사회복지비 지출로 볼 수 있다. 이를 조세비용으로 부르는 이유는 조세비용만큼 세금의 수입이 감소되기 때문에, 즉 조세비용도 정부지출에 쓰일 잠재적 예산이기 때문이다. 그러나 조세감면의 경우 소득이 높은 계층에게 이익을 주기 때문에 저소득층이나 소득이 없는 계층에게는 상대적으로 불리하게 작용하는 단점도 발생한다.

이처럼 조세방식을 통한 사회복지재정은 전 국민을 대상으로 하고 있기 때문에 필요에 따라 대상자의 폭을 넓힐 수 있다는 장점이 있다.

(2) 사회보험료

사회복지정책의 핵심인 사회보험의 재원은 주로 보험료로 충당되며, 경우에 따라 목적세와 본인부담금으로 보충된다(Murphy, 1979 : 4-5). 보험료는 소득비례 보험료와 정액 보험료 두 가지가 있는데, 소득비례 보험료는 소득(표준보수액)의 일정률을 갹출하는 것이고, 정액 보험료는 소득이나 재산에 관계없이 모든 사람이 동일한 액수의 보험료를 부담하는 것이다. 목적세는 프랑스의 사회보험에서 보듯이 담배나 술에 사회보험세를 물려 그 수입을 사회보험재정으로 확보하는 것을 말한다. 본인부담금은 주로 건강보험에 적용되는데, 진료비의 일정 부분을 환자, 즉 이용자에게 부담시키는 것이다(원석조, 2006 : 70).

사회보험은 사용자가 부담하는 것으로 완전한 정부예산이라 할 수는 없음에도 불구하고 공공재원으로 분류되는 이유는 보험료가 국가에 의해 강제적으로 부과되고 있으며, 관리 및 운영도 공공기관에서 하기 때문이다. 이처럼 사회보험은 노령, 질병, 실업, 장애 등과 같은 사회적 위험에 처한 국민을 보호하고 과거의 소득수준을 유지하기 위해 국가가 강제적으로 운영한다는 점에서 사회보장성 조세의 성격을 가지고 있다.

사회보험이 사회복지정책에서 중요한 위치를 차지하고 있는 이유는 사회보험급여에 대한 보험가입자의 권리를 보장한다는 점에서 시혜적 성격이 강한 공공부조에 비해 국민의 심리적 거부감이 없다는 점이다.

그러나 사회보험은 보험료율 적용에 있어서 모든 소득계층에 대해 일정하게 적용되고 있다는 점에서 고소득층에 비해 저소득층에게 있어서는 보험료 부담이 높으며, 특히 의료보험에 비해 연금보험은 가입자의 소득, 즉 기여금에 따라 차등지급하기 때문에 사회복지정책의 기본목표인 소득재분배 효과가 낮다고 볼 수 있다.

한편 국민연금의 경우 장기보험이기 때문에 단기보험인 의료보험과 재정방식이 다르다. 의료보험은 재정을 1년 단위로 운용하므로 기금이 필요 없는 데 비해 연금은 노동을 하는 청·장년기에 보험료를 적립했다가 정년 이후에 급여를 수급하는 제도이므로 장기간 기금을 조성해야 한다.

연금의 재정운영방식에는 적립방식과 부과방식이 있다. 적립방식은 장래에 지급될 연금을 가입기간 동안 보험료, 국고출연금, 누적기금의 이식 등으로 적립하는 재정방식이다. 즉, 적립방식은 근로기간 동안 저축한 것을 정년 후 되돌려 받는 일종의 저축이며, 수지상등의 원칙(equivalence principle)에 입각하기 때문에 재분배적 기능이 낮다.

부과방식은 일정기간에 지출될 급여를 동일 기간의 보험료 수입으로 충당하는 재정방식으로, 매년 전체 가입자가 낸 갹출료로 당해 연도 연금지불액을 충당하는 방식이다. 지불준비금 외에는 수지 차액이 없기 때문에 적립금이 불필요하다. 부과방식은 연도별 수지균형의 원칙에 따르기 때문에 재분배적 기능이 적립방식에 비해 높다. 거의 대부분 국가의 사회보험이 부과방식을 채택하고 있다.

Barr(1987)는 두 방식의 장·단점에 대해서 다음과 같이 주장했는데, 부과방식의 장점은 첫째, 인플레로부터 연금의 가치를 보호할 수 있다. 둘째, 경제성장에 비례하여 연금의 실질가치를 높일 수 있다. 셋째, 제도의 시행과 동시에 연금을 즉각적으로 지불할 수 있다. 단점은 인구구조의 변화(노동력 인구의 변화)에 취약하다는 것이다. 반면에 적립방식의 장점은 인구구조 변화에 강하다는 것이다. 적립방식의 단점은 첫째, 인플레에 취약하다. 둘째, 경제성장의 과실을 연금수급자에 배분할 수 없다. 셋째, 연금을 받기 위해서는 장기간의 보험료 불입이 필요하다는 것이다. 이처럼 부과방식의 단점은 적립방식에는 장점이 되고 부과방식의 장점은 적립방식의 단점으로 일치하게 된다.

그리고 사회보험재원의 기본 원칙으로 삼자부담제도가 있다. 삼자부담제도란 사회보험의 수익자인 가입자(근로자)와 고용주 그리고 정부가 사회보험의 재정을 공동으로 부담하는 원칙을 말한다. 삼자부담제도는 1911년 영국의 국민보험에 적용된 이후 최근에는 정부지원금을 부담하지 않는 이자부담의 국가도 발생하고 있다. 이처럼 사회보험에 대한 정부지원금이 줄어들고 있는 국제적 추세에도 불구하고 우리나라의 경우에는 2002년도부터 지역건강보험재정의 절반을 원칙적으로 정부가 부담하는 정책을 추진하고 있다.

(3) 조세방식과 사회보험방식의 장 · 단점

조세방식과 사회보험방식은 각각 장·단점이 있다. 이들 중 어느 방식을 선택하느냐 하는 것은 각각의 특성을 고려해야 한다. 일반적으로 보험방식과 조세방식은 상대적으로 대조적 특성을 가진다. 즉, 보험방식의 장점은 조세방식의 단점이 되는 경향이 있고, 조세방식의 장점은 보험방식의 단점이 되는 경우가 있다(현외성, 2002 : 226).

조세방식의 장점은 다음과 같다.

첫째, 사회보험료 갹출방식에서 정률갹출은 소득역진적인 데 비하여 조세방식은 일반적으로 누진적으로 적용하기 때문에 사회복지정책이 추구하는 소득재분배기능에 보다 효과적이다.

둘째, 평등사회 구현의 사회복지정책목표를 달성하는 데 있어서 조세방식이 상대적으로 더 효과적이다. 누진적 조세방식을 적용하고, 일방적 소득이전을 하는 점에서 사회보험방식에 비해 소득불평등을 개선하는 데 있어서 유리하다.

셋째, 보험료 부과에 있어서 상한선이 설정되어 있는 경우에 사회보험방식은 소득역진적인 데 비해, 조세방식은 일반적으로 상한선이 설정되어 있지 않기 때문에 그와 같은 우려가 없다. 따라서 조세방식은 원천적으로 소득역진성을 방지할 수 있다.

넷째, 보험료 부과방식은 소득세 부과에 있는 인적 공제가 없기 때문에 저소득자에게는 부담감이 크다. 그러나 조세방식은 인적 공제 등의 부담능력을 반영하여 조세를 징수하는 특징이 있으므로 저소득자에게 유리하다.

다섯째, 조세방식은 재정운영에 있어 서비스 프로그램 간에 상호 조정을 가능하게 한다. 즉, 세입이전방식은 사회보험에 비해 국가 전체의 사회복지정책 프로그램을 조정할 수 있는 이점이 있어서 사회구성원의 욕구변화에 보다 잘 대응할 수 있다.

사회보험방식의 장점은 다음과 같다.

첫째, 갹출금을 통한 재원조달은 사회보험급여의 인상과 직접적으로 연계될 수 있어 무책임한 급여의 인상을 억제할 수 있다. 즉, 이용자의 급여인상의 욕구를 조절할 수 있다.

둘째, 자산조사(means test)를 필요로 하지 않는 방법이다. 기여금에 의한 재원조달방식은 피보험자에게 낙인(stigma)을 제공하지 않고 이용자로서의 권리를 부여한다.

셋째, 사회보험에 가입하는 자는 보험의 운영에 참여할 수 있으므로 사회보험재정과 행정 등의 운영을 보다 민주적으로 수행할 수 있다. 이는 곧 사회보험의 운영에 대한 책임성을 높일 수 있다.

넷째, 사고율에 따른 보험료율이 적용되므로 고용주에게 사고발생 예방을 유인하는 동기를 부여한다. 산재보험의 경우에 업종별, 사고율에 따라 보험료율이 달라지므로 산업재해를 감소시키는 효과도 있다.

다섯째, 보험료의 징수절차가 간단하고 용이하다. 사회보험료는 일반적으로 소득에서 원천징수하기 때문에 조세방식에 비하여 행정비용을 절감할 수 있다.

여섯째, 사회보험료는 목적세적 성격이 있기 때문에 피보험자의 납부의욕이 조세에 비하여 높다. 즉, 보험료는 장래 발생할 위험에 대비한 갹출이며, 급여의 권리를 인정한 납부를 전제함으로써 납부의욕이 일반조세보다 상대적으로 높다.

일곱째, 적립된 보험료는 공공투자의 자금으로 이용될 수 있다. 특히 국민연금과 같은 장기보험의 경우는 적립기간이 길고 국민 대다수가 가입되어 있으므로 공공투자비로 활용될 수 있는 장점이 있다.

2) 민간재원

사회복지제도가 발전한 나라들, 이른바 복지국가들은 사회복지정책을 수행하는 재원 중에서 조세제도를 통한 재원확보비중이 대체로 높다. 그러나 최근 선진 복지국가들은 '복지국가 위기'를 주장하면서, 정부 재정부담의 해결방법으로 '민영화(privatization)'를 강조하고 있어 민간재원은 이전보다 더 중요한 역할을 하고 있다. 사회복지재원에 있어서 민간재원의 비중이 높아지고 있는 이유는 경기침체와 함께 증가되는 사회복지욕구로 인하여 사회복지정책개발 및 발달이 이루어짐으로써 이에 대한 정부의 재정부담이 보다 증가되고 있기 때문이다. 또한 민간재원은 모든 사회구성원의 공동체 의식을 함양하며, 사회통합을 달성할 수 있다는 점에서도 강조되고 있다.

민간재원은 기업복지, 후원금, 이용자 부담, 가족 및 친지, 이웃을 통한 비공식적 지원으로 분류할 수 있다.

(1) 기업복지

민간재원에서 중요한 사회복지재원의 하나는 기업복지이다. 기업복지의 대표적인 것은 퇴직금제도로 국민연금이나 기업연금제도가 없던 시기에 퇴직자들을 위해 법으로 고용주에게 부과한 것이다. 국가개입이 이루어졌다는 점에서 공공재원으로 분류할 수도 있지만, 관리운영의 주체가 공공기관이 아닌 고용주이기 때문에 민간재원에 포함시킨다.

기업복지는 고용주가 피고용자들에게 제공하는 것으로서 기업연금(퇴직금), 자녀교육비, 여성근로자를 위한 출산휴가, 장학금, 주택지원 등이 포함된다. 기업복지는 기업에 따라 각기 다른 형태로 나타나고 있는데 이를 운영하는 주된 이유는 우수한 인력의 확보와 유지, 노사관계의 안정, 생산성 향상 등을 들 수 있다. 그리고 기업복지는 직원에게 후생복지를 제공할 뿐만 아니라 사회복지재단을 설립하여 지역사회에 기부하거나 사회복지시설을 운영하는 등의 지역사회의 사회복지를 증진하는 역할도 하고 있다.

대부분의 나라에서는 기업복지로 지출되는 비용에 대해 세제상의 혜택을 부여하면서 이를 권장하고 있는데, 그 이유로는 기업복지가 확대될수록 국가에 대한 국민의 사회복지서비스 전반에 대한 수요가 감소되며, 결과적으로 정부의 사회복지 재정지출 부담을 줄여 주는 기능을 하기 때문이다. 그러나 이 제도는 정규직에게만 적용되고 임시직 등은 대상에서 제외된다는 측면에서 소득역진적 단점이 있다.

(2) 후원금

후원금은 민간의 자발적 기부금을 말한다. 자발적 기여는 기부자 개인이 선택한 자선단체에 직접 기부하거나 사회복지공동모금회를 통해 기부한다. 자발적 기여의 주된 동기는 자선에서 출발하지만 후원금에 대한 조세감면정책도 자발적 동기의 요인이라고 볼 수 있다. 후원금에 대한 정부의 조세감면정책은 정부재정으로 모든 사회구성원의 사회복지에 대한 욕구를 충족시키는 데 한계가 있기 때문에 민간의 자발적 기부를 통해 사회복지재정을 확보하고자 하는 데 있다. 이러한 자발적 기여는 조세감면의 혜택이 있기 때문에 소득역진성이 발생할 수 있으며, 기부자의 경제적 여건에 따라 재정확보가 좌우되므로 안정적 재원이 되기는 어렵다. 그러나 자발적 기여는 특정 집단이나 특정 지역의 욕구를 해결하는 데 있어서 매우 필요하며, 지역사회구성원의 공동체 의식을 함양시키는 데도 중요한 역할을 한다. 한편 자발적 기여가 지정기부를 통해 특정 계층 또는 특정 지역만을 대상으로 할 때 사회통합의 장애요소가 될 수 있다는 단점이 있다. 하지만 오늘날 후원금은 정부 지원금만으로 부족한 민간 사회복지기관의 프로그램사업비 및 기능보강사업비 등으로 지출되는 사회복지 재정의 주요한 부분이 되고 있다.

(3) 이용자 부담

이용자 부담은 사회복지서비스를 이용하는 이용자가 일정한 이용료를 지불하는 것을 말한다. 오늘날 사회복지가 발달한 국가에서도 일부 사회복지재화나 서비스를 이용자 본인부담으로 제공하고 있다. 이러한 이용자 부담은 사회복지욕구의 다양성과 복지욕구의 증가에 따른 정부의 사회복지재정 부담을 해결하기 위한 방법이다.

이용자 부담을 통한 재원조달은 다음과 같은 장점이 있다.

첫째, 이용자 부담은 사회복지재원을 확충할 수 있으며, 사회복지서비스의 남용을 막을 수 있다. 서비스를 무료로 이용할 경우 이용자들은 자신이 필요로 하는 것보다 더 많은 양의 서비스를 사용할 수 있다. 이러한 서비스 과다이용은 재정지출 낭비의 결과를 가져올 수 있다. 즉, 이용자 부담은 서비스 과다이용을 통제함으로써 이용자들의 '도덕적 해이(moral hazard)'을 해결할 수 있다.

둘째, 서비스를 유료로 제공하게 되면 서비스 이용자와 제공자들의 관심이 보다 증가될 수 있으며, 이는 결국 서비스의 질적 향상의 결과로 이어질 것이다. 즉, 이용자가 일부 이용료를 부담하는 서비스의 경우 이용자는 자신이 필요로 하는 서비스만을 선택할 것이며, 이에 따라 서비스 제공자도 질 높은 서비스를 제공하려는 노력을 함으로써 서비스 개선의 결과를 가져오게 된다.

셋째, 이용자 부담은 서비스 이용자로 하여금 무료 이용자라는 사회적 낙인(stigma)으로부터 자유롭게 만들며, 이용자의 자아존중감(self-respect)과 사회적 책임감을 높일 수 있다.

한편 이용자 부담은 저소득층의 경우 사회복지서비스 이용 시 비용부담을 갖게 되는 결과를 가져옴으로써 서비스 이용을 제한할 수 있다. 즉, 사용료를 부담할 능력이 있는 사람만이 서비스를 이용하게 됨으로써 사회복지정책이 추구하는 사회통합을 저해하는 결과를 가져올 수 있다.

(4) 가족 및 친지, 이웃을 통한 비공식적 지원

국가의 개입이 미치지 못하는 영역에 가족이나 친지, 이웃 등이 비공식적으로 지원하는 것도 사회복지재원에 해당된다. 가족 및 친지, 이웃을 통한 비공식적 지원은 경제적 · 비경제적 서비스 모두를 포함한다.

사회복지제도의 발달사를 살펴보면 제도가 발전하기 이전에는 어느 나라에서든지 가족 및 친지, 이웃 등의 비공식적 지원이 중요한 역할을 하였다. 그러나 이러한 전통의식은 복지제도를 발전시키는 데 장애요소가 되었는데, 우리나라의 경우 가족중심의 부양의식으로 인하여 노인 및 장애인에 대한 부양부담은 상당부분 가족에게 책임지우고 있었다. 이러한 비공식적 재원에의 의존은 공공재원에 비해 소득계층 간의 복지불평등이 심화되는 결과를 가져온다.

가족, 친지 및 이웃을 통한 비공식적 재원은 국가복지가 발전되기 이전에는 가장 중요한 역할을 하였으나 국가복지가 발전하면서 점차 그 역할이 줄어들고 있는 추세이다. 미국의 경우에도 1930년대까지만 해도 사회복지정책의 정부재원은 30%였으나, 1979년에 이르러 정부재원이 70%로 역전되었다(Lampman & Smeeding, 1983 : 45-66). 그러나 아직도 많은 국가에서 국민의 복지욕구 해결에 있어서 비공식적 재원을 중요하게 여기고 있다.

(5) 민간재원조달의 장점 및 한계

민간재원조달방식은 공공재원조달방식에 비하여 장점을 지니고 있는 반면 단점도 가지고 있다. 민간재원의 장점과 한계는 다음과 같다.

① 민간재원조달의 장점

첫째, 기부금이나 후원금, 회비 등을 낸 사람은 책임성만 확보된다면, 자신이 제공한 재정이 구체적으로 어디에 어떻게 사용되는지에 대하여 알 수 있기 때문에 재원조달의 유인책이 될 수 있다. 즉, 민간재원 사용처에 대한 구체적 정보를 알려 줌으로써 재원조달을 유인할 수 있다는 것이다.

둘째, 민간재원조달은 특정한 목적을 수행할 구체적 사업에 찬성하는 사람들로부터 재원조달을 할 수 있는 이점이 있다. 그 전형적 사례가 종교적 교리와 목적에 맞는 사업의 경우 공공재원조달에 비해 상대적으로 재원조달이 용이할 것이다. 또한 기업체도 종사자나 임직원 전체가 특정 사업에 동참하게 될 때, 집단적으로 재원을 지원하는 데 있어 조달이 쉬운 측면이 있다(현외성, 2002 : 233).

셋째, 민간 사회복지기관은 지역사회에 보다 밀접하게 관계함으로써 지역사회환경 변화에 따른 지역주민의 복지욕구에 민감하게 적응할 수 있어서 재원조달을 용이하게 할 수 있다. 즉, 지역주민의 새로운 욕구해결에 있어 공공 사회복지기관에 비하여 보다 쉽게 재원조달이 이루어질 수 있다.

② 민간재원조달의 한계

첫째, 경제사회적 환경의 변화에 따라 변동이 심하다. 사회 전반이 경제적으로 어려울 때 사회복지재정이 더욱 많이 필요함에도 불구하고, 민간재원의 조달이 상대적으로 어렵고 규모도 축소될 수 있다. 이러한 면은 민간재원조달이 변화무쌍하여 안정을 기하기 어렵다는 것이며, 이는 장기적이고 일관성 있는 계획수립에 있어서 장애가 될 수 있다는 것과 연결된다(Smith et al., 1995 : 178).

둘째, 민간재원조달이 개인이나 집단의 자발적 기부에 의존하기 때문에 재원사용 시 책임성 문제가 발생되기도 한다. 이를 예방하기 위해서는 민간재원 사용과정에 있어 엄격한 기준과 관리감독이 요청된다. 그러나 민간사회복지조직이 지방단위에 설립되어 있고, 공적 관리감독과는 관계없이 자율적으로 활동하는 경우 책임성의 문제는 더욱 심각해질 수 있다.

셋째, 민간재원으로 제공하는 경우 급여의 남용 또는 오용의 문제가 발생할 수 있다. 비자격대상자가 민간 사회복지기관에서 제공하는 각종 사회복지급여를 무임승차하거나 서비스를 남용하는 경우에도 엄격한 관리감독이 어렵다.

2 사회복지정책 재원의 편성과 동향

1) 사회복지정책 재원의 편성

사회복지예산 편성이란 사회복지정책을 집행하기 위해 사용되는 모든 세입과 세출을 법률에 근거하여 정리한 통계자료를 말한다.

사회복지예산 편성은 중·장기적으로 미래지향적 정보를 제공하는 기능과 합리적 정책결정을 위한 지원기능으로 대별할 수 있는데, 이러한 기능을 보다 자세히 설명하면 다음과 같다(Frerich, 1990 : 40).

미래지향적 정보제공기능은 국가정책과 관련된 내용을 계정으로 정리함으로써 사회복지정책이 국민경제에 미치는 파급효과를 분석할 수 있도록 하고, 사회복지정책의 부족한 영역을 파악할 수 있도록 하는 기초자료로 활용된다. 또한 중장기적 정책을 수립하는 기반을 제공하며, 경기변동, 경제구조변동, 유효수요, 경제성장, 경기의 활성화 등에 미치는 사회복지정책의 영향을 파악할 수 있게 한다. 이와 함께 사회복지정책의 재분배효과와 사회급여의 비용부담문제를 분석할 수 있게 한다.

합리적인 사회복지정책결정은 재정문제를 파악하지 않고서는 불가능하다. 합리적 사회복지정책결정을 위해서는 각 하부영역에서의 사회복지비 지출과 수입을 예상하고 그들 간의 상호 관련성을 고려해야 한다. 그리고 사회적 위험을 담당하는 기관별 사회복지예산의 편성을 통해서 기능별 사회복지예산의 장기적 수요를 파악해야 한다. 이러한 현황파악과 미래수요예측은 정책결정권자에게 의사결정을 돕는 기능을 수행한다.

또한 사회복지예산편성은 사회복지급여의 흐름이 공공기관뿐만 아니라 민간부문으로 이전되는 상황을 파악할 수 있도록 한다. 사회복지정책의 세입과 세출을 각 제도와 기능에 따라 분리함으로써 사회복지정책의 투명성과 경제적 효과, 소득재분배효과 등을 분석하는 기초를 제공한다. 따라서 사회복지정책을 제도 및 기능에 따라 분리한 세입과 세출에 관한 통계자료는 사회복지정책의 발전과정에서 비용의 변화를 예측할 수 있고, 사회복지정책의 우선순위를 결정하도록 한다. 이처럼 사회복지예산편성은 미래지향적 특성이 있기 때문에(안홍순, 2006 : 141) 매우 필요하다.

2) 사회복지정책 재원의 동향

(1) 우리나라 동향

우리나라 사회복지 재원조달의 주체는 정부, 사회보험기관, 기업으로 구성되어 있다. 정부재원은 저소득층에 대한 공공부조제도와 전 국민에 대한 사회복지서비스에 지출된다. 예산의 범위에는 중앙정부의 지출과 중앙정부가 지방자치단체에게 지원하는 국고보조금, 지방비를 포함한다. 사회보험기관은 5대 사회보험인 국민연금보험, 건강보험, 고용보험, 산업재해보상보험, 노인장기요양보험을 포함하며, 기업의 경우에는 법률에 의해 기업주가 부담하는 법정퇴직금과 산전후 휴가급여, 휴업보상 등을 포함한다.

우리나라 복지재정은 빠른 속도로 증가하여 왔다. 우리나라의 사회복지재정의 구성비를 살펴보면 〈표 10-1〉과 같이 2008년 이래 정부의 지출증가율은 연평균 5.5.% 증가한 반면에 보건복지지출은 7.7%로 증가하여 왔다. 이로 인하여 정부 총지출에서 보건복지부문이 차지하는 비중이 연차적으로 높아져 2013년에는 28.5%이다.

표 10-1 **정부지출과 보건복지지출 추이** (단위: 조원, %)

구분	2008	2009	2010	2011	2012	2013	2008~2012증가율
총지출(A)	262.8	301.8	292.8	309.1	325.4	342.0	5.5
보건복지지출(B)	68.8	80.4	81.2	86.4	92.6	97.4	7.7
비중(A/B)	26.2	26.6	27.7	28.0	28.5	28.5	2.1

* 2011년까지 세출결산 기준, 2012년 및 2013년 확정 세출예산 기준.
출처: 관계부처 합동, 제1차 사회보장 기본계획안, 2014.

우리나라의 사회복지예산의 편성은 1996년에 재정된 「사회보장기본법」과 매년 주요 사업의 추진계획안에 근거하여 수립된다. 우리나라의 사회복지비용의 지원내역은 공공부조, 사회보험, 사회복지서비스, 보건의료로 구분된다.

그리고 우리나라 보건, 복지, 고용분야 지출 현황 및 전망은 〈표 10-2〉에서 보는 바와 같다.

표 10-2 **우리나라 보건, 복지, 고용분야 지출 현황 및 전망: 2014~2018년** (단위: 십억원, %)

구분	2015	2016	2017	2018	연평균 증가율
사회복지분야	105.382 (91.0)	111,824 (91.2)	118,691 (91.4)	125,689 (91.3)	6.1
-기초생활보장	9,477 (8.2)	9,634 (7.9)	9,943 (7.7)	10,208 (7.4)	2.5
-취약계층 지원	2,369 (2.0)	2,384 (1.9)	2,432 (1.9)	2,500 (1.8)	1.8
-공적연금	39,661 (34.3)	44,097 (36.0)	48,592 (37.4)	52,835 (38.4)	10.0

구분	2015	2016	2017	2018	연평균 증가율
-보육 · 가족 · 여성	5,428 (4.7)	5,778 (4.7)	5,870 (4.5)	5,933 (4.3)	3.0
-노인 · 청소년	9,036 (7.8)	9,592 (7.8)	10,277 (7.9)	11,029 (8.0)	6.9
-노동	15,516 (13.4)	16,110 (13.1)	16,590 (12.8)	17,625 (12.8)	4.3
-보훈	4,638 (4.0)	4,783 (3.9)	4,890 (3.8)	5,025 (3.6)	2.7
-주택	18,387 (15.9)	18,670 (15.2)	19,284 (14.8)	19,699 (14.3)	2.3
-사회복지 일반	770 (0.7)	777 (0.6)	814 (0.6)	835 (0.6)	2.7
보건분야	10,401 (9.0)	10,732 (8.8)	11,211 (8.6)	12,030 (8.7)	5.0
-보건의료	2,281 (2.0)	2,297 (1.9)	2,363 (1,8)	2,449 (1.8)	2.4
-건강보험	7,744 (6.7)	8,045 (6.6)	8,432 (6.5)	9,143 (6.6)	5.7
-식품의약안전	376 (0.3)	389 (0.3)	416 (0.3)	438 (0.3)	5.2
합계	115,682 (100.0)	122,555 (100.0)	129,902 (100.0)	137,718 (100.0)	6.0 (100.0)

주: 1. 2015년도 본예산 기준, 2016-2018년 국가재정운용계획 기준임.
2. ( )안의 수치는 보건 · 복지 · 노동분야 총지출 대비 비중을 의미함.

출처 : 1. 기획재정부, "디지털예산회계시스템", http://www. dbrain.go.kr
2. 대한민국정부, 「2014~2018년 국가재정운용계획」, 2014. 9. 22.

(2) 국제 동향

사회복지정책을 수행하기 위한 사회복지재정이 국가의 전체 예산 중에서 차지하는 비중이 높을수록 그 나라의 복지수준이 높다고 볼 수 있으므로 사회복지재정은 한 나라의 복지수준을 평가하는 중요한 척도이다. 오늘날 각국마다 국민의 복지욕구 증가에 따라 사회복지분야에 대한 예산편성에 있어서 국가개입 확대에 대한 필요성이 증가되고 있다. 선진 복지국가들은 1940년대 이후 사회복지예산을 확대시켜왔으며, 경제성장이 둔화된 1970년대 이후에도 노령인구의 증가, 시장재화의 가격상승, 서비스의 질적 향상 및 또 다른 사회복지욕구로 인하여 사회복지재정 증가의 결과를 가져왔다.

특히 사회복지국가들의 복지정책수행을 위한 재정확보는 국민총생산, 복지정책의 내용과 성숙도, 사회노동운동의 전개 등에서 그 영향을 받는다고 할 수 있다(강영실, 2006 : 120).

〈표 10−3〉에서 보는 바와 같이 우리나라는 OECD 대부분의 국가에 비하여 총사회복지지출 비율이 매우 낮은 경향을 보이고 있다. 1990년의 경우 1인당 GDP에 대한 총사회복지지출의 비율이 OECD 평균은 18.1%인데 비하여 우리나라는 3.1%였다. 이후 연도별로 꾸준히 상승하였으나, 2005년의 경우는 OECD 평균은 20.6%인데 비하여 우리나라는 8.9%에 지나지 않아, 여전히 총사회복지지출의 비율이 낮은 상태이다. 반면에 우리나라는 OECD에 비하여 조세부담률과 국민부담률이 아직 낮아 '저부담 저복지' 형태의 복지로 운영되고 있다.

표 10−3 **OECD 국가의 연도별 사회복지지출 및 관련 지표 추이** (단위: %)

국가별	내용	1990	2000	2005	2006	2007
OECD평균	총사회복지지출	18.1	19.4	20.6		
	조세부담률	26.0	27.1	26.7	26.8	
	국민부담률	33.8	36.1	35.8	35.9	36.8
한국	총사회복지지출	3.1	7.3	8.9		
	조세부담률	17.9	19.6	20.2	21.1	
	국민부담률	18.9	23.6	25.5	26.8	28.7
멕시코	총사회복지지출	3.7	5.9	7.2		
	조세부담률	15.0	15.4	16.8	17.5	
	국민부담률	17.3	18.5	19.9	20.6	20.5
일본	총사회복지지출	11.7	19.5	22.4		

국가별	내용	1990	2000	2005	2006	2007
	조세부담률	21.4	17.5	17.3	17.7	
	국민부담률	29.1	27.0	27.4	27.9	
호주	총사회복지지출	14.5	23.1	20.7		
	조세부담률	28.5	31.1	30.8	30.6	
	국민부담률	29.1	27.0	27.4	27.9	
스웨덴	총사회복지지출	14.5	23.1	20.7		
	조세부담률	38.0	38.1	36.3	36.6	
	국민부담률	52.2	51.8	49.5	49.1	48.2
독일	총사회복지지출	25.4	29.3	29.8		
	조세부담률	28.8	22.7	20.9	21.9	
	국민부담률	34.8	37.2	34.8	35.6	36.2
영국	총사회복지지출	22.1	26.8	28.2		
	조세부담률	30.0	30.8	29.5	30.3	
	국민부담률	36.1	37.1	36.3	37.1	36.6
미국	총사회복지지출	21.0	23.7	26.0		
	조세부담률	20.5	23.0	20.6	21.3	
	국민부담률	27.3	29.9	27.3	28.0	28.3

주: 2007년 추정치
산정방법: 1인당 GDP=국내총생산(GDP)/연앙인구, 조세부담률= 조세수입액/국내총생산×100
국민부담률=(조세+사회보장기여금)/국내총생산×100
출처 : 보건복지부, 2009 OECD 사회통계지표

우리나라의 사회복지재정이 열악한 이유로는 첫째, 짧은 경제발전과정 속에서 축적된 자본이 적기 때문이기도 하지만 경제발전을 우선으로 하는 정책으로 인하여 소득분배정책을 등한시하였기 때문이다. 둘째, 급속한 경제발전에도 불구하고 노동자의 실질임금소득은 높지 않았기 때문에 사회보험 등에 대한 부담능력은 부족했다고 볼 수 있다. 셋째, 남북분단으로 인하여 국방비의 지출이 상대적으로 높을 수밖에 없었고, 이는 결국 사회복지예산에 영향을 주었다고 볼 수 있다. OECD 회원국 중 주요 국가의 국방비를 비교해 보면 〈표 10－4〉와 같이 중앙정부 예산 중 '국방비' 부담이 미국(15.4%)이 가장 높으며, 다음으로 우리나라(13.5%)임을 알 수 있다.

표 10-4 중앙정부 예산 중 복지 및 국방분야의 지출비율 비교 (단위: %)

구분	한국(2000)	일본(1993)	미국(2000)	영국(1999)	스웨덴(1999)
보건·사회복지	17.9	38.4	48.7	48.7	48.3
국방	13.5	4.1	15.4	7.1	5.6

출처: IMF(2001).

OECD 회원국의 복지지출수준이 우리나라에 비해 높은 이유는 노령, 질병, 실업, 장애 등의 사회문제에 적극적으로 대응할 뿐만 아니라 국민부담률의 향상 때문인 것으로 보인다.

한정된 재정을 통해 사회복지정책의 목표를 달성하기 위해서는 사회복지재정을 효율적으로 사용해야 할 것이다. 이를 위해서는 먼저 사회복지 프로그램의 우선순위를 설정해야 한다. 그리고 무분별한 사회복지재정의 양적 확대보다는 사회복지정책의 질적 개선과 적정부담-적정급여체계의 복지체계를 확립해야 할 것이다. 따라서 현재 실시되고 있는 사회복지사업에 대한 비효율적 요인을 제거하고, 사업에 대한 평가체계를 확립하여 재정운영에 있어서 낭비요인을 제거해야 할 것이다. 이를 통해 현재 우리나라가 처해진 환경, 즉 인구의 고령화와 출산율의 감소, 복지욕구의 증대 등과 같은 현실적 상황에 대응할 수 있을 것이다.

3 사회복지정책 재원의 영향과 과제

사회복지정책의 재원조달과 급여제공은 경제, 사회, 정치에 긍정적 또는 부정적 영향을 미친다. 만일 저소득계층 등 소외계층에 대한 사회보장제도 수립 및 개선을 위해서 조세와 사회보험료를 높일 경우에는 기업활동과 근로동기를 위축할 수 있으며, 반면에 경제성장을 목적으로 세금을 낮추거나 사회복지 급여수준을 낮출 경우에는 사회적 불평등이 증가될 수 있다. 이러한 점에서 경제학자들은 소득보장제도가 근로동기를 약화시키고, 시장을 왜곡시키며, 국제경쟁력을 약화시켜서 궁극적으로는 국민소득이 줄어드는 결과로 이어진다고 주장한다.

1) 부정적 영향

첫째, 소득증가로 인한 한계효용이 세율의 증가로 인한 한계비용보다 낮아지면 일을 하지 않으려는 경향으로 이어질 수 있다. 즉, 조세확보를 위한 세율의 증가는 근로자의 근로동기를 약화시킬 수 있다.

둘째, 사회복지정책의 확대는 재정확대를 필요로 하게 되며, 사회복지재정은 개인에게 부과됨으로써 개인소득을 하락시켜 결국 개인의 저축률을 낮추게 된다. 즉, 낮은 저축률은 민간투자의 감소로 이어질 수 있다.

셋째, 사회복지예산의 증가는 생산가격의 상승을 초래하여 국제경쟁력을 하락시킨다. 즉, 인건비 및 사회보험료 부담의 증가로 인한 신규투자의 철회는 실업률 증가의 결과를 가져옴으로써 국가경제성장에 있어 부정적 영향을 미칠 수 있다.

넷째, 직접세는 소득이나 재산에 대하여 직접적으로 부과되는데, 이에 대한 조세저항으로 자영업자 등은 소득을 실제보다 낮게 신고함으로써 지하경제가 확대될 수 있다.

다섯째, 공공부조제도 등 사회복지서비스의 확대는 사회복지급여자 증가의 결과를 가져올 수 있다. 즉, 미혼모 등에 대한 서비스 확대는 미혼모의 수를 증가시킬 수 있다.

2) 긍정적 영향

첫째, 사회보장제도는 개인의 질병 및 실업 등으로 인한 소득상실을 보전해 줌으로써 질병 시에 노동공급에 대한 강요가 줄어들어 건강을 회복하게 하고, 실업 시에 재교육을 통하여 근로자의 재취업이 이루어짐으로써 궁극적으로 노동생산성이 향상될 수 있다.

둘째, 미래 노후생활안정을 위한 국민연금제도 가입은 강제저축의 증가를 가져와 개인의 미래를 대비할 수 있으며, 이때 확보된 사회보험료는 공공부문의 재원으로 국가 발전을 위한 공공부문의 투자로 사용될 수 있다.

셋째, 사회보장제도는 근로자의 안정된 삶에 영향을 미치게 됨으로써 노동생산성을 강화하여 생산품의 질이 향상되는 결과를 가져오게 된다. 즉, 사회보장제도는 오히려 국가경쟁력의 강화로 이어질 수 있다.

넷째, 사회보장제도로 가족부양기능을 강화할 수 있으며, 가족의 부양부담을 경감시킬 수 있어 궁극적으로 가족해체 등의 사회문제를 예방할 수 있다.

다섯째, 빈곤과 질병 등 개인의 어려움을 대비한 생존권을 보장함으로써 개인의 삶의 선택권을 보다 확대할 수 있으며, 이는 개인의 창의적 결과를 가져올 수 있다.

이처럼 사회복지정책의 급여제공은 부정적인 영향에도 불구하고 긍정적인 부분에 대한 국가적·국민적 합의가 증가되고 있어 사회복지급여에 대한 욕구는 여전히 높은 현실에 있다.

제4부

사회복지정책의 주요 영역과 평가

제11장

소득보장정책

1. 소득보장의 방법
2. 빈곤과 공공부조정책
3. 사회보험정책

1 소득보장의 방법

인간으로서 최소한의 생활을 유지하기 위해서는 일정한 소득이 필요하다. 인간은 노령, 폐질, 질병, 산업재해, 장애, 실업, 부양자의 사망 등과 같은 소득의 중단과 아동양육과 출산과 같은 예외적 지출로 인하여 빈곤상태에 빠질 수 있다. 이러한 빈곤 해결과 예방에 대한 국가의 정책이 〈표 11-1〉과 같은 소득보장정책이다. 우리나라의 소득보장정책은 전 국민, 공무원·사립학교 교직원·군인·근로자를 대상으로 위험유형에 따른 급여가 주어진다(김영화 외, 2008: 159-160).

표 11-1 소득상실 유형별 관련 소득보장제도

소득상실 및 위험유형	관련 제도 및 급여	급여대상
빈곤	국민기초생활보장제도	전 국민
노령	국민연금제도의 노령연금	전 국민
	공무원·사립교직원·군인연금의 퇴직연금	공무원, 사립학교교직원, 군인
장해	국민연금의 장해연금	전 국민
	공무원·사립교직원·군인연금의 장해연금	공무원, 사립학교교직원, 군인
	산재보험의 장해보상연금	근로자
사망	국민연금의 유족연금	전 국민
	공무원·사립교직원·군인연금의 유족연금·유족보상금	공무원, 사립학교교직원, 군인
	산재보험의 유족보상연금	근로자
질병·사고	산재보험의 휴업급여	근로자
실업	고용보험의 구직급여	근로자
노령+빈곤	기초연금	국민기초생활보장 수급노인, 차상위 저소득층 노인
장해+빈곤	장애인 생계보조수당	기초생활보장 대상, 중증·중복장애인

출처: 강욱모 외(2004: 241) 수정 인용.

소득보장정책은 일상생활을 위협하는 다양한 애로요인 가운데 소득활동의 중단에 의한 경제적 불안정성(economic insecurity)에 대처하기 위한 사회적 수단이다. 경제적 불안정성은 개인에게는 비록 우발적으로 발생하지만 사회 전반적으로는 일정한 확률성을 가지고 발생하므로 예측 가능하다. 따라서 예상되는 불안정성에 대비하여 각종의 소득보장제도를 준비함으로써 미래에 발생할지도 모르는 사회적 위험에 계획적으로 대처하고 이러한 제도의 존재 자체가 삶의 질을 향상시킨다는 점에서 소득보장정책이 필요하다.

소득보장 프로그램들은 크게 세 가지로 구분할 수 있는데(김태성 · 송병돈, 2002: 111-113), 각 프로그램의 장 · 단점은 〈표 11-2〉와 같다. 첫째, 비갹출 · 비소득 / 자산조사 프로그램(non-contributory and no means-tested program), 둘째, 비갹출 · 소득 / 자산조사 프로그램(non-contributory and means-tested program), 셋째, 갹출 · 비소득 / 자산조사 프로그램(contributory and no means-tested program)이다.

표 11-2 소득보장 프로그램의 장·단점

구분	장점	단점
비갹출 · 비소득 / 자산조사 프로그램	1. 인간존엄성 향상과 사회통합에 기여한다. 2. 프로그램 운영비가 적다. 3. 근로의욕 약화가능성이 적다. 4. 가족해체 유발가능성이 적다.	1. 사회적 자원낭비 가능성이 있다. 2. 급여수준과 사회적 적절성 달성이 어렵다(예산부족 시).
비갹출 · 소득 / 자산조사 프로그램	1. 경제적 효율성이 높다. 2. 사회적 적절성 목표달성이 쉽다. 3. 소득재분배의 효과가 있다.	1. 인간존엄성 훼손과 낙인을 줄 수 있다. 2. 사회적 연대감을 해칠 수 있다. 3. 소득보장 프로그램에서의 부정적 측면이 크다. 4. 운영비 과다지출과 비효율성 문제가 있다. 5. 가족구조의 불안정을 가져올 수 있다.
갹출 · 비소득 / 자산조사 프로그램	1. 인간존엄성과 국민연대의식이 높다. 2. 국민연대의식이 공공부조보다는 강하다. 3. 공공부조에 비해 근로의욕약화 효과가 적다. 4. 보편적 프로그램에 비해 재원조달이 유리하다. 5. 공공부조에 비해 운영비가 적게 든다. 6. 가족구조의 불안정	1. 국민연대의식이 보편적 프로그램에 비해 약하다. 2. 보편적 프로그램에 비해 근로의욕약화 효과가 크다. 3. 공공부조에 비해 소득재분배, 사회적 적정성이 약하다.

1) 비갹출 · 비소득 / 자산조사 프로그램

이 프로그램은 비갹출 그리고 소득 · 자산 비조사형태로 한 나라 국민이면 누구에게나 인구학적 조건(노인, 아동, 장애인)을 갖추면 보험료 납부여부와 상관없이 소득과 갹출, 자산조사를 하지 않고 급여를 지급하는 것이다. 이 프로그램은 최저생활보장의 권리로서 사회권의 이념을 반영한다. 대표적인 사례로 가족수당(family allowance)과 보편적 연금(universal pension) 등이 있다. 소득보장정책의 역사적 발전과정을 통해 볼 때, 일반적으로 가장 늦게 도입되었으나 가장 발전된 형태라고 할 수 있다. 따라서 이러한 프로그램들은 사회복지에 사용될 자원이 많은 경우에는 그 장점이 돋보이나, 그렇지 못한 경우에는 확대적용에는 근본적 한계가 있다고 할 수 있다. 실제로 최근 서구 복지국가들은 재정적으로 어려움에 봉착하자 이러한 프로그램을 축소하는 경향이 있다(김태성 · 김진수, 2001 : 10).

2) 비갹출 · 소득 / 자산조사 프로그램

이 프로그램은 비갹출 그리고 소득 · 자산조사형태로 흔히 공공부조라 불리는데 엄격한 자산조사가 행해진다. 소득보장정책으로서 가장 오래되었을 뿐만 아니라 20세기 이후 상기의 보편적 프로그램이나 사회보험이 성숙되기 이전에 대부분의 나라에서 가장 중요한 소득보장의 역할을 하였다. 대표적 사례인 공공부조에는 일정 소득수준 이하의 모든 사람에게 급여하는 일반적 공공부조와 일정 소득수준 이하이면서 노인, 아동, 장애인 등 특정한 인구학적 집단에 속하는 사람에게 주어지는 범주적 공공부조가 있다(김영화 외, 2008 : 160). 현재의 국민기초생활보장제도는 일반적 공공부조에 해당되며, 이전에 시행했던 생활보호제도는 범주적 공공부조에 해당된다. 또한 보편적 프로그램과 사회보험이 빈곤을 예방한다는 측면이 있는 반면에, 이 프로그램은 빈곤한 사람만을 대상으로 현재의 빈곤을 해결하려는 치료적 성격이 강하다. 특히 범주적 공공부조가 역사적으로 볼 때 대부분의 국가에서 중요한 역할을 해 왔기 때문에 통상적으로 공공부조제도로 잘 알려져 있다(강욱모 외, 2004 :

230-231).

이 프로그램은 상기의 보편적 프로그램들에 비하여 많은 문제점을 가지고 있으나 사회복지자원에 한계가 있는 경우에는 꼭 필요한 사람에게 적절한 수준을 급여하는 방법으로 선택할 수 있는 프로그램이다. 이러한 경우에는 보다 많은 문제를 가진 범주적 공공부조 프로그램보다는 일반적 공공부조 프로그램을 택하는 것이 바람직하다(이두호, 1992 : 160).

3) 갹출 · 비소득 / 자산조사 프로그램

이 프로그램은 갹출 그리고 소득 · 자산 비조사형태로 사회보험이 대표적 사례에 해당하고 국가와 피보험자와의 계약상의 권리를 반영한다. 피보험자가 낸 보험료에 근거하여 급여하기 때문에 자산조사는 필요 없다. 현재 적용범위에 있어서나 급여수준에 있어서 소득보장제도의 핵심을 이루고 있다. 사회보험제도는 사람들이 일생 동안에 부딪치는 위험의 종류에 따라 네 가지 형태로 나누어지는데 노령, 장애, 사망의 위험에 대한 국민연금, 질병에 대한 의료(건강)보험, 실업에 대한 고용보험, 그리고 작업 중 장애에 대한 산재보험이 있다. 이러한 네 가지 사회보험 프로그램들은 국가들마다 차이가 있지만, 기본적으로 일정 기간의 보험료를 납부한 피보험자와 또는 그 가족에게 급여를 하기 때문에 국가와 피보험자와의 '계약상의 권리(contractual right)'를 반영한다(이두호, 1992 : 149).

이러한 프로그램들은 일반적으로 직접적인 국가재정부담이 비교적 적으면서, 전통적 공공부조 프로그램들이 갖고 있는 많은 단점들을 보완할 수 있어 오늘날 서구복지국가에서 가장 중요한 소득보장 프로그램으로 자리를 잡고 있다(강욱모 외, 2004 : 231-232).

우리나라의 소득보장정책은 전 국민을 포괄할 수 있는 제도적 틀을 마련하고 있다. 그러나 제도의 엄격한 급여수준과 제도 간의 연계성의 부족으로 인하여 소득보장을 필요로 하는 국민이 보장받지 못하는 경우가 생길 수 있다. 또한 국민은 다양한 소득보장정책의 내용을 잘 알지 못해서 당연히 받아야 할 소득보장을 받지 못하는 경우가 있다. 따라서 소득상실에 대한 실제적 사회안전망으로서의 소득보장정책이 되기 위해서는 국민의 최저생활을 보장할 수 있는 제도가 마련되어야 하며, 국민을 대상으로 소득보장정책에 대한 체계적 홍보도 필요하다. 이것이 이루어질 때 국민의 최저생활을 보장해 주는 신뢰받는 소득보장정책이 될 수 있다(김영화, 2008: 161).

2 빈곤과 공공부조정책

1) 빈곤의 개념

빈곤은 인간이 행복을 추구하는 데 있어 가장 큰 장애물이다. 빈곤개념은 연구자의 관점, 연구목적, 배경에 따라, 시대와 장소에 따라, 그리고 사회에 따라 다르게 사용되기 때문에 빈곤대책으로서의 공공부조정책의 공통적 이해를 위해 먼저 빈곤개념에 대한 논의가 필요하다.

빈곤은 최저한의 인간다운 생활을 영위하는 것을 어렵게 하는 요인이기 때문에 사회복지정책에서 특별히 관심을 가진다. 물론 빈곤은 개인문제일 경우도 있지만, 현대사회의 속성상 빈곤문제를 사회문제의 하나로 인식하고 수용하기 때문에 사회복지정책적 개입의 정당성을 가진다(현외성, 2012: 64).

Beveridge는 5대 사회악 가운데 빈곤(poverty)이 어쩌면 가장 극복하기 쉬운 것인지도 모른다고 했다.[1] Roosevelt 대통령은 1941년 의회에 보낸 메시지에서 제2차 세계대전이 끝난 후에는 어떤 사회라도 언론의 자유, 예배의 자유, 결핍으로부터의 자유, 공포로부터의 자유가 바탕이 되어야 한다고 주장하였다. 여기서 말하는 결핍으로부터의 자유는 다른 말로 바꾸면 국민이 건강하고 평화로운 삶이 보장되는 경제

1) Social insurance fully developed may provide income security: it is an attack upon Want. But Want is one only of five giants on the road of reconstruction and in some ways the easiest to attack. The others are Disease, Ignorance, Squalor and Idleness(Sir William Beveridge, *Social Insurance and Allied Services*, part. Ⅰ.8, 박석돈, 2006: 81 재인용).

적 수준을 말한다고 할 수 있다.[2)] 이러한 빈곤도 관점에 따라 강조점이 달라진다. 경제적 관점에서 볼 때 빈곤이란 재화의 서비스 부족을 말하고, 사회문화적 관점에서 보면 사회·문화·정치제도상에 있어서 기회, 수단, 자원 등의 상대적 박탈을 말한다. 현대와 같은 정보화 시대에 있어서는 정보의 결핍을 빈곤이라고 본다.

특히 빈곤을 경제적 현상으로만 제한하여 정의한다면, '만성적이고도 지속적인 물질적 결핍'을 의미하지만, 일반적으로 정의하면 생활하는 데 필요한 자원이 결핍되거나 욕구(needs)가 충분히 충족되지 않은 상태라 할 수 있다.

이러한 목적의 빈곤정책은 방법론적 차원에서 세 가지로 구분되는데 우리나라의 빈곤정책을 사회복지와 관련하여 보면 사회보험으로서 연금, 산재 및 고용보험 등이 관련되며 공공부조제도로서는 국민기초생활보장제도가 있다.

첫째, 자산소득조사(means test)를 통한 가구의 소득이 최저생계비 이하일 때, 그 부족분을 보충해 주는 방법으로써 우리나라의 경우 국민기초생활보장제도의 생계급여가 여기에 해당된다.

둘째, 자산조사와 함께 개인이 부가적인 수급조건을 충족할 경우에만 급여의 수급자격을 부여하는 방법으로써 개인이 근로활동의 요건을 충족해야 하는 조건부급여인 우리나라의 근로장려세제(EITC : Earnings Income Tax Credit)가 여기에 해당된다.

셋째, 빈곤과 관련성이 높은 특정한 지표(예 : 아동의 부양, 노령, 질병상태 등)와 같이 별도의 자산조사 없이 모두에게 동일한 수준의 급여를 보편적으로 제공하는 법으로써 조세를 재원으로 하는 아동수당(child benefit)이나 기초연금제도(basic pension system)가 여기에 해당된다(이정우, 2013 : 475-476). 최근에는 사회적 결핍의 개념을 사용하여 빈곤을 설명하고 있으며, 일반적으로 절대적 빈곤, 상대적 빈곤, 주관적 빈곤으로 구별하고 있다(박석돈, 2006 : 82 ; 윤석범, 1994 : 220).

2) President Franklin D. Roosevelt, in a message to congress on Jan. 6, 1941. said that any settlements made after World War Ⅱ should be based on "four freedoms". He defined these four freedoms a freedom of speech, freedom of worship, freedom from want, and freedom from fear. President Roosevelt's words were as follows : The third is freedom from want which, translated into world terms, means economic understandings which will secure to every nation a healthy peaceful life for its inhabitants-everywhere in the world.

(1) 절대적 빈곤

빈곤을 이해하는 데 있어 가장 많이 언급되는 것이 전통적 빈곤개념인 절대적 빈곤으로서 최저생활을 유지할 수 없는 수준(survival criteria), 즉 최소한의 신체적 효율성(physical efficiency)을 유지하는 데 필요한 식품, 의류, 주거, 난방을 가지지 못한 수준을 말한다.[3)]

절대적 빈곤은 '기본적 생존욕구를 충족하는 데 필요한 절대적 자원이 부족한 상태나 조건'에서 파악되는 개념으로서 궁핍으로서의 빈곤(poverty as deprivation)과 동일한 의미로 사용되고 있다. 절대적 빈곤 개념의 초점은 생존수준(subsistence level)에 있지 상대적 소득불평등의 정도에 있지 않다. 다시 말해 B. S. Rowntree가 분류한, 처음부터 영양학적 욕구를 충족할 수 없는 상태인 1차적 빈곤개념에 해당된다(이두호 외, 1991 : 46). 따라서 절대적 빈곤은 소득과 소비에 기준을 두고 소득의 기준이 기본적 생존을 위한 수준에 미치지 못하는 경우로서 이는 사회의 소득불평등의 문제가 아니라 절대적 자원이 부족한 생존의 문제로 언급되는 경우가 더 많다(김정헌, 2002 : 267).

(2) 상대적 빈곤

상대적 빈곤은 한 사회의 평균적인 생활수준에 비교하여 빈곤을 규정하므로 절대적 빈곤개념과는 달리 불평등으로서의 빈곤(poverty as inequality)과 관련된다. 절대적 빈곤은 사회구성원의 전반적 생활수준을 고려하지 않은 개념인 데 반해, 상대적 빈곤은 특정 사회의 전반적 생활수준을 고려한 상대적 박탈과 불평등의 개념을 중시한다(박병현, 2013 : 325). 즉, 그 사회의 생활수준 또는 생활양식과 비교하여 일정 소득수준에서 박탈당하는 경우 빈곤계층으로 인정하고 있는 것으로 사회관계의 부족과 같은 비물질적 요소까지도 함께 포함한다. 따라서 중요한 것은 사회의 평균적

3) 독일 통계학자 C. L. E. Engel이 19세기 중엽 벨기에 노동자의 가계조사를 분석한 결과 소득수준이 높은 가계일수록 소비지출 중 식품비 비중이 낮아지는 경향이 있다는 것을 발견하였다. 이를 엥겔계수라 한다(원석조, 2006 : 297).

생활수준을 정확히 파악하는 일이다. 상대적 빈곤을 주장하는 대표적 학자인 Townsend는 상대적 빈곤을 "일상식품을 획득하고 사회활동에 참여하며 그들이 속한 사회에서는 관례적 생활조건과 편의시설을 갖기에 필요한 자원을 결여하고 있는 사람"이라고 정의하였다. Townsend(1979)는 빈곤을 '상대적 박탈이라는 개념의 관점에 의해서 주관적인 것보다 객관적인 것'으로 정의하면서 기존의 절대적 수준에 입각한 빈곤의 개념을 비판하고 빈곤은 오직 '상대적 박탈'이라는 개념을 통해서만 객관적으로 정의될 수 있다고 주장하였다(김정헌, 2002 : 267-268 ; 원석조, 2011 : 335; 현외성, 2012 : 234)

즉, 통상적인 소득부족의 개념을 넘어 소득 이외의 면들도 고려하여 빈곤을 측정하는 방법이다. Townsend는 빈곤의 상대성과 복잡성에 보다 근접하기 위하여 '상대적 박탈'의 개념을 구체화하여 최저생계비를 추정하였다. 그에 의하면 어떤 사람이 거주하는 지역사회의 통상적 생활양태(style of living)를 누리지 못하면 빈곤한 것으로 간주한다. 보다 일반적으로 이용하고 있는 상대적 빈곤지수는 가계조사나 소득조사를 통하여 평균 혹은 중위가구 소득, 또는 지출의 몇 % 이하에 해당하느냐에 의해 빈곤 여부를 결정하는 방식이다. 일반적으로 선진 복지국가들은 정책상의 수혜대상을 결정할 때 중위 혹은 평균소득의 일정 비율을 빈곤선으로 채택하는 경향이 있다.

〈표 11－3〉은 외국 주요 기관과 연구자의 상대적 빈곤선을 보여준다(박병현, 2013 : 326). 현실적으로 빈곤계층의 소득이 과거의 소득보다 크게 향상했다 하더라도 사회 전체가 골고루 소득이 상승했다면 빈곤계층은 언제나 상대적으로 열등한 위치에 그대로 있게 되므로 상대적 빈곤은 소득의 불평등 분배를 전제로 한 개념이다. 이처럼 상대적 빈곤개념은 한 사회의 빈곤이 그 사회의 맥락 속에서 규정되어야 하며 빈곤을 규정하는 기준이 시대와 사회에 따라 가변적이라는 사실을 명백히 해 준다.

표 11-3 외국 주요 연구기관 및 연구자의 상대적 빈곤선

기관 및 연구자	상대적 빈곤선
OECD	중위가구소득의 40%
World Bank	개발도상국은 평균가구소득의 1/3 이하, 선진국은 평균가구소득의 1/2 이하
European Union	평균소득의 50%
V. Fuchs	중위가구소득의 50%
P. Townsend	빈곤층은 평균가구소득의 80% 이하, 극빈층은 50% 이하
L. Rainwater	가구당 평균소득의 46~58%
V. Fuchs & S. Lansley	중위가구소득의 1/7 이하
H. Chenery et al.	소득수준에 따라 최저 40% 또는 20%
일본	근로자 가구 소비지출의 68%

출처: 이현주(2000: 28); 박석돈(2006: 87) 재구성.

(3) 주관적 빈곤

주관적 빈곤은 사회의 일반적 생활수준과는 관련 없이 본인 스스로 빈곤하다고 느끼는 상태를 의미한다. 즉, 절대적 빈곤과 상대적 빈곤은 그것들이 '과학적'으로 결정되든 아니면 '정치적'으로 결정되든 제삼자에 의해서 객관적 기준이 정해지는 데 반해 주관적 빈곤개념은 각자가 빈곤으로 인식하는 수준에서 결정된다. 이 개념은 자기의 생활상태에 대해서 사람들이 가지는 느낌이 중요한 의미를 가진다. 빈곤이 인간 개개인이 느끼는 안녕(well-being)과 관련되는 문제이므로 객관적 기준보다는 어떤 관점에서는 주관적 기준에 의한 빈곤개념이 보다 중요한 의미를 가질 수도 있다. 주관적 빈곤을 결정하는 방법에는 여론조사에 의한 방법과 라이덴(Leyden)방법이 있다(박석돈, 2006: 88; 박병현, 2014: 326-327).

여론조사방법(혹은 '대표시민'방법)은 대개 한 사회에서 대표적 가족형태(부모와 자녀로 이루어진 4인 가족)가 그럭저럭 살아가는 데 필요한 최소비용이 얼마인가를 사람들에게 설문하여 얻은 액수를 평균하여 산출함으로써 결정하는 방법이며, 라이덴(Leyden)방법은 사람들에게 자신의 상황을 고려할 때 그럭저럭 살아가는 데 소요되는 최소소득(minimum income)이 얼마인가를 묻고 이를 바탕으로 사람들이 판단한 최소소득과 그들의 실제소득과의 관계를 분석하여 결정하는 방법이다.

이처럼 주관적 빈곤개념에 의한 빈곤측정방법들은 모두 사회구성원이 일반적으로

간주하는 빈곤선(poverty line)이 무엇인가를 알아낼 수 있다는 점에서 사회의 현실을 상당히 반영한다고 할 수 있다(박병현, 2014 : 327).

2) 빈곤의 원인이론

빈곤의 원인에 관한 이론을 크게 나누면 개인적 원인에서 찾는 이론과 사회구조적 문제에서 원인을 찾는 이론으로 나누어 볼 수 있다. 빈곤의 원인을 개인의 무능력, 나태, 무지, 신체적 장애 등 개인적 속성에서 찾게 되면 빈곤한 사람의 성격을 개조하기 위한 교육이나 훈련을 제공하는 비교적 징벌적인 형태의 빈곤정책이 시행되고, 반면에 노동시장구조나 분배정책 등 사회경제적 요인에서 찾게 되면 사회구조의 개혁을 지향하는 빈곤정책이 수립되어야 한다. 빈곤의 원인이론으로 다음과 같은 이론들, 즉 인적자본이론, 선발이론, 직무경쟁이론, 노동시장분절이론 등이 있다(박병현, 2013 : 330-333).

① 인적자본이론(human capital theory) : 이 이론은 왜 서로 다른 근로자가 서로 다른 생산성을 갖느냐는 문제에 초점을 맞추는 것이다. 인적자본이론의 핵심은 임금은 개인의 생산성에 의하여 결정된다는 것이고, 생산성은 숙련된 기술의 여부에 의하여 결정되고, 기술은 공식, 비공식훈련 등과 같은 인적자본에의 투자를 통하여 이루어진다는 것이다. 따라서 이 이론에 의하면 빈곤은 낮은 생산성의 결과이고, 이것은 인적자본에의 낮은 투자에서 기인한다고 보고 있다.

② 선발이론(screening theory) 혹은 학력주의(credentialism) : 이 이론은 개인이 가진 특성이 아니라 개인을 노동시장 내 특정 위치에 배치하는 기제에 초점을 맞추고 있다. 선발이론에서는 교육수준이 잠재적으로 생산성이 높은 근로자를 가려내는 데 있어서 측정하기 어려운 속성을 대변하는 지표의 역할을 한다고 보고 있다.

③ 직무경쟁이론(job competition theory) : 이 이론은 특정 근로자의 서열상의 위치, 즉 임금수준이 다른 근로자들의 행동에 따라 변화하는 것으로 설명한다. 직무경쟁이론에서는 배경적 특징이 좋은 사람들의 숫자가 증가하면 그렇지 못한 사람들의 임금은 낮아질 수밖에 없다고 보고 있다.

④ 노동시장분절이론(segmented labor market theory) : 이 이론은 개인의 특성이나 경쟁력 여부와 상관없이 노동시장 자체의 속성에 주목한다. 노동시장분절이론에서는 배경적 특성이 불리한 사람들은 노동서열의 아래쪽에 위치하게 되어 이차노동시장에 속하게 되고, 이차노동시장에서의 직업관행에 익숙해지면 일차노동시장으로의 진입이 불가능해져 빈곤해진다고 보고 있다.

3) 빈곤의 측정방법

빈곤을 측정하기 위해서는 어떤 기준이 있어야 한다. 이를 흔히 빈곤선(poverty line)이라고 한다. 그렇다면 빈곤의 정도를 최종적으로 나타내는 방법들은 어떠한 것들이 있는가? 각국의 빈곤측정 방법들에 대하여 김태성과 손병돈(2004 : 47-48)은 다음과 같이 지적하고 있다.

첫째, 빈곤율은 가족(가구)의 숫자를 전체 인구 숫자 혹은 가족(가구) 숫자로 나눈 값으로 결정된다. 즉, 가난한 사람들의 숫자가 얼마인지로 빈곤의 정도를 파악하는 것이다. 이렇게 사람들이 처한 빈곤의 정도를 파악하는 것은 빈곤정책에서 중요하다. 대부분의 빈곤한 사람들의 소득이 빈곤선 소득과 거의 비슷한 경우와 거의 소득이 없는 경우에서의 빈곤정책은 큰 차이가 나기 때문이다.

둘째, 이러한 빈곤율 방법의 단점을 보완하고자 개발한 방법이 바로 'poverty gap'이다. 이 방법은 빈곤선 이하의 모든 사람들의 소득과 빈곤선 소득의 차이를 모두 합한 액수로 나타낸다. 이러한 poverty gap을 알게 되면 빈곤을 해결하는 데 드는 총비용을 알게 되고 이것에 따라 빈곤정책의 방향이나 규모가 결정될 수 있으나 빈곤의 총체적 정도만을 나타내기 때문에 빈곤한 사람들 사이에서의 빈곤분포의 정도를 알지 못할 수 있다.

셋째, 빈곤한 사람 사이에서의 소득불평등의 정도를 측정하는 방법이다. 이 방법은 가난한 사람 사이의 소득분배의 형태를 알 수 있어 총체적 빈곤의 정도를 나타내는 poverty gap 방법의 문제점을 어느 정도 해결할 수 있다. 따라서 이 방법은 빈곤율이나 poverty gap 방법과 같이 사용될 때 그 의미가 있는 것이다.

오늘날 세계 각국은 빈민을 대상으로 하는 사회보장제도의 운용을 위해 빈곤을 측정하는 방법을 개발해 왔다. 대표적으로 오샨스키 척도, 예산기준방식, 여론·합의방식, 가계지출방법 등이 있다(Dixon & Macarov ed., 1978 : 8-16 ; 원석조, 2013 : 307-310 재인용).

(1) 오샨스키 척도

오샨스키 척도(the Orshansky scale)는 1960년대 초 미국 사회보장청 경제학자로 일한 Molly Orshansky가 최저생계비 개념에 입각하여 빈곤을 측정하기 위해 개발하였다. 영양학적 기준과 소득기준을 절충하여 1963년부터 미국에서 빈곤선 기준으로 채택된 오샨스키 척도는 다음과 같은 특징을 지니고 있다.

첫째, 영양학적 기준을 충족시키는 데 필요한 최저한의 비용, 즉 객관적 식품비(이론적 식품비)를 계산한다.

둘째, 가구의 실질적 생활비 분석을 통해 엥겔계수를 구한다.

셋째, 엥겔계수를 이론적 식품비에 적용하여 전체 생계비를 계산해 낸다.

오샨스키 척도는 모든 항목의 생계비를 조사하지 않고, 엥겔계수로 생계비를 추정한다는 점에서 일명 반물량방식(半物量方式)이라고도 한다. 실제로 Orshansky는 최소한의 식품 마켓 바스켓(market basket)을 구성하여 산출한 빈곤자의 최저식품비의 세 배로 빈곤선을 정했다.

Orshansky 빈곤선의 장점은 명확하고 계산하고 수정하기도 쉽다는 것이다. 단점은 빈곤의 측정방법이 너무 단순하여 빈민이 경험하는 다양한 생활상의 압박을 제대로 반영하지 못한다는 점이다.

(2) 예산기준방법

예산기준방법(budget standards)이란 빈곤자의 소비지출 마켓 바스켓을 구성한 다음 이를 합산하여 빈곤선을 정하는 방법이다. 이를 위해서는 먼저 다양한 소비지출 유형을 위한 가계기준을 정하고 식료품, 의료, 교통, 주택, 난방 등 표준적 소비를 위해 얼마가 지출되어야 하는지를 엄밀하게 조사해야 한다는 것이다. 오샨스키 방법이 식품의 마켓 바스켓이라면, 예산기준방법은 전체 생필품의 마켓 바스켓이라고 할 수 있다.

이 방법은 빈민의 전체 소비지출을 감안한다는 점에서 전물량방식(全物量方式)이라고도 한다.

(3) 여론 · 합의방법

빈곤을 정의하고 측정하는 일을 전문가에게 맡길 경우 빈곤선에 포함시킨 항목에 대해 시민이 이의를 제기할 수 있다. 이를 피하기 위한 가장 좋은 방법으로, 여론에 따라 빈곤선을 정하는 것을 여론 · 합의방법(public opinion and social consensus measures)이라고 한다. 즉, 빈곤을 정의하고 측정하는 것을 전문가 집단에게 위임하는 것이 아니라 일반인의 여론에 따라 빈곤선을 정하는 것이다.

여론 · 합의방법의 장점은 자의적이고 독단적인 전문가 집단의 판단을 배제하고, 일반 사람들이 빈곤의 기준을 결정하게 만드는 것이다. 그러나 바로 이런 점이 이 방식의 약점이 된다. 빈곤수준에 대한 일반인의 생각이라는 것은 그들의 주관적 경험에 기초해 있기 때문에 빈곤 실태를 얼마나 사실적으로 반영하는지 알 수가 없다. 그리고 표준생계에 포함시킬 항목이 어느 정도 정확하게 생활양식을 반영하는지에 대해서도 의문이 제기될 수 있다.

(4) 가계지출방법

가계지출방법(household expenditure measures)은 상대빈곤의 개념에 입각하여 빈곤선을 정하는 방법이다. 이 방법은 전체 인구의 가계지출 평균치에 의거하여 빈곤선을 정하기 때문에 가계지출에 관한 세밀하고도 신뢰할 만한 자료가 있어야 하고, 또 자료가 정기적으로 업데이트되어야만 가능하다. 영국은 1988년부터 가계지출방법을 채택하여 매년 가계지출조사를 실시하고 있으며, 평균가계소득의 40% 이하를 빈곤선으로 정하고 있다.

4) 공공부조정책

(1) 공공부조의 개념과 의의

공공부조라 함은 국가 및 지방자치단체의 책임하에 생활유지능력이 없거나 생활이 어려운 국민의 최저생활을 보장하고 자립을 지원하는 제도를 말한다(「사회보장기본법」 제3조 제3호).

다시 말하면, 공공부조는 생활유지능력이 없는 빈곤한 생활상태에 있는 자들을 대상으로 하기 때문에 자신이나 친인척이 빈곤상태에 있는지의 여부를 판단하기 위하여 우선적으로 자산조사(means test)를 실시한다. 그리고 그 결과에 따라 국가나 지방자치단체와 같은 공공기관에 의해 부조가 이루어진다(강영실, 2006 : 148).

요컨대, 공공부조란 "생활이 빈곤한 사람에게 국가가 부조를 해 줌으로써 이들이 빈곤에서 벗어나게 해 주는 국가의 사회보장 프로그램의 일종이다. 즉, 타인의 일시적인 경제적 수요에 대한 국가의 최저한의 물질적 급여를 말한다(배기효, 1995 : 74).

이러한 공공부조는 결국 민주주의 정신에 입각한 기본권 존중사상에서 나왔으며, 현대 산업사회의 경제적 방안이다. 그러나 이러한 공공부조정책에 대해 학자들의 여러 가지 비판이 가해지고 있다. 사회학자들은 하위계급(the lower class)과 빈곤문화개념(the culture of poverty)을 원용하여 다음과 같은 문제점을 제기하고 있다(Rein, 1977 : 569-572).

① 복지계급(the welfare class)은 개인적 선택이나 생활양식으로서의 행태를 잘 이해하고 있는지, 그리고 개인적·경제적 변화에 따라 그들의 행태가 단기간에 수정될 수 있는 것인지에 대한 문제이다.

② 의존적 빈곤자(the dependent poor)에 대한 낙인(sigma)문제로서 소득보조가 자기보고(self-reporting)에 의하지 않고 자산조사(means test)에 의함으로써 피부조자의 수치심을 조장시켜 공공부조의 목적에 역행되고 있다. 즉, 차별적인 자산조사와 자격조사는 피부조자에게 낙인을 줄 수 있다.

③ 빈곤자가 복지계급의 일원이 되는 사회화 과정에 대한 문제로서 복지심리가

후대에까지 계승된다.

④ 피부조자들이 주체성(identity)을 찾지 않은 생활양식을 택하게 되어 한계직업(part-time 또는 part year work)을 갖게 되어 결국 노동시장에서 그들을 필요로 하지 않을 때에는 복지가 그들의 자유로운 소득원이 되므로 일에서 주체성을 찾지 않는 소위 이중노동시장(dual labor market)이 나타난다는 문제로서 이는 공공부조가 피부조자의 근로의식을 감퇴시키는 요인이 된다는 것이다(신상준, 1989 : 174).

(2) 공공부조(국민기초생활보장제도)의 이념과 원리

사회복지정책 가운데 공공부조란 사회보장제도의 하나로서 자력으로 생계를 영위할 수 없는 빈곤층을 대상으로 국가의 관리 하에 재정자금을 급부하여 자력으로 생활할 수 있게 하는 구빈제도를 말한다(이수천 외, 2011: 393).

공공부조는 스스로 최저생활을 할 수 없으면 누구나 국가로부터 최저생활을 보장받을 수 있는 것이다. 따라서 공공부조는 국가책임의 이념, 최저생활보장의 이념, 보편적용의 이념이 있다. 국가책임의 이념은 모든 사람은 스스로의 복지를 위한 1차적 책임을 가지고 있음을 전제로 하고 있다. 따라서 국가책임의 이념은 보충성의 원리와 자활조성의 원리를 파생시킨다. 최저생활보장의 이념은 보편적용의 원리를 파생시킨다(박석돈, 2006 : 139).

이러한 공공부조의 기본이념으로 「국민기초생활 보장법」에서는 최저생활보장의 이념을 규정하고 있으나 최저생활보장의 이념에서 파생되는 필요적용의 원리는 채택하지 않고 있다.

공공부조제도는 국민의 최저생활을 보장하는 데 기본목표를 두고 있으며, 생활의 불안과 위험을 해소하려는 사회보험과 함께 소득보장정책의 주요한 구성요소가 된다. 공공부조의 일반적 특징은 첫째, 공공부조는 규정된 최저소득 이하의 자들에게만 적용된다. 둘째, 공공부조는 조세를 재원으로 한다. 셋째, 공공부조 수급자에 대한 자산조사가 행해진다. 넷째, 공공부조는 사회적 취약계층에 대한 최종적 소득보장제도이다(남기민, 2011 : 247).

공공부조는 사회경제적 성격에 따라 제도의 형성, 실시, 발전과정에서 차이를 보이고 있으나 일반적으로 국가책임의 원리, 생존권 보장의 원리, 최저생활보장의 원리, 무차별 평등의 원리, 보충성의 원리, 자립조장의 원리 등을 기본원리로 하고 있다(이수천 외, 2011 : 396-398; 남기민, 2011 : 247-248).

첫째, 국가책임의 원리는 공공부조를 통하여 생활이 어려운 국민의 생존권을 실현하는 것을 국가의 책임으로 한다는 원리이다. 즉, 모든 국민의 최저생활보장의 책임이 국가에 있다는 원리이다.

둘째, 생존권 보장의 원리는 모든 국민은 누구나 생활이 어려운 때에는 국가에 대하여 보호를 청구할 권리가 있고 국가는 국민의 이러한 요구를 들어줄 의무가 있다는 원리이다. 즉, 국가가 생활이 빈곤한 국민에 대하여 빈곤의 정도에 따라 필요한 급여를 행하여 최저수준의 생활을 보장해야 한다는 원리이다.

셋째, 최저생활보장의 원리는 공공부조의 보호수준은 건강하고 문화적인 생활수준을 유지할 수 있는 최저한도의 생활이 보장되어야 한다는 원리이다. 즉, 최저한도의 수요가 충족되는 정도의 생활보장을 모든 국민이 똑같이 누리게 하자는 원리이다.

넷째, 무차별 평등의 원리는 급부내용에서 수급자의 인종, 성별, 종교 및 사회적 신분에 차별 없이 평등하게 보호를 받을 권리가 있어야 한다는 원리이다. 즉, 모든 국민이 생활상 직면하게 된 빈곤에 즉응하여 포괄적인 급여를 받아야 한다는 원리이다.

다섯째, 보충성의 원리는 수급자가 가지고 있고 이용할 수 있는 자산과 능력 및 그 밖의 모든 것을 최대한 활용하고 그렇게 하고도 최저생활을 유지할 수 없을 때 최종적으로 국가가 개입하여 그 부족분을 보충해 주어야 한다는 원리이다.

여섯째, 자립조장의 원리는 수급자의 잠재능력을 개발 육성하여 자력으로 사회생활에 적응하게 하는 원리이다. 즉, 대상자가 경제생활의 측면에서 급여를 받지 않고도 자력으로 정상적인 사회인으로 생활해 나갈 수 있도록 원조해야 한다는 원리이다.

(3) 공공부조와 사회보험

공공부조와 사회보험은 국민의 최저생계보장을 목적으로 하는 소득보장제도라는 점에서 같지만 다른 점도 많다. 그리고 공공부조와 사회보험은 법정이전소득(mandated transfers of money)이라는 점에서 같지만, 공공부조의 목적은 빈곤완화(ameliorate)인 반면, 사회보험의 목적은 빈곤을 예방(prevent)하고, 모든 계층의 경제적 비보장(insecurity)을 경감(lessen)시키는 것이다(Kingson & Berkowitz, 1993 : 14-15, 원석조, 2006 : 305 재인용).

사회보험, 즉 국민연금, 국민건강보험, 고용보험, 산업재해보상보험 및 노인장기요양보험을 1차 사회안전망이라 한다면 공공부조, 즉 국민기초생활보장제도, 의료급여제도, 긴급복지지원제도는 2차 사회안전망이라 할 수 있다(이수천 외, 2011: 393).

Rejda(1999)는 사회보험과 공공부조의 차이점을 다음과 같이 지적하고 있다(Rejda, 1999 : 35-36; 원석조, 2013 : 311-312 재인용).

① 재정예측성 : 사회보험의 수입과 지출총액은 비교적 예측이 용이하다. 반면에 빈민의 수와 생계비 수준에 따라 지출규모가 결정되는 공공부조는 그 재정을 예측하기가 쉽지 않다.

② 자산조사 : 공공부조는 그 수급자가 빈민임을 증명해야 급여를 받을 수 있으므로 자산조사가 불가피하지만 사회보험은 그렇지 않다. 공공부조가 수급자의 현재 드러난 욕구(demonstrated need)에 기초하고 있다면, 사회보험은 앞으로 예상되는 욕구(presumed need)에 기초하고 있기 때문이다.

③ 재정충당방식 : 사회보험은 임금에 부과되는 보험료(earmarked taxes)로 재정을 충당하나 공공부조는 정부의 일반세입(general revenues)에서 충당한다. 다시 말해서 사회보험의 수급자는 보험료를 부담함으로써 재정을 스스로 조달하지만 공공부조 수급자는 재정에의 직접적 기여가 없다.

④ 대상자의 수 : 사회보험 대상자는 수가 매우 많지만, 공공부조 대상자는 그 수가 적다.

⑤ 낙인 : 공공부조 대상자는 수급자격을 획득하는 과정에서 자신이 빈민임을 사

회적으로 증명해야 하기 때문에 낙인을 피할 수 없다.

이미 알고 있는 바와 같이 사회보험은 소득보장의 한 형태인 점에서는 공공부조와 같으나 여러 가지 측면에서 〈표 11-4〉에서 보는 바와 같이 차이점이 있다. 특히 공공부조는 전체 사회보장계획의 필수적 보완장치(an essential subsidiary method), 즉 사회보험의 그물망을 통과해 떨어진 사람을 위한 최후의 보장제도로 인식되고 있다(Beveridge, 1942 : 12 ; 원석조, 2013 : 312).

표 11-4 공공부조와 사회보험의 차이점

구분	공공부조	사회보험
기원	빈민법	공제조합에 기원
목적	빈곤의 완화, 구빈, 사후적 대응	빈곤의 예방과 경제적 비보장의 경감, 사전적 대응
급여대상	단기유고자(빈곤자)	장기유고자(노령, 장애, 실업)
권리	법적 권리로 이해 안 됨	법적 권리
소득보장방법	개별적 소득방법	일반적 소득방법
수급자 자립심	이타심 조장	자립심 조장
재정예측성	곤란(자산조사에 의거 일정금액 지급)	용이(정액 또는 일정 보험금 지급)
소득조사	반드시 필요	불필요
재정충당	정부 일반조세	가입자의 보험료(국가 사용자, 수급자)
대상자의 수	소수	다수
낙인·수치심	발생	발생 안 됨
사회보장에서의 위치	사회보험의 보완제도	사회보장의 핵심제도

출처 : 원석조(2013 : 312) ; Friedlander & Apte(1974 : 51-53 ; 222-224).

현대에 있어서는 사회보험은 기본적 소득보장방법이고, 공공부조는 그의 보완적 수단이라고 할 수 있으나 공공부조와 사회보험은 상호 보완이 필요하다.

(4) 일반적 공공부조제도로서의 국민기초생활보장제도

① 국민기초생활보장제도의 개관

우리나라의 대표적인 공공부조제도는 2000년 10월 1일부터 시행된 국민기초생활보장제도이며 이 제도의 유형상은 일반적 공공부조제도로 분류된다. 기존 공공부조제도인 생활보호제도는 인구학적으로 특정 집단만을 대상으로 한다는 점에서 범주적 공공부조제도라 할 수 있지만, 국민기초생활보장제도는 생활보호제도의 인구학적 구분을 폐지하고, 빈곤 여부만으로 대상자를 선정하여 급여를 제공한다는 점에서 일반적 공공부조제도라고 할 수 있다.

국민기초생활보장제도의 도입배경은 많은 저소득층이 사회보장의 혜택을 전혀 받지 못하는 사각지대가 존재하여 국가가 모든 국민의 기본적인 생활을 제도적으로 보장해야 할 필요성이 대두되었기 때문이다. 또한 단순 생계지원이 아닌 수급자의 자립자활을 촉진하는 생산복지 지향의 종합적 빈곤대책이 필요하였다. 이러한 사회경제적 배경에서 1999년 9월 7일에 국민기초생활보장법이 공포되고 2000년 10월 1일부터 실시되었다(이진숙 외, 2013 : 304-305).

표 11-5 국민기초생활보장법과 생활보호법의 비교

구분	생활보호법	국민기초생활보장법
법적 성격	시혜성 보호	국가의무와 시민의 권리
법률용어	국가에 의한 보호적 성격: 피보호자, 보호기관, 보호대상자	저소득층의 권리적 성격: 수급자, 수급권자, 보장기관
선정기준	범주형 선별주의(부양의무자, 소득, 재산, 인구학적 기준 모두 충족)	일반적 보편주의(부양의무자, 소득인정액 기준 충족)
최저생계비	• 생활보장위원회 심의, 의결 • 비계측연도 최저생계비 결정방식 언급부재	• 생활보장위원회 심의 • 비계측연도 최저생계비 결정방식 구체화(규칙위임)
대상자 구분	• 인구학적 기준에 의한 대상구분 • 거택, 시설, 자활보호	대상자 구분 폐지
급여	• 6종의 급여 • 자활보호대상 생계 및 장제보호 없음	맞춤형 급여

구분	생활보호법	국민기초생활보장법
생활보장위원회	• 중앙생활보호위원회 • 시·도, 시·군·구, 읍·면·동 생활보호위원회	• 중앙생활보장위원회 존치 • 읍·면·동 생활보호위원회 폐지 • 시·도, 시·군·구, 읍·면·동 생활보호위원회는 유사기능 위원회가 갱신 기능
긴급급여	신설	급여실시의 긴급한 필요가 인정될 때 급여의 일부 실시
보장비용	지자체 재정자립도에 대한 언급 없음	지방자치단체의 재정자립도를 고려하여 재정분담비율 차등적용
자활지원계획	신설	수급자 근로노력, 가구여건, 자활욕구 감안하여 가구별 자활지원계획 수립
기타(전달체계)	사회복지전문요원: 별정직 3,000여 명	일반직 전환, 7,200명 수준확대 추진
급여수준	• 생계보호: 거택보호자에게만 지급 • 의료보호: 거택보호 – 의료비 전액지원 자활보호 – 의료비의 80% • 교육보호: 중·고생 자녀학비 전액지원 • 해산보호, 장제보호, 자활보호 등	• 생계급여: 모든 대상자에게 지급하되 근로능력자는 자활 관련 사업에 연계하는 조건부로 지급 • 주거급여 신설: 임대료, 유지수선비 등 주거안정을 위한 수급품 • 긴급급여 신설: 긴급 필요시에 우선급여 실시 • 의료, 교육, 해산, 장제급여 등은 현행과 동일

출처: 보건복지부 내부자료 재정리.

기존 생활보호제도와 국민기초생활보장제도의 차이를 먼저 살펴보면 〈표 11-5〉에서 보는 바와 같이 법적 용어에서 생활보호제도는 국가에 의한 보호적 성격을 띠고 있지만, 국민기초생활보장제도는 대상자의 권리적 성격을 강조하는 용어로 바뀌었다. 특히 급여에서 국민기초생활보장제도는 모든 대상자에게 생계급여를 제공하고, 주거급여와 긴급급여, 자활급여를 신설하였다. 또한 대상자 선정기준도 생활보호제도는 보건복지부장관이 임의적으로 정하는 소득, 재산기준에 근거하였으나 국민기초생활보장제도는 매년 공식적으로 발표되는 최저생계비를 소득기준으로 이용하고, 2003년부터는 재산과 소득을 통합한 소득인정액이라는 단일기준으로 대상자 선정기준을 사용하였다.

② 국민기초생활보장제도 운용상의 원칙

이 원칙은 국민기초생활보장제도를 실제로 운용함에 있어서의 원칙을 말한다. 기초생활보장 실시상의 기본원칙으로 신청보호의 원칙, 기준 및 정도의 원칙, 직접급여의 원칙, 세대단위의 원칙, 현금급여의 원칙 및 거택보호의 원칙의 여섯 가지 원칙을 들고 있다(박석돈, 2006 : 323-327; 남기민, 2011: 248).

첫째, 신청보호의 원칙은 국가에 대해 먼저 신청에 따라서 보호를 개시하는 것을 원칙으로 하며, 수급권자가 신청수속을 모르거나 독거노인의 경우는 직권보호를 보충적으로 적용해야 한다는 선신청보호 및 후직권보호의 원칙이다.

둘째, 기준 및 정도의 원칙은 대상자의 연령, 세대구성, 소득관계 및 자산조사를 통하여 최저한도의 생활의 부족분을 보충해 주는 정도의 것이어야 하며 이를 초과해서는 안 된다는 급여기준과 정도의 원칙이다.

셋째, 직접급여의 원칙은 수급자의 연령, 성별, 건강상태, 기타 생활여건 등을 고려하여 개인 또는 세대에 실제로 필요한 급여를 즉시 행하여야 한다는 필요즉응의 원칙이다.

넷째, 세대단위의 원칙은 세대를 단위로 하여 그 보호의 필요 여부 및 정도를 정해야 한다는 원칙이다. 하지만 특별한 경우에 있어서 개인을 단위로 하여 서비스가 제공되는 것도 배제하지는 않는다.

다섯째, 현금급여의 원칙은 수급자의 낙인감과 오명을 최소화하는 현금급여를 우선적인 원칙으로 하고 예외적으로 현물급여를 행할 수 있다는 원칙이다.

여섯째, 거택보호의 원칙은 보호의 방법에서 수급자가 거주하는 가정에서 서비스가 제공되어야한다는 원칙이다.

3 사회보험정책

1) 사회보험의 의의

사회보험은 보험의 원리를 응용하며 사회적 위험이나 애로요인을 해결하는 것이다. 우리나라 「사회보장기본법」 제3조에서 사회보험을 "국민에게 발생하는 사회적 위험을 보험방식에 의하여 대처함으로써 국민건강과 소득을 보장하는 제도"라고 규정하고 있다. 즉, 사회보험이란 "사회구성원에 대해서 그 생활을 위협하는 사고에 대해서 일정 기준의 소득을 보장하기 위한 강제보험"이라 할 수 있다.

사회보험은 그 용어에서 알 수 있듯이 민간보험에 사회적인 요소를 추가하여 변화시킨 것이라고 할 수 있다. 즉, 강제가입과 소득재분배 요소를 통해 위험에 대한 사회적 보장제도로 형성된 것이다. 따라서 사회보험은 질병·장애·노령·실업·사망 등의 사회적 위험에 대응하여 위험의 분산과 소득의 재분배를 통하여 국민을 보호하고 빈곤을 해소하며 국민생활의 질을 향상시키기 위한 제도라고 할 수 있다(이진숙 외, 2013: 263).

표 11-6 우리나라 사회보험체제 및 현황

제도명	도입시기	대상위험	보장형태	가입대상 수
국민연금	1988	노령, 장애, 사망에 대한 소득손실	소득보장	1인 이상 사업장, 농어민, 농어촌자영자
공무원연금	1960	노령, 장애, 사망에 대한 소득손실(산재 포함)	소득보장	공무원
군인연금	1960	노령, 장애, 사망에 대한 소득손실(산재 포함)	소득보장	장기하사관 이상
사립학교교직원연금	1973	노령, 장애, 사망에 대한 소득손실(산재 포함)	소득보장	사립학교교직원
국민건강보험	1977	질병에 의한 비용손실	의료보장	전 국민
산재보험	1964	업무상 재해로 인한 소득손실 및 비용손실	소득보장 및 의료보장	모든 근로자
고용보험	1995	실업에 의한 소득손실, 실업예방	소득보장 및 비용보전	모든 근로자
노인장기요양보험	2008	노인성 질환	소득보장 및 의료보장	65세 이상 노인 65세 미만 노인성 질환자

출처: 강욱모 외(2004: 243) 재구성.

우리나라에서 사회보험이 처음 도입된 것은 1960년의 공무원연금법이지만, 일반 국민계층을 포괄적 대상으로 접근한 제도는 1963년의 산업재해보상보험이 최초이며, 2008년 7월부터 노인장기요양보험이 도입됨으로써 국민연금, 건강보험, 고용보험과 함께 〈표 11-6〉에서 보는 바와 같이 사회보험의 외형적 체계를 갖추게 되었다. 국민연금은 노령으로 인한, 건강보험은 질병과 출산으로 인한, 산재보험은 산업재해로 인한, 실업(고용)보험은 실업으로 인한, 노인장기요양보험은 노인성 질환으로 인한 소득의 중단이나 감소를 보장한다.

최근 독일과 일본은 '제5의 사회보험'이라 하여 장기요양보험(long-term care insurance)을 신설했고 일본에서는 이를 개호보험(介護保險)이라 한다. 장기요양보험은 장기요양을 필요로 하는 노인환자를 보험을 통해 보호하기 위한 제도이다(원석조, 2013: 228).

2) 사회보험의 구성요건과 특성

사회보험이 성립되기 위한 요건은 다음과 같다(박석돈, 2006: 137).

첫째, 보험의 일반 요건과 마찬가지로 경제적 결합이 전제가 된다.

둘째, 우발적 사고이다. 사고 자체의 불확정성보다 도래 시점의 불확정성이 대부분이다. 사회보험의 대상이 되는 위험은 노령, 폐질, 유족, 질병, 실업 등이다. 이러한 각각의 위험에 따라 대처하는 수단도 다르다.

셋째, 경제적 손실의 보전이라고 하는 재산적 필요가 요건이 된다. 민간보험은 경제적 원상회복을 목표로 하지만 사회보험은 최저생활을 목표로 한다.

넷째, 공동 위험에 대한 공동 대처의 의미가 있다. 이것은 상호적 충족을 의미한다.

사회보험은 보험이기 때문에 민간보험과 유사한 점이 많고, 또 소득보장정책이란 점에서 공공부조와 동일한 목적을 갖는다. 그러나 사회보험은 민간보험뿐만 아니라 공공부조와 본질적으로 다른 특징을 지니고 있다.

첫째, 강제적 프로그램이다. 사회보험 적용조건의 강제적용의 원리는 신청이나 직권에 의해 수급되는 공공부조와 수혜자 개인선택에 의존하는 사회복지서비스 및 민간 사보험과 구별되는 특성 중의 하나이다. 즉, 소득이나 직업, 지역 간의 차이에 관계없이 일정한 자격 요건을 정하여 일률적·강제적으로 적용하는 것이다.

둘째, 사회보험대상에 있어서 포괄성의 원리는 강제적용 내지 강제가입의 결과 적용대상은 궁극적으로 전 국민이라는 점이다.

셋째, 사회보험의 급여수준에 있어서 최저수준의 원리는 사회보험제도에 의해 인간적인 최저수준을 보장해야 한다는 것이다.

넷째, 사회보험의 급여는 자격 및 조건에 따라 다르며 그 결과 당연히 급여수준도 차등적으로 결정된다는 특성이 내포되어 있다.

이와 같은 사회보험의 특성은 〈표 11-7〉에서 보는 바와 같다.

그리고 Kingson과 Berkowitz는 사회보험의 특징을 다음과 같이 주장하고 있다. ① 사회적 충분성, ② 개인적 형평성, ③ 법정급여, ④ 대상자의 보편성, ⑤ 재정의 안정성, ⑥ 개인과 정부 간의 관계 공고화(compact between citizens and their government) 등이다(Kingson & Berkowitz, 1993 : 17-23).

표 11-7 사회보험의 특성

구분 \ 유형	사회보험	공공부조	사회복지서비스
적용방법	강제가입	신청 / 직권	개인선택
대상	전 국민	국민기초생활보장 수급자	수혜희망자
비용	가입자, 고용주, 국가분담	공적 부담	공적 부담, 수익자 부담
급여수준	기여비례	최저수준	다양
급여기간	기한부 급여	무기한 급여	희망에 따라
급여자격	보험료 납부	빈곤층 입증	희망자
기능	예방적	구빈적	보완적

출처 : 김정헌(2002 : 282).

사회보험은 현재 거의 모든 국가들이 시행하고 있으며, 사회보험의 시행국가현황은 〈표 11-8〉과 같이 연금을 시행하고 있는 국가의 수가 가장 많고, 실업보험을 시행하는 국가가 가장 적다. 그리고 산업사회 이전으로 올라갈수록 다른 사회보험에 비해 산재보험을 시행하는 국가의 구성비율이 높다(원석조, 2013 : 230).

표 11-8 **사회보험 시행국가현황** (단위 : 개국)

구분	1940	1949	1958	1969	1979	1989	1999
연금	33	44	58	97	123	135	167
건강보험	24	36	59	68	75	84	112
산재보험	57	57	77	120	134	136	164
실업보험	21	22	26	34	38	40	69

출처 : SSA(1999 : xi의 표 1) ; 원석조(2006 : 225) 재인용.
* 국가의 수는 사회보장을 시행하는 실제 국가의 수가 아니라 미국 사회보장청이 관련 정보를 충분히 수집할 수 있었던 국가의 수를 반영하고 있음.

3) 사회보험의 기본 원칙

사회보험의 기본 원칙으로 첫째, 최저생활보장원칙, 둘째, 소득재분배원칙, 셋째, 기여분담원칙, 넷째, 보편주의 원칙 등이 있다(김근조, 1991 : 195-198). 이를 구체적으로 살펴보면 다음과 같다.

첫째, 최저생활보장원칙은 재직시기에 따른 일정수준의 보험금을 보장한다는 원칙으로 공공부조의 최저생계비 보장 의미와는 다르다. 예를 들어 20년 국민연금 가입자가 퇴직하면 최저생계수준을 훨씬 상회하는 재직기간 평균소득 40%를 보장받고 공무원연금은 보수월액의 50% 수준을 보장받는다(신희영 외, 2000 : 328).

둘째, 소득재분배원칙은 선세대의 연금은 후세대의 부담으로 지급되므로 세대 간(inter-generation) 소득재분배원칙이 잘 이루어진다는 것이다. 국민연금보험은 기본연금액을 산출할 때, 균등부분과 소득비례부분을 합산하여 산정하므로 균등부분에 의한 소득재분배 효과만을 기대할 수 있다. 사업주가 보험료 전액을 부담하므로 소득재분배 효과가 있다. 건강보험의 경우, 소득에 따른 보험료 부과와 동일한 수혜를 획일적으로 적용하므로 소득재분배 효과가 있다. 특수직역연금보험은 소득비례적 기여금과 기여비례적 수혜액이 수급되므로 소득재분배 효과는 전혀 없다고 할 수 있다.

셋째, 기여분담원칙은 사회보험의 보험료 납입기여에 있어 가입자가 전액부담하지 않고, 고용주나 국가 등과 함께 분담한다.

넷째, 보편주의 원칙은 사회보험 적용에 있어 법정요건만 구비하면 모든 국민이 의무적으로 가입하여야 하고, 사회적 위험의 분산과 예방에도 보편적이어야 한다는 의미이다.

4) 사회보험과 민간보험

사회보험과 민간보험은 상호 보완적 성격을 가지고 있으며 사회보험은 국민최저생활을 보장하고 그 이상은 개인의 노력으로 민간보험을 통하여 여러 가지 위험의 발생으로 생기는 경제적 타격의 정도를 완화시키도록 한다.

사회보험의 보험요소로 Rejda(1999)는 ① 위험분산, ② 손해의 우연성, ③ 위험의 이전, ④ 배상 등을 지적하고 있다. 또한 Rejda는 사회보험과 민간보험의 공통점을 ① 위험의 이전과 분산을 기한다. ② 가입대상, 급여, 재정 등과 관련된 모든 조건들을 특정화하고 규정한다. ③ 급여자격과 총액에 대한 정확한 수학적 계산을 필요로 한다. ④ 프로그램의 운영에 필요한 비용을 충당하기에 충분한 보험료와 보험금 지급을 전제로 한다. ⑤ 사전에 결정된 급여(predetermined benefits)를 제공한다. ⑥ 가입자의 경제적 보장을 목적으로 한다고 지적하였다(Rejda, 1999 : 32-33; 원석조, 2013 : 232 재인용).

사회보험과 민간보험은 공통점이 있기는 하지만 〈표 11－9〉에서 보는 바와 같이 본질적으로는 전혀 다른 제도이다.

표 11-9 사회보험과 민간보험의 차이점

사회보험	민간보험
1. 강제적	1. 임의적(자발적)
2. 최저생활보장	2. 개인의 의사와 지불능력에 따른 고액보장가능
3. 사회적 충분성 강조(복지요소)	3. 개인적 공평성 강조(보험요소)
4. 급여는 법에 의한 법적 권리(가변성)	4. 법적 계약에 의한 계약적 권리(계약준수)
5. 정부 독점	5. 자유경쟁
6. 비용예측 곤란	6. 비용예측 전제
7. 완전적립 불필요	7. 완전적립
8. 보험계약 불필요	8. 개인적 또는 집단적 보험계약
9. 목적과 결과를 감안, 다양한 옵션 부여	9. 목적과 결과를 감안, 단일 옵션 부여
10. 중앙정부의 통제하에 투자	10. 사적 경로를 통한 투자
11. 인플레 대응을 위해 조세제도 이용 가능	11. 인플레에 취약
12. 정부, 기업, 비고용인 3자 비용부담	12. 보험계약자 비용부담
13. 보험료와 보험급여에 일정한 비례가 없음	13. 보험료와 보험급여 정비례
14. 비영리 목적	14. 영리목적
15. 충분한 기여금 불필요	15. 충분한 기여금 필요
16. 예상하기 어려운 지출	16. 예상할 수 있는 지출

출처 : Rejda(1999 : 33); 원석조(2013 : 234 재인용); 박석돈(2006 : 136); 박경일(2013 : 289).

특히 사회보험에서는 재정충당방법, 급여수준, 자격요건, 가입기간, 정부역할 등 여러 측면에서 이견이 존재할 수 있다. 반면에 민간보험의 선택권(옵션)과 목적은 비교적 단순하다.

5) 사회보험제도의 종류

(1) 국민연금과 특수직역연금

일반적으로 연금(pension)은 공적 연금제도의 한 형태로서 폐질, 노령, 사망 등에 의하여 소득을 상실하는 경우 자신과 유족의 생활보장을 위하여 장기간에 걸쳐 정기적으로 급여가 행해지는 소득보장의 한 방법이며, 또한 연금은 일정 기간 동안 정기적으로 지급되는 금전이다(김근조, 1991 : 10 ; 박광덕, 1998 : 589). 이때 일정 기간이란 연금의 지급사유가 발생한 후부터 연금 수급권자의 사망 또는 수급자격이 소멸

될 때까지의 기간을 의미하며, 또한 정기적이란 의미는 보통 1년을 기초로 지불금액을 정하기 때문에 연금이라고 하고 있으나, 실제 지급방법은 연 단위에 국한하지 않고 월 단위, 주 단위로 지급되더라도 연금으로 인정하고 있다(Lynn, 1983 : 2).

우리나라의 공적 연금제도는 국민연금과 특수직역연금으로 구분된다. 특수직역연금은 공무원연금, 사립학교교직원연금, 군인연금의 3가지 연금으로 구성되어 있다. 일반 국민을 대상으로 한 보편적 공적 연금제도인 국민연금제도는 1988년에 도입되어 1999년 4월 도시자영업자에 대한 적용 확대를 통하여 비로소 국민연금이 전 국민을 포괄하는 전 국민연금으로 탄생하였다.

(2) 국민건강보험

국민건강보험은 질병이나 부상이라는 불확실한 사회적 위험의 발생과 분만이나 사망 등으로 인해 일시에 과다한 의료비 지출에 따른 가계의 경제적 부담을 동질의 위험에 처해 있는 다수의 위험집단을 경합하여 사회적 사고가 발생한 사람의 어려움을 덜어주기 위해 국가가 법으로 정하여 실시하는 상부상조제도이다. 또한 강제가입방식에 따라 가입한 보험가입자의 소득과 재산에 따라 보험료를 산출하고 이를 주된 재원으로 하여 보험급여를 제공함으로써 국민보건을 향상시키고 사회보장을 증진하기 위한 사회적 의료보장제도이다(홍봉수 외, 2011 : 261).

국민건강보험법 제1조에 따르면, 이 법은 국민의 질병 · 부상에 대한 예방 · 진단 · 치료 · 재활과 출산 · 사망 및 건강증진에 대하여 보험급여를 실시함으로써 국민보건을 향상시키고 사회보장을 증진함을 목적으로 한다.

「국민건강보험법」의 기본 원칙은 첫째, 급여의 포괄성을 보장한다. 둘째, 보험료 부담의 형평성을 보장한다. 셋째, 제도 운영의 효율성과 투명성을 확보한다. 넷째, 의료자원의 효율적인 활용과 의료서비스의 질적 향상을 추구한다.

(3) 산업재해보상보험

산업재해보상보험은 사업장에 고용되어 근무하던 근로자가 업무상의 재해를 입고 부상 또는 질병에 걸리거나, 신체장애가 남아 불구의 몸이 되거나, 사망하는 경우에 재해근로자와 그 가족이 신속하고 공정하게 보상을 받을 수 있도록 보장해 주기 위하여 국가가 보험기술을 이용해서 모든 사업주에게 연대 책임을 지우는 사회보험제도이다(남기민, 2011 : 219).

이 제도는 첫째, 재해보상요건으로 사용자의 고의·과실을 묻지 않는 무과실 책임주의, 둘째, 실질적 손해액과 관계없는 손해액의 획일화, 셋째, 보상책을 민사소송에 의하지 않고 신속하게 처리할 수 있는 행정 관청의 지도와 벌칙 등을 통한 간편한 청구제도라는 특성을 가지고 있다.

일반적으로 산업재해보상보험의 목적은 첫째, 산재근로자에 대하여 신속, 공정한 재해보상을 실시하는 것이다. 둘째, 필요한 보험시설의 설치, 운영과 재해예방이나 각종 근로복지사업을 추진함으로써 재해를 입은 근로자나 그 가족의 인간다운 생활을 보호하는 데 있다. 셋째, 불의의 재해로 사업주가 과중한 경제적 부담을 지게되는 위험을 분산, 경감시켜 안정된 기업활동을 할 수 있도록 도와주는 것이다(김태성 외, 2001 : 283).

따라서 산업재해보상제도는 재해를 당한 피해근로자나 그 가족 등에게 신속·공정한 보상을 해 주는 반면에 사용자의 위험을 분산, 경감시켜 줄 수 있어 사용자의 책임이라기보다는 근로자에 대한 보상이 중시되는 사회보장제도라고 볼 수 있다(이병재, 1994 : 695).

우리나라 산업재해보상보험제도는 사회보험 중 가장 먼저 도입되었다. 1963년 「산업재해보상보험법」이 제정되어 1964년 1월부터 실시되었으나 훨씬 뒤에 도입된 의료보험제도나 국민연금제도에 비해 그 운영 및 발전과정에서 소극적이라는 평가를 받고 있다. 1999년 법 개정을 통해 2000년 7월 드디어 적용대상이 5인 미만인 경우 사업장으로 확대되어 단 한 사람의 근로자라도 고용하는 사업장이면 산업보험의 적용을 받게 되었다(남기민, 2004 : 235; 이진숙 외, 2013 : 282).

(4) 고용보험

고용보험이란 실직 근로자에게 실업급여를 지급하는 전통적 의미의 실업보험 외에 적극적인 취업알선을 통한 재취업의 촉진과 근로자의 직업안정 및 고용구조 개선을 위한 고용안정사업, 근로자의 능력개발사업 등을 상호 연계하여 실시하는 사회보험제도로서 예방적·적극적 차원의 인력정책적 제도라고 할 수 있다(박석돈, 2006 : 234; 박경일, 2013 : 313).

「고용보험법」 제1조에 의하면 "이 법은 고용보험의 시행을 통하여 실업의 예방, 고용의 촉진 및 근로자의 직업능력의 개발·향상을 도모하고, 국가의 직업지도·직업소개 기능을 강화하며, 근로자가 실업한 경우에 생활에 필요한 급여를 실시함으로써 근로자의 생활의 안정과 구직활동을 촉진하여 경제·사회발전에 이바지함을 목적으로 한다"라고 규정하고 있다.

우리나라 고용보험제도는 1993년 12월에 고용보험법이 제정되고 1995년 7월부터 실시됨으로써 도입되었다. 고용보험은 사회보험 중 비교적 나중에 만들어진 것으로 고용보험 도입 이후에 우리나라는 복지국가로서 기틀을 갖추었다고 할 수 있다(이진숙 외, 2013 : 288).

(5) 노인장기요양보험

노인장기요양보험은 노인성 질병 등의 사유로 일상생활을 혼자서 수행하기 어려운 노인 등에게 제공하는 신체활동 또는 가사활동 지원 등의 장기요양급여 제공으로 노후의 건강증진 및 생활안정을 도모하고 그 가족의 부담을 덜어줌으로써 국민의 삶의 질을 향상하도록 함을 목적으로 하는 사회보험제도이다.

노인장기요양급여는 노인 등의 심신상태·생활환경과 노인 및 그 가족의 욕구·선택을 종합적으로 고려하여 필요한 범위 안에서 이를 적정하게 제공하여야 하고, 노인 등이 가족과 함께 생활하면서 가정에서 장기요양을 받는 재가급여의 경우 우선적으로 제공하여야 하며, 노인 등의 심신상태나 건강 등이 악화되지 아니하도록 의료서비스와 연계하여 이를 제공하여야 한다. 이것이 노인장기요양급여의 기본 원칙이다(이정우, 2011 : 277; 박경일, 2013 : 322).

노인장기요양보험은 〈표 11－10〉과 같이 노인복지서비스 체계와는 차이가 있다. 노인장기요양보험은 치매·중풍 등과 같이 노화 및 노인성 질환 등으로 인하여 혼자 힘으로 일상생활을 영위하기 어려운 대상자에게 요양시설이나 재가장기요양기관을 통해 신체활동 또는 가사지원 등의 서비스를 제공하는 반면, 국민건강보험은 치매·중풍 등 질환의 진단, 입원 및 외래치료, 재활치료 등을 목적으로 주로 병·의원 및 약국에서 제공하는 서비스를 급여대상으로 하는 제도이다.

우리나라 노인장기요양보험제도는 2007년 4월에 노인장기요양보험법이 국회에서 통과된 후 2008년 7월 1일부터 실시하게 됨으로써 5대 사회보험 중 가장 마지막에 만들어졌다.

노인장기요양보험제도가 실시됨으로써 그동안 가족의 영역에 맡겨져 왔던 치매·중풍 등 노인에 대한 장기간에 걸친 간병, 장기요양 문제를 사회연대원리에 따라 국가와 사회가 분담하게 되었다(이진숙 외, 2013 : 297-298).

표 11-10 노인복지서비스 체계와 노인장기요양보험제도의 비교

구 분	노인복지서비스 체계	노인장기요양보험제도
서비스 대상	• 선택적 제도 • 국민기초생활보장 수급자를 포함한 저소득층 위주	• 보편적 제도 • 장기요양이 필요한 65세 이상 노인(노인성 질환을 가진 64세 이하의 국민)
서비스 선택	• 지방자치단체장의 판단(공급자 위주)	• 수급자 및 부양가족의 선택에 의한 서비스 제공
재 원	• 정부 및 지방자치단체의 부담	• 장기요양보험료+국가 및 지방자치단체 부담+이용자 본인부담
서비스	• 시설 재가서비스를 제공하나, 서비스 질에 대한 관리 미흡	• 시설급여 • 재가급여(방문요양, 방문목욕, 방문간호, 주·야간보호, 단기보호 등) • 특별현금급여(가족요양비, 특례요양비, 요양병원간병비 등)
시설에 대한 지원방식	• 지방자치단체를 통하여 시설 입소인원 또는 연간 운영비용을 기준으로 정액 지급(사후정산)	• 시설급여 및 재가급여 제공자는 비용을 수가산정방식을 적용하여 국민건강보험공단에 청구 • 건보공단은 청구된 장기요양급여 및 비용 등의 적정여부 심사 후 지급

출처 : 홍봉수 외(2011 : 278); 박경일(2013 : 322-323).

제12장

의료보장정책

1. 의료보장의 방법
2. 건강보험정책
3. 의료급여정책과 공공보건서비스

1 의료보장의 방법

1) 의료보장의 개념

인간은 누구나 질병에 대한 두려움을 가지고 있으며, 건강하게 오래 살고 싶어 한다. 그렇기 때문에 인류 역사 이래로 나라마다 국민건강을 위한 여러 가지 시책을 마련하여 인간의 의료에 관한 보장노력을 기울여 왔다. 의료보장은 소득보장과 더불어 사회 전체가 모든 국민에게 마련해 주는 포괄적 사회보장체계 중의 하나이다.

고로, 의료보장이란 "모든 국민에게 의료혜택을 받을 수 있는 기회를 보장하는 것"을 의미한다.

우리나라 「사회보장기본법」[1]에서는 "모든 국민이 다양한 사회적 위험으로부터 벗어나 행복하고 인간다운 생활을 향유할 수 있도록 자립을 지원하며, 사회참여, 자아실현에 필요한 제도와 여건을 조성하여 사회통합과 행복한 복지사회를 실현하는 것"을 기본이념으로 한다고 되어 있다.

또한 「국민기초생활보장법」[2] 제2장 제12조의 3(의료급여)에, "의료급여는 수급자에게 건강한 생활을 유지하는데 필요한 각종 검사 및 치료 등을 지급하는 것"이라고 명기하고 있고, 「국민건강보험법」[3]에도 "국민의 질병·부상에 대한 예방·진단·치료·재활과 출산·사망 및 건강증진에 대하여 보험급여를 실시함으로써 국민보건 향상과 사회보장 증진에 이바지함을 목적으로 한다."고 규정하고 있다.

그 외 「의료급여법」[4]에도 "생활이 어려운 사람에게 의료급여를 함으로써 국민보건의 향상과 사회복지의 증진에 이바지함을 목적으로 한다"고 언급되어 있다.

특히 21세기는 전 세계적으로 인구의 노령화가 급속도로 진행되는 시기라 모든 국가에게 새로운 의료보장에 대한 과제와 대책이 요구되는 때이다.

1) 사회보장기본법(법률제13650호 일부개정 2016. 02. 03)
2) 국민기초생활보장법(법률제14224호 일부개정 2016. 05. 29)
3) 국민건강보험법(법률제14183호 일부개정 2016. 05. 29)
4) 의료급여법(법률제14003호 일부개정 2016. 02. 03)

의료보장이란 질병의 치료를 위해 환자인 본인이나 그 가족이 부담하여야 하는 경제적 비용의 문제 해결을 포함하는 제 방안의 보장을 의미한다. 즉, 의료보장이란 "질병과 상해에 따른 건강상의 곤란 및 그에 따른 생활상의 곤란에 즈음하여 현물급여로서 의료의 급여, 현금급여로서 제 수당금의 급여를 통하여 치료와 생활의 유지를 가능하게 하기 위한 사회적 상호부조의 체제, 또는 국민건강의 유지, 증진을 꾀하기 위하여 모든 국민에 대하여 예방, 치료 및 사회복지서비스를 받을 기회를 균등하게 보장하는 공적 시책"이라고 정의되고 있으며, 소득보장과 함께 사회보장제도의 양대 지주를 형성하고 있다(박석돈, 2002 : 169-191).

또한 의료보장이란 「국민건강보험법」상의 의료보험과 노인장기요양보험 및 의료보호(기존 의료보호법을 「의료급여법」으로 개정)[5]에 의한 건강상의 제 보장을 의미하기도 한다.

나라별로 의료보장이 제도화되기까지는 그 나라의 역사성과 사회적 형편 등에 의해 상호 복합적 관계하에서 형성되고 발전되어 왔다.

2) 의료보장의 역사

의료보장에 관한 역사적 전개과정은 각국마다 다소 상이하다. 왜냐하면 의료보장의 수단은 사회보장제도의 일환으로 사용되어 왔기 때문이다. 주요 국가별 의료보장의 역사는 다음과 같다.

(1) 우리나라

의료보장은 국가의 책임 하에 모든 국민에게 포괄적 의료를 제공하여 국민건강의 회복, 유지 및 증진을 도모하며, 질병으로 인한 경제적 부담으로부터 국민을 보호하기 위한 것이라고 할 수 있다.

5) 1977년에 제정된 의료보호법이 2001년 5월에 법률 제6474호로 「의료급여법」으로 개정되었다. 「의료급여법」의 시행은 2001년 10월부터이고, 동법 시행령은 2001년 9월에, 시행규칙은 동년 10월에 공포되었다.

우리나라의 의료보장체계는 3가지로 구분할 수 있다(강욱모 외, 2004 : 298-314).

첫째, 의료보험(medical insurance, 노인장기요양보험 포함)제도이다. 의료보험제도는 보험가입자, 즉 피보험자에게 질병, 부상 등의 사고가 발생할 경우 요양 또는 요양비에 준하는 급여를 제공하는 제도를 말한다.

둘째, 의료급여(medical assistance, medicaid)제도이다. 의료급여는 저소득층에 대하여 국가가 무료로 진료를 제공하는 제도를 말한다.

셋째, 공공보건서비스(public health service)제도인데, 이는 취약계층이나 지역주민에게 국가예산으로 치료와 예방, 그리고 건강증진을 위한 서비스를 제공하는 제도를 말한다.

우리나라는 일찍이 고려시대에 동서대비원과 혜민국 등을 설치하여 백성(국민)의 의료보장을 위한 국가적 노력을 기울여 왔고, 서양 문물의 전래와 함께 정부수립 후인 1963년 12월 16일 의료보험법이 제정되었으나, 초기에 임의가입제로 출발하는 바람에 그 실효를 거두지 못하였다. 그 후 1970년 의료보험법의 개정으로 강제가입제도로 전환하였으나, 실제적 효과를 거두지 못하다가 개정 의료보험법이 실시된 1977년 7월 1일부터 500인 이상을 상시 고용하는 사업장부터 강제가입대상으로 규정하여 의료보험제도가 걸음마를 시작하게 되었다.

또한 1979년 1월 1일부터 공무원 및 사립학교교직원이 적용사업장으로 포함되었고, 1988년 1월 1일부터는 농어촌지역주민의 적용과 1989년 7월 1일부터는 도시지역주민에게까지 적용의 확대로 전국민의료보험시대가 개막되었다. 동년 10월 1일부터는 약국의료보험의 실시와 1998년 10월 1일에는 '공무원 및 사립학교교직원 의료보험관리공단'과 227개 지역조합을 통합한 '국민의료보험관리공단'의 출범을 통하여 그동안 분립·운영되어 왔던 의료보험관리공단과 지역조합이 1차적으로 통합을 보게 되었다. 그 후 2000년 7월 1일에는 국민의료보험관리공단과 139개 직장조합(직장의료보험)을 통합한 '국민건강보험공단'을 출범시킴으로써 건강보험체계가 완전한 통합체계로 발전하였다. 그러나 조직은 통합되었으나, 재정적 통합은 이루지 못하다가 2003년 7월 1일 직장가입자와 지역가입자의 재정통합으로 명실상부한 건강보험제도를 확립하게 되었다.

노인장기요양보험제도는 2007년 4월 27일에 법률 제 8403호로 제정하여 동년 10월 1일부터 시행하게 되었는데, 이는 경제발전과 보건의료의 발달로 인한 평균수명의 연장(고령화사회 도래)과 자녀에 대한 가치관의 변화, 보육 및 교육문제 등으로 출산율의 현저한 저하로 인한 인구구조의 급속한 고령화 문제에 부응하기 위해 도입되어, 「의료법」과 「정부조직법」, 「노인복지법」, 그리고 「국민건강보험법」 등의 일부를 개정하여 오늘에 이르고 있다.

의료급여제도는 공공부조제도의 일환으로서 빈곤층의 의료문제를 해결하기 위하여 국가가 무료로 진료를 제공하는 제도를 말한다. 우리나라는 1961년 처음으로 「생활보호법」의 시행으로, 생활상의 어려움이 있는 사람들에게 공공부조제도를 실시하여 왔는데, 1969년부터 생활보호대상자에게 무료 진료증을 발급하여 실시해 오다가 1977년 의료보험제도가 직장근로자를 우선적용대상으로 함에 따라 생활능력이 어려워 의료보험혜택을 받을 수 없는 생활보호대상자를 위한 독립된 의료보장을 위한 제도로 의료보호법을 제정·실시하게 되었다. 그 후 2001년 5월에 기존의 의료보호법을 「의료급여법」(법률 제6474호)으로 개정하였고, 시행령은 동년 9월에, 시행규칙은 동년 10월에 공포하여 2001년 10월 1일부터 시행하였다.

공공보건서비스제도는 민간의료기관에서 해결할 수 없는 급성 전염병 질환의 예방과 치료, 사회취약계층과 산간오지 및 도서벽지 주민의 건강문제를 국가가 일선기관인 보건소 등의 공공의료기관을 통하여 해결하는 것을 말한다. 또한 공공보건서비스는 만성질환의 관리나 이들에 대한 재활사업 등에도 점차 업무영역을 확대해 나가고 있다.

그러나 우리나라는 병의원들의 대도시 편중 현상 및 의료수가 문제 등으로 인해 최근 광역자치단체가 운영하는 병원 및 의료원들이 폐업하는 등 여러 가지 문제가 노증되고 있다. 특히 병상 수에 있어서 공공병원 병상 수의 비중이 경제협력개발기구(OECD) 회원국은 평균 75%, 미국은 25.8%인데 반해 우리나라는 10.4%에 불과한 실정이다.

(2) 영 국

영국은 100년 전통의 국민의료제도(National Health Service)가 세계적으로 유명하다. 영국은 1848년에 보건법이 제정·통과된 이후부터 사실상의 의료서비스가 실시되었다. 그 후 1875년에 동법이 확대·개정되어 보건의료에 관한 상위 모법으로 자리를 잡게 되었다. 근대적 의미의 의료보험법은 1911년에 제정되었고, 그 뒤 1946년에 현행 법체계로 확대 개편되었다. 영국의 의료보장체계는 현금급여원칙의 사회보험방식과 의료보호방식을 병용하고 있는 점이 특징이다.

하지만 이와 같이 영국의 국민건강서비스(NHS)는 전국민 의료보장서비스를 표방하고 있음에도 불구하고 최근 심각한 문제에 직면하여 위기를 맞고 있다. 예컨대, 전 세계인의 이목이 집중되었던 2012년 런던올림픽 때 영국의 선데이익스프레스 등 언론에 의하면, 다수의 국민건강서비스(NHS) 대상 병원에서 탈수 등으로 사망한 환자 수가 지난 4년간 무려 1,165명에 이른다고 보도한 바 있다.

또한 신문이 보도한 영국 국가통계청 자료에 의하면 2012년에 291명이 중증 영양실조로 사망했으며, 아사자도 43명이었고, 또 영양실조 상태에서 퇴원한 환자 수만도 5,558명에 이른다고 하였다. 특히 2005년부터 2008년 사이 미들랜드 주의 한 병원에서는 400~1,200명이 제때 치료를 받지 못해 숨졌다고 보도하고 있다.

이와 같이 영국의 보건의료제도는 종합적인 보건의료서비스를 전 국민에게 무료로 제공함을 원칙으로 표방하다 보니 의료서비스의 질이 점진적으로 낮아지는가하면, 최근 심각한 재정적자로 인해 정부가 NHS의 민영화를 검토하자, 젊은 의사들이 거리로 나와 시위와 파업으로 정부의 민영화 시도에 맞서고 있는 등 큰 사회적 문제에 직면하고 있다.

(3) 독 일

독일은 세계에서 최초로 1883년에 사회보험방식의 질병보험법을 제정·시행하였다. 이 법이 만들어지기까지는 1854년의 프로이센법에 의한 '산업부조금고'와 1876년에 제정된 '공제금고' 제도가 원조격이다. 독일 질병보험법은 산재노동자를 필두로

1885부터 1905년 사이에 개정된 법률에 따라 가게의 점원에게까지 확대 적용되었다. 현행 제도는 1911년에 확립되었고, 1967년에는 모든 연금수급자에게까지 강제 적용토록 하였으며, 1983년 1월부터는 예술인과 문필가(자유기고가)에게까지 질병보험을 확대 적용하여 처음으로 직종금고가 설립되었다.

하지만 독일도 통일 이후 과도한 사회보장제도(방대하게 증대된 연방재정문제와 경제적 곤란 등)가 국민경제의 안정과 발전에 걸림돌이 된다는 인식이 팽배해지고 있는데, 이는 의료보험제도 등에서 사회적 연대 대신 자기 책임의 원리가 강조되고, 구조의 합리화와 경쟁이 강화되는 추세의 결과라 할 수 있겠다.

(4) 스웨덴

스웨덴은 1881년 임의질병보험법의 제정으로 임의질병조합이 공장과 광산 등에서 우선 설립되었다. 그 후 1891년에 의료보험법이 제정되었고, 1931년부터는 질병급여가 실시되었다. 1947년에 전 국민을 대상으로 하는 강제방식의 「국민건강보험법」이 제정되었으나 그 시행은 1955년까지 유보되었다. 또한 1944년부터는 장기요양급여(long term care)도 실시하며, 현재 국가보건서비스제도(NHS)로 발전하였다.

(5) 일 본

일본의 의료보장 역사는 1922년에 제정된 건강보험법에서 시작된다. 시행 초기에는 공장법(1905년 제정)과 광산법(1911년 제정)의 적용을 받는 근로자에게만 적용되었고, 그 후 1935년에 5인 이상 사업장으로 확대되었고, 1939년부터는 피부양자에게도 급여가 확대 적용되었다. 일본의 국민건강보험은 1938년에 국민보험법의 제정으로 1959년부터 전국적 시행을 시작으로 오늘에 이르고 있다. 그 후 1982년 8월에는 노인보험법이 제정되어 각 의료보험제도 간의 재정에 관한 조정이 이루어졌다.

특히 일본은 인구의 고령화로 인한 노인문제가 크게 부각되자, 의료보험제도에서 노인의료비 비중을 완화하기 위해 노인요양 목적의 개호보험(노인수발보험)제도를 도입하였다.

(6) 미 국

미국은 1929년 세계대공황을 겪으면서 채택된 뉴딜정책(New Deal Policy)에 의해 1935년 사회보장법이 제정되었으나, 당시 미국의 사회보장법은 연방정부가 관장하는 사회보험사업, 각 주가 운영하는 각종 공공부조에 대한 연방보조금제도, 각 주가 운영하는 사회복지사업에 대한 연방보조금제도 등으로 주로 뉴딜정책의 일환(경제부흥, 고용증대, 빈곤퇴치 등)으로 시작된 내용들이다(전재일 외, 2005 : 58).

그 후 미국은 1960년에 주정부 차원의 노령자 의료부조에 대한 연방조정교부금제도가 입법조치(사회보장개정법 : PL 86-778호)되었다. 미국은 노령, 폐질, 건강보험(O.A.S.D.H.I : Old-Age, Survivors, Disability, and Health Insurance)이 대표적인 사회보장적 사업에 속한다. 그러나 미국의 의료보험계획은 개인보험계획(private prepaid fee-for- service plans, Blue Shield, Blue Cross)과 공동체계획(community prepaid group practice plans, HMO : Health Maintenance Organization), 그리고 공공계획(public plans, 65세 이상의 노인의료보장)으로 구분된다.

건강보험은 1965년에 처음으로 65세 이상의 노인에 한해 실시하였고, 장애인에게 확대 적용된 것은 1972년부터였다. 현행의 의료급여 자격요건은 65세 이상 연금수급자와 장애인, 그리고 만성질환자만 해당된다. 그리고 현금급여제도는 일부 주에서 실시하고 있는데, 1942년 로드아일랜드(Rhode Island) 주를 시작으로 캘리포니아 주는 1946년, 뉴저지 주는 1948년, 뉴욕 주와 하와이 주가 1949년에, 그리고 푸에르토리코에서는 1968년부터 실시하고 있다.

이와 같이 미국의 의료보험제도는 저소득층과 65세 이상 노인층의 미국 시민권자 및 영주권자를 제외하면 모든 의료비는 개인이 책임을 져야 한다. 그러나 의사 처방전이 없으면 조제약을 구할 수조차 없기 때문에 의료보험 가입은 반드시 해야 한다.

오늘날 미국의 의료보장체계는 저소득층을 위한 메디케이드(Medicaid)와 65세 이상 노인을 위한 메디케어(Medicare), 그리고 전통적인 의료보험체제인 건강관리기관(HMO : Health Maintenance Organization)이 있다.

특히 건강관리기관(HMO)은 의사들을 고용하여 약정된 비용을 지불한 개인에게 모든 의료관리를 제공하게 된다. 때문에 이 기관은 예방적 관리를 중시하는데, 이는 가입자가 특수치료, 수술, 입원 등의 기관에서 자체적으로 제공할 수 없는 의료서비스를 필요로 할 경우, 그 비용을 자신들이 부담하기 때문이다. 그러나 의료비가 이미 선납된 형태이므로 추후 따로 의료비를 청구하는 번거로움은 없다. 또한 건강관리기관(HMO)은 예방접종이나 조기검진 등이 포함된 경우가 많다.

건강관리기관(HMO)을 선택할 때 가장 중요한 부분은 여기에 가입되어 있는 의사들인데, 이때 본인에게 적합한 의사가 포함되어 있는지를 꼼꼼히 따져보고 가입해야 한다.

또한 메디케어(Medicare)는 65세 이상 혹은 65세 미만이라도 장애로 인해 특정 대상에 포함된 사람들에게 보장되는 의료보험으로서, 65세가 되는 생일을 기점으로 3개월 전부터 65세가 된 생일의 3개월 후까지의 기간 중에 사회보장국에 신청하면 된다.

이때 가입 자격은 영주권자와 시민권자에 한한다. 또 이 기간 중에 가입하지 못한 65세 이상자들은 매년 1월 1일부터 1월 31일까지 가입신청서를 제출하면 된다.

이와 같이 미국은 우리나라와 달리 의료보장체계를 전부 국가가 관리하지 않고 개인과 소속된 직장에서 단체 또는 개별적으로 선택하여 가입하는 제도를 운용하고 있는데, 오바마 행정부에서 대대적인 의료보장개혁을 구상하고 있으나, 기존 체제의 완강한 저항으로 그 실효성이 위기에 직면해 있다.

최근 자료에 의하면, 미국 국민의 약 15% 정도가 사실상 의료보험혜택을 전혀 받지 못하는 실정이라고 보도되고 있다.

3) 의료보장의 내용

(1) 의료보장의 방식

각국의 의료보장제도는 크게 사회보험방식 또는 국민건강보험(NHI : National Health Insurance)방식과 국민보건서비스(NHS : National Health Service)방식으로 대별되고 있고, 그 외 공공부조방식인 우리나라의 의료급여제도와 민영의료보험방식인 미국의 소비자주권방식(CSM : Consumer Sovereignty Model)과 싱가포르의 의료저축계정(MSA : Medical Saving Account :)방식 등이 있다.

① NHI방식

국민건강보험방식은 대부분의 국가에서 채택하고 있는 방식으로, 사회보험방식에 의한 의료보장정책의 대안이다. 이는 사회적으로 동질성을 갖는 국민이 보험집단이 되어 갹출된 보험료에 의해 재원이 마련되어 피보험자인 국민에게 직접 또는 의료기관을 통하여 보험급여를 실시하는 제도로서 각종 질병으로부터 국민건강을 보장하기 위한 방안이다.

② NHS방식

NHS방식은 영국이 실시하고 있는 국민보건서비스(NHS : National Health Service)방식으로 세계적인 대표방식이다. 이 제도는 국민세금(국세 및 지방세)에서 재원을 확보하고 국유의료기관을 통하여 국가가 책임을 가지고 감독하는, 이른바 전 국민 균등의료시스템이라고 말할 수 있다. 이는 전 국민에게 동등한 의료서비스를 제공함으로써 의료의 사회화를 달성코자 하는 방안이다.

③ 공공부조방식

이 제도는 우리나라 등 극히 일부 국가에서 볼 수 있는 제도로서 우리나라의 의료급여제도가 해당되며, 주로 생활빈곤자(국민기초생활수급권자)에 대하여 자산조사(means test)에 기초하여 원칙적으로 무료 의료서비스로서 현물급여를 행하는 방식을 말한다. 여기에 소요되는 재원은 주로 조세에서 충당된다.

④ 기 타

그 밖에 실시되고 있는 제도로는, 미국의 민영의료보험방식인 소비자주권방식(CSM : Consumer Sovereignty Model)이 있고, 의료저축계정(MSA : Medical Saving Account)방식은 싱가포르에서 채택하고 있는 제도이다.

(2) 의료보장의 적용범위 및 급여수준

① 적용범위

NHS, 즉 영국 국민보건서비스의 목적은 주민의 신체적·정신적 건강증진을 위한 포괄적 보건서비스의 확립 및 효과적 서비스의 제공에 있다(Allins & Eest, 1977 : 220). 이와 같이 영국의 국민보건서비스는 자국민은 물론이거니와 외국으로부터 온 여행자에 이르기까지 영국 내의 모든 사람을 대상으로 하고 있다는 점이 특징이다. 다만 개인적으로 진료 및 치료를 받는 경우에는 환자 자신이 비용을 지불하여야 한다. 그럼에도 불구하고 NHS가 낮은 의료혜택이라는 비판과 수술 시 순서를 기다려야 하는 이른바 'Waiting List' 제도 등으로 불만의 목소리가 높다.

② 급여수준

의료보장에 대한 급여의 방법은 대개 현금급여와 현물급여로 이루어져 있는데, 그 중 현금급여는 분만급여와 질병급여로 구분되며, 이에 대한 급여수준은 피보험자 소득의 50~100% 수준에서 주어지고 있다. 그리고 현물급여는 일반진료, 전문의 진료, 입원진료, 약품, 치과치료, 환자의 이송이나 의료기구 등이 완전무료 또는 일부 본인부담의 방법으로 제공되며, 급여의 기간은 일반적으로 제한이 없지만, 각국의 경제적 여건에 따라 다소 상이한 기준에 의거하여 의료보장급여가 이루어지고 있다. 급여의 범위나 그 기간 등에 대해서는 정도에 차이는 있지만 대개 제한을 두고 있는 국가가 많다. 특히 경제수준이 낮은 국가일수록 급여수준도 낮은 편인데, 이는 의료급여가 국민의 의료비에 대한 부담능력 때문인 것으로 분석되고 있다.

(3) 의료보장의 전달체계

의료보장에 대한 전달체계는 나라마다 다소 상이하나, 대개 3가지 유형으로 구분되고 있다. 즉, 보편적 사회화 유형과 사회보험형, 그리고 자유기업형 등이다.

① 보편적 사회화 유형

보편적 사회화 형태를 취하는 국가의 의료전달체계는 일반적으로 전 국민에게 각자 필요한 만큼의 의료를 제공하는 것을 목표로 설정하여, 주로 국가비용(조세)으로 충당하는 의료체계를 운영하고 있다. 이러한 유형의 국가는 의료, 교육, 그리고 실업 등의 사회보장이 잘 갖추어진 국가로서 영국을 비롯하여 사회주의 국가군이 여기에 속한다.

② 사회보험형

유럽 대부분의 국가는 사회보험체제를 통하여 의료적 서비스를 받고 있다. 사회보험체제의 의료보험은 급여수준이 일반적으로 기여금에 비례하는 방법이 원칙이나 적용범위, 급여수준, 보수의 지급방법, 재원확보방법, 운영체계 등은 국가별로 다소 상이하다. 사회보험형 국가에서는 일선 보건당국이 의료보험의 운영에 직접 관여하지 않고 별도의 공단을 두어 운영하는 방식을 취하고 있다. 대표적 국가들로는 독일, 프랑스, 일본 등이 여기에 속한다.

③ 자유기업형

자유기업형은 주로 민간주도형으로 불린다. 이 제도는 국민에게 의사나 의료기관을 선택할 수 있는 권한과 자유가 최대한으로 부여되고 있는 반면, 의료에 대한 책임도 개개인 스스로가 지도록 하고 있다. 이 제도는 의료서비스의 질이 높은 편이며, 의사의 재량권이 충분하여 의료기관의 선의의 경쟁을 통하여 양질의 의료서비스를 받을 수 있다는 것이 특징이다. 다만, 이 제도는 의료의 수준과 자원 면에서 지역 간, 계층 간 불균형을 초래할 수 있는 문제점을 지니고 있다 하겠다.

2 건강보험정책

1) 건강보험의 개념

(1) 건강보험의 정의

건강보험은 일반적으로 의료보험, 또는 질병보험으로 불리고 있는데, 건강보험이란 '질병, 부상, 분만, 사망 등의 사고에 대한 의료의 제공을 조직하고 질병의 비용과 건강보호를 집단적으로 부담하는 일을 사회에 위탁함으로써 모든 사람에게 의료혜택을 주어 건강하고 문화적인 생활을 영위하도록 하는 것'으로 정의할 수 있다. 즉, 건강보험이란 사회보험의 원리에 입각하여 모든 사람이 건강보험에 강제적으로 가입하게 하여 피보험자에게 질병, 부상 등의 사고가 발생한 경우에 요양 또는 요양비용을 제공하는 방법을 말한다.

(2) 건강보험의 의의

첫째, 국민건강보험정책은 선별적 정책이 아니라 보편적 정책이다.
둘째, 국민건강보험정책은 소득재분배기능이 상대적으로 강한 사회보험정책이다.
셋째, 국민건강보험정책은 강제성을 갖는 규제정책이다.
넷째, 국민건강보험정책은 통합적 정책이다.
다섯째, 국민건강보험정책은 포괄적 정책이다.

2) 건강보험의 적용대상과 범위

(1) 적용대상

건강보험이 국민의 질병, 부상 등에 대한 예방, 진단, 치료, 재활과 출산, 사망 및 건강증진에 대하여 보험급여를 실시함으로써 국민보건 향상과 사회보장 증진을 목적으로 하기 때문에 그 적용대상이 원칙적으로 모든 국민이다. 단, 의료급여대상자는 제외된다. 즉, 모든 국민은 건강보험의 가입자이거나 피부양자로서 건강보험의 대상이 된다.

① 국내에 거주하는 국민은 건강보험의 가입자가 되거나 피부양자가 된다. 단, 「의료급여법」에 따른 의료급여를 받는 자와 국가유공자 등 예우 및 지원에 관한 법률에 따라 의료보호를 받는 대상자는 제외된다.

② 피부양자는 직장가입자의 배우자, 직장가입자의 직계존속(배우자의 직계존속 포함)과 직장가입자의 직계비속(배우자의 직계비속 포함) 및 그 배우자, 직장가입자의 형제자매 중 직장가입자에 의해 주로 생계를 유지하는 자로서 보수 또는 소득이 없는 자를 의미한다.[6]

③ 직장가입자 적용사업장에 근무하거나 공무원, 교직원으로 임용 또는 채용된 외국인 및 재외국민도 직장가입자가 되며, 이 외의 외국인 및 재외국민은 보건복지부령에 의해 체류자격이 있는 자는 지역가입자가 될 수 있다.

④ 외국인 등에 대한 특례 : 정부는 외국 정부가 사용자로 되어 있는 사업장의 근로자의 건강보험에 관해서는 외국 정부와의 합의에 의해 이를 따로 정할 수 있다. 또한 국내에 체류하고 있는 재외국민이나 외국인으로서 대통령령이 정하는 사람은 「국민건강보험법」 제5조의 "국내에 거주하는 국민"이라는 적용대상의 규정에 불구하고 이 법의 적용을 받는 가입자 또는 피부양자가 된다.

(2) 적용범위

가입자의 적용범위는 직장가입자와 지역가입자로 구분된다.[7] 여기서 직장가입자는 모든 사업장에 고용된 근로자(대통령령이 정하는 일용근로자 제외)와 그 사용자, 그리고 공무원 및 교직원으로 임용 또는 채용된 자이다. 다만, 다음에 해당하는 자는 그러하지 아니하다고 명시하고 있다.

---

6) 「국민건강보험법」 제5조(법률 제8153호로 일부 개정일 2006. 12. 30.)에 가입자의 적용대상을 규정하고 있다.

7) 「국민건강보험법」 제6조에 가입자의 종류, 즉 범위를 규정하고 있다.

① 하사(단기복무자에 한함)·병 및 무관후보생

② 선거에 의하여 취임하는 공무원으로서 대통령령이 정하는 자

③ 임시직 등의 공무원 또는 교직원으로서 대통령령이 정하는 자

지역가입자란 전체 가입자 중 직장가입자와 그 피부양자를 제외한 자를 말한다.

3) 건강보험의 재정

건강보험의 재정은 일반적으로 보험료 수입, 국고보조금, 그리고 본인부담금 등으로 이루어진다.

(1) 보험료

① 보험료율

사회보장의 재원조달방법으로는 첫째, 소득에 연계된 기여금(보통 사용자와 피용자가 공동부담), 둘째, 정액보험료(premium, 사보험적 방법), 셋째, 이용자 부담(user charger, 혜택을 받은 자가 그 몫을 부담하는 방식) 등의 방식이 있다(박석돈, 2002 : 183-188). 우리나라는 소득에 연계된 기여금 방식을 채택하고 있다.

「국민건강보험법」 제69조 제1항에 의하면 "건강보험사업에 소요되는 비용을 충당하기 위하여 제77조(보험료의 납부의무)의 규정에 의한 보험료의 납부의무자로부터 보험료를 징수한다"고 규정하고 있다. 이 규정에 의한 직장가입자의 월별 보험료액은 다음과 같다. 첫째, 보수월액보험료는 제70조에 따라 산정한 보수월액에 제73조 제1항 또는 제2항에 따른 보험요율을 곱하여 얻은 금액, 둘째, 소득월액보험료는 제71조에 따라 산정한 소득월액에 제73조 제1항 또는 제2항에 따른 보험요율의 100분의 50을 곱하여 얻은 금액으로 한다.

이때의 보수월액은 법 제69조 제4항 제1호에 따른 직장가입자의 보수월액은 직장가입자가 지급받는 보수를 기준으로 하여 산정하되, 대통령령으로 정하는 기준에 따라 상한과 하한을 정할 수 있다고 규정하고 있다.

이때 휴직이나 그 밖의 사유로 보수의 전부 또는 일부가 지급되지 아니하는 가입자(이하 휴직자 등)의 보수월액보험료는 해당 사유가 생기기 전달의 보수월액을 기준으로 산정한다.

제1항에 따른 보수는 근로자 등이 근로를 제공하고 사용자·국가 또는 지방자치단체로부터 지급받는 금품(실비변상적인 성격을 갖는 금품은 제외)으로서 대통령령으로 정하는 것을 말한다고 규정하고 있다.

또한 소득월액은 법 제70조에 따른 보수월액의 산정에 포함된 보수를 제외한 직장가입자의 소득(이하 보수외소득)이 대통령령으로 정하는 금액을 초과하는 경우 보수외소득을 기준으로 산정하되, 대통령령으로 정하는 기준에 따라 상한을 정할 수 있다고 명시하고 있다.

동법 시행령 제32조에서는 보수월액의 상한과 하한을 규정하고 있는데, 법 제70조 1항에서 대통령령으로 정하는 기준이란 다음의 기준을 말한다.

첫째, 보수월액이 28만 원 미만인 경우에는 28만 원으로 할 것, 둘째, 보수월액이 7,810만 원을 초과하는 경우에는 7,810만 원으로 할 것을 규정하고 있다.

지역가입자의 경우 월별 보험료액은 세대단위로 산정하되, 지역가입자가 속한 세대의 월별 보험료액은 산정한 보험료부과점수(「국민건강보험법」 제72조)에 제73조 제3항에 따른 보험료부과점수당금액을 곱한 금액으로 한다.

② 보험료의 경감

「국민건강보험법」 제75조 제1항에는 다음에 해당하는 가입자 중 보건복지부령으로 정하는 가입자에 대하여는 그 가입자 또는 그 가입자가 속한 세대의 보험료의 일부를 경감할 수 있다고 되어 있다.

첫째, 섬·벽지·농어촌 등 대통령령으로 정하는 지역에 거주하는 자, 둘째, 65세 이상인 자, 셋째, 「장애인복지법」에 따라 등록한 장애인, 넷째, 「국가유공자 등 예우 및 지원에 관한 법률」 제4조 제1항 제4호, 제6호, 제12호 또는 제15호 및 제17호에 따른 국가유공자, 다섯째, 휴직자, 여섯째, 그 밖에 생활이 어렵거나 천재지변 등의 사유로 보험료를 경감할 필요가 있다고 보건복지부장관이 정하여 고시하는 자(시행

일 : 2007.7.1) 등이다.

③ 보험료의 면제

「국민건강보험법」 제54조에 의하면 “공단은 직장 가입자가 동법 제54조 제2호 내지 제4호의 1에 해당하는 때에는 당해 가입자의 보험료를 면제한다”라고 규정하고 있다. 다만, 제54조 제2호에 해당하는 직장가입자의 경우에는 국내에 거주하는 피부양자가 없을 때에만 보험료를 면제한다.

지역가입자도 제54조 제2호부터 제4호까지 어느 하나에 해당하면 그 가입자가 속한 세대의 보험료를 산정할 때 그 가입자의 제72조에 따른 보험료부과점수를 제외한다고 규정하고 있다.

(2) 국고보조금

국고보조금제도는 전 국민건강보험시대를 맞아 건강보험료의 본인부담금은 지역이나 개별적 경제력에 따라 당해 연도의 보험급여 추계액과 관리운영에 소요되는 비용을 합산하여 총재정규모를 설정한 후, 해당 조합별로 보험급여비용 및 관리운영비의 일부를 국가가 보조금 형식으로 지원하는 재정규모를 말한다.

특히 국고보조금제도는 취약지역 주민(특히 농어민 등)들의 보험료 부담을 덜어 주고 지역의료보험의 안정적 운영을 꾀하기 위한 것으로 1988년 농어촌의료보험제도를 확대 실시할 때 정부 차원의 지역의료보험 소요재정지원 약속의 일환으로 제도 시행 초기에는 소요재정의 약 50%를 지원하였으나, 최근에 와서는 그 규모가 많이 축소되었다(2000년 기준 26.1%를 지원).

현재는 법 제75조 제1항에서 보건복지부령으로 정하는 가입자만 해당된다.

첫째, 영 제45조 제1호에 해당하는 지역에 거주하는 가입자, 둘째, 영 제45조 제2호에 해당하는 지역에 거주하는 가입자로서 다음에 해당하는 사람. 다만, 영 제45조 제2호 ②에 해당하는 지역의 경우, ④에 해당하는 사람은 제외한다. ① 「농어업·농어촌 및 식품산업기본법」 제3조 제2호에 따른 농업인, ② 「수산업법」 제2조 제12호에 따른 어업인, ③ 「광업법」 제3조 제2호에 따른 광업에 종사하는 사람, ④ 「소득세법」 제19조에 따른 사업소득이 연간 500만 원 이하인 사람, 셋째, 영 제45조 제3호에 해당하는 지역에 거주하는 직장가입자로서 보건복지부장관이 정하여 고시하는 사람, 넷째, 법 제75조 제1항 제2호부터 제4호까지에 해당하는 지역가입자, 다섯째, 법 제75조 제1항 제5호에 해당하는 직장가입자 중 휴직기간이 1개월 이상인 사람, 여섯째, 법 제75조 제1항 제6호에 해당하는 가입자들은 보험료 경감대상으로 그 소요 비용 일부는 국가보조금으로 충당하고 있다.

(3) 본인부담금

건강보험제도 재정의 나머지 한 축은 본인부담금이다. 사회보험제도로 운용되는 국민건강보험급여는 피보험자나 피부양자 모두가 무료로 서비스를 받는 것이 원칙이지만, 우리나라는 1977년 의료보험제도가 시행될 초기부터 진료비 부담에 따른 재정적 어려움을 고려하여 의료서비스 급여 시의 비용 중 일부를 환자 본인이 부담하도록 제도화하였기 때문에 끊임없는 문제가 제기되고 있다. 특히 외래진료의 경우 환자 본인부담률을 높게 책정해 놓고 있기 때문에 지나치고 무분별한 의료서비스 수혜의 남용을 막고 건전재정을 운용하기 위한 궁여지책으로 여겨진다. 또한 우리나라는 OECD 회원국 가운데서도 의료보장성 측면에서의 실효 의료보험급여율 면에서 매우 낮은 수준에 불과한 실정이다.[8)]

4) 건강보험급여의 종류 및 내용

(1) 건강보험의 종류

「국민건강보험법」 제4장 규정(보험급여)에 의하면 건강보험의 보험급여는 급여의 강제성 여부에 따라 법정급여와 부가급여로 구분하고 있다.

8) 각국의 실효 의료보험급여율을 1998년 기준으로 보면, 독일은 91.0%, 네덜란드는 90.0%, 일본은 88.0%이고, 이탈리아는 75.0%, 프랑스는 73.0% 등인 데 반해 한국은 50.0%에 불과한 수준이다(OECD, 2000). 단, 한국은 추정치이다.

① 법정급여

법정급여의 종류는 요양급여, 건강검진, 요양비, 장애인보장구 급여비 등 네 가지이다.

② 부가급여

「국민건강보험법」 제50조의 규정에 의하여 공단은 이 법이 규정한 요양급여 외에 대통령령이 정하는 바에 의하여 임신, 출산, 진료비, 장제비, 상병수당, 기타 그 밖의 급여를 실시할 수 있다고 규정하고 있는데, 이는 강행규정이 아닌 임의규정에 해당된다. 현행법에는 명시하고 있지만, 상병수당은 현재 실시되지 않고 있으며, 장제비 외에 본인부담액보상금제도가 있다.

여기서 본인부담액보상금이란 건강보험 가입자 및 피부양자가 일정 기간 동안 요양급여를 받고 납부한 본인일부부담금이 일정 금액을 초과한 경우 그 보험자가 초과금액의 일부를 보상해 주는 것을 말한다. 이때 본인부담액이 매 30일간 120만 원을 초과한 경우에 초과금액의 50%를 지급하고 있다.

(2) 건강보험급여의 내용

① 요양급여는 「국민건강보험법」 제41조의 규정에 의하여 가입자 및 피부양자의 질병, 부상, 출산 등에 대하여 진찰·검사, 약제·치료재료의 지급, 처치·수술 및 기타의 치료, 예방·재활, 입원, 간호, 이송에 대한 의료서비스를 실시하는 것을 말한다.

② 건강검진은 동법 제52조에 의거하여 건강보험 가입자 및 피부양자에 대하여 질병의 조기발견과 그에 따른 요양급여를 하기 위하여 건강검진을 실시함을 말한다. 구체적인 건강검진의 대상·횟수·절차와 그 밖에 필요한 사항은 대통령령으로 정하고 있는데, 대개 2년에 1회 이상을 기본으로 무료 건강검진을 실시하고 있다. 사업장가입자의 경우는 사무직은 2년에 1회, 비사무직은 1년에 1회씩 건강검진을 실시하며, 지역가입자의 경우 세대주는 매년 40세 이상

인 가입자 및 피부양자에 대해서는 2년에 1회씩 해당 연도에 무료의 건강검진을 실시하고 있다.

③ 요양비는 가입자 및 피부양자가 긴급 기타 부득이한 사유로 인하여 요양기관과 유사한 기능을 수행하는 기관으로서 보건복지부장관이 정하는 기관에서 질병, 부상, 출산 등에 대하여 요양을 받거나 요양기관 외의 장소에서 출산을 한 때에는 그 요양급여에 상당하는 금액을 그 가입자 또는 피부양자에게 요양비로 지급한다(법 제44조).

④ 부가급여는 「국민건강보험법」 제50조의 규정에 의하여 "공단은 이 법이 규정한 요양급여 외에 대통령령이 정하는 바에 의하여 임신, 출산, 진료비, 장제비, 상병수당, 기타 그 밖의 급여를 실시할 수 있다"라고 규정하고 있다.

⑤ 장애인보장구급여비는 「국민건강보험법」 제51조의 규정에 의해 '장애인에 대한 특례'로 「장애인복지법」에 의해 등록한 장애인인 가입자 및 피부양자에게는 기준액 이내의 보장구를 구입한 경우, 실구입가의 80%를, 기준액을 초과할 시엔 기준액의 80%를 급여로 지급하고 있다고 규정하고 있다.

(3) 보험급여의 제한

「국민건강보험법」 제53조 제1항에 의하면 보험급여를 받을 수 있는 자가 다음에 해당하는 경우에는 보험급여를 하지 아니한다고 규정하고 있다.

① 고의 또는 중대한 과실로 인한 범죄행위에 기인하거나 고의로 사고를 발생시킨 때

② 고의 또는 중대한 과실로 공단이나 요양기관의 요양에 관한 지시에 따르지 아니한 때

③ 고의 또는 중대한 과실로 문서, 기타 물건의 제출을 거부하거나 질문 또는 진단을 기피한 때

④ 업무상 또는 공무상 질병, 부상, 재해로 인하여 다른 법령에 의한 보험급여나 보상을 받게 되는 때

5) 노인장기요양보험

노인장기요양보험제도는 「노인장기요양보험법」이 2007년 4월 27일에 법률 제8403호로 제정[9]되어 「의료법」, 「정부조직법」, 「노인복지법」, 그리고 「국민건강보험법」(2011. 12. 31.) 등이 일부 개정되어 오늘에 이르고 있다.

(1) 노인장기요양보험제도의 개념

21세기 전 인류가 당면한 과제는 인구의 고령화로 인한 제반 노인문제가 급격하게 증대됨에 따라 야기되는 정책 마련에 부심하고 있다. 특히 치매나 뇌혈관성 질환 등으로 인한 장기요양 및 보호를 필요로 하는 장기요양보호문제는 국민 삶의 질을 저해할 뿐만 아니라 막대한 경제적 피해를 초래하게 되어 자칫 가정경제가 파탄을 맞을 정도로 심각한 부작용을 낳고 있다.

노인장기요양보험에 관한 개념을 경제협력개발기구(OECD)에서는 다음과 같이 정의하고 있다.

"만성질환 등으로 의존상태에 있는 노인 또는 생활상의 장애를 지닌 노인에게 장기간(6개월 이상)에 걸쳐서 일상생활수행능력을 도와주기 위해 제공되는 모든 형태의 보호서비스"로 정의하고 있다. 즉, 유병 노인에 대한 간병, 수발 등 일상생활지원서비스, 간호 및 기능훈련・재활서비스, 필요한 의료적 서비스, 주택개조 및 복지용구지원서비스 등을 말한다. 이와 같은 요양보호에 대한 정의는 각 나라마다 그 종류와 범위 등에 따른 차이가 있기 때문에 조금씩 상이하다 할 수 있겠다.

우리나라는 「노인장기요양보험법」 제1조에 "고령이나 노인성 질병 등의 사유로 일상생활을 혼자서 수행하기 어려운 노인 등에게 제공하는 신체활동 또는 가사활동 지원 등의 장기요양급여에 관한 사항을 규정하여 노후의 건강증진 및 생활안정을 도모하고 그 가족의 부담을 덜어줌으로써 국민의 삶의 질을 향상하도록 함을 목적으로 한다"고 규정하고 있다.

9) 노인장기요양보험법(법률 제14215호 일부 개정 2016. 05. 29)

(2) 노인장기요양보험제도의 필요성

노인장기요양보험제도는 치매·뇌혈관성 질환 등의 노인성 질환만을 치료함을 목적으로 하는 것이 아니라, 치매·뇌혈관성 질환 등의 노인성 질환이나 기타 사유 등으로 인한 장애 때문에 일상생활상의 불편이나 의존상태에 놓여 있는 사람들에게 간병 및 수발, 그리고 일상생활지원 등의 서비스를 제공함으로써 자립생활을 지원하고, 노인부양가구의 부담 경감을 목적으로 하기 때문에 다음과 같은 필요성에 의해 마련되었다고 할 수 있다.

① 고령화사회로 인한 노인인구의 증가
② 전통적인 가족문화의 변화
③ 노인요양보호 증가에 따른 비용의 증가
④ 노인의료비의 증가에 따른 대비
⑤ 후기 노년층의 증가
⑥ 노인장기요양보호서비스 전달체계의 질적 수준 확립의 필요성

(3) 노인장기요양보험제도의 주요 내용

첫째, 노인장기요양보험의 대상은 보편주의 원칙에 입각하여 전 국민이다. 즉, 65세 이상의 노인 또는 65세 미만 자로서 치매·뇌혈관성 질환 등 대통령령이 정하는 노인성 질병을 가진 자를 말한다.

둘째, 노인장기요양보험제도에 소요되는 재원은 국민이 내는 노인장기요양보험료와 국가 및 지방자치단체, 요양서비스 이용자 본인의 일부부담 등으로 이루어진다.

셋째, 「노인장기요양보험법」 제23조 제2항에 장기요양급여를 제공할 수 있는 장기요양기관의 종류 및 기준은 다음과 같이 명시하고 있다.

① 재가급여를 제공할 수 있는 장기요양기관

- 「노인복지법」 제38조에 따른 재가노인복지시설로서 법 제31조에 따라 지정받은 장기요양기관
- 법 제32조에 따라 설치된 재가장기요양기관

② 시설급여를 제공할 수 있는 장기요양기관

- 「노인복지법」 제34조 제1항 제1호에 따른 노인요양시설로서 법 제31조에 따라 지정받은 장기요양기관
- 「노인복지법」 제34조 제1항 제2호에 따른 노인요양공동생활가정으로서 법 제31조에 따라 지정받은 장기요양기관 등이다.

넷째, 서비스의 내용이다. 장기요양급여 서비스 종류는 「노인복지법」 규정에 따라 재가급여와 시설급여, 그리고 특별현금급여 등으로 나눈다.

① 재가급여

- 방문요양
- 방문목욕
- 방문간호
- 주 · 야간보호
- 단기보호
- 기타 재가급여 등

② 시설급여는 장기요양기관이 운영하는 「노인복지법」 제34조에 따른 노인의료복지시설 등에 장기간 동안 입소하여 신체활동 지원 및 심신기능의 유지 · 향상을 위한 교육 · 훈련 등을 제공하는 급여이다.

③ 특별현금급여

- 가족요양비
- 특례요양비
- 요양병원간병비 등

(4) 장기요양급여 제공의 기본 원칙

동법 제3조에 의하면 장기요양급여 제공의 기본 원칙을 두고 있다.

첫째, 장기요양급여는 노인 등의 심신상태 · 생활환경과 노인 등 및 그 가족의 욕구 · 선택을 종합적으로 고려하여 필요한 범위 안에서 이를 적정하게 제공하여야 한다.

둘째, 장기요양급여는 노인 등이 가족과 함께 생활하면서 가정에서 장기요양을 받는 재가급여를 우선적으로 제공하여야 한다.

셋째, 장기요양급여는 노인 등의 심신상태나 건강 등이 악화되지 아니하도록 의료서비스와 연계하여 이를 제공하여야 한다.

3 의료급여정책과 공공보건서비스

1) 의료급여정책

(1) 의료급여의 개념

의료급여제도는 공공부조의 일부분으로서 빈곤층의 의료욕구를 해결하기 위하여 국가가 무료로 진료를 제공하는 것을 말한다.

우리나라 「의료급여법」 제1조에 "생활이 어려운 사람에게 의료급여를 함으로써 국민보건의 향상과 사회복지의 증진에 이바지함을 목적으로 한다"라고 규정하고 있다. 즉, 국민기초생활보장 수급권자에게 의료급여 혜택을 받게 하여 진찰료, 검사비, 약제, 치료재료의 지급, 처치 · 수술과 그 밖의 치료, 예방 · 재활, 입원, 간호, 이송과 그 밖의 의료목적 달성을 위한 조치에 필요한 비용을 전액 또는 일부를 감액해 줌으로써 경제적 도움은 물론 경제적 어려움으로 쉽게 찾지 못하는 병원 문턱을 낮추어 질병에 대한 조기 치료 및 건강보호에 일익을 담당하는 데 그 의의가 있다. 외국의 경우에는 특수 계층의 빈곤자만을 위한 의료보장제도가 별도로 없으며, 미국의 'medicaid'만이 우리나라의 의료급여제도와 유사하다고 볼 수 있다.

우리나라의 의료급여제도는 1977년 처음으로 의료보호제도로 도입되었는데, 직장인을 위한 의료보험제도가 실시될 때 생활능력이 없는 영세민을 위한 별도의 의료보장의 일환으로 시행되었다. 이 「의료보호법」은 2001년 5월 24일 「의료급여법」(법률 제6474호)으로 개정되었다.

(2) 의료급여의 적용대상과 범위

의료급여의 적용대상, 즉 수급권자는 「의료급여법」 제3조 및 동법 시행령 제3조 제1항의 규정에 따라 1종 수급권자와 2종 수급권자로 분류하며, 법 근거는 다음과 같다(구체적인 구분내용은 동법 시행령 제3조 제2항 및 제3항 참조).

① 「국민기초생활 보장법」에 따른 수급자

② 「재해구호법」에 따른 이재민으로서 보건복지부장관이 의료급여가 필요하다고 인정한 사람

③ 「의사상자 등 예우 및 지원에 관한 법률」에 따라 의료급여를 받는 사람

④ 「입양특례법」에 따라 국내에 입양된 18세 미만의 아동

⑤ 「독립유공자예우에 관한 법률」, 「국가유공자 등 예우 및 지원에 관한 법률」 및 「보훈대상자 지원에 관한 법률」의 적용을 받고 있는 사람과 그 가족으로서 국가보훈처장이 의료급여가 필요하다고 추천한 사람 중에서 보건복지부장관이 의료급여가 필요하다고 인정한 사람

⑥ 「문화재보호법」에 따라 지정된 중요무형문화재의 보유자(명예보유자 포함)와 그 가족으로서 문화재청장이 의료급여가 필요하다고 추천한 사람 중에서 보건복지부장관이 의료급여가 필요하다고 인정한 사람

⑦ 「북한이탈주민의 보호 및 정착지원에 관한 법률」의 적용을 받는 사람과 그 가족으로서 보건복지부장관이 의료급여가 필요하다고 인정한 사람

⑧ 「5·18민주화운동 관련자 보상 등에 관한 법률」 제8조에 따라 보상금 등을 받은 사람과 그 가족으로서 보건복지부장관이 의료급여가 필요하다고 인정한 사람

⑨ 「노숙인 등의 복지 및 자립지원에 관한 법률」에 따른 노숙인 등으로서 보건복지부장관이 의료급여가 필요하다고 인정한 사람

⑩ 그 밖에 생활유지 능력이 없거나 생활이 어려운 사람으로서 대통령령으로 정하는 사람 등으로 하고 있다. 기타 동법 제3조의2에 근거하여 「난민법」에 따른 난민인정자로서 「국민기초생활 보장법」 제5조의 수급권자 범위에 해당하는 사람은 수급권자로 본다.

의료급여의 적용범위는 동법 제10조에 따라 급여비용은 대통령령으로 정하는 바에 따라 그 전부 또는 일부를 제25조에 따른 의료급여기금에서 부담하되, 의료급여기금에서 일부를 부담하는 경우 그 나머지 비용은 본인이 부담한다고 되어 있다.

(3) 의료급여의 재정

정부는 의료급여비용의 재원을 충당하기 위하여 시·도에 의료급여기금을 설치·운용하고 있다. 이 기금은 주로 국고보조금(서울 80%, 기타 20%), 지방자치단체의 출연금(서울 50%, 기타 20%), 법 제21조에 따라 상환받은 대지급금, 법 제23조에 따라 징수한 부당이득금, 법 제29조에 따라 징수한 과징금, 기금의 결산상 잉여금 및 그 밖의 수익금 등으로 재원을 조성하도록 하고 있다.

(4) 의료급여의 내용

의료급여는 동법 제7조의 따라 수급권자의 질병·부상·출산 등에 대한 의료급여의 내용은 다음과 같다. ① 진찰·검사, ② 약제·치료재료의 지급, ③ 처치·수술과 그 밖의 치료, ④ 예방·재활, ⑤ 입원, ⑥ 간호, ⑦ 이송과 그 밖의 의료목적 달성을 위한 조치 등이다.

2) 공공보건서비스

공공보건서비스(public health service)란 수익성을 추구하는 민간의료기관에서 해결할 수 없는 급성 전염병 질환의 예방과 치료, 사회취약계층 및 도서벽지 주민의 건강문제를 국가가 보건소 등의 공공의료기관을 통하여 담당하는 것을 말한다(강욱모 외, 2004: 310-314). 또한 공공보건서비스는 만성질환의 관리 및 재활사업도 포함하고 있다. 공공보건서비스는 「보건의료기본법」과 「공공의료에 관한 법률」, 그리고 1995년 12월 29일에 전문 개정된 「지역보건법」 등의 근거에 따라 적용되는 공공보건서비스를 말한다.

2012년 12월 31 현재 전국의 공공보건의료기관은 총200개소(보건소 등 제외)가 설치되어 있다.

(1) 공공보건서비스의 적용대상 및 적용범위

① 적용대상

공공보건서비스는 지역주민의 건강욕구에 부응하기 위한 지역보건의료사업으로서 「지역보건법」에 의해 설치된 보건소, 보건의료원, 보건지소 및 건강생활지원센터를 두어 지역주민의 건강증진에 이바지하기 위한 것이며, 그 지역주민 전체가 대상이다.

② 적용범위

공공보건서비스는 급성 전염성 질환자의 예방과 치료, 만성 질환자의 관리 및 재활사업, 모자보건과 가족계획, 방역, 예방접종, 결핵 및 나병관리, 저렴한 진료서비스의 제공 등이다. 지방자치단체는 「지역보건법」에 의해 지역보건의료계획을 수립하고 이에 관한 세부적 지역보건의료계획의 목표와 전망, 지역보건의료기관과 민간의료기관과의 기능분담계획과 발전방향, 보건소 업무의 추진현황과 계획, 지역보건의료기관의 확충 및 정비계획, 지역보건의료와 사회복지사업 간의 연계성 확보계획 등을 수립 시행토록 하고 있다.

③ 보건소 기구 및 현황과 공중보건인력

가. 보건소 기구 및 현황

보건소 기구는 기초자치단체에 보건소, 그리고 지방자치단체의 조례에 의해 설치된 보건지소와 농어촌 등 보건의료 취약지역에 보건진료소를 설치・운영하고 있다. 2012년 12월 31일 현재 보건소는 전국에 기초자치단체별로 1보건소 원칙으로 설치되어 있다. 그 현황을 보면, 전국에 보건소가 242개소(보건의료원이 17개소 포함), 보건지소가 1,269개소, 보건진료소가 1,895개소 등 총3,406개소로 되어 있다.

나. **공중보건인력**

보건소 및 보건지소에는 공중보건의사를 배치해야 하는데, 병역법에 의해 보충역으로 편입된 의사, 치과의사, 한의사 중 계약직 공무원으로 채용·배치하고 그 의무복무연한은 3년이다. 보건지소의 인력은 5명인데, 공중보건의사, 진료보조원, 보건보조원, 공중보건치과의사, 치과위생사 등으로 되어 있다.

(2) 공공보건서비스의 재원

공공보건서비스의 재원은 「지역보건법」과 「지방재정법」의 규정에 의해 보건소의 설치 및 운영에 필요한 경비를 2/3 범위 내에서 국고에서 지원하도록 규정하고 있다. 또한 농어촌지역의 보건서비스 개선을 위한 농어촌특별세에서도 필요한 재원의 일부를 지원받고 있다. 이를 위해 보건복지부에서는 해당 지역에 대한 보건소 운영에 소요되는 예산을 지원하고 있다.

제13장

사회복지정책의 평가

1. 사회복지정책평가의 의미
2. 사회복지정책평가의 방법
3. 효과성과 효율성의 평가

1 사회복지정책평가의 의미

정책평가라는 용어를 정의하기 이전에 우선 평가라는 용어를 살펴보기로 한다. 웹스터 사전에 의하면 평가란 "어떤 평가대상의 정도, 조건, 양, 중요성, 질, 가치 등을 검토하거나 판단하는 것으로서 그 과정과 결과를 포함한다"고 정의하고 있다. 어떤 사람이나 사물에 대해 평가하는 가장 명백한 이유는 가격, 비율, 옳고 그름, 개선, 변화 등의 관점에서 가치, 질, 중요성, 적실성, 성과 등을 측정하는 것이다. 이와 같이 평가는 여러 가지 종류의 판단에 적용할 수 있는 융통성 있는 개념이다(Soumelis, 1977 : 5; 이종열, 1984 : 412).

정책평가에 대한 개념규정은 학자들의 관점에 따라 약간씩 상이하다. 여기서 학자들이 제시하고 있는 정책평가에 대한 개념규정에 대하여 살펴보면 다음과 같다.

Harry Hatry, R. Winnie과 D. Fisk 등은 정책평가 내지 사업평가란 특정한 정부사업이 국민에게 미친 모든 장·단기적 효과에 관한 정보를 제공하기 위해 특정한 정부사업을 체계적으로 검토하는 것이라고 보고 있으며(Hatry, Winnie, & Fisk, 1973 : 8; 김명수, 1988 : 5 재인용), Joseph Wholey, John W. Scanlon, Hugh Duffy, James S. Fukumoto, Leona Vogt 등은 정책평가 또는 사업평가는 다음과 같은 특징을 가지고 있다고 한다. ① 진행 중인 어떤 사업이 그의 목표를 달성하는 데 있어서 어느 정도가 효과적인지를 측정한다. ② 사업의 효과를 다른 요인의 효과로부터 구분하기 위해 조사설계의 원리에 의존한다. ③ 현재 운영방식의 수정을 통하여 사업을 향상시킬 것을 목적으로 한다.

David Nachmias(1979 : 4)는 정책평가 또는 사업평가란 진행 중인 사업이 달성하고자 하는 목표와 관련하여 그것이 대상집단에 미친 효과를 객관적, 체계적, 실증적으로 검토하는 것이라고 규정하고 있으며, Rossi와 Freeman(1982 : 20)은 정책평가 또는 사업평가란 사회적 성격의 개입사업(social intervention programs)의 개념화와 설계, 실시 및 효용을 측정하기 위해 사회조사절차를 체계적으로 적용하는 것이라고 말한다. 환언하면, 사업평가는 사회조사방법론을 이용하여 보건, 교육, 복지 및 기타 사회봉사사업들의 기획, 점검, 효과성 및 능률성을 판단, 향상시키는 것이다. Epstein과 Tripodi(1977 : 111)는 사업평가란 사업의 효과성과 능률성을 측정하는 과정이라고 하였다.

Anderson(1979 : 151-153)은 정책평가란 정책의 내용, 집행 및 그 영향 등을 추정하거나 사정 또는 평정하는 것과 관련된 의미로 사용한다. Wholey 등(1976 : 25)은 정책평가란 현재 진행 중에 있는 프로그램이 그 목적을 달성하는 데 효과적인가 하는 효과성을 따져 보는 것으로서, 프로그램의 효과를 그 상황에 작용하는 다른 여타의 요인들의 영향으로부터 분리, 구분하기 위하여 연구설계의 원리에 의존하며, 현재 운용하고 있는 프로그램을 수정함으로써 프로그램을 개선하고자 하는 것을 목적으로 하는 의도적 노력을 말하는 것으로 정책평가를 국가의 목표로 달성함에 있어 몇몇 사업의 상대적 효과성을 평가하는 것이라고 정의하였다. 노화준(2006 : 32)은 정책평가란 어떤 한 정책의 과정이나 결과를 이해하고, 그 값어치를 판단하는 사회적 과정이라고 규정하고 있다.

한편 사회복지정책의 평가는 사회복지정책의 성과(performance)에 관한 분석으로서, “사회복지정책의 계획적 결과를 기술하고 검토하는 것”으로 규정되고 있다(Gibert & Terrell, 1998). 이러한 사회복지정책의 개념규정은 정책평가의 개념정의와 유사하다고 판단된다.

그리하여 사회복지정책평가의 개념을 “사회복지정책의 목표와 관련하여 사회복지정책의 효과를 검토하고 측정하는 것”으로 정의할 수 있다. 이 경우 사회복지정책의 효과는 주어진 목표의 달성이라는 긍정적 결과뿐만 아니라 부정적 결과에 대한 평가도 포함한다.

사회복지정책평가의 특징을 몇 가지 정리해 보면 다음과 같다.

첫째, 사회복지정책은 본질적으로 정치적이다. 왜냐하면 사회문제의 해결에 있어서 본질적 대립을 기본으로 하기 때문이다. 즉, 비용과 편익 중 무엇이 고려되어야 하는가? 경제성장과 재분배정책이냐? 특히 사회복지서비스를 위하여 어느 정도 규모의 재정지출을 할당할 것이냐에 대하여는 사회의 성숙도, 사회・노동운동 등의 전개에 이르는 다양한 조건들과 연계되기 때문이다. 또한 정책결정자와 주민은 양

쪽이 모두 정부정책의 비용과 효과에 대하여 커다란 불만과 불안감을 갖고 있으며, 점점 정부정책에 대한 신뢰성을 상실해 가고 있다. 그리고 사회복지정책의 많은 문제들은 정책이 제정된 후 집행과정에서 발생하며, 대부분 정부의 사회복지정책에 대한 평가는 엄청난 예산이 투입된 활동에 대하여 그 결과와 효과가 측정되어 우리에게 알려지지 않는다.

둘째, 사회복지정책평가에 있어서 중요한 것은 대상집단을 확인하는 것과 비대상집단에 대한 정책효과를 확인하는 것이다. 부수효과들은 편익이나 비용 중에서 하나가 될 것이다. 결국 교환조건(trade-off)의 가치 중에서 바람직한 효과가 결정되어야 한다.

셋째, 정책산출을 정책영향과 혼돈하지 말아야 한다. 정부활동의 측면에서 편익을 측정하여서는 안 되며, 정책이 개인, 집단, 사회에 초래한 변화를 식별해 내어야 한다.

넷째, 사회복지정책에 대한 평가는 대체로 양적 측면뿐만 아니라 질적 측면까지 매우 광범위한 영역을 평가해야 하는 장기적 연구를 요한다.

다섯째, 사회복지정책평가에서 직면하는 가장 큰 어려움 중의 하나는 비용 대 편익의 크기를 측정하는 일로서, 예로 비용은 당연히 금액으로 측정되지만 교육이나 건강, 자존심의 가치를 어떻게 비용으로 환산할 수 있을 것인지가 사회복지정책평가에 있어서 가정 큰 과제라고 하겠다.

오늘날 한국사회에서 사회복지정책의 평가에 대한 필요성이 증가하고 있다. 그 이유를 들면, 첫째 1990년대 이후 정부의 사회복지지출비가 제한된 범위이긴 하지만 양적으로 증가하여 왔고, IMF 위기로 인하여 빈곤과 실업이 급증하게 됨에 따라 사회복지에 관련된 지출이 크게 증가하였기 때문이다. 그 결과로, 사회복지 전반에 대한 국민의 관심이 고조되었고, 이는 사회복지정책의 평가에 대한 필요성을 드높이는 기반으로 작용하고 있다.

둘째, 한국사회의 민주화가 진전됨에 따라 사회복지정책과정에 대하여 관련 기관과 집단들이 참여하는 정도가 증대하여 왔기 때문이다. 그리하여 사회복지정책의 과정에서 관련 집단들을 설득하고 이들의 지지를 끌어내는 것이 중요하게 되었고, 이를 위해서는 설득력이 있는, 이른바 합리적이고 객관적인 자료들이 필요하게 되었다.

셋째, 사회복지정책의 결정과정도 복잡하지만 실시 또한 복잡하고 역동적인 과정을 거치기 때문이다. 따라서 사회복지정책이 애초 설정된 목적을 달성하지 못하고 의외의 결과를 낳을 수 있다. 그리하여 사회복지정책이 원래 의도한 목적을 달성하였는지, 사회에 어떠한 긍정적 또는 부정적 효과를 가져오고 있는지에 대해 평가하고, 그 성과를 사회복지정책의 과정에 재투입(feedback)하여야 할 필요성이 증가하게 되었다.

넷째, 사회복지정책에 대한 평가는 사회복지정책의 입안과 결정부터 집행과 결과에 이르기까지 관련된 특정한 가설들을 검토하는 과정으로 볼 수 있기 때문이다. 그 결과로 타당성이 있다고 확인된 가설은 하나의 이론으로 지지되는 반면에, 과거의 이론 중에서 틀린 부분은 수정된다.

한국 사회복지정책을 평가함으로써 '세계 속의 한국'으로서의 보편성과 한국사회의 고유성이나 특수성을 보다 엄밀하게 분석할 수 있고, 이는 사회복지정책의 이론적 형성에 기여할 수 있다. 다시 말하면, 한국 사회복지정책의 지적 발전과 이론적 체제의 확립이라는 측면에서 한국 사회복지정책에 대한 평가의 필요성이 존재하는 것이다.

2 사회복지정책평가의 방법

정책평가이론에서 가장 중요한 부분의 하나는 평가방법이다. 왜냐하면 평가의 본질이 평가대상인 정책이나 사업의 관심 측면에 대한 어떤 확증적 판단을 내리는 것이고, 그렇게 하기 위해서는 타당한 연구설계의 채택, 필요한 자료의 수집, 자료의 분석 및 해석 등의 작업이 이루어져야 하기 때문이다.

이제까지 정책평가에는 많은 방법들이 적용되어 왔다. 그러나 이러한 방법들의 적용에 있어서는 평가에서 얻고자 하는 정보의 유형보다는 오히려 평가자의 학문적 배경이 더 큰 역할을 수행한 것처럼 보인다. 예컨대, 행태과학자들은 실험적 방법을 선호하는가 하면, 경제학자들은 비용－편익평가법 혹은 비용－효과평가법을 즐겨 사용한 경향을 볼 수 있다. 그러나 공통적인 것은 이들 방법이 주로 양적 시각의 전통을 따르고 있다는 점이다.

1) 질적 평가방법과 양적 평가방법

정책평가의 방법은 양적 방법과 질적 방법이 있다. 그런데 지금까지의 대부분의 정책평가는 양적 방법에 의하여 이루어져 왔으나 근래에 와서는 질적 방법도 많이 사용되고 있다. 이러한 시각의 차이는 관심대상의 사물이나 현상에 접근하는 방식뿐만 아니라 이들의 어떤 측면이 중요한가 하는 판단에까지도 영향을 미치기 때문에 평가연구에서 아주 중요한 의미를 갖는다. 여기서 양적 접근방법과 질적 접근방법의 특성을 비교하여 보면 〈표 13-1〉과 같다.

표 13-1 질적 시각과 양적 시각의 특성

질적 시각	양적 시각
① 질적 방법의 사용을 옹호	① 양적 방법의 사용을 옹호
② 행위자 자신의 준거의 틀에 입각하여 인간의 행태를 이해하는 데 관심을 갖는 현상학 입장을 취함	② 개인이 주관적 상태에는 관심을 두지 않고, 사회현상의 사실이나 원인을 탐구하는 논리실증주의적 입장을 취함
③ 자연주의적·비통제적 관찰을 이용	③ 강제된 측정과 통제된 측정을 이용
④ 주관적	④ 객관적
⑤ 자료에 가까움: 내부자의 시각	⑤ 자료가 거리가 있음: 외부자의 시각
⑥ 자료에서 파생한 발견지향적·탐색적·확장주의적·서술적·귀납적	⑥ 자료에서 파생하지 않는 확인지향적·확증적·축소주의적·추론적·가설연역적
⑦ 과정지향적	⑦ 결과지향적
⑧ 타당성 있는: 실질적이고 풍부한 깊이 있는 자료	⑧ 신뢰성 있는: 강성의 반복가능한 자료
⑨ 일반화할 수 없음: 단일사례연구	⑨ 일반화할 수 있음: 복수사례연구
⑩ 총체론적(holistic)	⑩ 특정적(particularistic)
⑪ 동태론적 현상을 가정	⑪ 안정적 현실을 가정

출처: Bogdan & Taylor(1979: 21).

질적 시각을 견지하는 질적 방법에는 참여관찰법(participant observation), 심층면접법(in-depth interviewing) 등과 같은 연구전략이 포함된다. 이러한 질적 방법들은 연구자로 하여금 연구대상인 경험적 사회세계에 관한 직접적 지식을 몸소 획득할 수 있게 해 준다. 질적 방법들은 선정된 문제를 아주 자세하게 연구한다. 적은 수의 사람이나 사례에 대하여 풍부한 자료를 산출해 낼 수 있다는 것이 질적 방법의 장점인 것이다(Patton, 1980 : 97-98).

근래에 와서는 정책평가과정 전반을 통하여 질적 접근방법과 양적 접근방법의 장점을 혼합하는 접근방법이 최적의 것으로 이야기되고 있다. 이러한 방식은 평가에서 추구되는 다양한 목적을 만족시켜 줄 수 있을 뿐만 아니라 각 방법에 의해 얻은 결론의 의미를 더욱 분명하게 알 수 있게 해 주며, 각 방법들이 가지고 있는 편견을 시정해 주는 장점을 가지고 있다. 이러한 방법론의 혼합은 다음과 같은 두 가지 방식으로 가능하다. 하나는 다원적 방법론의 사용이고, 다른 하나는 자료와 설계 및 분석방법을 혼합하는 방식이다(Patton, 1988 : 111-170).

방법론상의 혼합을 이루는 방식은 양적 · 방법론적 전략과 질적 · 방법론적 전략으로부터 몇 개의 부분을 빌려와 혼용하는 방식이다. Patton에 의하면, 이념형적 · 질적 방법전략은 ① 질적 자료, ② 자연주의적 탐색에 기초한 총체론적 · 귀납적 설계, ③ 내용분석 혹은 사례분석의 세 부분으로 구성되는 반면, 이념형적 · 양적 방법전략은 ① 양적 자료, ② 실험적(혹은 준실험적) 연구설계, ③ 통계분석의 세 부분으로 구성된다. 이 경우 방법론상의 혼합은 이들 양 전략을 구성하는 부분들을 서로 혼용하는 것을 의미한다. 예를 들어, 실험적 설계를 이용하면서 질적 자료를 수집하여 내용분석을 수행한다든지, 자연주의적 연구설계와 질적 자료를 이용하면서 통계분석을 수행하는 등 다양한 조합을 이용할 수 있다.

이와 같이 질적 방법과 양적 방법을 혼용함에 있어서는 여러 가지 방식이 있다. 그리고 이러한 혼용에서 우리는 어느 한쪽 접근방법에 의존할 경우에 얻을 수 없는 것을 추가적으로 얻을 수 있는 이점을 기대할 수 있다. 그러나 한편으로는 이러한 방법론상의 혼합을 어렵게 만드는 장애요인이 많이 있다는 사실도 간과해서는 안 된다.

2) 내적 능률성 평가의 방법

내적 능률성은 '산출 ÷ 투입'으로 표현된다. 이러한 비율을 계산하는 방식으로는 뒤에 설명할 외적 능률성 평가의 하나인 비용－편익평가법(cost-benefit evaluation)과 감사방식을 들 수 있다.

(1) 비용 - 편익평가법

내적 능률성을 측정하기 위한 수단으로서의 비용－편익평가법에서는 정책이나 사업계획의 실시결과로 얻은 산출과 그것의 실시에 투입된 비용을 공통의 단위(예 : 금전)로 환산하여 그 비율이나 차이를 구한다. 그러므로 여기에서는 산출 자체를 편익으로 보는 것이다. 정책이나 사업계획의 집행결과로 얻어진 산출은 공공의 재화와 용역 그 자체이다. 그리하여 '총산출 ÷ 총수입 > 1'이거나 '총산출－총수입 > 0'이면 문제의 정책이나 사업은 능률적이라고 판단한다.

내적 능률성 평가법으로서의 비용－편익평가에 가장 중요한 일은 비용과 편익의 항목을 찾아내어 그들 각각에 가치를 부여하는 일이다. 여기에서는 편익항목은 산출 그 자체이기 때문에 문제되는 각 정책이나 사업계획에 따라 다양할 것이나, 그것을 파악하는 것은 아주 용이하다. 왜냐하면 그것들은 객관적으로 관찰가능하기 때문이다. 아마도 정책의 집행부서 중에서 이러한 자료를 보관하고 있지 않은 경우는 찾아볼 수 없을 것이다. 그러므로 이곳에서는 비용의 항목 및 산출에 대한 가치부여 문제만을 다루고자 한다.

① 비용의 항목

평가대상인 정책과 사업에 투입되는 비용에는 1회의 고정비용, 투자비, 순환비용이 포함된다. 1회의 고정비용으로서의 연구조사비, 기획비, 검정 및 평가비 등이 포함된다. 투자비로서는 토지비, 건물 및 시설비, 장비 및 차량비, 최초 훈련비 등이 있으며, 순환비용(운영 · 유지비)으로서는 인건비(봉급, 임금 및 특별급여), 장비 · 차량 · 건물의 유지비, 대치직원에 대한 훈련비 및 재훈련비, 빈민에 대한 후생비와 같은 시민에 대한 직접적 지불금, 비정부 시민봉사기관에 대한 지불금, 자재 · 물품비, 지원비(부대비) 등이 포함된다.

② 산출에 대한 가치부여

비용－편익평가법에서 가장 어려운 문제는 편익인 산출에 대해 가치를 부여하는 일이다. 만일 정부가 수행하는 정책이나 사업계획의 실시결과로 얻어진 산출물이 완전경쟁상태의 시장에서 팔린다면, 산출물의 가치는 대부분 시장에서 판매되지 않기 때문에 문제가 된다. 이 경우에 우리가 이용할 수 있는 것이 잠재가격(shadow prices)과 지불의사방식(wiling to pay)이다.

잠재가격은 특정한 공공재(예 : 댐, 교량)가 초래하는 부가가치의 추정에 기초를 두고 있는데, 이것이 진정한 사회적 편익을 대변한다. 예를 들어, 정부가 건설한 댐의 가치는 홍수피해의 감소와 곡식수확량의 증가를 이용하여 계산할 수 있으며, 새로 건설한 교량의 가치는 시민이 부담하는 교통비의 절감을 이용하여 계산할 수 있다.

또 어떤 경우에는 정책의 산출물과 같은 공공재는 그것이 제공하는 서비스에 대해 그것의 이용자 또는 소비자가 얼마나 지불할 의사가 있느냐에 따라 결정하기도 한다. 그리하여 정부가 무료로 개방하기 위하여 건설한 공원의 가치는 유사한 상업성 공원이 받는 입장료를 기준으로 계산할 수 있다.

(2) 감사방식

감사방식이란 감사 시 감사요원이 사용하는 서면검토나 면담과 같은 방법으로 ① 어떤 산출을 얻는 데 사용된 투입이 적정했는지의 여부 검토(예 : 예산낭비 여부 검토), ② 일정한 투입으로 얻은 산출의 양과 질의 적정성 여부 검토(예 : 제공된 서비스의 양과 질의 검토)와 같이 산출과 투입의 어느 한쪽에 중점을 두어 검토하는 방식을 말한다.

전자는 투입에 초점을 둔 내적 능률성 평가라 하겠고, 후자는 산출에 초점을 둔 평가라고 하겠다. 이때 필요한 자료는 대부분 거래당사자들이 보유하고 있는 행정

기록(administrative records)이나 이들과의 면담을 통하여 수집할 수 있다. 그리고 부족한 부분에 대하여는 평가자의 건전한 판단력이나 통찰력을 이용하여 보완해야 할 것이다. 이러한 감사방식에 의한 내적 능률성 평가는 비용–편익평가법의 적용이 불가능한 경우에 사용하는 것이 좋다.

3) 외적 능률성 평가의 방법

외적 능률성 평가에서는 문제의 정책 또는 사업이 가져다준 효과를 그 정책 또는 사업이 이용한 투입과 대비시킨다. 이러한 외적 능률성을 평가하기 위한 기법으로는 비용–편익평가법(cost-benefit evaluation)과 비용–효과평가법(cost-effectiveness evaluation)을 들 수 있다.

일반적으로 말하면 경제적 · 산업적 성격의 사업에는 비용–편익평가법을 적용할 수 있으나, 사회적 성격의 사업에는 비용–효과평가법을 적용하는 것이 보다 적절하다고 말할 수 있다. 그 이유는 비용–편익평가를 하기 위해서는 정책의 효과와 정책에 소요된 비용을 공통의 척도로 전환하여 비교해 보는 것이 필요한데, 특히 사회적 정책 또는 사업의 경우에는 그러한 환산에 많은 어려움이 있기 때문이다.

(1) 비용 - 편익평가법

외적 능률평가법으로서의 비용–편익평가법의 핵심은 문제의 정책이나 사업에 투입된 비용을 초과하는 편익이 발생되었는지의 여부를 검토하는 것이다. 그러므로 문제의 정책에 투입된 모든 비용과 정책으로 말미암아 얻어진 모든 편익을 찾아낸 다음 이들을 공통의 척도로 환원하여 산출한다. 그리하여 '편익 ÷ 비용 > 1'이거나, '순편익 > 0'이라면, 그러한 정책이나 사업을 능률적이라고 판단하는 것이다.

그러므로 비용–편익평가법에서 가장 중요한 것은 포함시켜야 할 비용과 편익의 항목을 발견하는 일과 거기에 가치를 부여하는 일이다.

① 편익 또는 효과의 파악 시 고려할 점

첫째, 편익이나 효과는 그것이 국민이나 지역사회 또는 국가에 미친 영향을 모두 반영해야 한다. 이때 주의해야 할 것은 이러한 영향과 평가대상정책이나 사업계획에 따라 이루어지는 활동을 통하여 얻어진 산출물과는 분명히 구별되어야 하며, 편익이나 효과는 국민지향적으로 파악되어야 한다는 점이다. 산출물은 단순히 정책이나 사업활동의 결과인 물리적 실체나 용역일 뿐 그것 자체가 국민생활에 어떠한 영향을 끼쳤는지를 곧바로 말해 주지는 못하기 때문이다.

둘째, 편익이나 효과를 파악할 때에는 문제되고 있는 정책이나 사업이 원래 의도했던 성과뿐만 아니라 의도하지 않았던 결과도 명시적으로 포함해야 한다. 어떠한 정부정책이나 사업이건 그것이 추구하는 바는 국민에게 이익이 되는 효과이다. 따라서 의도하지 않았던 효과에 대하여는 이를 고려하기를 소홀히 하는 경향이 있다. 그러나 정책이나 사업의 전반적 가치를 제대로 파악하기 위해서는 의도하지 않았던 긍정적 효과와 부정적 효과 모두를 검토하지 않으면 안 된다.

셋째, 편익이나 효과가 양적으로 측정하기 어렵다고 하여 제외되어서는 안 된다. 편익이나 효과의 측정이 불가능한 것은 질적·주관적 측정을 시도할 수 있기 때문이다.

넷째, 정책이나 사업이 개별적 인구집단에 미치는 효과나 편익에 따라 구분하여 파악하여야 한다. 경우에 따라 모든 인구집단을 통합하여 산출한 평균치는 이러한 것을 말하여 주지 못하기 때문이다. 왜냐하면 문제되고 있는 정책이나 사업이 상이한 정도로 영향을 미칠 수 있기 때문이다. 이러한 경우에는 그러한 집단을 모두 찾아내어 특정 정책이나 사업이 그들 각각에 대하여 미치는 효과를 파악해야 한다. Hatry 등은 고려대상이 될 수 있는 개별적 인구집단으로 의도된 수혜집단은 아니더라도 특정 정책이나 사업에 의하여 상당히 많은 영향을 받는 특정 집단, 지역사회나 국가 전체의 국민, 거리의 시민 등 네 집단을 열거하고 있다.

② 편익에 대한 가치부여의 문제

외적 능률성 평가법으로서의 비용-편익평가법에서 역시 가장 어려운 문제는 평가대상정책이나 사업이 야기한 효과(긍정적 편익+부정적 편익)에 가치를 부여하는 일이다. 그러나 공공정책이 야기하는 효과에 가치를 부여하는 일은 어려운 일이며, 여러 방식을 동원하여 그러한 계산을 하였다고 하더라도 그것은 불완전할 수밖에 없다. 모든 편익과 비용을 찾아내는 것도 어렵고, 거기에 모든 계층의 사람들이 동의할 수 있는 가치가 부여되었다고 확신할 수가 없기 때문이다.

그리고 사회적 성격의 정책이나 사업의 경우에 비용－편익평가법이 봉착하는 어려움은 경제적 정책이나 사업의 경우보다 훨씬 크리라는 것도 짐작하기 어렵지 않을 것이다. 사회적 정책의 경우에는 효과가 주로 비물질적 성격을 띠고 있기 때문이다. 이러한 이유로 말미암아 사회적 정책이나 사업의 경우에는 비용－편익평가법보다 비용－효과평가법이 더욱 적합한 것으로 받아들여지고 있다.

(2) 비용 - 효과평가법

비용－효과평가법의 특징은 평가대상이 되어 있는 정책이나 사업의 효과비용을 공통의 단위로 전환할 필요가 없다는 점에 있다. 사업의 효과는 금전이 아니라 평가기준 혹은 효과성 척도상에 일으킨 성과(자체 단위)로 표현된다. 그리하여 특정 정책이나 사업에 대한 비용－효과평가는 소요된 비용과 실제로 얻어진 실질적 결과를 비교함으로써 이루어진다. 예컨대, 비교함으로써 그들의 비용효과성이 평가된다.

이러한 비용－효과평가법은 문제의 정책이나 사업이 이룩한 효과를 금전과 같은 공통의 척도로 전환할 것을 요하지 않는 장점을 가지고 있는 반면, 어떤 하나의 정책이나 사업의 가치를 곧바로 확정할 수 없다는 단점을 가지고 있다.

4) 정확성 평가의 방법

정책 또는 사업실시과정에 관한 정확성 평가에서는 어떤 정책이 원래의 구상대로 정확하게 시행되고 있느냐, 혹은 정확하게 시행되어 왔느냐 하는 것을 검토한다. 이러한 측면을 검토하기 위한 기법에는 관찰법, 문서조사법, 조사연구법을 들 수 있다.

이것들은 단독적으로 사용될 수 있고 경우에 따라서는 복합적으로도 사용될 수 있다. 이용 가능한 자원과 평가자의 전문지식이 중요한 결정요인이 될 것이다.

(1) 관찰법

이 기법은 사업실시과정을 직접 관찰함으로써 필요한 자료를 수집하는 방법이다. 이 경우 관찰자는 정책이나 사업대상집단의 일원, 즉 정책의 수혜대상자로 참여하기도 하고, 혹은 객관적 관찰자로만 참여하기도 하지만 보다 정확한 자료를 위해서는 전자의 방법이 바람직하다고 할 수 있다. 그러나 참여관찰이 정책실시자들의 행태에 영향을 미칠 수 있다는 점을 고려하여야 한다. 참여관찰자는 자신이 어떤 정책의 수혜자임을 정책실시자들이 의심하지 않도록 자신의 신분을 위장할 필요가 있게 되기도 한다.

관찰법을 이용할 때 놓칠 수 없는 것은 관찰내용을 체계 있게 기록하기 위한 계획을 세우는 일이다. 관찰방법과 관찰결과를 기록하게 되는 경우도 있으나, 얻고자 하는 내용을 미리 구조화하여 거기에 대한 사실만 기록하도록 하는 방법도 생각할 수 있다. 그리고 이러한 관찰법은 이미 완료된 정책이나 사업에는 적용할 수 없고, 오직 실시 중에 있는 정책이나 사업에만 적용할 수 있다.

(2) 문서조사법

어떠한 정책이나 사업이든 그것을 실시하는 기관이나 사람은 정책실시를 위하여 수행한 모든 내용을 기록으로 남겨 두어야 한다. 이것은 그들이 확보해야 할 책무성의 중요한 측면이기도 한다. 그러므로 정책실시과정의 정확성을 점검하기 위해서는 이러한 기록을 검토하는 것이 좋은 방법이 될 수 있다.

그러나 이러한 기록에 전적으로 의존하는 것은 현명한 일이 되지 못한다. 이러한 기록 자체의 정확성이 문제될 수도 있기 때문이다. 그러므로 문서조사는 다른 방법에 의하여 보완되는 것이 바람직하다.

(3) 조사연구법

정책실시과정의 정확성 여부를 점검하는 데 있어 또 하나의 방법으로는 정책실시자 집단과 정책대상집단에 대한 조사를 들 수 있다. 질문지를 이용하거나 면접방법을 사용하여 이루어질 수 있다. 이 경우 조사대상에는 정책실시자와 정책대상집단 전부가 포함될 필요는 없으며, 적당한 수의 표본으로 충분할 것이다.

3 효과성과 효율성의 평가

1) 효과성 평가의 방법

효과성(effectiveness)이란 정책이 설정하고 있는 목표를 얼마나 달성하였느냐 하는 기준이다. 여기서 우리가 혼란스럽게 되는 것은 정책의 효과는 크게 정책산출(policy outputs), 정책결과(policy outcomes), 그리고 정책영향(policy impacts) 등으로 구별된다는 것이다. 정책산출은 정책집행이 이루어지면 곧바로 나타나는 결과임에 비하여, 정책결과나 정책영향은 장기간에 걸치는 것이며, 그 측정에 있어서도 어려움이 매우 크다. 따라서 정책평가에 있어서는 정책산출을 기준으로 하는 경향이다.

효과성 평가는 특정의 정책 또는 사업이 의도했던 직접적 목표의 달성 정도를 측정하는 것이다. 효과성 평가의 주요 관심사는 특정의 사업과 목표달성의 정도 사이의 인과관계를 확립하는 것이다. 즉, 목표의 달성도가 다른 어떤 요인에 기인하지 않고 평가대상이 되고 있는 특정 사업에만 기인한다는 사실을 제공하는 것이다.

그러므로 사업의 효과성 평가에는 목표달성의 정도를 발견하는 데 충분한 정도로 명확하게 규정된 사업목표가 필수조건이 된다. 측정가능한 목표가 선정되어 있지 않고 또 이해관계자 간의 목표에 대한 합의가 없어 평가자 자신이 사업의 목표를 찾아낼 수 없는 경우에는 아예 처음부터 효과성 평가노력을 포기하는 것이 현명하다.

사업의 목표가 명확하게 규정된 경우에도 대체로 두 가지의 목표유형을 발견할 수 있다. 이러한 유형에 따라 다른 평가의 기법이 이용될 수 있기 때문에 이러한 유형을 구별하는 것은 아주 중요하다. 하나는 사업의 목표를 양적으로 표현하는 방식이고, 다른 하나는 과거를 기준으로 하여 보다 나은 방향으로서의 이행만을 명시하는 질적 표현방식이다.

(1) 목표가 양적으로 표현되었을 경우의 효과성 평가

평가설계(Ⅰ): 실적 대 계획의 비교

이 경우에는 목표의 달성 정도를 나타내 주는 다음과 같은 비율이 이용된다.

정책 또는 사업의 효과성=정책 또는 사업에 귀속되는 순목표달성 ÷ 정책 또는 사업을 통해 달성하고자 계획되었던 목표달성=평가 당시의 목표상태 – 정책 또는 사업이 없었다고 가정했을 때의 목표상태예측치

여기에서 주의해야 할 것은 효과성이 단순히 현존의 목표달성도와 계획된 목표달성도를 비교함으로써 얻어지는 것은 아니라는 점이다. 그렇게 되면 정책 또는 사업 이외의 요인이 목표에 미친 효과를 고려하지 않는 셈이 되기 때문이다. 그러므로 정책 또는 사업이 시행되지 않은 상태에서도 나타날 수 있는 목표달성예측치를 양 항목 각각에서 뺀 후 그들을 비교하는 것이 효과성 측정의 타당한 방법이 된다.

정책 또는 사업이 없었다고 가정했을 때의 목표달성예측치는 어떻게 측정할 것인가? 가장 확실한 방법은 통제집단(control group)이나 정책 또는 사업의 혜택을 받았던 집단, 즉 실험집단(experimental group)과 유사한 비교집단(comparison group)을 사용하는 것이다. 통제집단의 사용이 정책 또는 사업에 귀속시킬 수 있는 성과를 판단함에 있어 그 신뢰도를 최대화해 줄 것이다. 그러나 통제집단의 사용이 언제나 가능한 것만은 아니다. 특히 사회적 성격의 정책 또는 사업의 경우에 그렇다. 왜냐하면 동일한 여건하에 처해 있는 정책대상집단(target group) 중에서 어떤 집단은 혜택을 받게 되고, 또 다른 집단은 수혜집단에서 제외되어 있어 사회윤리적 문제가 야기될 수 있기 때문이다. 이러한 경우에는 비교집단의 사용이 불가피하다.

평가절차

- 계량적으로 표현된 정책 또는 사업목표의 확인: 이 단계에서는 ㉠ 평가기준(evaluation criterion) 혹은 효과성의 척도(measures of effectiveness), ㉡ 달성하고자 하는 목표치(target), ㉢ 계획기간 등을 확인한다.
- 계획기간 동안에 달성된 실적치의 획득: 이 단계에서는 앞 단계에서 계획한 효과성의 척도상의 실제치를 얻는다. 물론 이 실적치는 특정한 계획기간에 성취한 것이어야 한다.
- 실제치와 목표치의 비교: 이 단계에서는 앞에서 제시한 공식에 따라 실적치와 목표치를 비교함으로써 효과성 지표의 값을 얻는다.
- 실적치에 영향을 미친 요인들이 야기한 효과의 고려: 이 단계에서는 평가대상 정책이나 사업 이외의 요인이 효과성의 척도에 미친 효과를 계산하여 위에서 얻은 효과성 지표의 값을 조정한다.

(2) 목표가 질적으로 표현되었을 경우의 효과성 평가

앞에서 본 바와 같이 목표가 질적으로 표현되었다는 것은 비록 그것이 양적으로 표현되지는 않았다 하더라도 목표의 달성 정도를 측정할 수 있을 정도로 명백한 목적과 변화의 방향이 명백한 경우를 말한다. 이러한 경우 사업의 효과성 측정은 과거의 일정 시점 혹은 경향치를 기준으로 하여 효과성의 척도상에 바람직한 방향으로 중요한 변화가 야기되었는지를 검토함으로써 이루어진다.

여기에서 중요한 변화란 두 가지로 생각해 볼 수 있다. 하나는 통계적으로 유의한(statistically significant) 변화이며, 다른 하나는 실질적으로 유의한(practically significant) 변화이다. 전자는 사전에 정해진 유의수준(level of significant, 예: a=0.05 or 0.01)을 이용한 통계적 검증에서 변화의 정도가 유의성을 가지고 있는 것으로 평가된 경우이며, 후자는 정책평가의 결과를 이용하는 정책결정자나 사업관리자의 입장에서 판단한 의미 있는 변화를 말한다. 이제까지는 주로 전자에 입각하여 정책 또는 사업의 성패를 판단해 왔으나, 근래에 들어 후자에 의한 판단의 중요성이 대두되고 있다.

어떠한 경우이건 효과성 척도상에 나타난 변화가 다른 어떤 요인에 의하여 야기된 것이 아니라, 평가대상인 정책 또는 사업의 결과라는 점을 결정하는 것이 중요하다. 이를 위해서는 여러 가지 평가조사방법(evaluative research methods)이 이용될 수 있다. 한 가지 염두에 두어야 할 것은 보다 정확하고 이상적으로 효과성을 측정해 줄 수 있는 평가설계일수록 보다 많은 시간과 비용이 소요된다는 것이다. 그러므로 평가설계의 선택은 여러 가지 요인들을 감안하여 이루어져야 한다. 아래에서는 소요되는 비용이 적은 평가설계에서 큰 설계의 순서로, 또한 미약한 설계에서 강력한 설계의 순서로 네 가지의 평가설계를 제시하고자 한다.

① 평가설계(Ⅰ) : 정책실시 전후의 비교

이 설계에서는 하나의 정책대상집단의 상태를 두 시점, 즉 정책실시 직전과 실시 후 적당한 시간이 경과한 시점에서 측정하여 이를 비교한다.

Campbell과 Stanley는 이러한 설계를 전실험설계(pre-experimental designs)의 하나로 분류하고, 단일집단 전후 검사설계(one group pretest posttest designs)라고 부르고 있다. 이 평가설계에서는 정책실시 후에 측정된 평가기준의 값에서 정책실시 전에 측정된 평가기준의 값을 뺀 차이를 정책의 효과로 간주한다.

그러나 이 설계를 이용하여 얻은 정책의 효과를 진정한 정책의 효과라고 받아들이는 데는 문제가 많다. 왜냐하면 통제되지 않은 여러 외적 변수(extraneous variables, 예: 역사적 사건, 성숙요인, 조사도구 등)의 영향을 알 수 없기 때문이다. 다시 말하면, 이 평가설계는 내적 타당도(internal validity)를 저해하는 여러 요인에 대하여 무방비 상태에 있기 때문에 정책의 효과를 측정하는 데 있어서 가장 취약한 설계라고 할 수 있다.

첫째, 위와 같은 제약점에도 불구하고 경우에 따라서는 이 평가설계가 가장 현실적인 방법일 수도 있다. 이러한 상황하에서 고도로 세련된 평가설계를 고집하는 것은 평가노력을 포기하겠다는 것과 같은 이야기다.

둘째, 정책 또는 사업의 존속기간이 짧고 그의 범위가 좁은 때이다. 이러한 상황하에서는 평가기준에 영향을 미칠 수도 있는 정책 또는 사업 이외의 요인들이 작용할 가능성이 적기 때문이다.

셋째, 측정되는 평가기준의 값이 오랫동안 상당히 안정적이었고, 또 평가기간 중에도 그러한 안정성이 유지될 것으로 생각될 때이다. 이러한 안정성이 정책의 실시를 계기로 파괴되었다면, 우리는 그것을 정책에 기인된 것으로 간주할 수 있다.

평가절차

- 해당 정책 또는 사업목표의 확인 : 정책 또는 사업목표의 설정은 정책결정자의 기능이며, 평가자는 설정된 목표를 찾아내는 기능을 수행한다. 그러나 명시적인 목표를 발견하기란 쉬운 일이 아니기 때문에 평가자의 창의적 노력이 필요하기도 하다. 정책목표를 발견하는 데 필요한 요소로 ㉠ 개별 법률, ㉡ 공청회의록, ㉢ 사업관리자 및 사업실시자, ㉣ 정책결정자와 같은 것을 지적할 수 있다.
- 정책 또는 사업목표에 상응하는 평가기준의 개발 : 하나의 정책 또는 사업을 실시하면서 하나 이상의 목표를 추구하는 것이 일반적인 것처럼 한 목표의 달성 정도를 측정하기 위하여 사용될 수 있는 척도 또한 하나 이상일 필요가 있다. 왜냐하면 정책이 야기하는 효과가 다양하기 때문이다. 평가기준의 개발에 있어서 한 가지 주의를 요하는 것은 어떤 기준이 측정하기 어렵다는 이유로 제외되어서는 안 된다는 점이다. 즉, 평가기준의 개발은 그것의 측정가능 여부와 관계없이 이루어져야 하며, 개발된 기준은 여러 가지 방법(예컨대, 주관적이고 질적인 방법)을 동원하여 이를 측정하도록 노력해야 한다.
- 정책실시 이전의 이들 기준에 대한 값의 획득
- 정책실시 이후 기간 동안의 이들 기준에 대한 값의 획득
- 정책에 의해 야기된 변화를 측정하기 위한 정책실시 전후의 자료비교
- 그러한 변화를 설명해 줄 수 있는 다른 가능한 요인의 검토, 만일 그러한 요인이 있는 경우에는 사전·사후의 자료에 대한 그의 효과를 계산하거나 적어도 평가결과를 제시할 때 그러한 요인을 밝혀야 한다. 이러한 검토는 등한시되기 쉬우나 이 설계에 신빙성을 부여하기 위해서는 아주 중요한 일이다.

② **평가설계(Ⅲ) : 추세치와 실제치의 비교**

이 설계에서는 정책실시 후의 평가기준에 관한 자료와 과거 수개의 자료에 기초한 추세치를 상호 비교하여 정책이 초래한 변화를 계산한다.

Campbell과 Stanley는 이러한 설계를 준실험설계(quasi-experimental)의 하나로 분류하고, 시계열실험(time series experiment)이라고 부르고 있다. 이 평가설계에서는 평가시점에서 측정된 각 평가기준의 값에서 실험변수인 정책 또는 사업이 도입되지 않았을 경우 각 평가기준이 취할 것으로 예상되는 값을 뺀 차이를 평가대상정책 또는 사업의 효과로 간주한다. 즉, 새로운 정책의 도입과 더불어 과거의 추세상에 어떤 변화가 야기되었다면, 그러한 변화를 정책의 효과로 간주하는 것이다.

이 설계는 평가설계(Ⅱ)보다는 내적 타당도 면에서 훨씬 우수한 것으로 이야기되고 있다. 첫째, 정책의 실시 이전과 이후 사이에 나타날 수 있는 성숙요인의 효과를 추적할 수 있기 때문에 정책의 효과와 성숙요인의 효과를 혼동할 가능성이 훨씬 줄어든다. 둘째, 시계열설계를 이용하면 한 번이나 두 번에 걸쳐 측정한 결과에 따라 평가하는 경우보다 역사적 사건의 효과를 훨씬 쉽게 파악할 수 있다. 따라서 정책의 효과와 역사요인의 효과를 구별하는 것이 가능하다.

이러한 평가설계는 새로운 정책 또는 사업이 도입되지 않는 한 평가기준들의 상향추세나 하향추세가 계속될 것처럼 보일 때 적용하는 것이 적절하다. 만일 과거의 자료들이 아주 불안정할 경우에는 통계적 방법에 의해 추세치를 구하는 것이 별로 의미 없는 일이 될 것이다. 또한 이 설계의 사용에는 평가기준(들)에 관한 과거의 자료들이 아주 불안정할 경우에는 통계적 방법에 의해 추세치를 구하는 것이 별로 의미 없는 일이 될 것이다. 또한 이 설계의 사용에는 평가기준들에 관한 과거의 자료가 풍부해야 된다는 것이 전제되어야 한다.

평가절차

- 해당 정책 또는 사업목표의 확인
- 목표에 상응하는 평가기준(효과성의 척도) 발견
- 정책 또는 사업실시 이전과 이후의 여러 시점에 있어서의 각 평가기준에 관한

자료획득

- 여러 통계적 방법과 정책 또는 사업실시 이전 기간에 얻은 자료를 사용하여 평가시점에서의 평가기준값 예측
- 정책 또는 사업으로부터 야기된 변화의 양을 구하기 위하여 실제치와 예측치 비교
- 그러한 변화를 설명해 줄 수 있는 정책 또는 사업 이외의 다른 가능한 요인의 검토, 만일 그러한 요인이 존재한다면 그것이 정책의 효과에 미친 영향을 측정하거나 그렇지 않으면 평가결과를 제시할 때 그러한 요인도 함께 제시

③ 평가설계(Ⅳ) : 정책이 실시되지 않은 지역이나 집단과의 비교

이 설계에서는 정책 또는 사업이 실시되는 지역이나 대상집단에 있어서의 평가기준의 값과 사업이 실시되지 않은 유사한 지역이나 집단에 있어서의 값을 비교한다.

정책 또는 사업실시 전의 집단(A : 정책실시지역, B : 정책이 실시되지 않은 지역)이 평가기준에 있어 서로 다른 값을 가지는 것은 두 집단이 유사하기는 하나 동일한 속성을 가지고 있지는 않기 때문이다. 이러한 경우 집단 B를 비교집단(comparison group)이라고 한다. Campbell과 Stanley는 이 설계를 비동질적 통제집단설계(non-equivalent control group design)라고 부르고 있는데, 그들은 뒤에 설명할 진실험설계의 사용이 불가능한 경우 이 설계의 사용을 권할 정도로 중요시하고 있다.

이러한 평가설계의 주목적은 정책 또는 사업과 그것의 실시 이후에 나타난 효과 사이의 인과관계를 살펴보고자 하는 것이다. 그러나 정책대상집단(target group)이나 비교집단에의 소속이 무작위로 이루어지지 않기 때문에 그러한 인과관계에 관한 진술이 상당한 정도로 약화될 수밖에 없다.

평가절차

- 해당 정책목표의 확인
- 목표에 상응하는 평가기준(효과성의 척도) 발견
- 정책이 실시되지 않은 지역 중에서 정책이 실시된 지역과 유사한 지역 발견(혹

은 그 지역 내에서 정책의 혜택을 받지 못하는 인구집단 발견)

- 정책의 실시 이전부터 평가시점까지 각 지역에 있어서의 각 평가기준에 관한 자료 획득
- 정책이 실시된 지역(혹은 집단)과 실시되지 않은 지역(혹은 집단)에 있어서의 평가기준치 변화의 비교(변화율과 변화량의 비교가 필요)
- 그러한 변화를 설명해 줄 수 있는 정책 또는 사업 이외의 다른 가능한 요인의 검토, 만일 그러한 요인이 존재한다면 그것의 정책효과에 미친 영향을 측정하거나 적어도 평가결과를 제시할 때 그러한 요인도 함께 제시

④ 평가설계(V) : 통제된 실험

이 설계는 평가대상정책과 그것이 야기한 효과 사이의 인과관계를 발견하는 데 있어 가장 적절한 설계이다. 그러나 또한 이것은 수행하기가 가장 어렵고 비용이 많이 드는 설계이기도 하다. 여기에서는 실험집단(experimental group)은 정책의 잠재적 대상이긴 하나 실제로는 정책이 적용되지 않은 집단과 통제집단(control group)에 나타난 평가기준에 있어서의 변화를 체계적으로 비교함으로써 정책의 효과성을 측정한다. 이와 같은 평가설계를 이용하기 위하여 정책의 실시 이전부터 자료의 수집을 위한 치밀한 계획이 필요하다.

이 평가설계에서는 정책실시 이전에 측정된 실험집단과 통제집단의 평가기준의 값은 유사하다고 가정할 수 있다. 왜냐하면 이 설계에서는 앞의 평가설계와는 달리, 양 집단에의 소속이 무작위로 이루어지기 때문이다. 그러므로 만일 정책실시 이후 실험집단이 통제집단보다 평가기준상에서 훨씬 더 많은 향상을 실현했다면 그것은 평가대상정책에 기인한 것으로 판단할 수 있다.

평가절차

- 해당 정책 또는 사업목표의 확인
- 목표에 상응하는 평가기준(효과성의 척도) 발견
- 실험집단과 통제집단의 구성 : 이 경우 정책대상집단의 누가 실험집단에 배정되

고 누가 통제집단에 배정되는가 하는 것은 무작위로 결정한다. 즉, 대상집단의 모든 사람이 양 집단 중의 어느 하나에 배정될 확률은 똑같다.

- 평가기준을 사용하여 각 집단의 정책실시 이전의 업적(혹은 상태) 측정
- 실험집단에만 정책실시
- 실험의 운영을 점검하여 효과성 평가의 결과를 왜곡할 수 있는 어떤 행태가 일어나고 있는지를 살핀다. 만일 그런 행태가 발견될 때에는 가능하면 이를 바로 시정한다. 만일 그러한 시정이 불가능할 때에는 그러한 행태가 평가결과에 미칠 영향을 계산한다.
- 평가기준을 사용하여 각 집단의 정책실시 이후의 업적 측정
- 사전·사후의 변화 비교
- 두 집단 간의 차이를 설명해 줄 수 있는 정책 이외의 다른 요인 탐색: 사실 위의 세 번째 단계에서 요구된 무작위배정(random assignment)이 다른 요인들의 영향을 상당한 정도로 배제하지만, 실험 중에 일어나는 어떤 사건이 우연하게 특수한 방법으로 한 집단에는 영향을 미치고 다른 집단에는 영향을 미치지 않을 수도 있다.

(3) 평가설계의 선택

앞에서 제시된 설계들은 어느 것을 아무 때나 사용할 수 있는 것이 아니다. 본질적으로 평가설계의 선정은 ① 평가의 시기, ② 평가에 이용할 수 있는 자금, ③ 기대치의 정밀도에 따라 좌우된다. 예를 들어, 사업계획이 이미 실시 중인 경우에는 평가설계(Ⅴ)(통제된 실험설계)는 채택할 수 없다.

그리고 평가에 소요되는 비용 면에서 보면, 평가설계(Ⅴ)가 가장 많은 비용이 소모되며 설계(Ⅰ)~(Ⅳ)까지는 비교적 낮은 비용으로 평가업무를 수행할 수 있다. 그러나 평가설계의 유효성 면에서 보면, 반대로 평가설계(Ⅴ)가 가장 강력하다는 점을 간과해서는 안 된다.

Hatry 등은 평가설계의 선택과 관련하여 아래와 같이 권고하고 있다.

① 가능한 한 효과성 평가에 가장 엄밀한 평가설계인 설계(V)를 활용해야 한다.

② 평가설계(V)를 이용할 수 없는 경우에는 설계(II)·(III)·(IV)를 함께 이용하는 것이 바람직하다. 즉, 먼저 효과성 척도들에 대한 사전·사후의 값을 살펴본 후 과거의 자료가 있는 경우에는 선택된 척도들에 대한 추세치를 구해 본다. 그 다음 사업이 실시되지 않은 지역이나 주민 중 사업이 실시된 지역이나 주민집단과 유사한 지역이나 주민집단을 찾아본다. 이들 결과를 종합하여 결론을 도출한다.

③ 평가설계(II) 하나만을 이용하는 일은 예외적인 경우를 제외하고는 피해야 한다. 설계의 유효성이 가장 낮기 때문이다.

④ 개별적 평가척도들에 대한 목표치가 설정되어 있는 경우에는 평가설계(I)을 광범위하게 이용하는 것이 좋다.

(4) 효과성 점검 : 효과성 평가의 특수형태

효과성 점검(effectiveness monitoring)은 Hatry 등이 이야기하는 정책 또는 사업평가의 특수형태로서의 효과성 수준점검(effectiveness status monitoring)이나 Wholey가 이야기하는 실적점검(performance monitoring)과 유사한 개념이다. 효과성 점검은 정책 또는 사업이 실시되고 있는 기간 중에 주기적으로 평가기준의 상태를 점검함으로써, 특정 정책 또는 사업이 어느 정도나 효과적으로 운영되고 있는지에 대한 개략적 지식을 얻는 데 목적을 두고 있다. 그리하여 여기서는 어떤 정책 또는 사업의 효과를 어떤 특정 정책 또는 사업에 귀속시키려는 노력(즉, 인과관계를 발견하고자 하는 노력)을 기울이지 않고, 그 대신 특정 정책 또는 사업의 효과에 대한 개략적 경향이나 사업이 안고 있는 문제 및 사업에 내재하고 있는 결함 등의 발견에 초점을 맞춘다. 효과성 점검의 수행절차는 대체로 다음과 같다.

① 자료원의 확립 : 사업관계기록, 기타 기존자료, 현지방문 혹은 특별조사

② 효과성의 척도에 관한 자료수집

③ 효과성 척도의 값과 과거 또는 기대치와의 비교
④ 평가결과의 이용자에게 비교결과의 제시

2) 총합효과성 평가의 방법

총합효과성 평가의 목적은 특정의 정책 또는 사업이 의도했던 직접적 및 간접적 효과뿐만 아니라 의도하지 않았던 긍정적·부정적 효과를 모두 검토함으로써 평가의 대상이 되어 있는 정책 또는 사업의 성공 여부에 대한 총체적 판단자료를 얻고자 하는 것이다. 그러면 여기서 정책 또는 사업의 총합효과를 평가하는 데 사용할 수 있는 기법으로 ① 전문가에 의한 평가, ② 여론조사를 제시하고자 한다.

(1) 전문가에 의한 평가

이 방법에 의해서 먼저 시도해 볼 수 있는 것은 총체적 순효과를 다음과 같은 공식에 의해 계산하는 것이다.

총체적 순효과 = 효과성 + 의도했던 간접적 효과 ± 의도하지 않았던 직접적·간접적 제 효과

그 다음 위의 공식에 의거하여 얻은 순효과에 대해 전문가의 의견을 묻는다. 즉, 평가대상정책이나 사업이 야기한 총체적 순효과가 가치가 있는 것이며, 또한 만족스러운 정도인지를 결정하도록 한다. 이것은 통계적으로 유의한지를 결정하는 것이 아니라 실질적으로 유의한지의 여부를 묻는 것이다. 이때 전문가의 범주에는 평가대상이 되어 있는 특정한 정책분야의 전문가로서, 그 분야의 정책결정자와 사업관리자 및 그 분야를 주로 연구하는 전문연구가와 학자를 들 수 있을 것이다.

그러나 그러한 총체적 순효과의 계산은 이론적으로는 가능할지 모르나, 실제에 있어서는 거의 불가능할 것으로 생각되기 때문에 아래와 같은 전문가 평가법을 생각해 볼 수 있다. 즉, 평가대상이 되고 있는 정책이나 사업분야의 전문가를 자문요

원으로 채용하여 그들로 하여금 정책이나 사업의 총합효과를 측정하도록 하는 것이다. 이 경우 전문가는 위의 경우와는 달리 해당 분야의 전문연구가와 학자만을 포함하는데, 이들은 현지방문을 통하여 필요한 정보를 수집하는 것이 일반적이다. 우리나라의 경우에는 정부투자기관에 대한 경영실적평가에서 전문가 평가법이 원용되고 있다.

총합효과평가를 위한 전문가 평가법에서는 전적으로 활용되는 전문가의 지식과 기술에 의존한다. 따라서 그러한 판단의 유용성과 타당성, 나아가 그들을 활용한 평가의 가치도 그들의 전문지식과 그 분야 지식의 발전 정도에 좌우된다고 하겠다.

전문가들이 사업의 총합효과를 측정하기 위해 실제로 어떠한 절차를 채택하는지는 전문가에 따라 상당한 차이가 있을 것이나, 대체로 ① 사업기록의 검토, ② 사업실시상황의 관찰, ③ 사업참여자와의 면담, ④ 사업관리자와의 면담, ⑤ 사업실시자와의 면담, ⑥ 기타 사업관련자들(경쟁적 사업관리자, 지방의 유지, 공무원 등)과의 면담과 같은 모든 방법이 종합적으로 채택되어야 한다.

(2) 여론조사

여기에서는 평가대상이 되어 있는 정책이나 사업에 대해 조사대상자들이 느끼는 감정이나 만족도를 묻는 조사가 이루어진다. 즉, 조사대상자들에게 문제의 정책이나 사업의 공과에 대해 총체적으로 판단한 결과를 제시하도록 요구한다. 그러므로 여론조사에는 평가대상이 되는 정책이나 사업에 대하여 직접적으로나 간접적으로 영향을 받았던 모든 집단이 적절하게 대표되는 것이 바람직하다.

3) 요소효과성 평가의 방법

요소효과성 평가의 목적은 정책이나 사업의 구성요소 사이의 상대적 효과성을 측정함으로써 요소가 다른 요소들에 비해 정책이나 사업의 효과에 더 많은 기여를 했는지를 파악하여 다음 단계의 정책결정 시 보다 나은 방향으로 정책이나 사업을 수정하는 데 유익한 정보를 제공하는 것이다.

위와 같은 목적에 적합한 기법으로는 통계적 방법인 ① 편상관관계분석(partial correlation analysis), ② 회귀분석(regression analysis), 경로분석(path analysis) 방법인 ① 심층면접법(intensive interviewing), ② 일시관찰법(transient observation) 등을 들 수 있다.

세 가지의 통계적 방법들이 각각 제공하는 편상관계수(partial correlation coefficients)는 각각 특정의 정책이나 사업이 야기한 효과에 대한 정책 또는 사업의 각 구성요소들의 상대적 영향력을 가리켜 준다. 정책이나 사업을 구성하고 있는 요소 사이의 영향력의 방향이 명백하게 한 방향으로만 나타나는 경우에는 경로분석을 이용하는 것이 보다 바람직하나, 요소들이 상호 간에 영향력을 행사하는 경우에는 편상관관계분석이나 회귀분석을 이용하여 각 요소 간의 상대적 효과성을 측정해야 한다.

질적 방법인 심층면접법이나 일시관찰법을 통하여는 구체적 정책요소들의 작동과정에 대한 내용을 파악할 수 있을 뿐만 아니라 그러한 요소들의 작용이 어떠한 영향을 가져오는지를 총체적으로 파악할 수 있기 때문에 정책을 구성하고 있는 각 요소들의 상대적 효과성에 대한 질적 판단을 가능하게 한다. 그러나 이러한 방법들은 단순히 정책구성요소들에 대한 상대적 효과성 평가만을 위해 사용하기에는 너무나 많은 비용이 소요된다는 약점이 있다.

4) 효율성 평가

효율성(efficiency)은 투입과 산출의 비율로 표현된다. 이 경우 투입을 정책의 비용으로 하고 산출을 정책의 효과로 한다면, 효율성을 다음과 같이 표시할 수 있다.

$$\text{효율성} = \frac{\text{정책의 산출(output)}}{\text{정책에 대한 투입(input)}} = \frac{\text{효과}}{\text{비용}}$$

정책의 확대 여부를 결정할 때 효율성을 기준으로 하는 것은 정책의 비용을 고려하는 것을 의미한다. 그러므로 효율성 평가는 주로 경제학자들이 중심이 되어 개발한 비용-편익분석(cost-benefit analysis)이나 비용-효과분석(cost-effectiveness analysis)을 사용한다.

비용-편익분석과 비용-효과분석은 정책이 집행된 후에 실시될 수도 있지만 통상적으로 정책의 결정단계에서 실시 이전에 정책의 대안들을 비교, 평가하기 위하여 이용되어 왔다. 그러나 효과성 평가는 사업이 집행된 후에 행하는 사후적 평가이므로 이 점에서 양자의 차이가 있다.

먼저 비용-편익분석은 비용과 편익을 화폐단위로 계량화하여서 정책을 비교할 수 있도록 하는 분석방법이다. 다시 말하면, 이 분석방법은 정책 프로그램이 가져올 수 있는 내부적·외부적 비용 및 편익과 측정가능한 비용 및 편익, 무형의 비용 및 편익 모두 화폐단위인 금액으로 환산한다. 그리고 이 금액을 현재가치로 할인한다. 가령 정책 프로그램이 1안과 2안이 있을 경우에, 비용-편익분석에 의하여 1안과 2안의 비용당 편익비율이 추산될 수 있다. 여기서 상대적으로 비용당 편익비율이 큰 안이 정책 프로그램의 실시 이전 단계에서 채택되는 것이다.

한편으로 비용-효과분석은 총비용과 총효과를 비교하는 분석방법이다. 이는 비용-편익분석과는 달리 두 개의 각각 다른 가치단위를 사용한다. 즉, 비용은 화폐단위로 측정되고, 효과는 전형적으로 재화단위나 서비스 단위 또는 기타 가치 있는 효과단위로 측정된다. 그리하여 비용-효과비율을 통해서 사용된 화폐단위당 얼마나 많은 재화나 서비스가 산출되었는가 또는 산출된 단위당 얼마만큼의 금액이 사용되었는가를 알 수 있다.

이처럼 비용-효과분석은 화폐의 금액으로 환산하기 어려운 목적을 추구하는 프로그램을 평가하는 데 상대적으로 적합하다. 예를 들면, 이 분석의 장점은 시장가격으로 가치를 측정하기 어려운 집합재(collective goods)나 준집합재(quasi-collective goods), 외부효과나 무형적인 것을 분석할 수 있다는 것이다. 사회복지정책 프로그램을 평가하는 경우에 비용-효과분석의 적용가능성이 상대적으로 크다는 것이다(나기산, 1994).

이와 같은 비용-효과분석은 정책결정의 단계에서 적합한 정책대안을 선택하는 데 도움을 줄 수 있다. 즉, 이 분석을 통하여 최소의 비용으로 같은 효과를 달성할 수 있다고 판단되는 프로그램이 선택될 수 있다. 혹은 일정한 비용으로 최대의 효과를 낼 수 있다고 생각되는 프로그램이 선택될 수 있는 것이다.

참고문헌

강영실(2006), 『사회복지정책의 이해』, 신정.

강욱모 외(2004), 『21세기 사회복지정책』, 청목출판사.

고수현(2015), 『사회복지윤리와 철학』, 양서원.

고수현(2013), 『사회복지법제론』, 정민사.

고수현(2006), 『사회복지정책 이행과정』, 교육과학사.

김근조(1991), "한국 공무원 제도의 개선 방안에 대한 연구", 중앙대학교 대학원 박사학위논문.

김기원(2000), 『공공부조론』, 학지사.

김명수(1988), 『공공정책평가론』, 박영사.

김상균(1990), 『현대사회와 사회정책』, 서울대학교 출판부.

김신복(1982), "정책목표의 설정", 강신택 외, 『정책학』, 법문사.

김영모(1982), 『현대사회정책론』, 한국복지정책연구소 출판부.

김영종(1988), 『복지정책론』, 형설출판사.

김영화 외(2005), 『사회복지정책론』, 삼주사.

김용래(1980), 『교육심리』, 세광출판사.

김운태 외(1982), 『한국정치론』, 박영사.

김정헌(2002), 『복지정책론』, 대명.

김정헌(2002), 『복지정책론』, 대명.

김태성(2004), 『사회복지정책입문』, 청목출판사.

김태성 · 김진수(2001), 『사회보장론』, 청목출판사.

김태성 · 손병돈(2004), 『빈곤과 사회복지정책』, 청목출판사.

김형길 외(2002), 『사회복지개론』, 신아출판사.

나기산 외 공역, William N. Dunn 저(1994), 『정책분석론』, 법문사.

남기민(2004), 『사회복지정책론』, 학지사.

남상만 외(2002), 『장애인복지론』, 형설출판사.

남찬섭 옮김(2000), Karl de Schweinitz, *England's Road to Social Security*, 『영국 사회복지발달사』, 인간과 복지.

노화준(2006), 『정책평가론』, 법문사.

도미향 외(2006), 『아동복지론』, 공동체.

박광덕(1998), 『현대사회복지정책론』, 박영사.

박병현(2005), 『사회복지정책론』, 학현사.

박석돈(2005), 『사회보장론』, 양서원.
박성복 · 이종열(2002), 『정책학 강의』, 대영문화사.
박용순(1999), 『사회복지개론』, 학지사.
박정호(2004), 『사회복지정책론』, 학지사.
배기효(1995), "일제시대의 복지행정", 대구대학교 대학원 박사학위논문.
보건복지부(2003), 장애인복지법령집.
보건복지부 · 한국보건사회연구원(2003), 한국의 사회복지지출추계 : 1990-2001.
사회복지사 1급 시험연구회(2006), 『사회복지정책론』, 나눔의 집.
서병진(2007), 『노인복지론』, 솔바람.
서상목 외(1988), 사회복지전달체계의 개선과 전문인력 활용방안, 한국개발연구원.
손병돈(1999), 사적 소득이전의 빈곤완화효과, 『한국사회복지학』, 39호, 나남출판.
송근원 · 김태성(1999), 『사회복지정책론』, 나남출판.
신상준(1989), 『복지행정학』, 한국복지행정연구소.
안홍순(2006), 『사회복지정책』, 서현사.
양정하 외(2005), 『사회복지정책론』, 양서원.
우재현 옮김, 丸尾直美(1979), 『福祉國家の話』(11판), 경진사.
원석조(2002), 『사회보장론』, 양서원.
원석조(2002), 『사회복지정책학원론』, 양서원.
원석조(2004), 『사회복지정책론』, 양서원.
원석조(2006), 『사회복지정책론』, 공동체.
윤석범(1994), 『한국의 빈곤』, 세경사.
윤찬중(2005), 『사회복지정책과 제도』, 창지사.
이두호 외(1992), 『빈곤론』, 나남.
이병재(1994), 『최신노동법』, 현암사.
이영창(1990), 『한국정책연구』, 대영문화사.
이정우(2013), 『사회복지정책』, 학지사.
이종열(1984), 『정책학원론』, 대왕사.
임춘식 외(2007), 『사회복지개론』, 도서출판 공동체.
장동일 외, 『한국공적부조론』, 대학출판사.
장인협 역(1979), 『산업사회와 사회복지』, 대한교과서 주식회사.
장인협 외(2002), 『노인복지론』, 서울대학교 출판부.
장인협 · 오정수(2001), 『아동 · 청소년복지론』, 서울대학교 출판부.

전재일 외(2005), 『사회복지개론』, 형설출판사.
정정길(1992), 『정책학 원론』, 대명출판사.
표갑수(2003), 『사회복지개론』, 나남출판.
한국보건사회연구원(2000), 『외국의 공공부조제도 비교연구』.
한국사회복지교육협의회(2004), 『사회복지학 교과목지침서』, 한국사회복지교육협의회.
현외성(2002), 『사회복지정책강론』, 양서원.
홍봉선 · 남미애(2000), 『청소년복지론』, 양서원.

Allison, G. T.(1971), *Essence of Decision*, Boston : Little, Brown.
Allison, J. T. and P. A. Eest(1977), *The Economic of Health*, New York University press.
Anderson, J. E.(1987), *Public Policy Making*(2nd ed.), New York : Holt, Rinehart and Winston.
Arrow, Kenneth J.(1951), *Social Choice and Individual Values*, New Haven and London : Yale University Press.
Arrow, Kenneth J.(1963), *Social Choice and Individual Values*(2nd ed.), New York : Wiley.
Bachrach, P. and Baratz, M.(1970), *Power and Poverty*, N.Y. : Oxford University Press.
Bardach, Eugene(1977), *The Implementation Game : What happens After a Bill Becomes a Law?* Cambridge, MA : MIT Press.
Barr, N.(1987), *The Economics of Welfare State*, London : Weidenfeld & Nicolson.
Berrick, Jill Duerr and Gilbert Neil(1991), *With the Best of Intentions : The Child Sexual Abuse Prevention Movement*, New York : Guilford Press.
Bitter, J. A.(1979), *Introduction to Rehabilitation*, USA : The C. V. Mosby Company.
Bixby, A. K.(1991), Social Welfare Expenditure, *Social Security Bulletin*, 54.
Blair, T. and G. Schroeder(1999), *Europe : The Third Way–die Neue Mitte*, London : Labour Party and SPD.
Buchanan, James and Gordon Tullock(1965), *The Calculus of Consent*, Michigan : The University of Michigan Press.
Burns, E. M.(1956), *Social Security and Public Policy*, McGraw-Hill Book Company, Inc.
Campbell, Donald T.(1988), *Experimental and Quasi–Experimental Designs for Research*,

Chicago : Rand McNally & Company.

Carrier, J. and Kendall, I.(1997), Social Policy and Social Change : Explanations of the Development of Social Policy, *Journal of Social Policy*, 2(3).

Cobb, Roger W. and Elder, Charles D.(1972), *Participation in American Politics : The Dynamics of Agenda Building*, Boston : Allyn and Bacon, Inc.

Cobb, Roger W. and Elder, Charles D.(1976), "Agenda-Building as a Comparative Political Process," *APSR*, Vol.70, 126-128.

Cohen, M., J. March and J. Olsen(1972), "A Garbage Can Model of Organizational Choice," *Administrative Science Quarterly*, 17(1), March.

Cullis, J. G. and P. A. West(1987), *The Economic of Health*. Ashgate Publishing.

Cyert, Richard M. and March, James G.(1963), *A Behavioral Theory of the Firm*, Englewood Cliffs, N.J. : Prentice-Hall.

Derthick, Martha(1975), *Uncontrollable Spending for Social Service Grants*, Washington, D.C. : Brookings Institution.

DiNitto, Diana M.(2000), *Social Welfare : Politics and Public Policy*, Needham Heights, MA : Alyn and Bacon.

Downs, Anthony(1957), *An Economic Theory of Democracy*, New York : Happer & Row Publishers.

Dror, Y.(1983), *Public Policy Making Reexamined*, New Brunswide : Transation Inc.

Dror, Yehezkel(1983), *Public Policymaking Reexamined*, New Brunswick : Transaction Books.

Dunn, William N.(1983), *Values, Ethics, and the Practice of Policy Analysis*, Massachusetts : Lexington Books.

Dunn, William N.(1994), *Public Policy Analysis : An Introduction*(2nd ed.), Englewood Cliffs, NJ : Prentice-Hall.

Dye, Thomas R.(1984), *Understanding Public Policy*(4th & 5th ed.), Englewood Cliffs, N.J. : Prentice-Hall, Inc.

Easton, D.(1953), *The Political System*, N.Y. : Alfred A. Knof.

Edleman, Murray(1964), *The Symbolic Uses of Politics*, Urbana : University of Illinois Press.

Elmore, Richard F.(1976), "Follow Through Planned Variation," In *Program Implementation*, New York : Academic Press.

Epstein, I. and Tripodi, T.(1977), *Research Techniques for Program Planning, Monitoring and Evaluation*, New York : Columbia University Press.

Esping-Anderson, G.(1985), *Politics Against Market*, Princeton : Princeton Univ. Press.

Esping-Anderson, G.(1990), *The Three World of Welfare Capitalism*, Princeton : Princeton Univ. Press.

Estes, Carroll, et al.(1983), *Fiscal austerity and Aging*, Beverly Hills, CA : Sage Publications.

Etzioni, Amitai(1967), "Mixed Scanning, A Third Approach to Policy Making", *PAR*, 27(5), Dec.

Evers, A. et al. Ed.(1990), *Sifts in the Welfare Mix*, Frankfurt : Campus Verlag.

Ferge, Z.(1989), "Social Policy and the Economy", M. Bulmer et al. Eds., *The Goals of Social Policy*, London : Unwin.

Franklin, A. and R. Ripley(1980), *Congress, the Bureaucracy and Public Policy*, Homewood, Ill. : Dorsey Press.

Freeman, Howard and Sherwood, Clarence(1970), *Social Research and Social Policy*, Englewood Cliffs, NJ : Prentice-Hall, Inc.

Frerich, J. S.(1990), *Das Sozialleistungssystem der Bundesrepublik Deutischland,* 2, Aufl, Oldenbourg.

Gamble, A.(1994), *The Free Economy and the Strong state : The Politics of Thatcherism*(2nd ed.), London : Macmillan.

George V. and P. Wilding(1984), *Impact of Social Policy*, London : Routledge and Kegan Paul.

George, V. and P. Wilding(1994), *Welfare and Ideology*, Hertfordshire, UK : Harvester Wheatsheaf.

Gilber, N. and Terrell, P.(1988), *Dimensions of Social Welfare Policy*, Boston : Allyn and Bacon.

Gilbert, N. and H. Specht(1974), *Dimensions of Social Welfare Policy*, New Jersey : Prentice- Hall.

Gilbert, N. and H. Specht(1977), *Dynamics of Community Planning*, Cambridge, MA : Ballinger Publishing Co.

Gilbert, N. and Terrell, P.(2002), *Dimensions of Social Welfare Policy*(5th ed.), Boston : Allyn and Bacon.

Glennester, H.(1985), *Paying for Welfare*, Oxford : Blackwell.

Gordon, Linda(1994), *Pitied But Not Entitled : Single Mothers and the History of Welfare 1890-1935*, New York : Free Press.

Hargrove, Erwin C.(1975), *The Missing Link : The Study of the Implementation of Social Policy*, Washington, D.C. : The Urban Institute.

Hatry, H., R. Winnie and D. Fisk(1973), *Practical Program Evaluation for State and Local Government Officials*, Washington, D.C. : The Urban Institute.

Heffernan, Joseph(1979), *Introduction to Social Welfare Policy : Power, Scarcity, and Common Human Needs*, Itasca, IL : F. E. Peacock.

Horton, R. L.(1975), *Social Programmed Learning Aid for Problems*, Homewood Illinois : Learning Systems Company.

http://www.4insure.or.kr

IMF(2001), *Government Finance Statistics Yearbook*.

Jenkins, W. I.(1978), *Policy Analysis*, London : Martin Roberton.

Johnson, N.(1987), *The Welfare in Transition*, Sussex : Wheatsheaf Books Ltd.

Jones, C.(1985), *Patterns of Social Policy : An Introduction to Comparative Analysis*, London : Tavistock Publications.

Kahn, Alfred(1969), *Theory and Practice of Social Planning*, New York : Russell Sage Foundation.

Kamerman, S. and Kahn, A.(1989), *Privatization and the Welfare State*, Princeton : Princeton Univ. Press.

Kingson, E. R. and E. D. Berkowitz(1993), *Social Security and Medicare : A Policy Primer,* Westport, Connecticut : Auburn House.

Klein, P.(1968), *From Philanthropy to Social Welfare*, San-Francisco, Jossey-Bass.

Lampman, R. J. and T. M. Smeeding(1983), "Interfamily Transfers as Alternatives to Government Transfes to Pensions", *The Review of Income and Wealth*, 21.

Lasswell, H. D. and Kaplan, A.(1970), *Power and Society*, New Haven : Yale Univ. Press.

Leiby, James(1978), *The History of Social Welfare and Social Work in the United States,* New York : Columbia University Press.

Leis, DAvis and Wallace, Helen ed.(1984), *Policies into Practice*, London : Heinemann.

Lincoln, Yvonna Ed.(1986), *Organization Theory and Inquiry : The Paradigm Revolution,*

Beverly Hills, CA : Sage.

Lindblom, Charles E.(1959), "The Science of 'Muddling Through'." *PAR*, 19(1) Spring.

Lindblom, Charles E.(1980), *The Policy-Making Process*, Englewood Cliffs, N.J. : Prentice-Hall.

Lipsky, Michael(1980), *Street Level Bureaucracy : Dilemma of the Individual in Public Services*, New York : Russell Sage.

Lynn, R. J.(1983), *The Pension Crisis*, Lexington : Lexington Books.

Macpherson, S.(1982), *Social Policy in the Third World*, Brighton : Wheat Sheaf Books.

MacRae, Duncan, Jr. and Wilde, James A.(1988), *Policy Analysis for Public Decisions*, California : Wadsworth, Inc.

Macridis, R. C.(1992), *Contemporary Political Ideology*, New York : Harper Collins.

March, James G. and Simon, Herbert A.(1958), *Organizations*, New York : John Wiley & Sons, Inc.

Martin, R.(1977), "Equality and social Policy", *Social Service Review*, 51(4), December, 569-572, The Univ. of Chicago Press.

McCurdy, Howard E.(1977), *Public Administration : A Synthesis*, California, Cunnings Publishing Co.

Meter, Van D. and Horn, Van(1975), "The Policy Implementation Process : A Conceptual Framework," *Administration and Society*(Feb).

Midgley, J.(1981), Diffusion and the Development of Social Policy : Evidence from the Third World, *Journal of Social Policy*, 3, 167-188.

Mishra, R.(1977), *Society and Social Policy : Theory and Practice of Welfare*, London : Macmillan.

Mueller, Dennis C.(1979), *Public Choice*, London : Cambridge University Press.

Murphy, E. M.(1978), "Methods of Financing Social Security : An Introductory Analysis", in Methods of Financing Social Security : Their Economic and Social Effect, *ISSA Studies & Research*, 15.

Myrdal, A.(1968), *Nation and Family*, Cambridge : MIT Press.

Nachmias, D.(1979), *Public Policy Evaluation : Approaches and Methods*, New York : St. Martin's press.

Nakamura, Robert T. and Frank Smallwood(1980), *The Politics of Policy Implementation*, New York : St. Martin's Press.

Niskanen, W.(1971), *Bureaucracy and Representative Government*, Chicago: Adline-Atherton.

OECD, Social Expenditure Database, www.oecd.org.

Palumbo, Dennis J.(1988), *Public Policy in America,* New York: Harcourt Brace Jovanovich, Publishers.

Parker, J.(1975), *Social Policy and Citizenship*, London: Macmillan.

Patton, M.(1980), *Qualitative Evaluation Methods*, Beverly-Hills, California: Sage Publications.

Perlman, R.(1975), *Consumers and Social Services*, New York: John Wiley.

Pieason, C. *Beyond the Welfare State?*, 현외성 · 강욱모 옮김(1999), 『전환기의 복지국가』, 경남대학교 출판부.

Piven, Frances Fox and Cloward, Richard A.(1993), *Regulating the Poor: The Function of Public Welfare*, New York: Vintage Books.

Quade, E. S.(1982), *Analysis for Public Decisions*(3th ed.), New York: North Holland.

Rawls, John(1971), *A Theory of Justice,* Cambridge: Harvard University Press.

Rein, Martin and Rabinovitz, F.(1978), "Implementation: A Theoretical Perspective," In W.D. Burnham and M. W. Weinberg, Eds., *American Politics and Public Policy*, Cambridge, MA: MIT Press.

Rein, Mildred(1970), *Work or Welfare: Factors in the Choice for AFDC Mothers*, New York: Praeger Publications.

Rejda, G. E.(1999), *Social Insurance and Economic Security*(6th ed.), N.J.: Prentice Hall.

Rescher, N.(1972), *Welfare*, Pittsburgh: Univ. of Pittsburgh Press.

Ripley, Randall B. and Franklin, Grace A.(1984), *Bureaucracy and Policy Implementation,* Homewood, Illinois: The Dorsey Press.

Rodgers, B. et al.(1979), *The Study of Social Policy: A Comparative Approach*, London: George Allen & Unwin.

Romanyshyn, J. M.(1971), *Social Welfare: Charity to Justice*, N.Y.: Random House and Council on Social Work Education.

Rossi, P. and Freeman, H.(1982), *Evaluation: A Systematic Approach*(2nd ed.), Beverly Hills, California: Sage Publications, Inc.

Sabatier, Paul A. and Mazmanian, Daniel A.(1983), "Policy Implementation," In Stuart Nagel Ed., *Encyclopaedia of Policy Studies*, New York: Marcel Dekker.

Schuman, E. A.(1967), *Evaluative Research: Principles and Practice in Public Service &*

Social Action Programs, New York : Rusell Sage Foundation.

Segal, Steven P. and Aviram, Uri(1978), *Mentally Ill in Community-Based Care*, New York : John Wiley and Sons.

Simon, Herbert A.(1957), *Models of Man*, New York : Wiley.

Simon, Herbert A.(1976), *Administrative Behavior*, N.Y. : The Free Press.

Skocpol, Theda(1996), *Boomerang : Clinton's Health Security Effort and the Turn Against Government in U. S. Politics*, New York : W.W. North & Co.

Smith, J. D. et al.(1995), *An Introduction to the Voluntary Sector*, Routledge.

Soumelis, C. G.(1977), *Project Evaluation Methodologies and Techniques*, Unesco.

Stokey, Edith and Zeckhauser, Richard(1978), *A Primary for Policy Analysis*, New York : W.W. Norton & Company.

Thompson, F. and Williams, R.(1981), "A Horse Race Around a Mobius Strip : A Review and a Test of Utility Maximizing and Organizational Process, Models of Public Expenditure Decisions," *Policy Sciences*, 11(2).

Titmuss, R. M.(1963), *Essays on the 'Welfare State'*, London : Allen and Unwin.

Titmuss, R. M.(1974), *Social Policy : An Introduction*, London : Allen and Unwin.

Weicher, J. C.(1980), *Housing-federal Policies and Programs*, Washington, D.C. : American Enterprise Institute.

Weick, Karl E.(1976), "Educational Organizations as Loosely-Coupled Systems," *Administrative Science Quarterly,* Vol. 21.

Weiss, Carl(1976), "Symposium on the 'Research Utilization Quandary'," *Policy Studies Journal,* 4(3), Spring.

Wholey, J. S. et al.(1976), *Federal Evaluation Policy*, Washington, D.C. : The Urban Institute.

Wildavskey, A. and Pressman, J. L.(1979), *Implementation*(2nd ed.), L.A. : Univ. of California Press.

Wilensky, H. L. and C. N. Lebeaux(1965), *Industrial Society and Social Welfare*, N.Y. : Free Press.

Williams, B. A.(1979), "Beyond Incrementalism, Organization Theory and Public Policy," *Policy Studies Journal*, 7(4).

찾아보기

〈인 명〉

ㅇ

〈기 타〉

저/자/소/개

■ **고수현**

금강대학교 사회복지학과 교수

경북대학교 대학원 사회복지학과(문학박사)

이메일 : ks0945@hanmail.net

■ **강호성**

(전)세계사이버대학 총장(사회복지학부 석좌교수)

대구대학교 대학원 행정학과 복지행정 전공(행정학박사)

이메일 : kh51@hanafos.com

■ **김정헌**

대구대학교 행정대학 행정학과 교수

경북대학교 대학원 행정학과 정책학 전공(행정학박사)

이메일 : Jhkim@daegu.ac.kr

■ **남연희**

한일장신대학교 사회복지학부 교수

대구대학교 대학원 사회복지학 전공(철학박사)

이메일 : namyoyo@hanmail.net

■ **박성복**

대구대학교 지역사회개발·복지학과 교수

텍사스 오스틴 주립대학교 정치학과 사회정책 전공(정치학박사)

이메일 : sungpark@daegu.ac.kr

■ **윤종갑**

대구보건대학교 사회복지과 외래교수

대구대학교 대학원 행정학과 복지행정 전공(행정학 박사)

이메일 : yjk3194@hanmail.net

■ **정영주**

가톨릭상지대학교 사회복지과 겸임교수

대구대학교 대학원 사회복지학과 사회복지정책전공(박사수료)

이메일 : be8529@hanmail.net

사회복지정책론

1판 1쇄 인쇄 – 2016년 8월 15일
1판 1쇄 발행 – 2016년 8월 20일

저　　자 - 고수현 강호성 김정헌 남연희 박성복 윤종갑 정영주
발 행 인 - 강 철 원
발 행 처 - 양 성 원
주　　소 - 경기도 파주시 월롱산로 71(야동동)
전　　화 - 031-946-3861(代)
팩　　스 - 031-946-3864
이 메 일 - tnwpub@naver.com
출판등록 - 2015년 8월 31일 제 2015-000211 호

ISBN 979-11-87118-67-1

정가 19,000원